高等学校项目管理规划教材

项目采购与合同管理

（第3版）

乌云娜　庞南生　张洪青　张桂芹◎编著

电子工业出版社

Publishing House of Electronics Industry

北京·BEIJING

未经许可，不得以任何方式复制或抄袭本书之部分或全部内容。
版权所有，侵权必究。

图书在版编目（CIP）数据

项目采购与合同管理 / 乌云娜等编著. —3 版. —北京：电子工业出版社，2017.8
高等学校项目管理规划教材
ISBN 978-7-121-31978-5

Ⅰ. ①项⋯ Ⅱ. ①乌⋯ Ⅲ. ①项目管理－采购管理－高等学校－教材 ②经济合同－管理－中国－高等学校－教材　Ⅳ. ①F224.5②D923.6

中国版本图书馆 CIP 数据核字（2017）第 139740 号

策划编辑：姜淑晶
责任编辑：刘淑敏
印　　刷：北京七彩京通数码快印有限公司
装　　订：北京七彩京通数码快印有限公司
出版发行：电子工业出版社
　　　　　北京市海淀区万寿路 173 信箱　邮编 100036
开　　本：787×1092　1/16　印张：22.75　字数：540 千字
版　　次：2006 年 7 月第 1 版
　　　　　2017 年 8 月第 3 版
印　　次：2025 年 8 月第 11 次印刷
定　　价：48.00 元

凡所购买电子工业出版社图书有缺损问题，请向购买书店调换。若书店售缺，请与本社发行部联系，联系及邮购电话：(010) 88254888。
质量投诉请发邮件至 zlts@phei.com.cn，盗版侵权举报请发邮件至 dbqq@phei.com.cn。
本书咨询联系方式：(010) 88254199，sjb@phei.com.cn。

第3版前言

本书第1版2006年出版以来,受到了许多读者和业内学者的欢迎,不胜荣幸。本书第3版,依据新的法律法规和前沿的理论方法进行了增补、修订,使内容更加充实完善,谨献给诸位同人。

随着现代工程项目管理体系的日臻完善,项目采购与合同管理在我国国民经济领域中的作用显得越来越重要。近年来,在复杂大型工程、城市地铁工程、城际高铁工程及新能源工程等国家重大项目的推动下,项目采购与合同管理理论与方法及实操与应用得到相关领域和业内人士的广泛关注,也推动了我国工程管理体制的创新;依托丰富的工程实践背景,国内外项目采购与合同管理方面的学术研究也有了较快的发展,取得了一系列新的成果,基于这些新的情况,有必要对本书的内容做相应的充实。

本书由乌云娜总体策划、构思并负责统纂定稿。本书共12章,第1~4、6章由乌云娜编写修订,依据自2012年2月1日起施行的《中华人民共和国招标投标法实施条例》以及2015年国务院印发的《关于调整和完善固定资产投资项目资本金制度的通知》修订了相关内容,替换了部分案例,并调整了内容结构。第11、12章由张洪青编写修订,增加了JCT合同最新版本内容,补充了FIDIC新版合同条件的特点,并修订了国际工程常用合同条件的内容。第5、9~10章由张桂芹编写修订,对合同涉及的一些概念做了具体的界定和说明,增加了建设工程合同法律体系,调整了合同风险管理与担保内容,对合同签订和履行过程的法律风险及管理做了相应修订,增加了合同法律风险管理案例。第7~8章由庞南生编写修订,分别对合同分析、合同交底和合同档案管理、工程变更等内容进行了修改、完善,增加了工程索赔等内容,补充了应用案例。根据修改情况,各章的复习题也作了适当修改。

经过修订,本书的知识体系更加完备,密切联系实际,并丰富了项目采购与合同管理的新型案例,内容新颖,注重实用性和可操作性,可作为高等院校项目管理工程硕士、MBA项目管理专业、管理科学与工程硕士用书,也可作为咨询工程师、监理工程师、建造师、造价工程师和建筑业高级职业经理人培训用书,还可作为在实际项目中从事技术工作和管理工作的专业人员学习和工作的参考书。

编写和修订过程中,本书参阅并吸收了部分公开出版的资料和发表的研究成果,已经尽可能详细地列出了各位专家、学者的研究成果和工作,在此对他们的工作、贡献表示衷心的感谢。由于项目采购与合同管理还在不断完善和发展中,加之编者水平有限,难免有错漏和不妥之处,恳请读者给予批评指正。

目 录

第1章 项目采购的基本原理 　　1
1.1 项目采购的方式 2
1.2 项目采购的法律基础 6
复习思考题 22

第2章 项目招标 　　23
2.1 项目招标策划 24
2.2 招标文件 33
2.3 项目招标管理 38
2.4 项目管理招标 40
复习思考题 42

第3章 项目投标 　　43
3.1 项目投标策划 44
3.2 投标文件的编制 50
3.3 编制投标文件时应重点研究的问题 60
复习思考题 63

第4章 项目评标 　　64
4.1 项目评标的程序和内容 66
4.2 项目评标的方法 70
4.3 评标报告 82
复习思考题 88

第5章　合同的法律基础　　89

5.1 合同的法律关系 ... 90
5.2 国际合同法简介 ... 99
5.3 《中华人民共和国合同法》简介 ... 108
复习思考题 ... 119

第6章　常见的几种合同形式　　120

6.1 建设工程合同 ... 121
6.2 买卖合同 ... 130
6.3 委托合同 ... 136
复习思考题 ... 143

第7章　合同实施管理　　144

7.1 合同分析及合同交底 ... 146
7.2 合同实施管理体系 ... 168
7.3 合同控制 ... 170
7.4 合同实施中的沟通问题 ... 183
7.5 合同实施后评价 ... 186
7.6 合同档案管理 ... 188
复习思考题 ... 192

第8章　工程合同的变更、转让和终止　　194

8.1 合同变更 ... 195
8.2 工程变更 ... 198
8.3 工程索赔 ... 214
8.4 合同价及效益管理 ... 217
8.5 合同转让 ... 227
8.6 合同终止 ... 232
复习思考题 ... 245

第9章　合同风险管理及合同担保　　246

9.1 风险管理概述 ... 247
9.2 风险辨析 ... 249
9.3 风险应对 ... 251

9.4 合同的法律风险及其管理 254
9.5 合同担保 260
9.6 工程建设合同担保 267
复习思考题 274

第 10 章 合同索赔管理及违约责任   275

10.1 索赔概述 277
10.2 违约责任 280
10.3 建设工程施工索赔 286
复习思考题 294

第 11 章 国际工程项目常用合同条件简介   295

11.1 FIDIC 合同条件 295
11.2 国际其他施工合同条件 301
复习思考题 309

第 12 章 FIDIC《施工合同条件》   310

12.1 FIDIC《施工合同条件》简介 311
12.2 FIDIC《施工合同条件》中各方的权利和义务 318
12.3 FIDIC《施工合同条件》中的价格和付款 322
12.4 FIDIC《施工合同条件》中的索赔 330
12.5 FIDIC《施工合同条件》中的工程师 336
12.6 FIDIC《施工合同条件》与 NEC 合同的比较 339
12.7 FIDIC《施工合同条件》与 AIA 合同的比较 354
复习思考题 356

参考文献   357

第1章
项目采购的基本原理

> **引导案例**
>
> **招标投标程序须重视**
>
> 某重点工程项目计划于 2004 年 12 月 28 日开工,由于工程复杂,技术难度高,一般施工队伍难以胜任,业主自行决定采取邀请招标方式。于 2004 年 9 月 8 日向通过资格预审的 A、B、C、D、E 五家施工承包企业发出了投标邀请书。该五家企业均接受了邀请,并于规定时间 9 月 20—22 日购买了招标文件。招标文件中规定,10 月 18 日下午 4 时是招标文件规定的投标截止时间,11 月 10 日发出中标通知书。10 月 21 日下午由当地招投标监督管理办公室主持进行了公开开标。评标委员会由 7 人组成,其中当地招投标监督管理办公室 1 人,公证处 1 人,招标人 1 人,技术经济方面专家 4 人。
>
> ⇨**点评**
>
> 表面上看,此次招标很公平,但是经过仔细分析,就可发现在招标的程序上存在诸多不妥之处,违反了《中华人民共和国招标投标法》(以下简称《招标投标法》)规定,有以下几点:
>
> (1) 此项目为重点工程项目,业主自行决定采取邀请招标方式,违反《招标投标法》第十一条的规定:"省、自治区、直辖市人民政府确定的地方重点项目中不适宜公开招标的项目,要经过省、自治区、直辖市人民政府批准,方可进行邀请招标。"
>
> (2) 投标文件的截止时间是 10 月 18 日,开标时间是 10 月 21 日,不是同一时间进行的,违反《招标投标法》第三十四条的规定:"开标应当在招标文件确定的提交投标文件截止时间的同一时间公开进行。"
>
> (3) 由当地招投标监督管理办公室主持进行了公开开标,违反《招标投标法》第三十五条的规定:"开标由招标人主持,邀请所有投标人参加。"
>
> (4) 评标委员会的人员构成违反了《招标投标法》第三十七条的规定:"依法必须进行招标的项目,其评标委员会由招标人代表和有关技术、经济等方面的专家组成,成员人数为五人以上单数,其中技术、经济等方面的专家不得少于成员总数的三分之二。"

1.1 项目采购的方式

项目采购也可以称为采购项目。我们要回答以下两个问题：一是项目采购的对象是什么；二是采用什么方式来达到项目采购的目的。

世界上通行的做法是将采购对象根据不同性质划分为货物、工程和服务三大类。货物是指原料、产品、设备，固态、液态或气态和电力。工程是指各类房屋和土木工程建设、设备安装、管道线路铺设等建设及附带的服务。服务是指货物和工程以外的任何采购。三种采购对象的性质差异较大，所以在采购时一定要区别对待。

目前，通常采用招标投标这种市场经济条件下的交易方式，来达到项目采购的目的。

《招标投标法》第三条所称工程建设项目，是指工程以及与工程建设有关的货物、服务。第二款规定，前款所称与工程建设有关的货物，是指构成工程不可分割的组成部分，且为实现工程基本功能所必需的设备、材料等；所称与工程建设有关的服务，是指为完成工程所需的勘察、设计、监理等服务。据此，与政府采购工程建设有关的货物和服务的招投标活动，也应当适用《招标投标法》。工程是指所有通过设计、施工、制造等建设活动形成的有形固定资产。

1.1.1 招标投标采购方式概述

1. 招标投标采购方式的概念

招标投标通过竞争，使市场机制发挥作用。从招标人的角度看，招标是一项特定的采购活动，须通过公开的方式提出交易条件，以征得卖方的响应。买方须着重分析采购方案，确定招标程序与组织方法，对所需货品及实施项目的质量、技术标准及规格等提出详尽要求，对招标活动中所涉及的法律问题及相关规定进行研究并具体实施。从投标人的角度看，投标是利用特定的商业机会进行一种竞卖或获取承包权的活动，是对招标行为的一种响应，是卖方为获得较大货品供应权和建设项目承包权而响应招标人提出的交易条件。卖方需要深入地研究买方提出的各项条件，并以响应这些条件为前提而确定投标方案、确定价格、技术措施、投标策略及竞争手段。

在这种采购方式下，通常是由项目采购（包括货物的购买、工程的发包和服务的采购）的采购方作为招标方，提出所需采购项目的性质及其数量、质量、技术要求，交货期或提供服务的时间，以及对投标人的资格要求等招标采购条件，由投标方书面提出自己拟提供的货物、工程或服务的报价及其他相应招标要求的条件，参加投标竞争。经招标方评标后选定中标者，并与其签订采购合同。

采用招标投标这种采购方式，须具备两个基本条件：一是要有能够开展公平竞争的市场经济运行机制。招标投标正是在市场规则下，由于交易的复杂性而产生的专门促成并优化交易的行为，在市场竞争领域里作为市场机制的手段，促成交易的优质完成。二是必须存在招标采购项目的买方市场，对采购项目能够形成卖方多家竞争的局面，买方才能够居于主导地位，有条件以招标方式从多家竞争者中择优选择中标者。

2．招标投标采购方式的种类

国际上采用的招标方式大体有三种，即竞争性招标、有限竞争性招标和谈判性招标。① 竞争性招标也称公开招标，是指招标人以招标公告的方式邀请非特定的法人或者其他组织投标。这意味着所有具备条件的投标者都可以参加竞争，包括国内、国外的竞争者，没有任何限制条件。② 有限竞争性招标也称邀请招标，是指招标人以投标邀请书的方式邀请特定的法人、自然人或者其他组织投标。这意味着招标范围相对缩小，一般采取邀请部分投标者的方式进行。③ 谈判性招标也称议标，是采购人和被采购人之间通过一对一谈判而最终达到采购目的的一种招标投标方式。

凡属《招标投标法》第三条规定的必须招标的项目及第二条规定的自愿采用招标方式进行采购的项目，都不得采用议标的方式。不同的招标投标方式体现了不同的竞争程度。政府及公共采购的性质决定了应该选择竞争程度高的招标投标方式。因此，具备条件的采购实体必须采用前两种招标方式。谈判性招标因为透明度低，容易发生非法交易和腐败问题，只有技术复杂、涉及国家机密和专利保护或受自然地域环境限制等不适宜进行竞争性招标的，经招标投标管理部门批准允许才能采用谈判性招标。

3．招标投标采购方式的应用

招标投标采购方式就其商品交换择优选择的意义及其外在形式，可以说，在我国悠长的历史中早有应用。从明朝的工程建筑包工不包料的承包雇用制，到清朝在建筑工程包工不包料的方式中，融进了在承包房舍建造等工程时，进行招商比价的方法，通过招商比价获得对房舍建造的承包权。在近代，随着国际资本主义生产方式的逐步成熟与发展，招标投标这种高级的、规范化的市场交易方式体现了资本主义发展经济与开放市场的需要，市场竞争的激烈化使招标投标被工业发达国家广为应用并充分发展。

随着社会的不断进步，建筑工程由业主进行征招承包而转向政府的组织行为。应该说政府行为的介入，使这种征招承包体现了一定的招标的意义。"建筑师事务所"的出现，使政府的管理行为走向规范化，促进了招标投标制的形成与发展。

新中国的成立，标志着以我国的社会主义公有制为基础的经济体系的建立。国家实行高度集中的计划经济体制，商品经济的发展及商品生产与交换方式均受到了限制，导致与之相适应的市场经济及各类要素市场得不到发展。

改革开放的大潮，荡涤着中国整个经济领域，封闭的计划经济不断向开放的市场经济过渡。由此带来商品竞争的日趋激烈，推进着市场经济由卖方市场向买方市场发展。大力推广与开展招标投标的客观经济环境也随之产生。

1.1.2 招标投标采购方式的特点

1. 组织性

通过招标采购项目需要有固定的组织人。此组织人可以是项目的买方自行成立招标组织，即自行招标，但自行招标须遵守《招标投标法》第十二条的规定；此组织人还可以是项目买方的委托代理人，即招标机构。

招标的组织性还体现在招标的时间和地点需固定（除极特殊情况外），招标的规则与程序均需固定。例如，国际通用并已为各国确认的招标程序为开标前期准备、发布招标公告或招标邀请函、投标、开标、评标、中标、签订合同。

2. 公开性

公开发布招标公告，表明交易规则和交易条件；公开邀请投标人；公开进行开标；公开宣布投标人及其报价、交易期限和交易方式。招标人采用招标方式就是为了广泛寻求投标人及潜在的投标人。招标交易的公开性特征使合格的投标人以均等的机会参与竞争。

3. 一次性

招标与投标的交易过程既不同于一般商品交换，也不同于公开询价与谈判交易。投标人参与投标采用的是一次性秘密报价方式。投标书在递交之后，一般不得撤回和修改。与一般贸易方式的本质区别在于，这种方式没有讨价还价的过程。

4. 公平、公正性

公平、公正性体现在：对待各方投标人一视同仁，以无歧视原则维护各自权益；以综合评价最优来科学地选择中标人；以上述三性来保障公平竞争。为保障招标投标全过程的公正性，可以采用上级主管部门的鉴证、两个以上律师见证、公证等方式，保证招标过程依法执行，从而使招标人与投标人的权益得到法律上的保证并确保招标的公正性。

1.1.3 招标投标采购方式的意义

1. 创造一个择优的竞争环境

招标投标对于市场运行的首要作用就是有利于创造公平竞争的市场环境，促进企业之间的公平竞争。投标人为了获取商机，只能通过在质量、价格、售后服务等方面展开竞争，才有可能中标，体现了商机面前人人平等的原则。这正是建立社会主义市场经济体制所要实现的目标。

2. 保护国家利益

按照《招标投标法》第二条的规定，属于国家投资、融资的建设项目，以及使用国际组织或者外国政府贷款、援助的建设项目，必须采用招标采购方式，这对于节约和合理使用国有建设资金具有重要意义。在国有资金采购中实行招标投标制度，能使采购活动在公开、公平、公正的透明环境中运作。这项活动参与者众多，竞争性很强。法律规定的招标投标的规则和程序，对于有效消除采购活动中的幕后交易、从源头上抑制国有资金采购中的腐败现象具有重要意义。

3. 保护社会公共利益

保护社会公共利益的作用主要体现在以下两个方面：① 国有资金来自人民创造的财富，来自纳税人的贡献。保证国有资金的合理使用，不仅是保护国家利益的需要，也是全社会成员的共同要求。② 根据《招标投标法》第三条规定，将大型基础设施、公用事业等关系社会公共利益、公众安全的建设项目，不论资金来源，都纳入强制招标的范围，利用招标投标的竞争作用，确保这类项目的质量及投资效益，体现了保护社会公共利益的宗旨。

4. 保护招标投标当事人的合法权益

招标投标当事人包括招标人、投标人和招标代理。在招标投标中，各方当事人的合法权益都受到法律的保护。如《招标投标法》规定，依法进行的招投标活动不受地区或者部门的限制，任何单位和个人不得以任何方式非法干预招投标活动；招标人有权依法自行组织开标、评标和定标，任何单位和个人不得非法干预、影响评标的过程和结果；投标主体（法人、其他组织、自然人）有权自主决定是否参加投标竞争等。

5. 提高经济效益

作为一种交易方式，招标与投标同样也具有其他交易方式所共有的特点，即追求综合效益最大化。无论是招标主体还是投标主体，在交换过程中，都是在这一目的的驱使下采取各种行动的。作为买方和投资方，由于利益驱动，在市场竞争过程中，希望发挥有限资金的最大价值，特别是在买方市场条件下，必然采取"货比三家"的方式，以寻求物美价廉的商品，实现自己的最大化效益。这决定了买方必然要采用最佳采购方案及有利的交易方式，从而达到实现其利益最大化，即投资综合效益最大化的需求。而作为卖主、供应方与承包方，为使自己的货物或服务在市场中打开销路并占领市场，同时排斥并夺取竞争者的一部分市场，必然不遗余力地寻求占领介入市场的最佳切入点。招标投标的结果受投标人在质量、价格、服务等方面形成的综合实力及投标策略的影响，而最终表现在资源利用率的竞争上，能够高效率地利用资源的投标人在竞争中获胜，反之，必然被淘汰。

6. 实现资源合理化配置

招标投标在市场经济条件下，对于优化资源配置，扮演着十分重要的角色，即政府与企业之间、企业与企业之间、宏观经济调控与微观经济行为之间的枢纽。它通过自身的专业化优势及规范化运作来满足双方的需要，带来利益，从而使资源通过市场得到优化，成为宏观经济结构合理化的基础。

1.2 项目采购的法律基础

1.2.1 《招标投标法》对招标的基本规定

1. 招标主体

根据《招标投标法》第八条的规定，招标人是依照本法规定提出招标项目、进行招标的法人或者其他组织。首先，招标人是提出招标项目、进行招标的人。所谓招标项目，即采用招标方式进行采购的工程、货物或服务项目。

>  **关键术语**
>
> 法人是具有民事权利能力和民事行为能力，依法独立享有民事权利和承担民事义务的组织。
>
> 其他组织，即合法成立，有一定的组织机构和财产，但又不具备法人资格的组织，包括个人独资企业（个人业主制企业）、合伙制企业、领取我国营业执照的不具有法人资格的中外合作经营企业、外资企业、分支机构等。
>
> 自然人（公民）是指从出生时起到死亡为止，具有民事权利能力，依法享有民事权利，承担民事义务的人。

2. 招标项目的审批

根据《招标投标法》第九条第一款的规定，招标项目按照国家有关规定需要履行项目审批手续的，应当先履行审批手续，取得批准。拟招标的项目应当合法，这是开展招标工作的前提。依据国家有关规定应批准而未经批准的项目，或违反审批权限批准的项目均不得进行招标。在项目审批前擅自开始招标工作，因项目未被批准而造成损失的，招标人应当自行承担法律责任。

根据《国务院关于投资体制改革的决定》（国发〔2004〕20号）精神，一是在项目范围方面，明确需要审核招标内容的项目为实行审批制和核准制的项目，实行备案制的项目不再审核招标内容。二是在审批、核准环节上，由于实行核准制的项目不再审批可行性研究报告，以及仅部分实行审批制的项目需要审批可行性研究报告，本条不再规定审批项目可行性研究报告时审核招标内容。三是在审核的招标内容上，明确为招标范围、招标方式和招标组织形式。

3. 招标人必须有招标项目的资金保障

招标人应当有进行招标项目的相应资金或者有确定的资金来源，是招标人对项目进行招标并最终完成该项目的物质保证。招标人应该将资金数额和资金来源在招标文件中如实载明。

相关链接

项目的资金来源可分为投入资金和借入资金，前者形成项目的资本金，后者形成项目的负债。

项目资本金是指投资项目总投资中必须包含一定比例的、由出资方实缴的资金，这部分资金对项目法人而言属于非负债资金。除了主要由中央和地方政府用财政预算投资的公益性项目等部分特殊项目外，大部分投资项目都应实行资本金制度。

项目资本金形式，可以是现金、实物、无形资产，但无形资产的比重要符合国家有关规定。根据出资方的不同，项目资本金分为国家出资、法人出资和个人出资。

根据国家法律、法规规定，建设项目可通过争取国家财政预算内投资、发行股票、自筹投资和利用外资直接投资等多种方式筹集资本金。

项目的负债是指项目承担的能够以货币计量且需要以资产或者劳务偿还的债务。它是项目筹资的重要方式，一般包括银行贷款、发行债券、设备租赁和借入国外资金等筹资渠道。

固定资产投资项目资本金制度自1996年建立以来，对改善宏观调控、调节投资总量、调整投资结构、保障金融机构稳健经营、防范金融风险等，发挥了积极作用。2004年，为应对当时经济过热适当调高了比例，2009年为应对国际金融危机适度调低了相关比例。2015年国务院印发《关于调整和完善固定资产投资项目资本金制度的通知》，通知规定：对关系国计民生的港口、沿海及内河航运、机场等领域固定资产投资项目最低资本金比例由30%调整为25%，铁路、公路、城市轨道交通项目由25%调整为20%，玉米深加工项目由30%调整为20%，同时，城市地下综合管廊和急需的停车场项目，以及经国务院批准、情况特殊的国家重大项目资本金比例可比规定的再适当降低。钢铁、电解铝项目最低资本金比例维持40%不变，水泥项目维持35%不变，煤炭、电石、铁合金、烧碱、焦炭、黄磷、多晶硅项目维持30%不变。

4.《招标投标法》规定的招标方式

招标投标作为大额采购的一种主要交易方式在国外已有多年的历史。招标活动按照不同的标准可以划分为多种形式。比如，按其性质划分，可分为公开招标（无限竞争性招标）和邀请招标（有限竞争性招标）；按竞争范围划分，可分为国际竞争性招标和国内竞争性招标；按价格确定方式划分，可分为固定总价项目招标、成本加酬金项目招标和单价不变项目招标等。无论哪一种招标方式，都离不开招标的基本特性，即招标的公开性、竞争性和公平性。公开招标和邀请招标是国际上使用最为广泛的两种招标方式。《招标投标法》根据两种招标形式的特点及在我国使用的情况，除在第十一条对国家和地方重点项目采用邀请招标做了必要的限制外，允许招标人对上述两种招标方式自行选择。

自2012年2月1日起施行的《中华人民共和国招标投标法实施条例》（以下简称《实施条例》）第八条规定：国有资金占控股或者主导地位的依法必须进行招标的项目，应当公开招标；但有下列情形之一的，可以邀请招标：①技术复杂、有特殊要求或者受自然环境限制，只有少量潜在投标人可供选择；②采用公开招标方式的费用占项目合同金额的比例过大。

5. 对投标人资格审查的内容

招标人对投标人资格审查通常主要包括两个方面的内容：① 对投标人投标合法性的审查，包括投标人是否是正式注册的法人或其他组织，是否具有独立签约的能力，是否处于正常经营状态。② 对投标人投标能力的审查，包括投标人经营等级、资本、财务状况、以往业绩、经验与信誉、履约能力、技术和施工方法、人员配备及管理能力等。

6. 对投标人资格审查的方式

招标人对投标人的资格审查可以分为资格预审和资格后审两种方式。

资格预审是指招标人在发出招标公告或招标邀请书以前，先发出资格预审的公告或邀请，要求潜在投标人提交资格预审的申请及有关证明资料，经资格预审合格的，方可参加正式的投标。《实施条例》第十八条规定：资格预审应当按照资格预审文件载明的标准和方法进行。国有资金占控股或者主导地位的依法必须进行招标的项目，招标人应当组建资格审查委员会审查资格预审申请文件。资格审查委员会及其成员应当遵守招标投标法和本条例有关评标委员会及其成员的规定。

资格后审是指招标人在招标文件中对资格条件提出明确要求，投标人提交的投标文件中包含相应的资格证明，经过评标资格审查合格后，再对投标人是否有能力履行合同义务进行审查。《实施条例》第二十条规定：招标人采用资格后审办法对投标人进行资格审查的，应当在开标后由评标委员会按照招标文件规定的标准和方法对投标人的资格进行审查。

7. 招标文件的内容

根据《招标投标法》第十九条的规定，招标文件应当包括下列内容。

（1）应写明招标人对投标人的所有实质性要求和条件，包括：① 投标须知。② 如果招标项目是工程建设项目，招标文件中还应包括工程技术说明书，即按照工程类型和合同方式用文字说明工程技术内容的特点和要求，并通过工程技术图纸及工程量清单等对投标人提出详细、准确的技术要求。

（2）招标文件中应当包括招标人就招标项目中标后，拟签订合同的主要条款。

（3）任何一种形式的招标，招标人都应对招标项目提出相应的技术规格和标准。

8. 法定强制招标的项目

根据《招标投标法》第三条的规定，法定强制招标项目的范围有两类：一是本法已明确规定必须进行招标的项目；二是依照其他法律或者国务院的规定必须进行招标的项目。

（1）《招标投标法》明确规定必须进行招标采购的项目，为第三条第一款和第二款规定范围内的项目，即有关的工程建设项目，包括项目的勘察、设计、施工和监理及与工程建设项目有关的重要设备、材料等的采购。这里讲的工程建设项目，是指各类土木工程的建设项目，既包括各类房屋建筑工程项目，也包括铁路、公路、机场、港口、矿井、火电、水电、送变电、通信线路等专业工程建设项目。

（2）属于下列情形之一的，才属于本法规定必须进行招标的项目：① 大型的基础设施、公用事业等关系社会公共利益、公众安全的项目。所谓基础设施，是指为国民经济各行业发展提供基础性服务的铁路、公路、港口、机场、通信等设施；公用事业是指为公众提供服务的自来水、电力、燃气等行业。按照本条规定，对于大型基础设施和公用事业项目，不论其建设资金来源如何，都必须依照本法规定进行招标投标。② 全部或部分使用国有资金或者国家融资的项目。③ 使用国际组织或者外国政府贷款、援助资金的项目。

> **相关链接**
>
> 关系社会公共利益、公众安全的基础设施项目的范围包括：① 煤炭、石油、天然气、电力、新能源等能源项目；② 铁路、公路、管道、水运、航空以及其他交通运输业等交通运输项目；③ 邮政、电信枢纽、通信、信息网络等邮电通信项目；④ 防洪、灌溉、排涝、引（供）水、滩涂治理、水土保持、水利枢纽等水利项目；⑤ 道路、桥梁、地铁和轻轨交通、污水排放及处理、垃圾处理、地下管道、公共停车场等城市设施项目；⑥ 生态环境保护项目；⑦ 其他基础设施建设项目。
>
> 关系社会公共利益、公众安全的公用事业项目的范围包括：① 供水、供电、供气、供热等市政工程项目；② 科技、教育、文化等项目；③ 体育、旅游等项目；④ 卫生、社会福利等项目；⑤ 商品住宅，包括经济适用住房建设项目；⑥ 其他公用事业项目。
>
> 使用国有资金投资项目的范围包括：① 使用各级财政预算资金的项目；② 使用纳入财政管理的各种政府性专项建设基金的项目；③ 使用国有企业事业单位自有资金，并且国有资产投资者实际拥有控制权的项目。
>
> 国家融资项目的范围包括：① 使用国家发行债券所筹资金的项目；② 使用国家对外借款或者担保所筹资金的项目；③ 使用国家政策性贷款的项目；④ 国家授权投资主体融资的项目；⑤ 国家特许的融资项目。
>
> 使用国际组织或者外国政府资金的项目的范围包括：① 使用世界银行、亚洲开发银行等国际组织贷款资金的项目；② 使用外国政府及其机构贷款资金的项目；③ 使用国际组织或者外国政府援助资金的项目。

9. 自行招标

《招标投标法》第十二条规定，招标人具有编制招标文件和组织评标能力的，可以自行办理招标事宜。依法必须进行招标的项目，招标人自行办理招标事宜的，应当向有关行政监督部门备案。

所谓自行招标，就是招标人自己办理招标公告、资格预审公告、投标邀请、编制资格预审文件和招标文件、对资格预审文件和招标文件进行澄清说明、组织开标、组建评标委员会评标、定标等全过程招标事项。

10. 招标代理机构

《招标投标法》第十二条规定，招标人有权自行选择招标代理机构，委托其办理招标事宜。任何单位和个人不得强制其委托招标代理机构办理招标事宜。

《招标投标法》第十三条第一款规定，招标代理机构是依法设立、从事招标代理业务并提供相关服务的社会中介组织。

《实施条例》第十三条规定：招标代理机构在其资格许可和招标人委托的范围内开展招标代理业务，任何单位和个人不得非法干涉。招标代理机构代理招标业务，应当遵守招标投标法和本条例关于招标人的规定。招标代理机构不得在所代理的招标项目中投标或者代理投标，也不得为所代理的招标项目的投标人提供咨询。招标代理机构不得涂改、出租、出借、转让资格证书。

11. 招标文件的澄清或者修改

《招标投标法》第二十三条规定，招标人对已发出的招标文件可以进行必要的澄清或者修改，但要遵守以下三个方面的规定：

（1）应当在招标文件要求提交投标文件截止时间至少十五日前将澄清和修改内容通知招标文件收受人。当然，由于招标人对招标文件规定的截标时间也是可以修改的，因此，如果招标人发出修改或澄清的通知较晚，致使投标人编制投标文件时间不够，则招标人应推迟提交投标文件截止日期，对截标日期做相应修改。

（2）招标人对已发出的招标文件进行必要的澄清或者修改的，应当以书面形式通知所有招标文件收受人。所谓书面形式，是指以文字形成书面形式发出通知，包括信件、电报、电传、传真、电子邮件等形式。

（3）招标人对已发出的招标文件进行的澄清或者修改的内容视为招标文件的组成部分，与已发出的招标文件具有同等的效力。

《实施条例》第二十一条规定：招标人可以对已发出的资格预审文件或者招标文件进行必要的澄清或者修改。澄清或者修改的内容可能影响资格预审申请文件或者投标文件编制的，招标人应当在提交资格预审申请文件截止时间至少3日前，或者投标截止时间至少15日前，以书面形式通知所有获取资格预审文件或者招标文件的潜在投标人；不足3日或者15日的，招标人应当顺延提交资格预审申请文件或者投标文件的截止时间。

12. 法定招标项目的最短截标时间和投标有效期

《招标投标法》第二十四条规定，依法必须招标的项目，自招标文件发出之日起至投标人提交投标文件截止之日止，最短不得少于二十日。

招标人应当在招标文件中载明投标有效期，投标有效期从提交投标文件的截止之日起算。在招标文件中规定投标有效期并要求投标人在投标文件中做出响应，是国际国内招投标实践的常见做法，能够有效约束招投标活动当事人，保护招投标双方的合法权益。

1.2.2 《招标投标法》对投标的基本规定

1. 投标主体

按照《招标投标法》第二十五条的规定，下述主体可以作为投标人参加投标：法人、自然人（只限于科研项目）、其他组织。

《实施条例》第三十四条对投标人的限制：与招标人存在利害关系可能影响招标公正性的法人、其他组织或者个人，不得参加投标；单位负责人为同一人或者存在控股、管理关系的不同单位，不得参加同一标段投标或者未划分标段的同一招标项目投标。违反前两款规定的相关投标均无效。

2. 投标人编制投标文件的基本要求

按照《招标投标法》第二十七条第一款的规定，编制投标文件应该符合下述两项基本要求：

（1）按照招标文件的要求编制投标文件。投标人只有按照招标文件载明的要求编制自己的投标文件，方有中标的可能。

（2）投标文件应当对招标文件提出的实质性要求和条件做出响应。这是指投标文件的内容应当对招标文件规定的实质要求和条件（包括招标项目的技术要求、投标报价要求和评标标准等）一一做出相对应的回答，不能存有遗漏或重大的偏离，否则将被视为废标，失去中标的可能。

3. 投标文件的内容

按照《招标投标法》第二十七条第二款的规定，编制建设施工项目的投标文件，除符合编制投标文件基本要求外，还应当包括如下内容：

（1）拟派出的项目负责人和主要技术人员的简历。包括项目负责人和主要技术人员的姓名、文化程度、职务、职称、参加过的施工项目等情况。

（2）业绩。一般是指近三年承建的施工项目，通常应具体写明建设单位、项目名称与建设地点、结构类型、建设规模、开竣工日期、合同价格和质量达标情况等。

（3）拟用于完成招标项目的机械设备。通常应将投标方自有的拟用于完成招标项目的机械设备以表格的形式列出，主要包括机械设备的名称、型号规格、数量、国别产地、制造年份、主要技术性能等内容。

（4）其他。如近两年的财务会计报表及下一年的财务预测报告等投标人的财务状况；全体员工人数，特别是技术工人数量；现有的主要施工任务，包括在建或者尚未开工的工程；工程进度等。

4. 投标人对拟中标项目进行分包时应遵守的规定

所谓分包，是指投标人拟在中标后将自己中标的项目的一部分工作交由他人完成的行为。根据《招标投标法》第三十条的规定，投标人拟将中标的项目分包的，须遵守以下规定：

（1）是否分包由投标人决定。

（2）分包的内容为"中标项目的部分非主体、非关键性工作"。

（3）分包应在投标文件中载明。一般来讲，应载明拟分包的工作内容、数量、拟分包的单位、投标单位的保证等内容。

5．联合体投标

所谓联合体投标，是指两个以上法人或者其他组织组成一个联合体，以一个投标人的身份共同投标的行为。对于联合体投标可做如下理解：

（1）联合体承包的联合各方为法人或者法人之外的其他组织。形式可以是两个以上法人组成的联合体、两个以上非法人组织组成的联合体或者法人与其他组织组成的联合体。

（2）联合体是一个临时性的组织，不具有法人资格。组成联合体的目的是增强投标竞争能力，减少联合体各方因支付巨额履约保证而产生的资金负担，分散联合体各方的投标风险，弥补有关各方技术力量的相对不足，提高共同承担的项目完工的可靠性。如果属于共同注册并进行长期的经营活动的"合资公司"等法人形式的联合体，则不属于《招标投标法》所称的联合体。

（3）是否组成联合体由联合体各方自己决定。

（4）联合体对外"以一个投标人的身份共同投标"。

（5）联合体各方均应具备相应的资格条件。由同一专业的单位资质等级的各方组成的联合体，按照资质等级较低单位确定资质等级。

《实施条例》第三十七条规定：招标人应当在资格预审公告、招标公告或者投标邀请书中载明是否接受联合体投标。招标人接受联合体投标并进行资格预审的，联合体应当在提交资格预审申请文件前组成。资格预审后联合体增减、更换成员的，其投标无效。联合体各方在同一招标项目中以自己名义单独投标或者参加其他联合体投标的，相关投标均无效。

6．禁止投标人以低于成本的报价竞争

《招标投标法》第三十三条规定，投标人不得以低于成本的方式投标竞争。这里所讲的低于成本，是指低于投标人为完成投标项目所需支出的个别成本。法律做出这一规定的主要目的有二：一是为了避免出现投标人在以低于成本的报价中标后，再以粗制滥造、偷工减料等违法手段不正当地降低成本，挽回其低价中标的损失，给工程质量造成危害。二是为了维护正常的投标竞争秩序，防止产生投标人以低于其成本的报价进行不正当竞争，损害其他以合理报价进行竞争的投标人的利益。

1.2.3 《招标投标法》对开标、评标的基本规定

1．开标时间和地点

《招标投标法》第三十四条对于开标的时间和地点做了规定，开标是招投标活动应当遵循的公开原则的体现，开标由招标人组织，开标地点应当为招标文件中预先确定的地点。需要说明的是，开标应当在招标文件确定的提交投标文件截止时间的同一时间公开进行。

2. 开标主持

按照《招标投标法》第三十五条的规定，开标由招标人主持。招标人自行办理招标事宜的，当然得自行主持开标；招标人委托招标代理机构办理招标事宜的，可以由招标代理机构按照委托招标合同的约定负责主持开标事宜。对依法必须进行招标的项目，有关行政机关可以派人参加开标，以监督开标过程严格按照法定程序进行。招标人主持开标，应当严格按照法定程序和招标文件载明的规定进行。包括：应按照规定的开标时间公布开标开始；核对出席开标的投标人身份和出席人数；安排投标人或其代表检查投标文件密封情况后指定工作人员监督拆封；组织唱标、记录；维护开标活动的正常秩序等。按照《招标投标法》第三十五条的规定，招标人应邀请所有投标人参加开标。

3. 开标应遵守的法定程序

（1）由投标人或者其推选的代表检查投标文件的密封情况。

（2）经确认无误的投标文件，由工作人员当众拆封。

（3）宣读投标人名称、投标价格和投标文件的其他主要内容。

（4）提交投标文件的截止时间以后收到的投标文件，则应不予开启，原封不动地退回。

4. 开标过程的记录

按照《招标投标法》第三十六条的规定，开标过程应当记录，并存档备查。开标过程进行记录，要求对开标过程中的重要事项进行记载，包括开标时间、开标地点、开标时具体参加单位、人员、唱标的内容、开标过程是否经过公证等。

5. 评标委员会

所谓评标，是指按照规定的评标标准和方法，对各投标人的投标文件进行评价比较和分析，从中选出最佳投标人的过程。按照《招标投标法》第三十七条第一款的规定，评标应由招标人依法组建的评标委员会负责，即由招标人按照法律的规定，挑选符合条件的人员组成评标委员会，负责对各投标文件的评审工作。对于依法必须进行招标的项目，评标委员会的组成必须符合《招标投标法》第三十七条第二款、第三款的规定；对自愿招标项目评标委员会的组成，招标人可以自行决定。

《实施条例》规定：依法必须进行招标的项目，其评标委员会的专家成员应当从评标专家库内相关专业的专家名单中以随机抽取方式确定。任何单位和个人不得以明示、暗示等任何方式指定或者变相指定参加评标委员会的专家成员。评标委员会成员与投标人有利害关系的，应当主动回避。

6. 评标过程保密应采取的措施

招标应当采取必要的保密措施，通常可包括：① 对评标委员会成员的名单应当保密；② 对评标地点保密。

评标委员会成员不得私下接触投标人，不得收受投标人给予的财物或者其他好处，不得向招标人征询确定中标人的意向，不得接受任何单位或者个人明示或者暗示提出的倾向或者排斥特定投标人的要求，不得有其他不客观、公正履行职务的行为。

7. 标底在评标中的作用

按照《招标投标法》第四十条第一款的规定，设有标底的应当参考标底。所谓标底，是指招标人根据招标项目的具体情况所编制的完成招标项目所需的基本概算。标底价格由成本、利润、税金等组成，一般应控制在批准的总概算及投资包干的限额内。对于超过标底过多的投标一般不应考虑，对低于标底的投标，则应区别情况。从竞争角度考虑，价格的竞争是投标竞争的最重要的因素之一，在其他各项条件均满足招标文件要求的前提下，当然应以价格最低的中标。将低于标底的投标排除在中标范围之外，是不符合国际上通行做法的，也不符合招标投标活动公平竞争的要求。从我国目前情况看，一些地方和部门为防止某些投标人以不正当的手段以过低的投标报价抢标，规定对低于标底一定幅度的投标视为废标，不予考虑，这种做法需要通过完善招标投标制度，包括严格投标人资格审查制度和合同履行责任制度等逐步加以改变。招标投标法既考虑到招标投标应遵循的公平竞争要求，又考虑到我国的现实情况，对标底的作用没有一概予以否定，而是采取了淡化的处理办法，规定作为评标的参考。当然，按照《招标投标法》第四十一条的规定，对低于投标人完成投标项目成本的投标报标，不应予以考虑。

8. 评标委员会在什么情况下可以否决所有投标

按照《招标投标法》第四十二条第一款的规定，评标委员会经评审，认为所有投标都不符合招标文件要求的，可以否决所有投标。所有的投标文件都不符合招标文件的要求，通常有以下几种情况：① 最低评标价大大超过标底或合同估价，招标人无力接受投标。② 所有投标人在实质上均未响应投标文件的要求。③ 投标人过少，没有达到预期的竞争性。在以上三种情况下，评标委员会可以否决所有投标。

9. 有下列情形之一的，评标委员会应当否决其投标

（1）投标文件未经投标单位盖章和单位负责人签字。

（2）投标联合体没有提交共同投标协议。

（3）投标人不符合国家或者招标文件规定的资格条件。

（4）同一投标人提交两个以上不同的投标文件或者投标报价，但招标文件要求提交备选投标的除外。

（5）投标报价低于成本或者高于招标文件设定的最高投标限价。

（6）投标文件没有对招标文件的实质性要求和条件做出响应。

（7）投标人有串通投标、弄虚作假、行贿等违法行为。

1.2.4 《招标投标法》对中标的基本规定

1. 中标人的投标应符合的条件

按照《招标投标法》第四十一条的规定，中标人的投标应当符合下列条件之一。

（1）"能够最大限度地满足招标文件中规定的各项综合评价标准"。投标文件的评价标准按法律规定都在招标文件中载明，评标委员会在对投标文件进行评审时，应当按照招标文件中规定的评标标准进行综合性评价和比较。比如，按综合评价标准对建设项目的投标进行评审时，应当对投标人的报价、工期、质量、主要材料用量、施工方案或者组织设计、以往业绩、社会信誉等方面进行综合评定，以能够最大限度地满足招标文件规定的各项要求的投标作为中标。以综合评价标准最优作为中标条件的，在评价方法中通常采用打分的办法，在对各项评标因素进行打分后，以累计得分最高投标作为中标。

（2）"能够满足招标文件的实质性要求，并且经评审的投标价格最低，但是投标价格低于成本的除外"。这一规定包括三个方面的含义：① 能够满足招标文件的实质性要求。这是一项投标中的前提条件。② 经评审的投标价格最低。这是对投标文件中的各项评标因素尽可能折算为货币量，加上投标报价进行综合评审、比较之后，确定评审价格最低投标（通常称为最低评标价），以该投标为中标。这里需要指出的是，中标的是经过评审的最低投标价，而不是指报价最低的投标。③ 为了保证招标项目的质量，防止投标任意不正当的低价中标后粗制滥造、偷工减料，按照该条规定，对投标价格低于成本的投标将不予考虑。

2. 在确定中标人以前，招标人不得与投标人就实质性内容进行谈判

按照《招标投标法》第四十三条的规定，在确定中标人之前，招标人不得与投标人就投标价格、投标方案等实质性内容进行谈判。在确定中标人以前，如果允许招标人与个别投标人就其实质性内容进行谈判的话，招标人可能会利用一个投标人提交的投标对另一个投标人施加压力，迫使其降低投标报价或做出对招标人更有利的让步。同时还有可能导致招标人与投标人的串通行为，投标人可能会借此机会根据从招标人处得到的信息对有关投标报价等实质性内容进行修改，这对于其他投标人显然是不公正的。因此，法律禁止招标人与投标人在确定中标人以前进行谈判。

3. 中标通知书的法律性质

依照《招标投标法》第四十五条的规定，中标人确定后，招标人应当向中标人发出中标通知书。所谓中标通知书，是指招标人在确定中标人后向中标人发出的通知其中标的书面凭证。中标通知书的内容应当简明扼要，通常只需告知招标项目已经由其中标，并确定签订合同的时间、地点即可。公告或者投标邀请书属于要约邀请，投标人向招标人送达的投标文件属于要约，而招标人向中标的投标人发出的中标通知书属于承诺。因此，中标通知书发出后产生承诺的法律效力。

> **相关链接**
>
> 中标通知书是招标人通过招标、接受投标、评标后通知中标人的文书,其本身不是一份合同,但它是中标人作为与招标人就招标项目签订合同的全部主要条款已达成一致约定的证明。
>
> 《中华人民共和国民法通则》第八十五条规定,合同是当事人之间设立、变更、终止民事关系的协议。《中华人民共和国合同法》规定,当事人双方依法就主要条款经过协商一致,合同就成立。
>
> 当事人之间协商签约,须通过相互间的要约和承诺。招标文件已具备了设立合同的全部主要条款,它是要约邀请,投标文件具备了设立合同所应有的全部内容,是针对招标文件的要约。而招标人经开标后发给中标人的中标通知书,就是最后的承诺。所以,投标人中标,拥有招标人的中标通知书后,就可以认定其与招标人已就招标项目合同的全部主要条款达成了一致约定。依据这些约定,双方当事人都有权要求对方履行。

4. 中标通知书发出后,招标人改变中标结果或者中标人放弃中标项目的,各自应承担的法律责任

依照《招标投标法》第四十五条的规定,中标通知书对招标人和中标人具有法律效力。中标通知书发出后,招标人改变中标结果的,或者中标人放弃中标项目的,应当依法承担法律责任。中标通知书发出后,除不可抗力外,招标人改变中标结果的,应当适用定金罚则双倍返还中标人提交的投标保证金,给中标人造成的损失超过返还的投标保证金数额的,还应当对超过部分予以赔偿;未收取投标保证金的,对中标人的损失承担赔偿责任。如果是中标人放弃中标项目,不与招标人签订合同的,则招标人对其已经提交的投标保证金不予退还,给招标人造成的损失超过投标保证金数额的,还应当对超过部分予以赔偿;未提交投标保证金的,对招标人的损失承担赔偿责任。

5. 中标人的确定

《实施条例》第五十五条规定:国有资金占控股或者主导地位的依法必须进行招标的项目,招标人应当确定排名第一的中标候选人为中标人。排名第一的中标候选人放弃中标、因不可抗力不能履行合同、不按照招标文件要求提交履约保证金,或者被查实存在影响中标结果的违法行为等情形,不符合中标条件的,招标人可以按照评标委员会提出的中标候选人名单排序依次确定其他中标候选人为中标人,也可以重新招标。

应用案例 1-1

广东某建筑安装工程总公司(以下简称原告)与上海市某房地产开发公司(下称被告),系同一房地产开发工程项目的招投标双方。×年×月×日,被告经批准向社会公开招标,原告及另三家建筑公司参加了该次工程投标,经评议,原告被确定中标。被告由上海市建筑工程招投标管理办公室鉴证，于×年×月×日向原告正式发出中标通知书。该中标通知书载明工程建筑面积和中标造价，并要求原告于×年×月×日签订工程承包合同。中标通知书发出以后，被告又指令原告先做开工准备工作，再签工程合同。原告按被告要求平整了施工场地，开进了桩架等开工设备，并打了两根桩，至此完成了工程开工仪式。不料，工程开工后，被告却借故迟迟不同意签订工程承包合同。之后被告书面函告原告，声称"将另行落实施工队伍"，原告对被告的毁约表示不能接受。后经双方多次协商未果。原告遂聘请了律师为代理人，正式起诉至上海市中级人民法院，要求判令被告履行中标通知书，与原告签订工程合同，并赔偿因此而造成的经济损失196万元。

上海市中级人民法院受理本案后，根据事实依法进行了审理。在审理过程中，原告根据由上海市建设工程招投标管理办公室鉴证的中标通知书，表明被告对其投标要约已经承诺，要求被告按招标文件与原告正式签订工程承包合同是具备法律约束力的义务。原告的观点与举证被法庭所接受，被告意识到自己已违约，主动要求提出调解。在法院主持下，双方达成一致意见，由被告赔偿原告包括律师代理费在内的各项损失共计196万元，并承担全部诉讼费用，原告遂撤诉。

6. 将中标结果通知未中标人

依照《招标投标法》第四十五条的规定，中标人确定后，招标人应当向中标人发出中标通知书，并同时将中标结果通知所有未中标的投标人。

7. 招标人和中标人订立合同应遵守的规定

依照《招标投标法》第四十六条第一款的规定，招标人和中标人订立招标项目的书面合同应当遵守以下规定：

（1）自中标通知书发出之日起30日内订立书面合同。

（2）不得再行订立背离合同实质性内容的其他协议。

应用案例1-2 "黑白合同案"宣判

开发商为了得到建筑商承诺的一系列优惠条件，就和建筑商一明一暗地签订了两份合同（俗称"黑白合同"），结果却被建筑商抓住把柄告上了法庭。

2008年5月10日，某一期工程公开招标投标，甲公司竞标成功。甲公司依据招投标文件与招标人乙公司订立《建设工程施工合同》。双方在合同中约定：乙公司将某一期工程交给甲公司施工，合同价款4 500万元，合同价款可调整，调整方法为施工图纸加变更、签证，根据定额工程量按实计算，材料价格按约定方式计算。2008年6月10日，承包人甲公司对某一期工程予以让利，并单方出具了书面《让利承诺书》，承诺如下：某一期1号楼、2号楼、3号楼、4号楼、5号楼及地下车库附属工程按工程决算总额让利20%。2010年8月15日，某一期工程经竣工验收合格，但双方因工程款纠纷诉至法院。

原告认为，已备案的合同是经公开招投标，中标后签订的，此份合同才是工程结算的唯一依据。但被告认为，承包人甲公司对工程予以让利，并出具了书面《让利承诺书》，应以《让利承诺书》为依据，进行工程结算。

法院：补充协议无效

一审期间，对于某一期工程的造价，法院出面委托了具有鉴定资格的工程造价咨询有限公司进行了专业评估。《工程造价鉴定报告》中载明，某一期涉案工程总造价为6 287万元，其中甲公司单方承诺予以让利的1号楼至5号楼的工程总造价及地下车库附属工程总造价为5 389万元，这是在扣除水电费、甲供材及承诺之后的结算结果。换句话说，甲公司合计让利908万元。

一审法院认为，本案的焦点是确定工程价款的依据究竟应该是甲公司与乙公司于2008年5月10日签订的《建设工程施工合同》还是甲公司向乙公司于2008年6月10日单独出具的《让利承诺书》。经审理，一审法院判决，甲公司出具《让利承诺书》系单方行为，因为违反了招标投标法律强制性规定，存在法律效力上的否定，应无效。另外，承诺让利的部分超过城建工程所得利润，严重损害施工方的利益，不符合民法上的公平原则。乙公司在诉讼前实际已部分履行支付对价工程款的义务，合同5 814万元，还需向甲公司支付473万元。据此，一审法院判决：乙公司于判决生效后10日内支付甲公司工程款473万元，案件受理费72 153元，由乙公司负担35 000元，甲公司负担37 153元。

乙公司不服一审法院判决上诉，二审法院经审理认为，根据《招标投标法》第四十六条和最高院《关于审理建设工程施工合同纠纷案件适用法律问题的解释》第二十一条规定，招标人（发包人）与中标人（承包人）按照招标文件和中标人的投标文件订立《建设工程施工合同》后，承包人单方出具的以大幅让利为内容的《让利承诺书》无效。因为工程价款的大幅变动已经构成对合同实质性内容的实质性变更，不产生变更《建设工程施工合同》的效力。遂驳回乙公司的上诉，维持原判。

> **相关链接**
>
> 《最高人民法院关于审理建设工程施工合同纠纷案件适用法律问题的解释》（法释〔2004〕14号）第二十一条规定："当事人就同一建设工程另行订立的建设工程施工合同与经过备案的中标合同实质性内容不一致的，应当以备案的中标合同作为结算工程价款的根据。"

1.2.5 招标投标中的主要法律责任

1. 将必须进行招标的项目化整为零或者以其他任何方式规避招标的应当承担的法律责任

（1）依照《招标投标法》第四条的规定，任何单位和个人不得将依照该法规定必须进行招标的项目化整为零或者以其他任何方式规避招标。

（2）依照《招标投标法》第四十九条的规定，必须进行招标的项目而不招标的，将必须进行招标的项目化整为零的，或者以其他任何方式规避招标的，除应依法责令限期改正，还应承担以下法律责任：可以处以罚款。对决定处以罚款的，其罚款幅度为该项目合同金额的千分之五以上千分之十以下；该项目全部或者部分使用国有资金的，有关行政执法机关可以暂停项目执行或者暂停资金拨付，待该单位改正其行为后再恢复执行或再予拨款；对单位直接负责的主管人员和其他直接责任人员依法给予处分。

2. 招标人限制或者排斥潜在投标人等行为应当承担的法律责任

（1）依照《招标投标法》第五十一条的规定，对招标人以不合理的条件限制或者排斥潜在投标人的，或者对潜在投标人实行歧视待遇的，应责令其改正，重新修正其招标文件，有关行政执法机关可以根据招标人违法情节的轻重、影响大小等因素，对其处以一万元以上五万元以下的罚款。

（2）依照《招标投标法》第三十一条第四款的规定，招标人不得强制投标人组成联合体共同投标，不得限制投标人之间的竞争。对招标人违反这一规定的，除责令招标人改正其违法行为外，行政执法机关还可以对其处以一万元以上五万元以下的罚款。

3. 招标人透露可能影响公平竞争的事宜应当承担的法律责任

依照《招标投标法》第五十二条的规定，招标人违反法律规定向他人透露已获取招标文件的潜在投标人的名称、数量或者可能影响公平竞争的有关招标投标的其他情况的，或者泄露标底的，应承担以下法律责任：警告；罚款，在给予招标人警告的同时，可以并处招标人一万元以上二十万元以下的罚款；给予处分，这是对单位直接负责的主管人员和其他直接责任人员依法给予处分；构成犯罪的，依法追究刑事责任。该条可能构成的犯罪，主要是指《中华人民共和国刑法》（以下简称《刑法》）第二百一十九条、第二百二十条规定的侵犯商业秘密的犯罪。如果招标人透露其所掌握的投标人的商业秘密，构成《刑法》有关侵犯商业秘密罪的规定的，应依法追究其相应的刑事责任；中标无效，因中标无效给其他投标人造成损失的，应当承担赔偿责任。

4. 投标人相互串通或者投标人与招标人串通应当承担的法律责任

依照《招标投标法》第三十二条的规定，投标人不得相互串通投标，不得排挤其他投标人的公平竞争，损害招标人或者其他投标人的合法权益。投标人不得与招标人串通投标，损害国家利益、社会公共利益或者他人的合法权益。依照《招标投标法》第五十三条的规定，投标人相互串通投标或者与招标人串通投标，应当承担的法律责任包括：

（1）中标无效。因中标无效给其他投标人造成损失的，有串通行为的投标人、招标人应当承担赔偿责任。

（2）罚款。罚款的幅度是中标项目金额的千分之五以上千分之十以下。除对单位进行罚款外，对单位直接负责的主管人员和其他直接责任人员处以单位罚款数额百分之十以上百分之二十以下的罚款。

（3）没收违法所得。

（4）情节严重的，取消投标人一年至三年内参加依法必需招标项目的投标资格并予以公告，直至由工商行政管理机关吊销营业执照。

（5）构成犯罪的，依法追究刑事责任。

（6）给他人造成损失的，依法承担赔偿责任。

5. 投标人作假骗取中标的应承担的民事责任

根据《招标投标法》第五十四条的规定，投标人以他人名义投标或者以其他方式弄虚作假，骗取中标的，应承担的民事责任包括：

（1）中标无效。

（2）赔偿招标人的损失。

6. 投标人作假骗取中标构成犯罪的应承担的刑事责任

投标者弄虚作假骗取中标，可能构成的犯罪，主要是指《刑法》第二百二十四条规定的合同诈骗罪。

《刑法》第二百二十四条规定："有下列情形之一，以非法占有为目的，在签订、履行合同过程中，骗取对方当事人财物，数额较大的，处三年以下有期徒刑或者拘役，并处以罚金；数额巨大或者有其他严重情节的，处三年以上十年以下有期徒刑，并处罚金；数额特别巨大或者有其他特别严重情节的，处十年以上有期徒刑或者无期徒刑，并处罚金或者没收财产：虚构的单位或者冒用他人名义签订合同的；以伪造、变造的票据或者其他虚假的产权证明担保的；没有实际履约能力，诱骗对方当事人继续签订和履行合同的；收受对方当事人给付的货物、货款、预付款或者担保财产后逃匿的，以及用其他方法骗取对方当事人财物的。"

7. 投标人弄虚作假骗取中标的应承担的行政责任

投标人以他人名义投标或者以其他方式弄虚作假骗取中标的，中标无效；构成犯罪的，依法追究刑事责任；尚不构成犯罪的，依照《招标投标法》第五十四条的规定处罚。依法必须进行招标的项目的投标人未中标的，对单位的罚款金额按照招标项目合同金额依照《招标投标法》规定的比例计算。

投标人有下列行为之一的，属于《招标投标法》第五十四条规定的情节严重行为，由有关行政监督部门取消其1年至3年内参加依法必须进行招标的项目的投标资格：① 伪造、变造资格、资质证书或者其他许可证件骗取中标；② 3年内2次以上使用他人名义投标；③ 弄虚作假骗取中标给招标人造成直接经济损失30万元以上；④ 其他弄虚作假骗取中标情节严重的行为。

投标人自本条第二款规定的处罚执行期限届满之日起3年内又有该款所列违法行为之一的，或者弄虚作假骗取中标情节特别严重的，由工商行政管理机关吊销营业执照。

8．招标人与投标人就实质性内容进行谈判的应承担的责任

按照《招标投标法》第五十五条的规定，依法必须进行招标项目的招标人违法与投标人就投标价格、投标方案等实质性内容进行谈判的，应承担下列法律责任：① 给予警告。② 招标人的违法行为影响中标结果的，中标无效。根据《招标投标法》第五十五条的规定，对单位直接负责的主管人员和其他直接责任人员应依法给予处分。

9．招标人违法确定中标人的应承担的法律责任

对违法行为不管是否处以行政处罚，执法机关都必须首先责令其改正。招标人除改正其违法行为外，还要承担下列法律责任：

（1）中标无效，招标人应重新选择中标人。

（2）罚款。处罚对象是实施违法行为的招标人，罚款的金额为中标项目金额千分之五以上千分之十以下，是否处以罚款及罚款的具体数额由做出行政处罚决定的行政机关根据招标项目的资金来源及招标人的违法行为的轻重决定。

（3）对单位直接负责的主管人员和其他直接责任人员给予处分，这里的处分包括行政处分和纪律处分。

10．中标人违法转包、分包的应承担的法律责任

按照《招标投标法》第五十八条的规定，中标人违法转包、分包的，应承担的法律责任包括：

（1）转包、分包无效。

（2）罚款。处罚对象是实施违法行为的中标人，罚款的金额为转包或分包项目金额的千分之五以上千分之十以下，具体数额由做出处罚决定的行政机关根据中标人违法行为的情节轻重决定。

（3）有违法所得的，没收违法所得。

（4）责令停业整顿。

（5）情节严重的，吊销营业执照。

11．中标人不履行与招标人订立的合同应承担的责任

（1）民事责任。履约保证金不予退还，赔偿招标人的损失。

（2）行政责任。取消其今后一段时间内参加依法必须招标项目的投标资格；情节特别严重的，吊销其营业执照。

《实施条例》第七十四条规定：中标人无正当理由不与招标人订立合同，在签订合同时向招标人提出附加条件，或者不按照招标文件要求提交履约保证金的，取消其中标资格，投标保证金不予退还。对依法必须进行招标的项目的中标人，由有关行政监督部门责令改正，可以处中标项目金额千分之十以下的罚款。

复习思考题

1. 采用招标投标采购方式须具备的基本条件是什么?
2. 国际上采用的招标方式有哪三种?
3. 招标投标采购方式的特点有哪些?
4. 招标资格审查的内容主要有哪些?
5. 法定强制招标的项目有哪些?
6. 投标人编制投标文件的基本要求有哪些?
7. 投标文件应包括哪些内容?
8. 什么是联合体投标?
9. 标的在评标中的作用是什么?
10. 《招标投标法》中对法律责任有哪些规定?

第 2 章
项目招标

引导案例

政府采购招标案例

1. 案例背景

本项目为学校学生公寓用品采购项目，于 2014 年 6 月 19 日下达采购中心，被列入政府采购范围。

这次集中采购学生公寓用品为公寓床、床垫、更衣柜、学习桌、四脚椅、鞋柜等共计 4 208 套，要求安全、实用、适用、舒适。本次采购不仅包括对产品本身的采购，还要求提供供应及售后服务等。

2. 招标准备

由于本次招标学生公寓用品数量多，所以在确定招标方式上，既考虑学校需要学生公寓用品的时间上的急迫性，又考虑到采购程序的严密性和招标范围的公开性，最终把招标方式确定为公开招标。6 月 19 日以公开招标的方式在中国政府采购网站发布招标公告。招标文件编制的具体做法是将学生公寓用品分为 01 和 02 两个包，01 包为计 1 120 套的公寓床、异形公寓床、加长上下床和椅子等用品，02 包为计 3 088 套的公寓床、床垫、更衣柜、学习桌、四脚椅和鞋柜等用品。这样分主要考虑到两个因素：一是要求制造供应商供货时间短，4 208 套学生公寓用品由两家供应商提供，缩短制造周期；二是 01 包与 02 包的规格要求不一样，便于供应商选择适合自己规格的学生公寓用品进行投标。

标书于 2014 年 6 月 19 日至 2014 年 7 月 10 日出售。

3. 招标过程

2014 年 7 月 10 日在学校会议中心开标，邀请了学校所在地公证处两位公证员为开标公证，评标专家由北京市政府采购中心提供，在保证了评标专家的保密性和公正性，投标企业的法定代表人或其授权的投标人代表出席开标仪式。

7 月 11 日评标，邀请北京市资深专家 4 位和 1 位使用单位人员组成评标小组，评标小组决定将 01 包学生公寓用品项目授予 L 公司，02 包学生公寓用品项目授予 B 公司。

2.1 项目招标策划

在项目实施中,招标人通过合同分解项目目标,落实承包人,并实施对项目的控制权力。合同总体策划对整个项目有很大的影响,招标人在招标前首先必须决定,将一个完整的项目分为几个包,既可以采用平行(分阶段或分专业工程)承包方式,也可以采用总承包方式,还可以采用混合承包方式。

2.1.1 承包方式及合同形式的策划

1. 确定承包方式

项目招标策划先要确定承包方式,现有的承包方式有平行承包方式、总承包方式和混合承包方式等。

(1) 平行承包方式。这种组织方式也称"分别承包方式",是发包人根据项目的实际需要把项目分解为若干包后分别发包出去。例如,工程建设项目采用平行承发包方式将设计任务分别委托给多个设计院,或把工程项目的施工任务分别发包给多个施工单位,此时各设计单位、各施工单位之间的关系是平行的,如图2-1所示。《中华人民共和国建筑法》(以下简称《建筑法》)第二十四条规定:"提倡对建筑工程实行总承包,禁止将建筑工程肢解发包。"对设计而言,平行发包最小单元是单项工程(具有独立的设计文件);对施工而言,平行发包最小单元是单位工程(能够独立组织施工)。

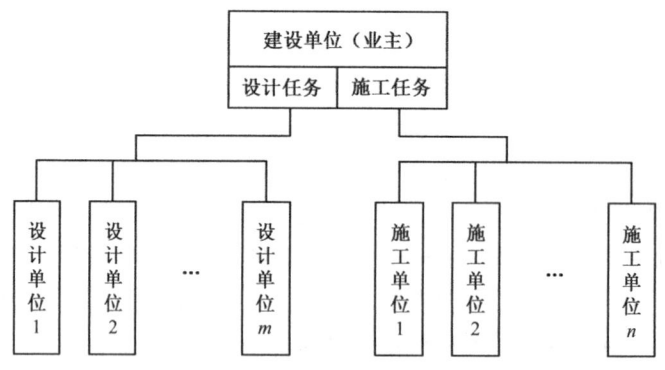

图2-1 平行承包方式

(2) 总承包方式。

1)《建筑法》提倡的三种总承包方式如下所述。

① 全过程总承包方式。全过程总承包即将建筑工程的勘察、设计、施工、设备采购一并发包给一个工程总承包单位进行总承包。我国建设项目总承包有两种形式:一种是设计单位进行工程建设总承包,这是自1987年开始试点的,国家计划委员会、财政部、中国建设银行、国家物资部于1987年4月20日发布了《关于设计单位进行工程建设总承包试点

有关问题的通知》；另一种是由施工企业进行工程建设总承包，建设部于 1992 年 4 月 3 日发布了《工程总承包企业资质管理暂行规定（试行）》。

② 单项总承包方式。单项总承包即将建筑工程勘察、设计、施工、设备采购的一项发包给一个工程总承包单位。

③ 多项总承包方式。多项总承包即将建筑工程勘察、设计、施工、设备采购的多项发包给一个工程总承包。

2）国际上现有的总承包方式可分为以下四类：

① 全项总承包。全项总承包（以集团公司为主）也就是全过程总承包，包括前期开发管理、融资管理、方案设计、施工、分包和后期物业管理。

② 管理型总承包。管理型总承包也就是 CM（Construction Management），这种总承包以管理公司为主。建筑工程设计方案可以委托有设计能力的设计院完成，施工可以委托有综合能力的施工单位进行总包，总包下面再进行分包。

③ 施工总承包。施工总承包是以施工单位为主，工程主体必须由施工承包单位自己完成。

④ 设计总承包。设计总承包是由具有相应资质的设计单位对负责设计的工程从方案的扩初直到施工图设计实施全面设计的承包方式。

3）采用总承包方式应注意的问题。

① 发包人有需求，承包人有能力，这两个融合在一起，形成合同总承包形式。"需要是人的活动的动力源泉"，需要推动人去从事某种活动，而活动中需要不断地得到满足，同时又不断地产生新的需要，从而使活动不断向前发展。

② 要强调在总承包方式中实行总包方负责，总包方与分包方负连带责任的方式。

③ 总承包基本职责，实行"四控制、三管理、一协调"，加上合同约定的其他职责。"四控制"就是质量控制、安全控制、费用控制和工期控制；"三管理"就是合同管理、现场管理和过程管理；"一协调"就是施工多种要素的组织协调。

④ 总承包的形式、内容与责任必须用书面合同的形式确定。

⑤ 实行项目经理责任制。

（3）混合承包方式。混合管理模式，即以单项总承包体系为主，业主对部分专业工程和材料设备采购（业主采购）采用平行发包为辅的混合管理模式，如图 2-2 所示。

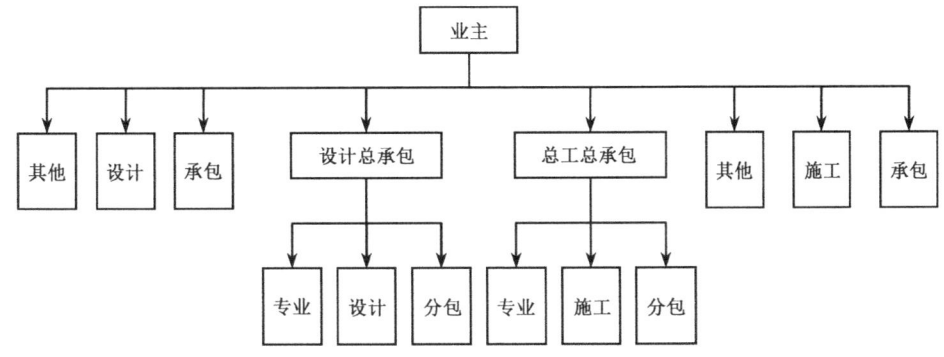

图 2-2　混合管理模式

应用案例 2-1

某项目采用《建筑法》提倡的、国际上流行的单项总承包管理模式,即采用设计总承包与专业设计分包体系,施工总承包与专业施工分包体系,如图 2-3 所示。

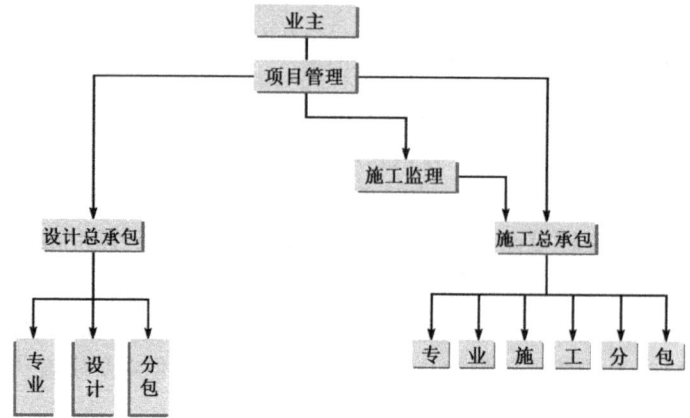

图 2-3　单项总承包管理模式

1. 设计总承包与设计分包体系

由于社会的发展,综合性建筑设计院在建筑、结构、通用设备与总体方案方面的设计力量比专业设计院要强得多,而安全系统、楼宇自动化、综合布线等部分专业设计又要求由能力最强的专业设计院所来承担。专业设计分包方的工作主要侧重于工艺设计,将技术先进、经济合理的工艺及设备绘制成工艺设计图。在设计过程中通过定期召开专业设计协调会,及时接受设计总承包方的协调管理,及时解决问题,避免了专业设计与土建设计的矛盾,以及各专业设计之间的矛盾。通过定期召开专业设计协调会,及时解决问题,最后由设计总承包方完成统一的施工图设计。

这一体系的建立与运作,既可以使专业设计分包人发挥设计特长,又可以使各专业设计与结构、通用设备设计相互衔接,可以较大限度地避免设计的冲突。

2. 施工总承包与施工分包体系

按照科学管理的原则,在一个建设项目中选择一个施工总承包商对项目工期、质量、现场生产管理及安全管理全面负责,其他施工单位无论是由总承包商选定的,还是由业主指定的均只能作为专业工程的分包单位与总承包商签订分包合同。这样既发挥了总承包商所具有的较高管理水平和总体协调能力,也充分利用了专业分包商各自的长项。总承包商对分包工程与分包单位对业主承担连带责任,避免了参建各单位"都是承包商,谁也不服谁"的不利情况的发生。

3. 项目管理模式的适应性

采用设计、施工总承包方式的项目管理模式,可较方便地进行一体化优化管理。运用一体化的统一项目管理模式,将各方面的工作在建设的全过程中相互动态接触,在接触中相互优化。运用一体化的统一项目管理模式，能在建设的全过程开展降低成本活动，较大程度地节省建设投资，大大增强对资金合理使用的掌控能力。

采用设计、施工总承包方式的项目管理模式适合中国的国情，以设计为主项的设计单位和以施工为主项的施工单位早在20世纪50年代即已形成，虽然这些企业已经开始向多项总承包和全项总承包方向发展，也开始尝试EPC、D+B、CM、MC和PM等承包模式，但受到市场、业主管理、承包商的能力等多种条件的限制，有把握、成功案例也较多的还是单项总承包管理模式，即本文推荐的模式。

通过大量的工程实践证明，要实行这种模式，业主的项目管理部必须有较强的管理能力，能够在各项错综复杂的工作中，抓住主要问题，分出轻重缓急。尤其项目采购、合同管理能力和对建设法规的了解，直接关系到此种管理模式的成败。如果关键环节控制不好，管理风险就会伴随出现。

 **关键术语**

施工总承包是指由一个施工企业通过与发包方签订总承包合同承揽一个工程项目的建筑工程、安装工程或建筑安装工程施工任务的行为。

施工分包是指工程施工总承包单位将承包工程建设任务中的一部分通过合同委托给其他专业施工单位完成的行为。

连带责任是指义务人负共同义务或对共同义务的不履行而应承担的法律责任。

2. 合同形式的选择

目前，国内外通常采用的合同形式主要有总价合同、单价合同、成本加酬金合同等几种。

（1）总价合同。总价合同通常是通过投标人的竞争来决定中标价。一般在中标价中，有一部分投标人按照已确定的承包范围和详细完整的图纸确定的报价，这部分报价除了设计有重大变更以及合同约定的价格调整外，一般不允许调整这部分价格。中标价中还有一部分以待定项目命名的待定价，这些待定项目的存在多数是由于以下原因：① 在为本项目进行招标时，不能对项目的某个部分做出足够详细和明确的规定，从而不能使投标人报出确定的价格。② 在招标时不能决定某一具体工作项目是否包括在合同中。③ 甲方指定分包材料、设备供货项目。

这种合同形式，因为承发包双方结算方式较为简单，合同管理相对来说容易些，合同的执行中，承包人的索赔机会较少。但这种合同承包人承担了报量和报价的双重风险：① 报价计算错误和漏报项目的风险。② 工作量计算错误的风险。报价中不可预见风险费用较高，因此要价较高。

（2）单价合同。单价合同即在整个合同期间执行同一合同单价，而工程量则按实际完成的数量结算，也就是量变价不变合同。目前，单价合同形式国际上采用最为普遍，国际通用土建工程合同条件中也做了量可变而价一般不变的规定：对承包人来说，工程量可按实调整，而综合单价不变，当发生非施工方原因或设计变更等因素造成实际完成的工程量与合同中的工程量出入较大，承包人可以要求调整相应的工程量，而单价保持不变。工程量清单招标正是符合单价合同的要求，是招标制度和造价管理与国际惯例接轨的必然发展。

单价合同发包人要承担量的风险，投标人要承担价的风险。对发包人来说，单价合同招标准备阶段投入较小，成本较低，但因为支付款项是按实量结算的，所以计量工作量较大，通常采用阶段付款。如果工程分项在工程量表中已经被定义，只有在该工程分项完成后承包人才能得到相应付款，则工程量表的划分应与工程的施工阶段相对应，必须与施工进度一致，否则会带来付款的困难。另外，由于项目总造价直到项目结束前始终是未知数，这给项目费用控制造成一定困难。

（3）成本加酬金合同。成本加酬金合同即项目成本实报实销另加一笔支付给承包人的酬金。这种合同主要用于对工程内容及其技术经济指标尚未完全确定而又急于上马的工程，还用于设计-施工（Design-Build）、EPC（Engineering Procurement Construction，设计采购施工）、交钥匙（Turn Key）项目管理模式。这种合同发包人对工程总造价不易控制，而由于承包人是按照成本一定比例提取管理费及利润，如果承包人在项目实施过程中不注意精打细算，则管理费及利润也较高。

不同计价方式合同类型比较如表 2-1 所示。

表 2-1 不同计价方式合同类型比较

合同类型	总价合同	单价合同	成本加酬金合同			
			百分比酬金	固定酬金	浮动酬金	目标成本加奖罚
应用范围	广泛	广泛	有局限性			酌情
招标人对投资控制	易	较易	最难	难	不易	有可能
承包人风险	风险大	风险小	无风险	基本无风险	风险不大	有风险

2.1.2 招标项目分解的原则及目的

1. 招标项目分解的原则

（1）按照项目的类型、规模、特点、技术的复杂程度，综合分析项目的总体要求，确定项目管理模式和相应的合同形式。

（2）按照招标人的项目资金状况、自身的管理能力、对项目目标（工期目标、费用目标、质量目标）的要求、项目进度款支付的方式，并同时考虑整个项目按过程的结构分解，以项目进展阶段来分别确定是采用平行发包方式还是采用总分包方式。

（3）按照发包人对项目管理介入的深度、对承包人的期望和信任程度、项目所在区域的法律环境、市场竞争激烈程度、物价的稳定性，并考虑地质、气候、自然、现场条件的确定性和项目资源（如资金、材料、设备等）供应及限制条件等，确定招标项目分解的层次。

（4）按照被分解招标项目的专业性质和管理特点，综合考虑所有分解项目之间的横向联系，如管理关系、协调关系、合同关系（多方协议、配合协议）等。

（5）在项目实施过程中，应该根据项目的实际进展情况及时地对招标项目进行修改和完善，使之更加符合项目的实际情况且更具操作性。

2. 招标项目分解的目的

（1）招标项目的合理分解，可以实现以合同管理为中心的项目管理理念，合同管理以法律为依据，在合法的前提下最大限度地通过合同手段维护项目的整体利益。

（2）招标项目的合理分解，可以实现质量、进度、费用三大项目目标的辩证统一的管理，最大限度地将项目管理中的各种问题纳入合同管理的范围中，使参与项目实施的任何一方都能以合同为依据，享有权利，履行义务，共同保证项目的综合目标得以最佳实现。

（3）招标项目的合理分解，可以减少项目管理过程中的各种矛盾、纠纷、索赔，以科学合理的合同体系为约束，督促项目参与方完成各自的项目任务。

（4）招标项目的合理分解，可以使费用控制更加科学、有序。从可行性研究中的费用估算和预分解，到项目实施过程中预算控制，以及费用支出计划、资金流量表和挣值分析都与招标项目的分解紧密相关。

2.1.3　招标项目分解的方式

下面介绍采用工作分解结构（Work Breakdown Structure，WBS）的方法来分解招标项目。

1. 按照项目的进展阶段和工作流程分解

按照项目的进展阶段和工作流程分解招标项目，可以明确划分各个工作的内容范围及工作界面，使各工作界面明确且充分搭接，工作程序科学、有序，如图2-4所示。

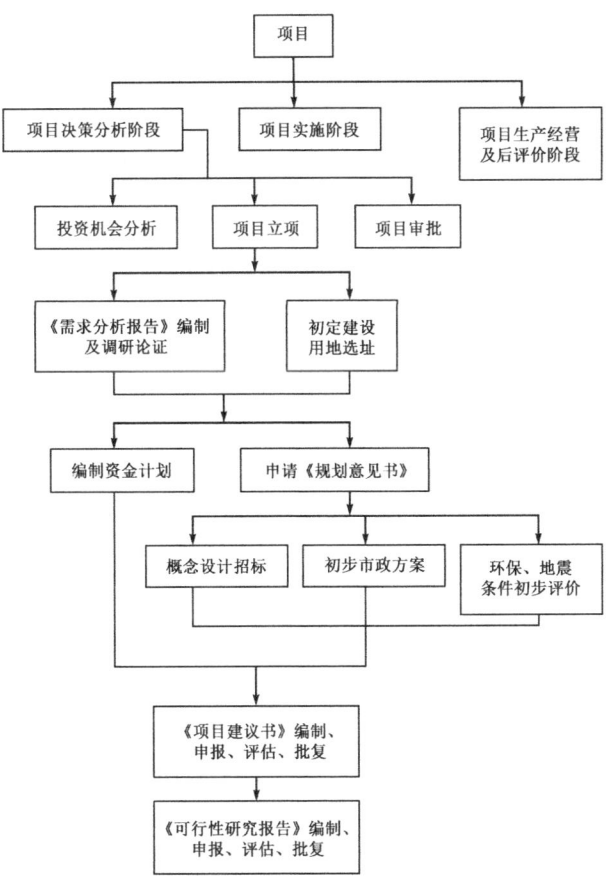

图2-4　按照项目进展阶段和工作流程进行招标项目的分解

2. 按照项目可交付成果分解

按照项目可交付成果分解招标项目,是以合同的签订对象为分解目标的,如图 2-5 所示。这样分解的主要目的是使参与项目建设过程各方能够以合同约定为依据密切配合、友好协作、相互提供条件,以使各方的合同义务都能顺利履行。

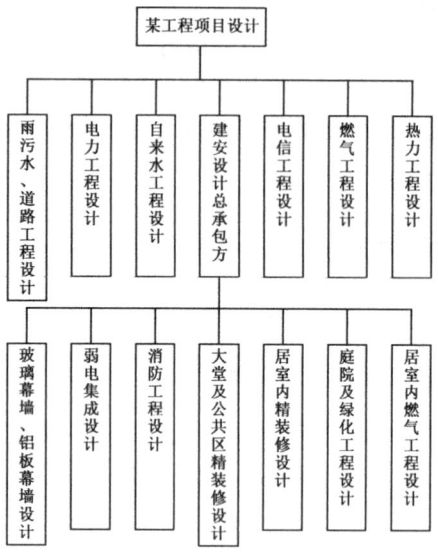

图 2-5 按照项目可交付成果进行招标项目的分解

✉ 案例 ××××开发有限公司×××工程合同的 WBS(见图 2-6)

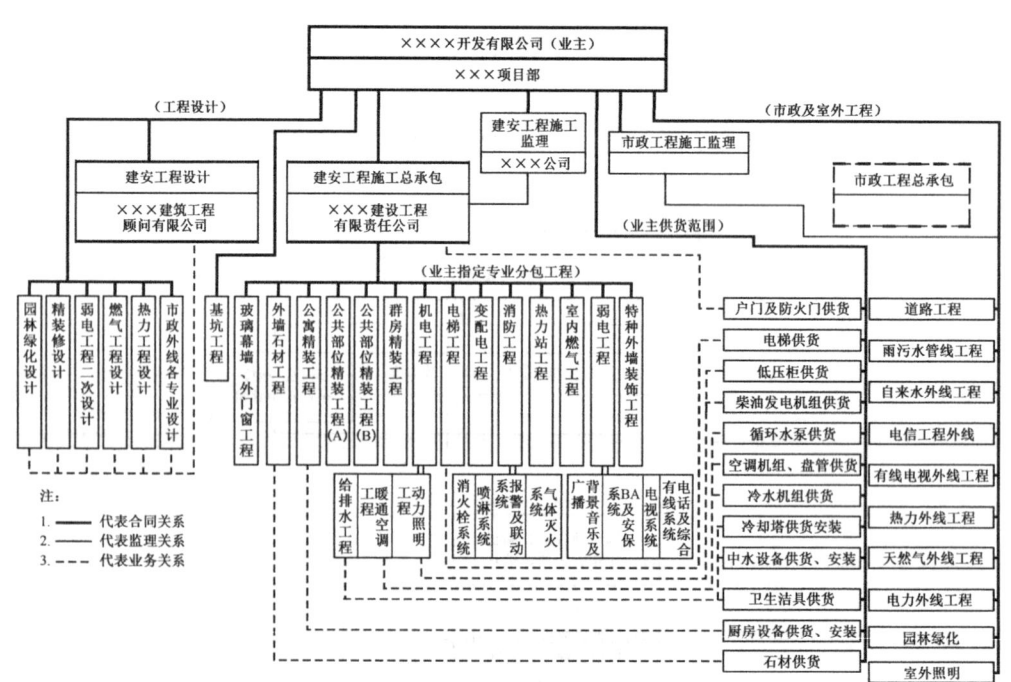

图 2-6 ××××开发有限公司×××工程合同的 WBS

3. 综合考虑进展阶段和可交付成果分解

对于多数项目的实施，需要同时采用上述两种分解方法，即综合考虑按照项目的进展阶段和工作流程分解招标项目，以及按照项目可交付成果分解招标项目，如图 2-7 所示。

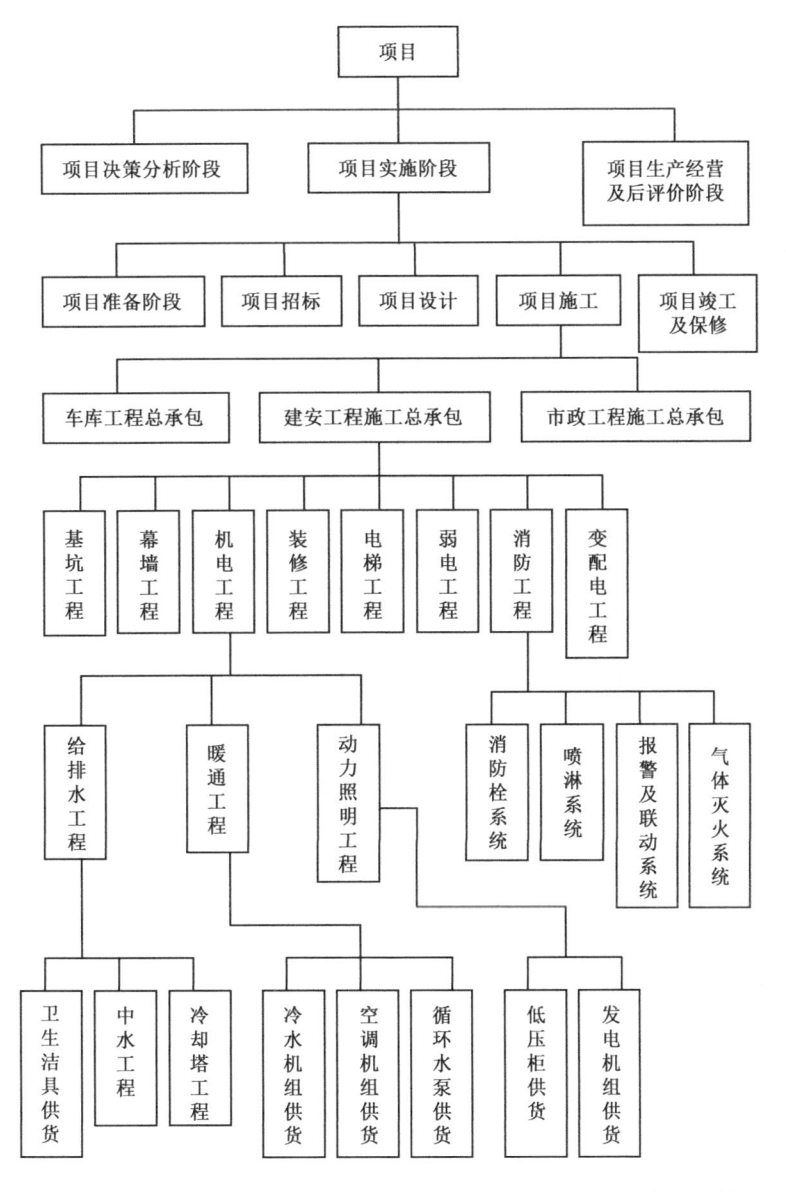

图 2-7 综合考虑项目进展阶段和工作流程及可交付成果进行招标项目的分解

2.1.4 招标项目分解时应考虑的问题

（1）要考虑法律、法规的相关规定。例如，对工程建设项目不允许肢解发包的规定和禁止违法分包的规定。《建筑法》第二十八条规定：禁止承包单位将其承包的全部建筑工程转包给他人，禁止承包单位将其承包的全部建筑工程肢解以后以分包的名义分别转包给他人。《建筑工程质量管理条例》第七条规定"建设单位不得将其建设工程肢解发包";第十八条规定"勘察、设计单位不得转包或者违法分包所承揽的工程";第二十五条规定"施工单位不得转包或者违法分包工程"。

《实施条例》第五十九条规定：中标人应当按照合同约定履行义务，完成中标项目。中标人不得向他人转让中标项目，也不得将中标项目肢解后分别向他人转让。中标人按照合同约定或者经招标人同意，可以将中标项目的部分非主体、非关键性工作分包给他人完成。接受分包的人应当具备相应的资格条件，并不得再次分包。中标人应当就分包项目向招标人负责，接受分包的人就分包项目承担连带责任。

> **相关链接**
>
> 《实施条例》所称转让，是指中标单位将与发包人签订合同所约定的权利、义务和风险转由其他人来承担，中标人退出原合同关系。
>
> 工程转包是指承包单位承包建设工程后，不履行合同约定的责任和义务，将其承包的全部建设工程转包给他人，或者将其承包的全部建设工程肢解以后以分包的名义分别转包给其他单位承包的行为。
>
> 工程分包是指工程的承包单位（总承包单位），将其承包的工程建设任务中的一部分（除主体结构）通过合同委托给其他单位完成的行为。
>
> 违法分包是指下列行为：
> （1）总承包单位将建设工程分包给不具备相应资质条件的单位的。
> （2）建设工程总承包合同中未有约定，又未经建设单位认可，承包单位将其承包的部分建设工程交由其他单位完成的。
> （3）施工总承包单位将建设工程主体结构的施工分包给其他单位的。
> （4）分包单位将其承包的建设工程再分包的。

（2）对一些招标项目而言，如结构复杂的工程，实行总承包与分包相结合的方式，允许承包人在一定的条件下，将总承包工程项目中的部分劳务工程或者自己不擅长的专业工程分包给其他承包人，不仅有利于发挥各自优势，对于提高工作效率，降低工程造价，保证工程质量以及缩短工期等也是必要的。但是，为了维护招标人的权益，中标人与分包人应当就分包工作向招标人承担连带责任。换句话说，分包人不履行分包合同时，招标人既可以要求总承包人承担责任，也可以直接要求分包人承担责任。

（3）要在投资总控计划和进度总控计划的基础上统筹考虑招标项目分解。在项目的投资决策阶段的可行性研究中，重要的结果之一就是投资估算。首先要对投资估算进行预分解，然后在项目实施阶段启动时，要修正、完善投资估算并进一步细化和再分解，此时叫投资控制计划。在进行招标项目分解时，一定要考虑费用的分解计划，同时要考虑进度里程碑计划。招标项目的分解和投资总控计划及进度总控计划三者之间是相辅相成的，因此要统筹考虑。

（4）招标项目分解时还要充分考虑规范和标准的完整性，以及技术上的科学性和可行性，同时还要考虑项目管理、目标控制和合同管理的科学性和可行性。要反复论证招标项目分解的科学性和可行性，综合分析各种选择的利弊得失，并要在项目实施过程中坚持持续改进。

2.2 招标文件

2.2.1 招标文件的内容

招标文件又称标书，是招标人向投标人提供的为指导投标工作所必需的文件。招标文件的作用在于：告知投标人所有的要约邀请要件；阐明需要采购的货物、工程、服务项目的性质，并说明采购项目的技术要求、标准和规范；告知评标办法及中标条件；编制投标文件的要求；指导投标者送交投标书的程序等。招标文件应包括的基本内容有以下几点。

1. 投标方须知

（1）项目概况，包括项目名称、地点、规模、场地条件、资金来源，项目的审查状况，招标人、招标代理（如果有）和其他项目参与方（如设计单位、监理单位等）。

（2）招标方式、合同类型及招标原则。

（3）招标文件的修改与解释。招标人在投标截止日期前对招标文件进行澄清或者修改的权利，澄清或修改的方式，澄清或修改对招标文件有效期的影响，澄清或修改的效力。

应用案例 2-2

3.1 招标人在投标截止日期前的任何时候，可因任何原因，对招标文件进行澄清或者修改。这种澄清或者修改可能是招标人主动做出的，也可能是为了解答投标人要求澄清的问题而做出的。招标人对招标文件的修改，以向投标人发出招标文件的补充文件的方式做出。

3.2 招标文件的补充文件将以书面的方式发给所有获得招标文件的投标人，并对他们起约束作用。投标人收到招标文件的补充文件后，应立即以书面的方式通知招标人，确认已经收到招标文件的补充文件。

3.3 如果招标人对招标文件进行了修改，当招标人认为有必要时，可以通知投标人延长投标书有效期。这种通知应当以书面形式向所有获得招标文件的投标人发出，投标人收到通知后，应当立即以书面形式通知招标人，确认已经收到该通知。

3.4 招标人所进行的澄清或者修改的内容视为招标文件的组成部分，与已发出的招标文件具有同等的效力。

（4）投标资格要求。若采用资格预审的方式，则在招标文件中可以发出对资格预审的补充和进一步澄清的要求；若采用资格后审，则应在招标文件中全面、详细地提出对投标人的资质要求。不论采用哪一种资格审查方式，都应突出对投标人资格的要求和对项目经理部的要求，包括对项目经理部的项目经理、主要技术人员和管理人员的要求。

（5）投标文件。投标文件应包括但不限于的全部内容；重点说明投标文件对招标文件的响应，以及编制投标文件的原则和编制质量的要求。

（6）投标费用。说明投标费用的发生和承担原则。

（7）对已发出的投标文件进行补充、修改或撤回。说明投标人对已发出的投标文件进行补充、修改或撤回的权利，还应说明投标人对已发出的投标文件进行补充、修改或撤回的方式方法。

（8）对施工组织设计的要求。要求投标人在施工质量、施工工期、安全文明施工、环境保护等方面必须达到的标准，对主要技术方案、质量保证计划、主要分项工程施工方案和技术措施、现场安全文明施工和环保方案、投标人自行分包（中标项目的部分非主体、非关键性工作）计划、投标人自行采购的主要材料设备选用计划等做出详细的要求。

应用案例 2-3

8.1 一份详细的工程施工总计划。

8.2 本招标工程要求投标人在施工质量、施工工期、安全文明施工等方面必须达到较严格的标准，因此，投标人报出的施工组织设计将在竞标中占有重要地位。

8.3 质量保证计划。严格依照 ISO 9000 质量标准体系的质量保证措施，必须保证本招标工程达到合同所约定的工程质量等级和标准。

8.4 主要分项工程施工方案和技术措施（尤其本工程的重点和难点部分）。

8.5 现场安全文明施工和环保方案。本招标工程现场文明施工必须符合国家和北京市有关规定和标准，安全文明施工方案还应有防止施工扰民和民扰的具体措施。

8.6 其他主要技术方案，包括冬、雨季施工方案，现场安全保证措施，消防保证措施，施工成品保护措施等。

8.7 施工现场平面图。图中应合理布置大型垂直运输机械、各类加工制作车间、现场临时办公用房、工具房、库房、周转材料堆放现场、临时厕所、临时水电管线布置等要素。

8.8 投标人自行分包（中标项目的部分非主体、非关键性工作）计划，内容包括拟分包的工作内容、数量，拟分包的单位、投标单位的保证等内容。

8.9 投标人自行采购的主要材料设备选用计划表。按本招标文件附件中规定的格式填写，每种材料须列出符合设计要求且质量和价格水平基本相似或接近的三个以上品牌，每个品牌须列出品牌名称、产品规格、型号、价格、质地、颜色、产地、厂家和拟用部位等要素，各类材料设备都须附上有关产品说明和必要的样品。且投标人应保证招标人从中选取使用任何品牌的材料设备都不会使招标人承担任何额外费用。

8.10 拟用于完成本招标项目的施工机械设备以表格的形式列出，主要包括机械设备的名称、型号、规格、数量、国别产地、制造年份、主要技术性能等内容。

（9）工程量计算规则。对本项目采用的统一的工程量计算规则进行详细的说明。

（10）项目质量和进度的明确要求。

(11) 编制投标文件时应注意的问题。投标人对招标文件内容疑问的处理，投标书和往来信函与文件的制作和装订，投标人对招标文件的检查（是否齐全，是否有缺漏、重复或不清楚的地方），投标方投标时估算错误或漏项的风险，投标文件无心的错误处理，以及其他要求。

应用案例 2-4

11.1 投标人应将投标文件、资审文件等按招标文件规定编制、填妥，一并装入信封内，封条加盖公章，封面写明投标人名称、地址、工程名称，并于邀请信上注明的回标日期以前送达，逾期一律不予受理。

11.2 有下列情况之一的，其投标书无效：

11.2（1） 投标书未按规定密封。

11.2（2） 投标书未盖单位公章和无法定代表人印章。

11.2（3） 投标人未按招标文件的规定要求和格式填写，或内容不全、字迹模糊不清、难以辨认。

(12) 对投标书递交的要求。

应用案例 2-5

12.1 投标人应对工程现场及其周围环境进行现场考察，以获取那些需自己负责的有关投标准备和签署合同所需的所有资料和信息。考察现场的费用由投标人自己承担。

12.2 经招标人允许和事先安排，投标人及其代表才能进入现场进行考察。在投标截止日期前，只要投标人的理由是合理的且招标人认为是必要的，招标人可允许投标人申请对现场进行追加考察。但本须知明确规定，投标人及其代表不得让招标人为现场考察负任何责任。投标人及其代表必须承担那些进入现场后，由于自身的行为所造成的人身伤害（不管是否致命）、财产损失或损坏的后果与责任。

(13) 对现场考察的规定和要求。

(14) 投标保证金或投标保函。确定投标担保金额，担保有效期，招标人没收投标担保金的条件。

(15) 投标截止日期。

(16) 迟到的投标文件的处理。

(17) 投标文件合格性和有效性的确定。实质上响应招标文件要求的投标文件的标准，招标人废除投标书的权利和条件。

应用案例 2-6

17.1 招标人可以要求投标人对投标文件中含义不明确的内容进行必要的澄清或者说

明，但是澄清或者说明不得超出投标文件的范围或者改变投标文件的实质性内容。

17.2 招标人在正式签订本招标工程合同之前任何时候均有权根据评标委员会评审意见接受或拒绝任何投标，宣布投标程序无效或拒绝所有投标。

（18）招标人的权利。

（19）开标、评标、决标，中标通知书，签订合同。

2. 招标范围及报价要求

（1）确定招标范围的目的在于使投标人了解投标项目的范围与承担的责任。首先应明确由投标人自行承担的部分，其次确定由投标人承担总承包责任发包人指定分包的部分，还要确定需要承包人配合由发包人平行发包的部分。

> **相关链接**
>
> 发包人指定分包是指发包人通过招投标确定具有相应资质条件的专业施工单位，且经承包人认可并与其签订专业施工分包合同或与其和发包人共同签订专业施工分包合同的行为。
>
> 发包人指定材料、设备供货是指发包人通过招投标确定具有相应资质条件的供货商，且经承包人认可并与其签订购销合同或与其和发包人共同签订购销合同的行为。

（2）报价要求要说明计量计价的依据、计价的方式、计价的规则。

3. 技术规范

技术规范是招标文件的重要组成部分。在设备和货物采购中，技术规范规定了所要采购的设备和货物的性能、标准以及物理和化学特征。如果是特殊设备，还要附上图纸，规定设备的具体形状。在土建工程采购中，技术规范和图纸共同反映了工程师对整个工程的设计意图和技术要求。

目前，一些主要工业国家都已制定了各类技术标准和规范，形成了完整的规范体系。而多数发展中国家则往往以发达国家的标准为基础，结合本国的具体要求编制出本国标准，或直接采用国际上较通用的几种标准和规范。现行国际上较通用的技术标准有：① 国际标准组织（International Standards Organization）编制的标准，简称 ISO 标准。② 国际电工委员会（International Electrotechnical Commission）编制的标准，简称 IEC 标准。③ 英国标准协会（British Standards Institution，BSI）编制的标准（British Standard，英国国家标准），简称 BS。④ 美国国家标准协会（American National Standards Institute）编制的标准，简称 ANSI 标准。⑤ 德国规范协会编制的标准，简称 GIN 标准；德国工业标准（German Industry Standard），简称 DIS 标准。⑥ 日本工业标准委员会（Japanese Industrial Standards Committee）编制的标准，简称 JISC 标准等。在招标文件中，必须说明采用哪一种或哪几种技术标准和规范，同时还应当编制技术说明专册，列出主要技术要求和材料、成品的质量规格要求。

应用案例 2-7

除非设计文件中另有特别注明,本工程适用中华人民共和国现行有效的国家规范、规程和标准。设计图纸和其他设计文件中的有关文字说明是本工程技术规范的组成部分。对于涉及新技术、新工艺和新材料的工作,相应厂家使用说明或操作说明等的内容,或适用的国外同类标准的内容也是本工程技术规范的组成部分。

本招标文件中约定的任何投标方应予遵照执行的规范、规程和标准都指它们各自的最新版本。如果在任何规范、规程和标准之间出现相互矛盾之处或存有任何疑问之处,投标方应书面请求招标方予以澄清,除非招标方有特别的要求,投标方应按照其中要求最严格的标准执行。材料、施工工艺和本工程都应依照相关规范、规程和标准的最新版本,或把最新版本的要求当作对乙方工作的最起码的要求,而执行更高的标准。

4. 评标办法

评标办法中应包括总则、评标内容和评定标准、评标过程的保密、投标人对投标文件的澄清和说明、开标的程序、中标人应符合的条件等。

5. 招标图纸及工程量清单

如果是工程项目采购,工程图纸是招标文件不可缺少的部分。通常招标方并不提供全套完整的施工图纸,而是随工程施工的进展,由工程师陆续提供详细的施工图纸,作为实际施工和支付的依据,有的工程师也可以要求承包公司提出补充图纸,经其审查认可后用于施工。工程采购招标文件须包含工程量清单,工程量清单的主要内容为:① 需要完成的工程量的资料(这是投标人有效、准确地编制投标书的依据)。② 需要报价的工程量清单(这是签订合同和工程开始后定期计价付款的依据)。

6. 投标文件商务部分要求

这部分应包括工程量清单计价原则和工程量清单报价说明。

7. 投标文件技术部分要求

这部分应包括对施工组织设计和安全环保组织设计的详细要求。

8. 合同条款

合同条款就是未来的供应或承包合同的条件,主要规定有关方面的权利和义务。

2.2.2 招标文件的编制流程

招标文件既是投标人编制投标文件的依据,又是采购人与中标人商签合同的基础。因此,招标人应十分重视编制招标文件的工作,务必使招标文件严密、周到、细致、内容明确、合理合法。编制招标文件是一项十分重要而又非常烦琐的工作,必要时应邀请有关专家参加。招标文件的分量和复杂性取决于采购项目的类型、规模、性质和复杂程度。在采购简单项目时,所需文件可较简单,但当采购对象较为复杂甚至非常复杂时,招标文件就相当繁多和复杂。

编制招标文件是项目管理组织的重要工作,要多个部门和专业人员共同参与。编制招标文件的流程,如图 2-8 所示。

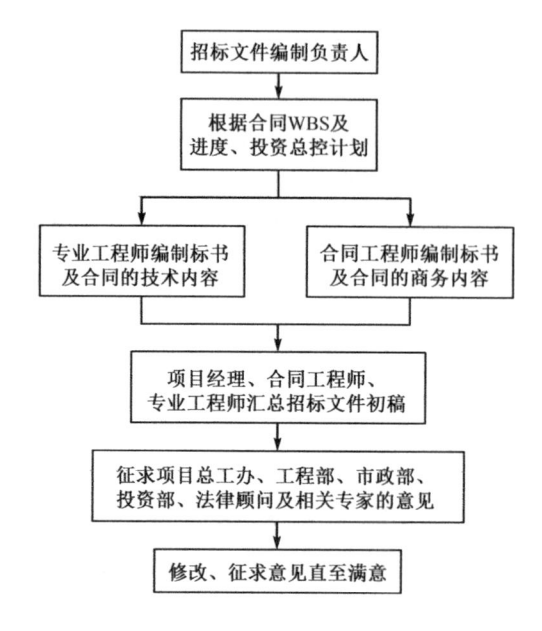

图 2-8 编制招标文件的流程

2.3 项目招标管理

2.3.1 项目招标程序

(1) 招标前准备工作。建立招标的组织机构;完成工程的各种审批手续,如规划、用地许可、项目的审批等;向政府的招标投标管理机构提出招标申请等;起草招标文件,并编制标底。

(2) 发布招标通告或发出招标邀请。对公开招标项目一般在公共媒体上发布招标通告,介绍招标工程的基本情况、资金来源、工程范围、招标投标工作的总体安排和资质预审工作安排。如果采用邀请招标方式,则要在相关领域中广泛调查,以确定拟邀请的对象。

(3) 资格预审。为全面了解投标人的资信、企业各方面的情况以及工程经验,发布规定内容的资格预审文件。一般资格预审包括对投标企业概况,近几年来所承建工程情况,财务状况,目前劳动力、管理人员和施工机械设备情况、企业资信情况进行审查。只有资格预审合格的承包商才有资格购买或获得招标文件。

(4) 标前会议和现场考察。通常在标前会议前，投标人已阅读分析了招标文件，将其中的问题在标前会议上向招标人提出，由招标人统一解答。在标前会议期间，招标人带领各个投标人考察现场。

(5) 投标人做标和投标。在这一阶段，投标人的主要工作有分析招标文件，作合同评审，作现场考察和环境调查，确定实施方案和施工组织计划，估算工程成本，确定投标策略，作投标报价，并按招标人要求的格式、内容做标，起草投标文件等。按时将投标书送达投标人须知中规定的地点。

(6) 开标。一般当众检查各投标书的密封及表面印鉴，当场宣布一些不合格的标书，例如，①投标书未密封；②无单位和法人代表（或法人代表的委托代理人）印鉴；③未按规定格式填写，内容不全，字迹模糊，辨认不清；④逾期送达；⑤投标单位未参加开标会议等；⑥宣读所有合格的投标书的标价、工期等指标。

(7) 投标文件分析和澄清会议。招标人对入围的（一般取前3~5名）投标书从价格、工期、实施方案、项目组织等各个角度进行全面的重点分析。在投标文件分析中发现的问题，如报价问题、施工方案问题、项目组织问题等，招标人可以要求投标人澄清。

(8) 评标、决标、发中标函。

1) 评标。招标人在通过澄清会议后，全面了解了各投标人的标书内容，包括报价、方案、组织的细节问题，在此基础上进行评标，作评标报告。它是在对各投标文件分析、澄清会议的基础上，按照预定的评价指标做出的。

2) 决标。按照评标报告的分析结果，根据招标规则规定，确定中标单位。现在一般多采用多指标评分的办法，综合考虑价格、工期、实施方案、项目组织等方面因素，分别赋予不同的权重，进行评分，以确定中标单位。

3) 发中标函。确定一个中标人后，招标人必须在法律和招标文件规定的时间内签发中标函。项目招标程序如图2-9所示。

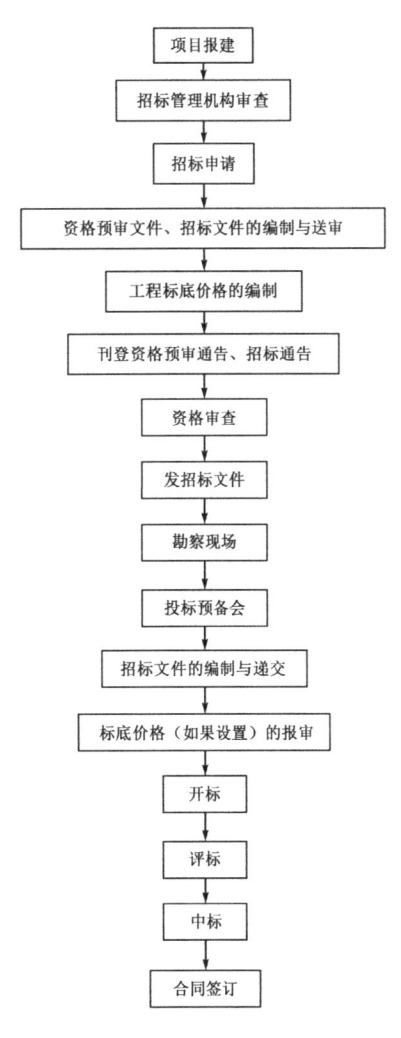

图2-9 项目招标程序

2.3.2 项目招标管理的重点

(1) 按照国家的法律、法规及政府主管部门的规定，收集、整理出进行设计、勘察、监理及施工和材料设备招标需满足的不同申请条件、申请程序及审批时限；根据以上国家规定确定每次招标申请、审批手续的办理计划，该计划的内容主要包括：申请材料的内容、各种材料的递交时间、领取相关材料的时间等；及时追踪审批情况并处理其间遇到的问题，直至招标获得批准。

（2）制订科学可行的招标工作计划，该工作计划的内容包括招标工作范围、招标工作时间安排、招标工作的责任分配矩阵等。由于项目招标管理工作具有工作量大、工序复杂、交叉工作多等特点，及时制订科学可行的招标工作计划能够更好地理解项目招标管理工作，制订招标工作计划是顺利组织招标工作的前提。

（3）编制合法、严谨、完善、科学合理的招标文件，使项目在质量、进度、费用、安全环境方面的要求准确、明确、具体而又全面地落实到招标文件中。在编制招标文件时，结合项目的特点，对投标人须知、招标范围及报价要求、投标文件编写提交、技术标准与要求、开标方法及程序、评标方法及程序、决标方法及程序等内容做出科学、细致、明确的规定。

（4）在招标组织上，保证招标工作按照既定计划有序地进行，使招标安排实现效益最大化。通过实施严格的招标程序（如开标、评标程序），制定严格的招标管理制度和审批权制度，确保招标工作的公开、公平、公正，确保招标组织的廉洁、公正，以便取得良好的招标效果。

（5）对投标书的研判注意：①项目总控制计划以及各子项目之间的衔接是否合理，避免项目交叉作业时发生纠纷；②审查投标人的项目进度计划是否满足项目的总控制计划要求，是否科学合理且切实可行；③对投标人的管理和技术能力进行评价，对其提交的相关资质、经验等证明材料的真伪进行调查分析，对其项目实施方案的可行性、科学合理性以及对招标文件的响应程度进行分析，给出客观评价。

（6）编制资格预审文件最好包括资格预审须知和资格预审表两部分。资格预审须知：结合项目的特点，强调投标人必须提供的资质及等级证明、提供的最近几年已完类似项目的相关经验、允许分包的条件等，同时对投标人拟投入项目的人员及设备等条件做出相应的规定。资格预审表的大致内容包括：投标人名称及地址、投标人成立时间及组织机构、投标人主要业务概况及员工情况、拟投入本项目的机械设备情况说明、执行合同的分包计划、项目业绩和经验调查表、投标人的财务及涉及诉讼情况调查表及其他相关情况调查表等内容。

2.4 项目管理招标

2.4.1 投资人/投资主体采用委托项目管理服务应考虑的问题

（1）投资人/投资主体自身情况。主要包括其从事项目建设的经验和人员配备，委托人希望对设计、采购、施工等项目执行过程中的控制程度等。

（2）项目情况。主要包括项目特点、类型、规模、技术复杂程度、托管条件（财务限制、投资构成、付款方式、资金到位情况）等。

(3) 建设环境情况。主要包括项目管理市场供求关系、价格走向，建设项目管理体制，运行机制和国家及当地的政策法规，项目管理公司的经验和能力，当地气候、地理情况等。

(4) 项目目标要求。在具体的项目和特定情况下，委托人对项目投资、进度和质量以及与项目相连的其他经济技术指标等的重视程度会有不同，侧重点不同或优先目标不一致，工程托管模式也可能不同。

2.4.2 项目管理的招标程序

(1) 建立招标的组织机构，确定招标工作负责人。

(2) 完成工程项目管理招标前的各种审批手续。

(3) 招标工作安排。招标范围（国内招标或国际招标），招标方式（公开招标或邀请招标），招标时间及进度计划，招标费用及其解决方案，评标方法与主要标准，拟进行资格预审的预审条件与预审方法。

(4) 编制招标文件。

(5) 发布招标通告或发出招标邀请。对公开招标项目一般在公共媒体上发布招标通告，介绍招标工程的基本情况、资金来源、管理范围、招标投标工作的总体安排和资质预审工作安排。如果采用邀请招标方式，则要广泛调查，以确定拟邀请的对象。

(6) 投标人购买标书。如果采用资格预审的，只有通过资格预审，投标人才可以购买招标文件。

(7) 标前会议和现场考察。标前会议是为解决投标人对招标文件的疑问，由招标组织机构统一解答。在标前会议期间，投标人若认为有必要考察现场，招标组织单位应组织考察，以利于做标。标前会议和考察现场应在投标截止期足够一段时间之前进行。

(8) 投标人做标和投标。

(9) 投标截止时间即开标时间。

(10) 投标文件分析和澄清会议。投标文件分析是签订项目管理委托合同前最重要的工作之一。评标委员会对入围的（一般取前3~5名）投标书从价格、项目管理实施方案、项目管理的各项承诺、对本工程项目的理解等各个角度进行全面分析。在投标文件分析中发现的问题，招标组织机构可以要求投标人澄清。

(11) 评标、决标，发中标通知书。

2.4.3 项目管理招标文件的内容

(1) 投标人须知。

1) 工程概况：项目描述、规模及功能、项目建设周期、项目总投资、项目工作进度描述。

2) 建设资金来源。

3) 资格审查：对投标人的要求、对项目管理部经理的要求、投标人应提供的资格审查文件。

4）招标方式及招标范围。

5）招标文件的内容、招标文件的澄清与招标文件的修改。

6）投标文件的编制。

7）对工程项目管理实施方案的要求。

8）投标人对工程管理目标的确定与承诺及投标报价。

9）投标文件的有效期、投标文件的形式和签署、投标文件的密封与标志、投标截止时间。

10）开标、过程保密。

11）投标文件的澄清、投标文件合格性的确定、投标文件的评价与比较。

12）现场答辩、中标的标准与招标人的权利。

13）中标通知书、合同和签署。

（2）管理服务的范围和要求。

（3）资格审查表。

（4）评标办法：总则、评标内容、开标程序、评标过程的保密。在评标阶段，投标人对投标文件的澄清和说明、中标人应符合的条件、工程项目管理工作综合评分表。

（5）投标人对项目管理目标的确定与承诺。

（6）项目管理服务合同主要条款。

复习思考题

1. 什么是平行承包方式？
2. 《建筑法》提倡的总承包方式有哪几种？
3. 采用总承包方式应注意哪些问题？
4. 招标项目分解的原则是什么？
5. 招标项目分解的目的是什么？
6. 招标项目分解时应考虑哪些问题？
7. 招标文件应包括哪些内容？
8. 简述招标文件的编制流程。
9. 项目招标管理的重点有哪些？
10. 投资主体采用委托项目管理委托服务应考虑的问题有哪些？

第3章
项目投标

> **引导案例**
>
> **投　标　书**
>
> （公司盖章）
>
> 投标方：
>
> 致：
>
> 1. 经考察＿＿＿＿＿＿＿＿＿＿工程现场，以及审查招标书、招标图纸及合同主要条款之后，我们愿按照上述文件，按人民币＿＿＿＿（RMB＿＿＿＿）的投标价格或按上述合同条件确定的其他价格并严格按照上述合同条件、图纸、工程规范和技术说明以及其他构成合同文件组成部分的条件和要求承包上述工程的施工、竣工、交付并在质量保修期内承担上述工程的质量保修责任。
> 2. 如果我方中标，我方保证在合同规定的开工日期开始上述工程的施工，并在我方在投标文件中承诺的竣工日期完成和交付使用。
> 3. 如果我方中标，我方将按照招标书的履约保证书样本要求提供履约保函，保函将于合同约定时间由一家经招标方认可的银行开具，保函金额为合同金额的10%。
> 4. 在签署合同协议书之前，你方的中标通知书连同本投标书，包括其所属文件，将构成我们双方之间有约束力的合同文件。
> 5. 我们将不会把本投标价格告知其他投标方。
> 6. 我们同意在规定的回标日期起的90天内遵守本投标书，在此期限届满之前，本投标书仍然对我们具有约束力，并可随时被接受。
> 7. 我方理解你方有权拒绝包括投标价格最低的投标在内的任何投标，且无权要求你方解释选择或拒绝任何投标的原因。
>
> ⇨ **点评**
>
> （1）投标书以及中标后的协议书中，应有法人代表签字。
>
> （2）法人代表授权委托人作为代理人，应向招标方提交一份授权书，以证明其代理

人的资格,授权证书须有法人代表签字。

(3) 法人及法人代表应对合同条件和合同履行承担责任,并在授权书中以及在投标书(如果中标)中作相应的声明。

投标人(盖章):   日期:
法人代表或委托代理人(签字):
公司注册地址:

3.1 项目投标策划

3.1.1 投标的应对策略

投标是投标人寻找并选取合适的招标(项目管理招标、代建人招标、监理招标、设计招标、IT项目、研发项目、设计方案招标、施工招标、各种专业工程招标、材料设备采购招标等)信息,在同意并遵循招标人的各项规定和要求(招标文件中发出的要约邀请)的前提下,提出自己的投标文件,以期通过竞争为招标人选中的交易过程。投标活动具有与普通买卖方式不同的特点,投标人之间的竞争直接且激烈,招标方在一定的期限内接受多个投标人提交的投标文件,并进行综合评标,即对投标文件的技术内容(完成项目的技术方案、技术措施和技术手段、组织措施和管理措施等)、商务内容(报价)、投标人的资质、社会信誉、履约能力、以往经验、商业信誉、售后服务和投标人对实现项目目标的承诺等进行综合评价,选出中标人的过程。众多竞争者都渴望参与这种过程,但中标人只有一个,所以投标是参与市场竞争的企业制胜的关键。

前沿话题

2003年12月31日,国务院常务会议通过了《投资体制改革方案》,提出了要在全国范围内力推"代建制",对非经营性政府投资项目加快实行"代建制",即政府通过招标等方式,选择专业化的项目管理单位负责建设实施,严格控制项目投资、质量和工期,建成后移交给使用单位。政府投资项目实行"代建制"管理,是对我国非经营性政府投资项目管理模式进行的市场化改革,是建立与市场经济相吻合的新型的项目管理模式的重要举措,同时,由于充分利用了社会专业化组织的技术和管理经验,它对提高政府投资项目的建设管理水平和投资效益,以及转变政府职能也都有着重要的经济和社会意义。

"代建制"的产生是我国政府对投资体制进行改革的产物,也是改革政府投资项目管理模式的一种有益探索。目前,在全国各地已经广泛掀起了政府投资项目"代建制"试点热潮,为此一些地方还制定了带有地域特点的政府投资项目实行"代建制"的相关规定和办法,在一些项目上也取得了一些"成功经验",也相继提出了多样不一的代建模式,如"北京模式"、"厦门模式"、"深圳模式"等多种模式。应该说,出现的这些"代建模式"对我国政府投资体制改革以及对提高政府投资项目的建设管理水平和投资效益起到了一定的促进作用。

《北京市政府投资建设项目代建制管理办法（试行）》第五条规定："政府投资代建项目按照《招标投标法》、《北京市招标投标条例》和《北京市政府投资建设项目管理暂行规定》有关规定，由代建单位对建设项目的勘察、设计、施工、监理、主要设备材料采购公开招标。"

第六条规定："政府投资代建项目实行合同管理，代建单位确定后，市发改委、使用单位、代建单位三方签订相关项目委托代建合同。"

1．成立投标快速反应团队

这个团队的组织者应该是懂一些经济、懂一些管理、懂一些法律、懂一些技术，并能快速应对变化的市场。这个团队的核心人员应该固定，而其他参与人员应根据所投项目的性质有不同的选择，必要时还要邀请有关专家参与。

2．建立信息管理平台

根据企业性质建立信息管理系统，及时收集相关信息，并整理提炼出有用的信息交由相关方处理。一个有用的信息可能救活一个企业，而一个错误的信息可能会导致一个企业的失败。在当今信息化的时代，信息管理尤为重要。

3．以科学的态度研究招标文件

招标文件的要约邀请，是招标人对招标事项合作交易的基本意向，所以投标人必须仔细阅读并理解和研究各项条款、格式、表示、条件和规范，尤其要重视投标须知和合同条款，并按招标人要求提供标书和资料，否则招标人有权拒绝接受。

4．注重投标的每一个环节

不管参加何种方式的投标，都要求投标者按招标人在指定的时间地点购买招标文件，在指定的时间地点投标，在指定的时间地点考察，在指定的时间地点答疑，在指定的时间地点面试等。一个环节的错误可能导致整个投标失败，当然每个环节的正确也不能保证投标的成功。但认真对待每次投标，把这个过程当作宣传企业的过程，即使不成功也会给招标人及相关人员留下很好的印象，这也是无形资产的积累。

3.1.2 招标文件的共性与个性

对不同的项目，招标文件具有不同的特点，所以既要研究掌握招标文件的共性，又要研究不同招标文件的个性。

1．招标文件的共性

不同项目的招标文件，其共性主要体现在投标须知和合同条款的主要内容里，而这两部分往往也是招标人考虑把项目风险最大限度地推向投标人的重点。

（1）投标须知中的主要共性。

1）招标文件的修改与解释。招标人在投标截止日期前的任何时候，可因任何原因，对招标文件进行澄清或者修改。这种澄清或者修改可能是招标人主动做出的，也可能是为了解答投标人要求澄清的问题而做出的。招标人对招标文件的修改，以向投标人发出招标文件的补充文件的方式做出。

2）投标文件应包括但不限于的内容。商务部分所要求的全部内容和技术部分所要求的全部内容，各种资格审查表，对质量目标的承诺，对进度目标的承诺，对费用目标的承诺。

3）按照招标文件的要求编制投标文件。投标人只有按照招标文件载明的要求编制自己的投标文件，方有中标的可能。

4）投标文件应当对招标文件提出的实质性要求和条件做出响应。这是指投标文件的内容应当对招标文件规定的实质要求和条件（包括招标项目的技术要求、投标报价要求和评标标准等）一一做出相对应的回答，不能存有遗漏或重大的偏离。否则将被视为废标，失去中标的可能。

5）投标人可以补充、修改或者撤回投标文件是《招标投标法》规定的投标人的一项权利。

6）对项目管理方案的要求。包括对项目管理任务的描述和理解，项目管理模式，项目管理组织，人力资源配备及岗位责任，项目目标（费用目标、质量目标、进度目标）控制的方法和手段，项目采购与合同管理，项目组织协调，项目风险管理，项目信息管理，项目综合管理，项目环境与安全管理，项目管理报告等。

7）编制投标文件应注意的问题。投标人编制标书时应仔细审阅招标文件中的所有内容，并提交全部资格证明文件。若投标文件不符合招标文件要求，则投标无效。投标人必须检查招标文件是否齐全，如有任何缺漏、重复或不清楚的地方，投标人必须立即通知招标人，并纠正上述缺漏、重复或不清楚的地方。否则任何因上述原因而引致的索赔将不获考虑。投标人须认真阅读招标文件合同条款的内容，投标时若无书面疑问，则表示投标人已完全接受该合同条款。

8）投标书的递交。

9）现场考察。投标人应对项目现场及其周围环境进行现场考察，以获取那些需自己负责的有关投标准备和签署合同所需的所有资料和信息。考察现场的费用由投标人自己承担。

10）投标保证金或保函。投标保证担保的担保金额一般为投标总价的2%左右。

11）投标文件的澄清。为了有助于投标文件的审查、评价和比较，招标人或评标委员会可以个别地要求投标人澄清其投标文件的某些细节。有关澄清的要求与答复应以书面方式或以答辩会议并制作答辩会议纪要的形式进行。但这些要求、答复、答辩不应寻求、提出或允许更改投标文件中的实质性内容。

12）按法定程序开标、评标和决标。

13）招标人的权利。招标人可以要求投标人对投标文件中含义不明确的内容进行必要的澄清或者说明，但是澄清或者说明不得超出投标文件的范围或者改变投标文件的实质性内容。

14）签订合同。中标人收到中标通知书后，应在通知书规定的时间内，与招标人签订合同。

（2）合同条款的共性。《中华人民共和国合同法》第十二条规定合同的主要条款包括：当事人的名称或者姓名和住所，合同的标的（合同标的是当事人双方的权利、义务共指的对象），标的的数量，标的的质量，价款或者报酬，履行期限、地点和方式，违约责任，解决争议的方法八项。

2. 招标文件的个性（以典型项目为例）

（1）项目管理招标（包括监理、代建管理）。由于项目管理服务提供的是无形产品，所以很难用确定的定量指标和服务标准来要求项目管理服务，所以一般用项目管理目标的实现来衡量服务的满意度。

1）对项目管理范围和项目管理内容界定清晰，要求明确。在项目管理招标文件中主要是界定管理范围和主要内容，而管理的具体内容首先基于投标人对项目管理服务的理解在项目管理投标时提交的项目管理方案中体现，然后在中标后，由中标人提交的项目管理规划和项目管理实施细则中加以细化和完善。

应用案例 3-1

项目管理范围界定 1：设计、采购、建筑、项目移交。

项目管理范围界定 2：项目策划、可行性研究、开工手续、建设方案、设计、采购、建筑、项目移交、接用、运营。

项目管理范围和主要内容描述如下所述。

1. 项目前期管理任务

（1）搬迁安置。搬迁安置受建设项目影响的居民和其他人，拆除项目建设场地内任何房屋、结构物或障碍物。

（2）现场准备。对市政府前期完成工程的接管，对市政管线末端管井予以维护，将施工现场地下管网绘制成图，以保证在后续施工中对地下管线的维护和管理；永久、半永久性水准点、坐标点的确定；组织现场的放线、验线工作，完成工程定位；完成场地的"三通一平"，临时设施的建设；完成现场临时用电、临时用水的线路铺设，采用节能水龙头。对埋入地下的管线做出位置、走向标识。

（3）详勘工作。委托勘察设计院进行详细勘探工作，提供详勘报告，对地质情况做详细的分析。

（4）扩大初步设计。组织进行扩大初步设计和施工图设计，细化施工图。及时组织设计交底，正确理解设计思路和意图，并能及早发现图纸问题，将信息反馈到设计院，将设计问题造成的风险降到最低。

（5）持年度投资计划到计委、经委领投资许可登记，登记并取得许可证；到市政部门盖章，证明市政条件已落实；向建委申请开工许可证；到质检总站报监；办理完前期报建手续。

2. 项目设计阶段的管理内容

编制《可行性研究报告》、《投资估算报告》、《设计任务书》；《可行性研究报告》论证、审批的各项工作；《设计合同》的准备、商签、执行及监督工作；配合设计单位进行与设计有关的各项工作；编制工程进度总控制计划；设计阶段各项协调和管理工作。

3. 施工准备阶段的管理内容

施工总承包单位招标工作；施工总承包合同的准备、谈判、签订工作；开工许可证办理及相关协调工作；市政建设及配套工程准备工作；工程监理招标工作；施工现场准备工作；施工准备期各项协调和管理工作；业主采购的准备工作。

4. 施工阶段的管理内容

工程项目的进度、投资和质量控制及协调工作；施工期合作单位的配合、协调、管理工作；市政及基础设施建设配合工作；工程项目有关信息收集、整理、统计和管理工作。

2）对项目管理目标实现要求明确。例如，本项目要求20个月完成项目的开发与建设，竣工验收达到入住的条件；要求确保项目投资计划在任何情况下均不超过可行性研究报告中的估算值；工程质量必须满足本招标文件的全部要求，确保一次备案成功。

3）注重项目管理的综合能力。项目管理服务的发包人往往要求项目管理方具有多个资质（咨询、监理、招标代理、造价等）且服务范围广，既可以提供前期投资分析阶段的服务，也可以进行项目中期建设阶段管理服务，甚至项目后期项目运营阶段的管理服务。

4）注重投标人以往的业绩。通过考察投标人管理过或正在管理的项目状况，走访接受项目管理服务方和相关方，与拟提供项目管理服务方充分沟通，并与投标方推荐的项目经理面谈，来选择最佳项目管理者。

5）对项目管理人履约能力要求较高。由于项目管理对项目成败起关键性的作用，加之项目管理风险较大，也就要求项目管理人有较好的抵御风险的能力，所以往往要求项目管理人提供履约担保。如代建项目的《项目代建合同》生效前，代建单位往往要提供工程概算投资10%～35%的银行履约保函。

6）注重投标人对项目管理的理解和对项目管理重点、难点的分析，尤为重视投标人的管理理念、方法、手段和措施。这些都体现在招标文件对项目管理方案的要求中。

应用案例 3-2　某招标文件对项目管理方案的要求

阐述对项目的理解及对项目管理的范围、重点、难点的分析，项目管理任务的工作分解结构（WBS）及工作流程，项目管理模式和项目管理组织，人力资源配备及岗位责任，项目目标（费用目标、进度目标、质量目标）控制的方法和手段，项目采购与合同管理，项目管理过程中的组织协调，项目风险管理，项目信息管理，项目综合管理，项目环境与安全管理，项目管理报告。

（2）工程项目施工招标（包括材料设备的供货与安装）。

1）由于工程项目包括大量的材料、设备采购，所以往往招标文件相当繁多和复杂。这就造成投标的困难和较大的投标成本。

2）对工程项目更加重视项目的地理位置，项目目标，项目实施方案，工程规模和工程量，对工程的特殊要求，必备的重型施工设备，运输条件限制，以及当地的地质、气象、水文和法律条件等。

3）一般工程项目应按施工图纸设计的内容由中标企业承包施工，所需采购的工程或货物、设备的内容，必须详细地一一说明，以构成竞争性招标的基础。但通常发包人并不提供全套完整的施工图纸，而是随工程施工的进展，由工程师陆续提供详细的施工图纸，作为实际施工和支付的依据；有的工程师也可以要求承包公司提出补充图纸，经其审查认可后用于施工。

4）技术规范是招标文件的重要组成部分。在土建工程采购中，技术规范和图纸共同反映了工程师对整个工程的设计意图和技术要求。在设备和货物采购中，技术规范规定了所要采购的设备和货物的性能、标准以及物理和化学特征，如果是特殊设备，还要附上图纸，规定设备的具体形状。

5）由招标人另行发包并签订施工合同的其他工程，如果此项工程施工与总承包人施工发生交叉时，需要总包单位进行协调。如电梯工程、精装修工程等，总包单位可根据具体的职责范围提供条件，并计取相应的费用。

6）由发包人自行采购的材料、设备清单，采购清单包括采购品目及其序号、采购数量、所需服务（参与验货、保管、仓储等）、交货时间等项内容。总包单位可根据具体的职责范围提供条件，并计取相应的费用。

7）工程采购招标文件须包含工程量清单。工程量清单的主要内容为：① 需要完成的工程量的资料（这是投标人有效、准确地编制投标书的依据）。② 需要报价的工程量清单（这是签订合同和工程开始后定期计价付款的依据）。

8）随着社会的发展，工程项目难度越来越高，对专业工程，如机电设备安装、弱电、通信系统、消防保安、办公自动化等均运用了现代科技，这就相应地对专业设计和施工提出了更高的要求，而由一家中标企业自行组织施工就很难达到发包人预期的效果。所以专业分包不可避免。一个工程项目的分包有以下两种情况：① 由中标企业自行分包（施工分包）。② 发包人指定分包。

> **相关链接**
>
> 自行分包是指招标文件有相关规定，投标人在投标文件中申明的非主体结构或非关键线路工作通过合同委托给其他单位完成的行为。若投标文件中未申明，则应在今后项目实施中向监理提出，发包人确认方可分包。
>
> 发包人指定分包是指发包人通过招投标确定具有相应资质条件的专业施工单位，且经中标人认可并与其签订专业施工分包合同或与其和发包方共同签订专业施工分包合同的行为。

3.2 投标文件的编制

3.2.1 投标文件的编制原则

（1）按照招标文件的要求编制投标文件。投标人编制标书时应仔细审阅招标文件中所有内容，并提交全部资格证明文件。投标人只有按照招标文件载明的要求编制自己的投标文件，方有中标的可能。

（2）编制投标文件应当对招标文件提出的实质性要求和条件做出响应。这是指投标文件的内容应当对招标文件规定的实质要求和条件（包括招标项目的技术要求、投标报价要求和评标标准等）一一做出相对应的回答，不能存有遗漏或重大的偏离。否则将被视为废标，失去中标的可能。

（3）编制投标文件时应该仔细审阅招标文件合同条款内容，投标时若无书面疑问，则表示投标人已完全接受该合同条款。

（4）对招标文件内容的疑问，投标人必须在回标前以书面形式向招标人提出。只有由招标人向投标人发出的书面答复，才能被视为对投标文件具有影响力。

（5）编制投标文件时，投标人必须检查招标文件是否齐全，如有任何缺漏、重复或不清楚的地方，投标人必须立即通知招标人，并纠正上述的缺漏、重复或不清楚的地方。

（6）编制投标文件时，应最大限度地了解项目的基本情况，并针对项目的特点做技术标，提出科学可行的技术方案和管理方案。

（7）积极认真地对待招标文件提出的各种承诺。

3.2.2 项目管理投标文件的编制

项目管理投标文件的基本内容一般包括：① 商务标，即投标函、法定代表人资格证明书、授权委托书、承诺书、投标人资格证明、投标报价、项目管理组织机构及主要负责人履历表、类似项目管理业绩及证明、能够证明投标人能力的其他说明和证明文件等。② 技术标，即项目管理方案。这里最重要的是投标报价和项目管理方案的编制，也就是说，投标报价科学合理和项目管理方案的编制质量对是否中标起到了关键性的作用。

1. 投标报价

一般招标人对投标报价的要求有两种情况：一种是对整个项目管理总体报价；另一种是把项目管理任务按可交付成果分阶段（如项目前期、项目实施阶段、项目后期）报价。不论哪一种情况，报价组成都应该包括现场人员服务费、固定资产使用费、办公设备使用费、现场办公费、企业管理费、利润、税金等。

投标报价的难点是对管理成本的估算，首先是对项目的理解和对管理任务的范围、深度、难度有准确判断，然后对以往管理项目成本（不断积累的经验）的分析，并考察目前市场状况，得出较为合理的报价。

2. 项目管理方案

项目管理方案要针对项目招标文件中对项目管理的要求来阐述：对项目的认识，项目管理的思想，项目管理的方法、手段和措施。通过对项目管理总体工作思路的设想及构思，以项目管理目标（费用目标、质量目标、进度目标）为中心，建立一套科学、完整的管理工作体系，使项目总目标达到整体最优，确保项目管理目标的实现。

（1）阐述对项目的理解及对项目管理的范围、重点、难点的分析。对不同的项目，要有针对性地阐述对项目本身的理解，重点分析项目管理的范围、重点、难点，并提出相应对策。比如从投资管理角度把建设项目分为新建项目、扩建项目、改建项目和复建项目四种。从工程技术业务管理角度区分，建设项目可以分为一般工业与民用建筑、冶金、煤炭、石油、化工、电力、建材、森林、轻纺、水利、交通、港口、航天、邮电、通信、广播、热力、燃气等工程类别。

应用案例 3-3　某一新建项目管理方案中项目前期管理的重点、难点分析

按照招标范围及招标文件中合同条款的约定，本项目实行建设前期和建设中期（从项目策划直至项目竣工验收并移交）的管理，管理人负责项目的投资管理和建设组织实施工作，实现本项目质量、工期、费用目标。

项目前期管理的重点、难点分析：

（1）总体规划。项目是建设群体，规划范围较大，地形地貌与水文地质情况复杂，项目总体建设规划既要考虑形成良好美观的山形水势，又要在其间合理布局各类使用功能，充分体现建筑群体的人性化布局思想，部分建筑还要考虑商业化运行对相关建筑单体布局的要求，并兼顾景观用水之来源与循环，需要对局部功能与单体建筑进行进一步的深入思考及专门论证，确保原则性宏观方案的充分合理性，减少实施过程中的变更与调整，从

而有利于项目工期与造价的控制。

（2）单体建筑。与建设总体功能综合性强而对应的，是多数单体工程所具有使用功能专业性强个性突出的特点，如办公楼、体育场馆、图书馆、信息中心等，这就要求项目管理要加强对这些单体建筑的功能、行业形态及使用要求的调查研究与论证，确保单体建筑设计在使用功能与技术方案上既具有一定的前瞻性，又具有一定的调改兼容性，即使项目在建成后技术不落伍，也可随技术的快速发展较容易地进行以后的调整改造。

（3）项目的资金筹措。项目建设总投资规模大，筹资压力大，需项目管理人尽快编制较为准确的项目投资估算，并建立争取财政拨款优先于政策性长期低息贷款，优先于商业性合作开发筹款的梯次融资系统，并根据项目分期开发建设的进度安排测定建设资金流量，然后启动上述多方位梯次筹融资系统，切实落实资金，保证建设需要。

（4）项目分期建设的统筹安排与协调。鉴于用地拆迁、筹措资金、项目的工程设计均只能分批逐渐完成，项目的建设也只能分期进行。项目管理人必须统筹安排好分期开工建设项目与总体规划、投入使用的需要、用地分期拆迁进度、建设资金的筹措方案与实施计划、商业性开发计划诸项相关因素的协调，避免分期开发建设造成的混乱。

（2）项目管理任务的描述/工作分解结构（WBS）及工作流程。这一部分可采用项目管理任务的描述配之以必要的工作流程图，也可以采用项目管理工作分解结构配以必要的工作流程图。

应用案例 3-4

项目前期管理工作分解结构和可行性研究阶段管理流程如图 3-1 和图 3-2 所示。

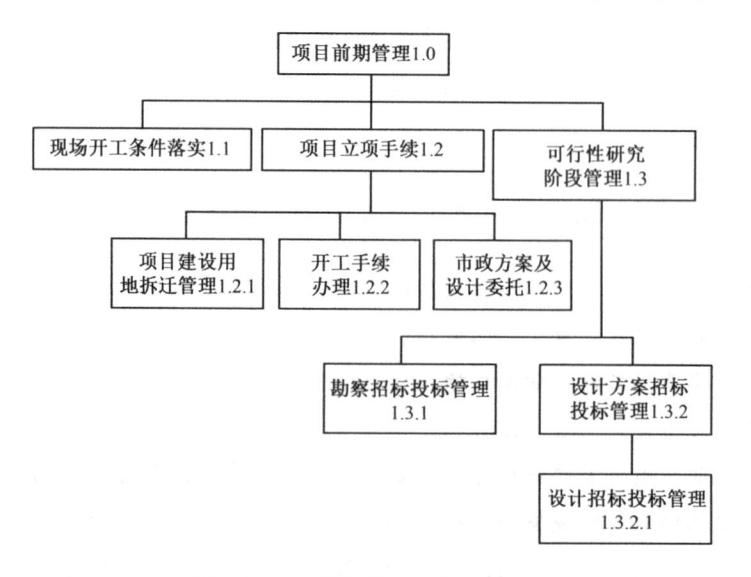

图 3-1 项目前期管理工作分解结构

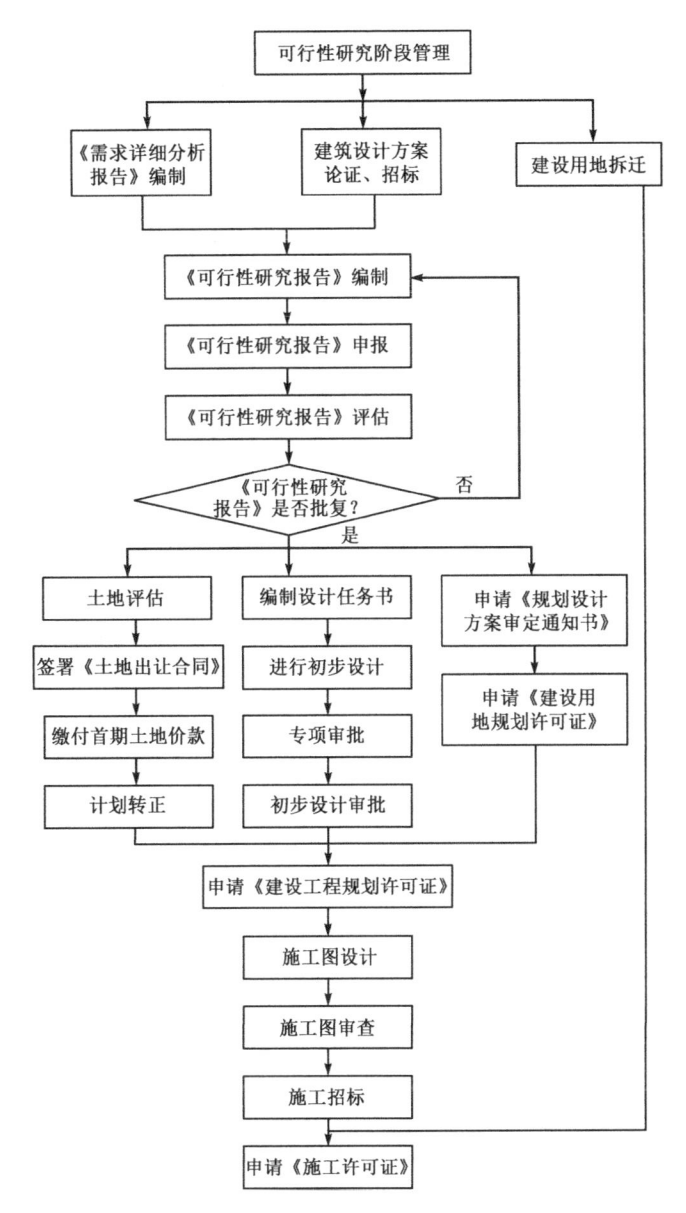

图 3-2 可行性研究阶段管理流程

(3) 项目管理模式和项目管理组织。

1) 项目管理模式。在实践中应用的项目管理模式有多种类型,每一种模式都有不同的优势和相应的局限性,适用于不同种类项目,项目管理者可根据项目的特点选择合适的项目管理模式。在选择项目管理模式时,应考虑项目的进度要求、复杂程度、合同经验、当地的市场情况、资金状况、法律条件等。目前在工程项目建设中使用的项目管理模式主要有以下几种:设计-招标-施工(Design-Bid-Build)模式、建筑管理(Construction Management,CM)模式、管理承包(Management Contracting,MC)模式、设计-管理(Design-Manage)模式、更替型合同(Novation Contract)模式、设计-施工(Design-Build)模式、设计采购和施工(Engineering Procurement Construction,EPC)模式、交钥匙(Turn Key)模式,BOT

（Build-Operate-Transfer）模式、伙伴合同模式（Partnering）、带 VE（Value Engineering）条款的合同模式、PFI（Private Finance Initiative）建设模式。

2）项目管理组织。项目管理组织机构一般分三个管理层次，即高层管理、中层管理和基层管理。高层管理是对整个项目管理的成败负有责任的决策层，由项目经理、项目副经理、总工程师组成，他们对一些影响全局的、在较长时间内对项目管理起实质性作用的问题，以及一些非程序性的定性问题做出战略决策。中层管理由各部门负责人组成，其职责是执行和解释高层管理层确定的总方针和总计划，做好自己负责部门的工作，同时要以高度的首创精神和判断能力对自己主管的业务提出新的建议，制定工作目标。基层管理人员由各专业工程师组成，负责各专业工作的具体实施，直接向中层管理者负责，完成中层管理者下达的各项任务，并接受各部门负责人的监督、指导。

（4）人力资源配备及岗位责任。

1）人力资源配备。由于项目的管理工作是汇集了工程技术、工程经济、市场、金融、财务管理、法律事务和公共关系等各门学科的综合性学科，所以项目管理机构高层管理人员应该是懂技术、懂经济、懂管理、懂法律，并且具有较强的处理社会公共关系和协调不同利益实体能力的复合型人才。高素质管理人员组成项目管理机构的高层管理层，他们将以项目经理为核心，充分发挥整体优势，以建立在全面信息平台上的专业化、科学化的管理手段，以高效率地实现项目综合目标为目的，以合同管理为依据，对工程项目进行全过程、全方位的计划、组织、管理、协调与控制，出色地实现质量目标、工期目标和投资目标。

对于中层管理人员，应在公司内部选择有突出专项技能和丰富实践经验的人员担任，并在上岗前针对本项目的特点进行培训和考察，考察内容包括：① 专业技能。② 工程实践经验。③ 工作业绩。④ 知识结构。⑤ 组织能力。⑥ 合作意识。⑦ 适应能力。⑧ 身体状况。其中应特别注意合作意识，以确保项目管理机构管理班子整体的最优化组合。

参与本项目建设的专业人员在整体上应有较高的素质要求，应该优选在以往工程管理工作中表现出色，有敬业精神，并具有较好的业务水平和管理、组织能力的人进入项目管理机构工作。在进入工作岗位之前，应对全体人员进行针对本项目的各项培训，使他们能在各自的岗位上发挥重要作用。

2）岗位责任。用矩阵的形式描述工作所涉及的人员、部门及所应负的责任，即绘制责任分配矩阵（见表3-1），配之以岗位责任说明书。

表 3-1 责任分配矩阵

序号	主要工作内容	项 目 部											
		经理	总工	合同计划	造价	物资采购	设计协调	土建	暖通	给排水	市政协调	强弱电	文秘信息

主持代表符号 ■；协办代表符号 ★；参与代表符号 √；监督代表符号 *。

(5）项目目标（费用目标、进度目标、质量目标）控制的方法和手段。对不同的项目和不同的项目管理目标的要求，要分别详细阐述费用目标、进度目标、质量目标控制的方法和手段，如图 3-3 所示。

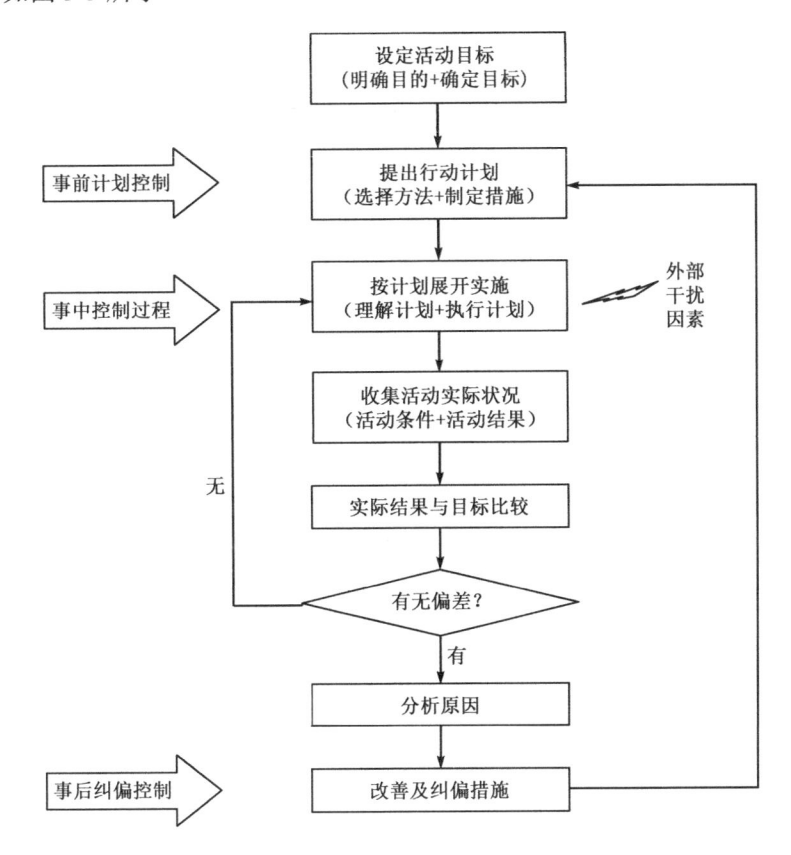

图 3-3 控制过程示意图

（6）项目采购与合同管理。项目采购与合同管理是实现质量、进度、费用控制目标的核心。首先通过招投标手段达到采购项目的目的，参与项目各方的"三控"目标和完成目标的责任、权利、义务和风险通过编制、签署合同来约定，并通过在实施过程中细化、补充、调整原合同，督促项目参与各方履行合同，来保证"三控"目标的实现，如图 3-4 所示。

（7）项目管理过程中的组织协调。项目组织协调是项目管理的职能，是管理职能和艺术，也是实现项目目标必不可少的方法和手段。在项目实施过程中，项目的各参与方需要处理和调整众多复杂的业务组织关系，为了处理好这些关系，就需要协调。协调是管理的重要职能，只有处理好项目内外大量的复杂关系，才能保证项目目标的实现。项目协调的内容包括：人际关系的协调、组织关系的协调、供求关系的协调、配合关系的协调、合同关系的协调及约束关系的协调。把项目作为系统，则协调的范围可分为系统内部的协调和系统外部的协调。

项目协调范围与关系如图 3-5 所示。

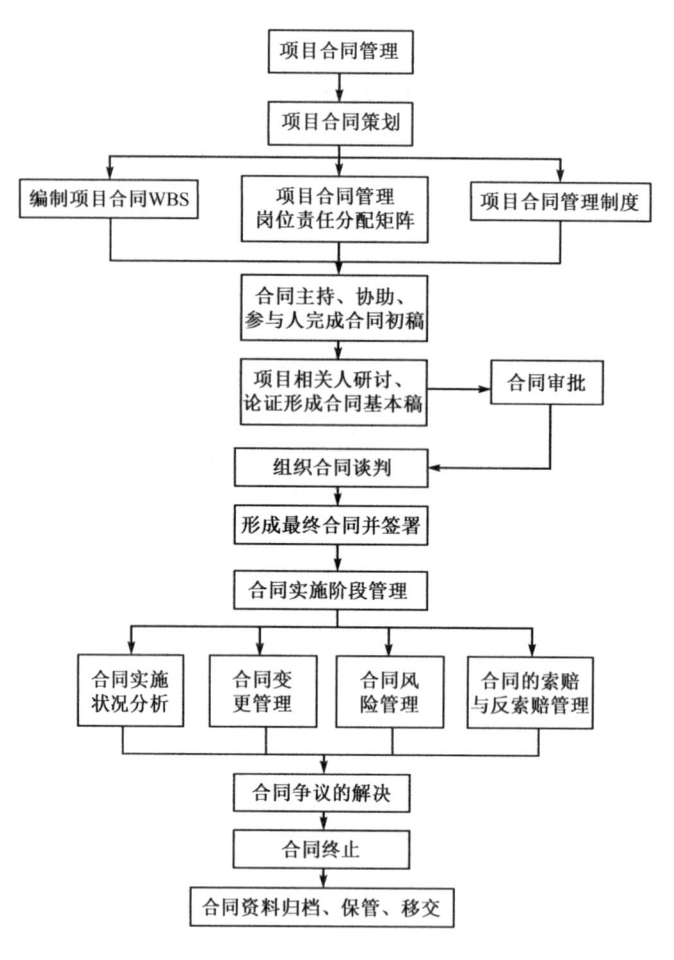

图 3-4　项目采购与合同管理流程

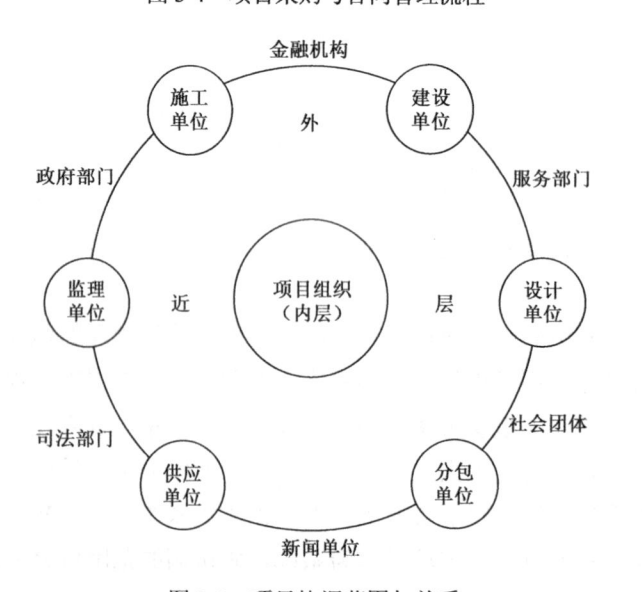

图 3-5　项目协调范围与关系

(8) 项目风险管理。项目的立项、各种分析、研究、设计和计划都基于对未来情况（政治、经济、社会、自然等各方面）预测的基础上，基于正常的科学的技术、管理和组织之上。而在实际实施以及项目的运行过程中，这些因素可能产生变化，在各个方面都存在着不确定性。这些变化会使得原定的计划方案受到干扰，使原定的目标不能实现。这些事先不能确定的内部和外部的干扰因素，人们称为风险。风险管理是指经济单位对可能遇到的风险进行预测、识别、评估、分析，并在此基础上有效地处置风险，以最低的成本实现最大安全保障的科学管理方法。

项目风险管理尽管有一些通用的方法，但要研究具体项目的风险，必须与该项目的特点相联系。也就是说，要提出针对该项目的风险预测和识别的方法，风险评估与分析方法，风险处置计划，风险控制的方法、手段和措施。

(9) 项目信息管理。在实现项目目标的过程中，从项目启动开始，随着项目生命周期的展开，与项目有关的各种信息会层出不穷地产生，项目信息采集、整理、处理及存储等信息管理工作的重要性也越来越显现，而项目信息管理的效率和成本也将直接影响项目整体管理的成败，所以要针对项目特点建立项目管理信息系统，如图3-6所示。

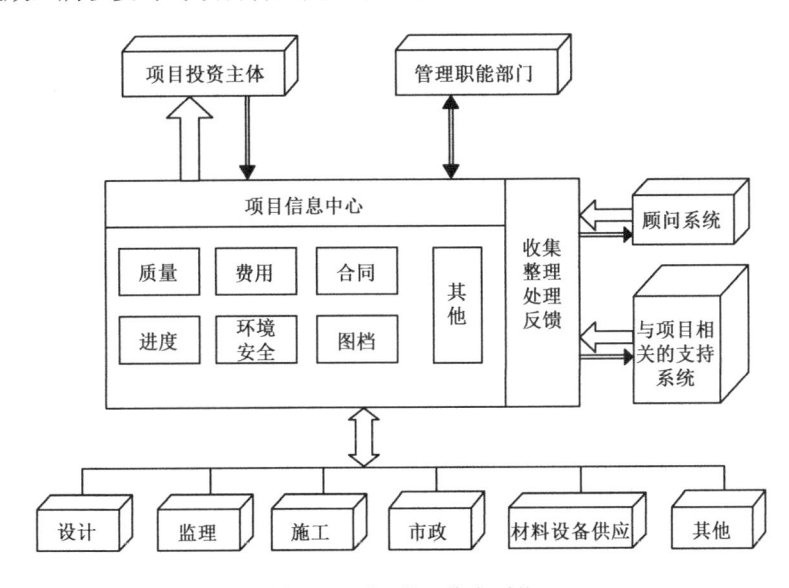

图 3-6 项目管理信息系统

对项目而言，首先要建立良好的信息交流渠道，保证所获取的信息的清晰、正确、有效。项目的信息交流中，存在着由上而下、由下而上以及横向或网络状的信息交流方式，针对不同的项目要明确这些信息流，建立相应的子信息系统，确保整个信息系统的结构完整，层次清晰，沟通顺畅。

(10) 项目综合管理。项目综合管理是指为确保项目各项工作能够有机地协调和配合所开展的综合性和全面性的项目管理工作，也就是要通过科学创造性思维，从新的角度和层面来对待项目的各种资源要素，拓展管理视野，提高各项管理对象和资源要素的交融度，以利于优化和增加管理对象的有序性。在具体的管理实施中，综合运用各种不同的方法、手段、工具，促进各项管理对象、资源要素之间的互补、匹配，使其产生 1+1>2 的效果，从而提高整个项目管理的效果和效率。

项目综合管理的关键是综合管理计划的制订和实施，项目综合管理计划一般包括：项目综合管理方法和策略的说明；项目管理范围和项目目标分析；项目各管理层次工作分解结构及岗位分配矩阵；各种辅助管理计划等。

（11）项目环境与安全管理。首先对项目实施全过程中对所有涉及的环境及安全因素进行识别，在此基础上，建立起环境及安全管理系统，并提出具体的环境和安全管理的措施。

应用案例 3-5

建筑施工某几个过程环境与安全识别如图 3-7 所示。

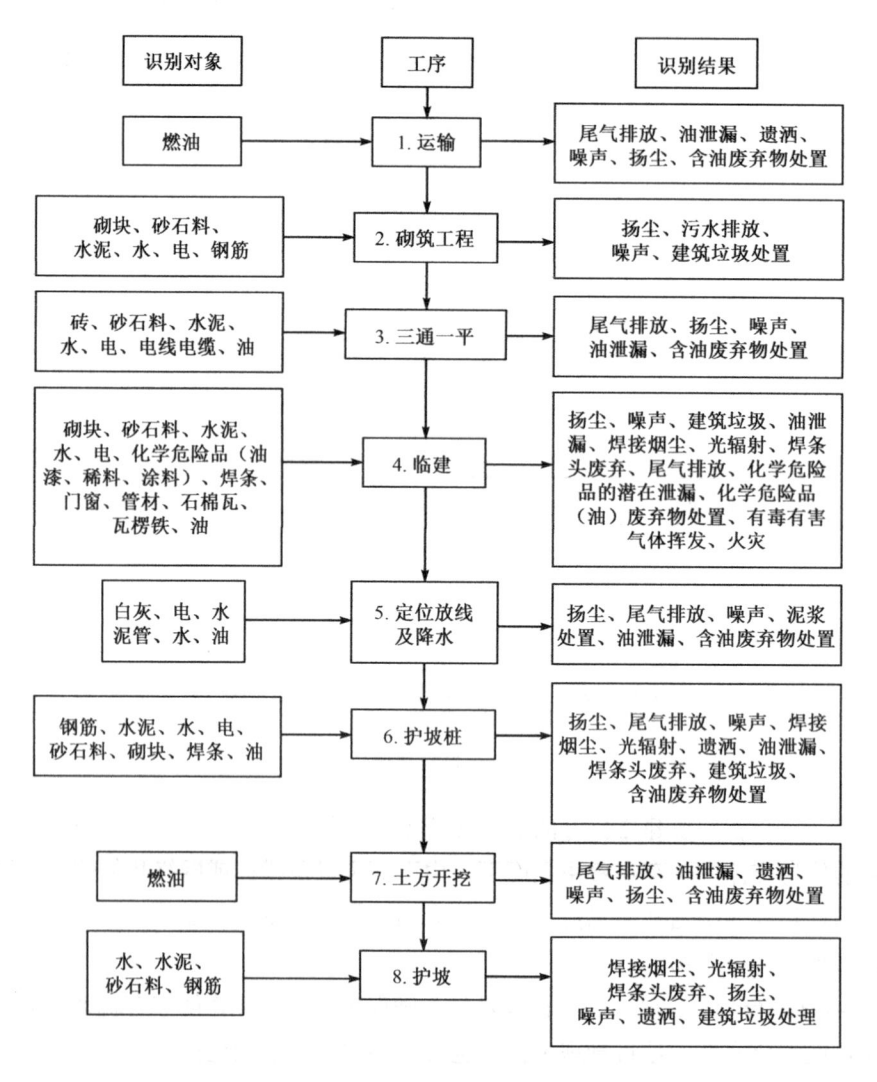

图 3-7 建筑施工某几个过程环境与安全识别

应用案例 3-6

1. ××工程环境管理组织措施

（1）定期组织召开"施工现场环境保护管理委员会"工作例会，总结前一阶段施工现场环境管理情况，布置下一阶段施工现场的环境保护管理工作。

（2）建立并执行施工现场环境保护管理检查制度，由项目经理定期组织由各单位环境保护管理负责人参加的联合检查，对施工现场的环境管理方案执行情况进行检查，对重要环境因素，如施工废水、扬尘、噪声、生活废水、施工垃圾的排放及道路硬化等环境保护措施进行检查，对检查中发现的问题，开出"隐患问题通知单"，各施工单位责任部门收到"隐患问题通知单"后，采取定人、定时间、定措施予以整改，项目经理部跟踪落实整改情况，确保环境保护全面达标。

（3）开展全员"绿色工程"环境保护教育工作，项目经理监督参与施工的所有单位定期对职工进行环境保护法规知识的培训和考核，做到从我做起，爱护环境，保护环境，在施工中严格按照环保标准作业，对不符合环保要求的材料、排放不达标的设备一律不用，确保"绿色工程"的实现。

2. ××工程环境管理技术措施

（1）防止对大气污染。

1）拆除工程施工前应先洒水、后拆除，拆除过程中也应适量洒水防止扬尘污染，施工垃圾应及时清运，运输车辆必须是封闭式车厢，车辆出场前，车槽边存土必须清理干净，之后要经过车辆清洗冲刷台，车轮清洗干净后方可驶出施工现场。

2）施工现场的主要道路必须硬化处理，办公区、生活区应适当绿化、美化，防止道路扬尘。

3）水泥、白灰等细颗粒材料必须入库存放，运输时要防止遗洒、飞扬，装卸时应轻码、轻放，减少扬尘。土方施工阶段如遇四级以上大风应停止土方扬尘施工。

4）施工现场的锅炉、烧水茶炉、食堂大灶必须使用清洁燃料。

（2）防止对水污染。

1）施工现场应统一设置排水沟、混凝土输送泵及运输车辆，清洗处应设置沉淀池，废水不得直接排入市政管网，经二次沉淀后循环使用或用于洒水降尘。

2）现场存放油料必须对库房进行防渗漏处理，储存和使用都应采取措施，防止油料泄漏，污染土壤水体，施工中使用的脱模剂等物品使用中也应采取防泄漏措施。

3）施工现场设置的食堂，应专人负责清掏，防止污染。

（3）防止施工噪声污染。

1）施工现场的电锯、电刨、固定式混凝土泵、大型空压机等强噪声设备必须搭设封闭式机棚，并尽可能设置在远离居民区及办公区一侧，以减少噪声污染。

2）夜间施工应按规定办理夜间施工许可证，并采取措施，最大限度地减少施工噪声，可采用隔音布，低噪声振捣器等方法。

3）对人为噪声应有管理制度和降噪措施。承担夜间材料运输的车辆，进入施工现场严禁鸣笛，装卸材料应做到轻拿轻放，塔式起重机应使用对讲机指挥，最大限度地减少噪声扰民。

4）施工现场应进行噪声值监测，昼间不得超过75分贝，夜间不得超过55分贝。

5）施工作业人员必须在现场内指定地点用餐。生活垃圾与施工垃圾分别存放，并及时清运。

（12）项目管理报告。首先建立项目管理报告体系。由于项目管理报告是为决策服务的，特别是上层的决策，而不同的管理层次，对报告的要求也不一样，所以，确定了项目管理报告需求层次，也就相对确定了各种报告的侧重点，从而保证项目管理报告的高效率。按项目管理报告需求层次，结合项目建设过程中项目管理报告的不同作用，以及有关法律、法规要求，罗列出项目管理报告系统中的各种报告，并对项目管理报告进行系统化、规范化要求。

项目管理报告主要包括：常规报告、专题报告、特殊情况报告、项目状态报告、比较报告、项目管理月报等。

3.3 编制投标文件时应重点研究的问题

3.3.1 编制投标文件的依据

编制投标文件的依据是：招标文件，国家及地方关于项目建设、项目管理、项目监理的法律、法规、规定、政策等，国家和地方政府及行业管理部门发布的关于工程设计、施工质量、材料、安全、设备、环保等标准、规范、规程，现场勘察情况等。

3.3.2 对项目的了解、认识和分析

（1）对项目总体概况的了解包括：项目建设地点，建设规模，计划工期，投资估算，资金来源，项目投资人，项目投资主体，项目设计单位，项目性质。

（2）对项目专业设计的了解包括：建筑特征，结构特征，给排水系统设计，消防系统设计，空调系统设计，地下人防、通风与防排烟系统设计，配电系统设计，照明设计，线路敷设，有线电视设计，电话、计算机网络布线系统设计，保安监控设计。

（3）对项目特点、难点的分析。

应用案例 3-7

1. 本项目的主要特点

（1）由于项目的地理位置和使用的重要性，因此质量的控制十分重要。

（2）鉴于该工程的特殊用途，本工程中的安防工程及消防工程将是设计和施工监控的重点。

（3）由于该工程工期紧张，设计中有一些项目需要进行二次设计，如幕墙、精装修、弱电等，为保证施工的顺利进行，应提前做好这些专业工程的二次设计工作，避免日后影响工程进度和质量。

2．本项目的具体特点及难点

（1）结构改造的特点、难点分析。本项目以结构加固改造为主，并有局部拆迁、新建和室外配套与环境工程，而这两座建筑又为20世纪50年代末60年代初的建筑，当时的使用需求及设计标准，不但与我国现行标准相差甚远，还需满足对现代比赛场馆专门的技术规则要求，这给项目管理增加了很大的难度，对于前期加固方案的论证，施工期间的施工组织、质量控制都提出了更高的要求。

（2）前期工作的特点、难点分析。本项目前期工作时间较短，方案设计及可行性研究正在进行，要保证项目按期开工，前期工作十分紧迫。本阶段重点在于设计管理工作，包括方案设计的优化、深化及施工图设计管理，本阶段的难点在于前期手续。

（3）施工的特点、难点分析。按使用方要求，项目施工拟分为四个阶段，要求施工改造期间对使用人的运营影响降到最低，这将给施工组织及施工中的安全管理增加很大的难度。

（4）设备改造的特点、难点分析。本项目的消防设施、水电、空调设施的落后和老化，原有建筑物的弱电系统，经改造要满足现代比赛需要将增加弱电系统，这不但给施工图设计增加了难度，也给未来的专业招标、深化设计提出了更高的要求，对分包洽商、设备材料供应商的选择也带来了很大难度。

（4）对项目承包范围的准确理解。如对项目管理来说，范围界定有如图3-8所示的选择。

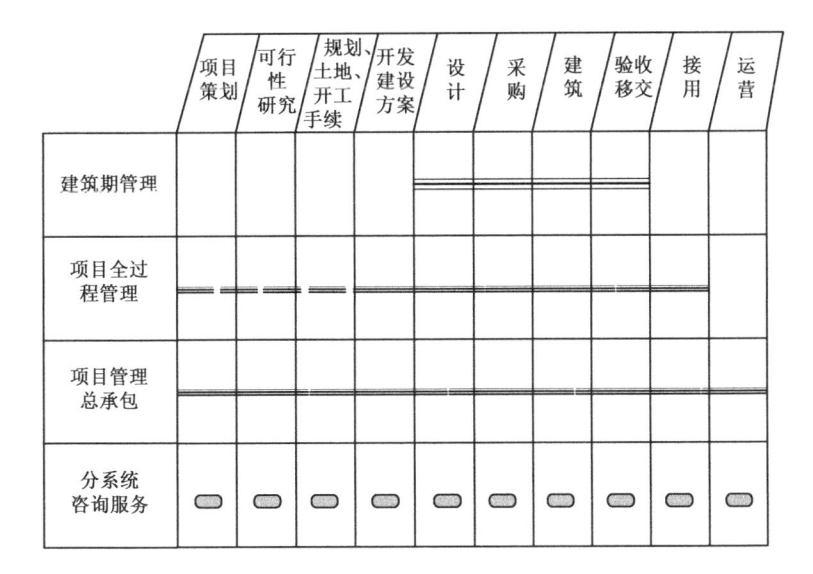

图3-8 项目管理的范围

(5)对项目承包内容的深入分析。依据招标文件,根据投标人以往项目建设经验和项目管理经验,对项目承包内容进行深入分析,并反映在投标文件的技术方案和管理方案中,中标后在实施规划和实施细则中加以完善。

3.3.3 项目目标的控制方法和手段

对项目目标进行分析、论证,并提出科学、有效的控制方法和保证措施,是招标人评价投标文件的重要内容。所以,投标人对此要非常关注。

应用案例 3-8 实现投资目标的分析、控制方法和手段

1. 实现项目投资目标的分析

该项目是为奥运会提供服务的设施,由于其国有投资的性质和项目的特殊性和技术复杂性,对项目投资目标控制提出了较高要求。针对项目特点进行分析,该项目投资目标的确立和实现有以下几个主要方面。

(1)方案设计的经济技术评审是确定投资控制目标的基础工作。由于该项目刚完成设计方案征集及评审,设计方案尚未最终确定,导致投资目标仍具有较大的不确定性,因此方案设计的经济技术评审是确定投资控制目标的基础工作。在这个阶段,项目的外在造型及内在功能的有机结合应是重点考虑内容。结合这个工作重点,首先,通过深入的有针对性的市场调研及询价考察,及时提供有关设计方案的经济评估报告,供决策之用。其次,对项目可行性研究报告中投资估算的分项指标逐项进行核对,通过组织造价及各专业人员参加的专项投资指标分析论证会,编制一份完整的项目投资估算分析报告,并提供可能的节约投资的建议方案,作为确定投资控制目标时的参考。

(2)初步设计和施工图设计管理是落实投资控制目标的关键。该项目设计要求国际一流、国内领先水平,建筑等级高、专业系统齐全、技术水平先进、工艺设备精良、材料选用优质,因此,设计阶段的技术要求必须与投资费用有机结合。这一阶段的费用管理是落实投资目标的关键阶段,应将技术标准、系统设置与各分项成本指标的符合性作为重点考虑内容。

(3)施工阶段费用控制难度较大。该项目规模大,功能齐全,技术含量高,施工阶段要求安装精细、优质高效,要求建成一座高水准的精品建筑。同时,项目施工阶段的分项招标采购任务多,成本规划指标分项多,分承包商数量多,各专业之间交叉作业施工,投资控制的难度及工作量非常大。

2. 项目投资目标控制的主要方法和手段

(1)根据设计方案制订项目投资总控制方案,并作为限额设计管理的依据。在制订项目投资总控制方案时,通过深入的有针对性的市场调研及询价考察,采用严谨科学的估算方法进行编制,重点从设计标准、系统设置同分项成本规划指标的符合性上进行分析考虑。

（2）在施工图设计完成后，制订项目投资总控制计划，该计划作为分项招标投标及采购的限额依据。在编制过程中，重点考虑不同的设计要求、施工方法及主要材料设备及仪器仪表选型时对费用的影响，确保项目投资总控制计划的符合性和可行性。

（3）依据项目投资总控制计划指标，用挣值分析法进行动态管理。在项目实施过程中，定期进行费用计划值与实际值的比较，当实际值偏离计划值时，分析产生偏差的原因，采取适当的纠偏措施，以保证投资目标的实现。

（4）经济评估分析。在不同的设计阶段，针对不同的建筑形式、施工方法或备选建筑材料对造价的影响等技术经济问题，组织论证分析，提供评估报告供决策之用。

（5）对项目的方案设计、初步设计及施工图设计等进行详细的图纸评审工作，尽可能避免因设计问题引起的设计变更及索赔。

（6）根据项目投资总控制计划的分解指标，组织分项招投标及采购工作，该指标作为招标及采购的限额标准，并通过具体合同条款将每一项控制指标得以落实。

（7）组织有造价工程师负责，各专业工程师参加的结算审核小组，在各项工程竣工后，依据工程竣工图纸、设计变更洽商、有关索赔文件、工程合同，及时准确、科学合理地进行结算审核工作。

复习思考题

1. 简述投标的应对策略。
2. 招标文件的共性和个性主要有哪些？
3. 投标文件的编制原则有哪些？
4. 目前在工程项目建设中使用的项目管理模式有几种？
5. 项目前期管理工作结构分解应如何进行？
6. 简述可行性研究阶段管理流程。
7. 简述项目管理组织机构的管理层次。
8. 如何绘制岗位责任分配矩阵？
9. 简述项目合同管理流程。
10. 编制投标文件时应重点研究的问题有哪些？

第4章
项目评标

引导案例

某工程项目的评标组织及评标程序

1. 评标组织

（1）招标人负责组建评标委员会，根据本项目的规模和特点，评标委员会由9人组成，主任委员由招标人推荐，评委由技术专家组成。

（2）评标委员会的工作职责：对投标文件进行技术和商务评审；集体讨论，以综合评分的方式对所有投标人进行排序；推荐三名中标候选人；完成书面评标报告。

（3）在评标过程中，评标委员会有权就投标文件中需要进一步澄清的问题，要求投标人在规定时间内做出答复。逾期不答复，其问题由评标委员会裁定。

（4）评标委员会下设评标工作组，评标工作组由招标人委派的工作人员组成。评标工作组的职责：根据招标文件的评标标准和方法检查每一份投标文件的完整性、有效性，并将各投标文件中的商务部分汇总在相应的表格内，辅助评标委员会的工作。

（5）招标人负责安排评标场所和评标会务工作，向评委介绍项目工程概况，并使评委熟悉了解招标文件的相关内容和评标工作要求。

（6）监督人员由监察局及公证机关有关人员组成，以"公开、公平、公正"、"诚实守信"为原则，对本次评标过程实施监督。

2. 评标程序

（1）投标文件的收取。___年___月___日15：00前，各投标人将投标文件送达_____招标人指定的会议室，由招标人和监督人员共同收取了投标文件，检查确定了密封情况，并做好投标文件收取记录。

（2）开标。___年___月___日15：00截标并开标。开标时由招标人、所有的投标人、监督人员共同验证投标文件的密封情况，招标人依据招标文件的规定，公布投标人相关信息。

（3）投标文件编号。开标后，评标工作组采用附件的格式对投标文件进行编号，并对投标文件的组成及份数进行了核实。

（4）初步评审。在评审会前，为协助评标委员会进行符合性审查，由评标工作组按招标文件和相关办法的具体约定，先期分别对商务文件和技术文件进行查阅、整理、信息汇总，提交评标委员会，供评标委员会作为初步评审的参考。评标委员会在初步评审阶段对每份投标文件与上述汇总情况进行复核审查后，如无更正事项则将汇总结果作为评审依据。

（5）详细评审。初步评审结束后，对通过符合性审查的投标文件，评标委员会根据招标文件的规定和评标办法，对投标文件和其他证明资料进行分析、讨论和评分。其中商务文件先由评标工作小组采用评标办法附件规定的格式进行预评分，经评审委员会复核并确认后，作为综合评分的一部分。讨论和评分情况由评标工作组记录、整理。

（6）评分。由主任委员主持，评标委员会成员对投标文件进行综合评议后进行评分。具体程序如下：

1）依据商务文件的评分标准对评标工作小组进行的商务文件预评分进行复核、确认。

2）评标委员依据技术文件的评分标准对技术文件和其他证明资料采用评标办法附件规定的格式进行评分。

3）由监督人员监督，评标工作组采用评标办法附件规定的格式将各评委对商务文件、技术文件和其他证明资料的评分进行汇总，并按照得分的多少进行排序。

4）如果出现两个或两个以上的投标人得分相同，则对得分相同的投标人由评委通过投票方式，得票多者排序在前。

5）监督人对上述过程进行监督。

（7）澄清。在评审过程中，如需就投标文件进行澄清，应以书面的方式发出澄清要求，投标人应在规定的时间内以书面形式答复。

1）技术问题应由评委提出，并经评标委员会主任委员签字，将内容及投标人编号交由监督人员，再由监督人员向招标人告知投标人的名称及需澄清的问题，由招标人迅速予以传达。

2）商务问题应由评委提出，并经评标委员会主任委员签字后交由招标人发出；收到回复后，由招标人交给评标委员会主任。

（8）评标委员会在评标过程中发现的问题，应及时做出处理或者向招标人提出处理建议并做出书面记录。

（9）评委严格按照评标标准，根据评审、讨论和评分过程，形成书面评标报告，由主任委员采用评标办法附件规定的格式审核汇总，全体评委签字确认。

（10）其他。

1）如评标委员会经讨论认为，投标文件确实没有达到要求的深度和水平，入围单位的名额可以空缺。

2）未被推荐为中标候选人的单位，可以得到相应的经济补偿。

3）在评标委员会进行评分时，无关人员应撤出会场。所有与会人员对各投标单位的得分和排序情况及评委发表的意见应严格保密。

4.1 项目评标的程序和内容

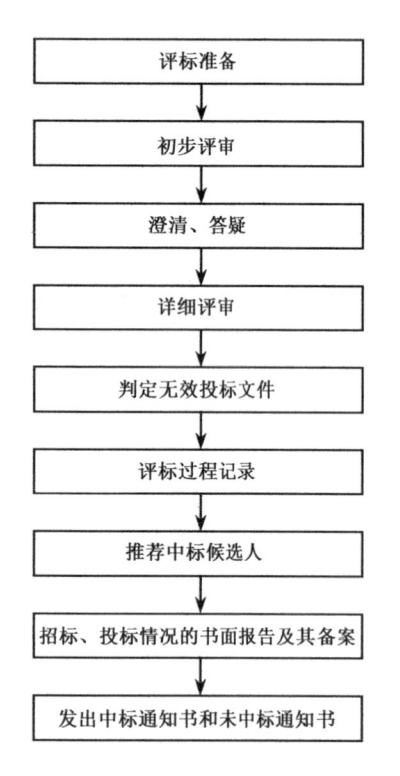

4.1.1 项目评标的程序

项目评标的程序如图4-1所示。

1. 评标准备

成立评标工作组,组建评标委员会并选举评标委员会负责人,评标会议准备。评标委员会成员应当编制供评标使用的相应表格,认真研究招标文件,了解和熟悉:招标项目的基本情况;招标项目的范围和性质;招标文件中规定的主要技术要求、标准和商务条款;招标文件规定的评标标准、评标方法和在评标过程中考虑的相关因素。

2. 初步评审

(1) 是否有单位盖章、法定代表人或法定代表人授权的代理人签字或盖章、有效的授权委托书。

(2) 是否按规定的格式填写,内容是否齐全,关键字迹是否清晰、容易辨认。

(3) 是否有投标人递交两份或多份内容不同的投标文件,或在一份投标文件中对同一招标项目报有两个或多个报价,且未声明哪一个有效。

(4) 投标人名称或组织结构是否与资格预审时一致。

图4-1 项目评标的程序

(5) 是否按招标文件要求提交了投标保函或保证金。
(6) 如果是联合体投标是否附有联合体协议。

3. 澄清、答疑

评标委员会可以书面方式要求投标人对投标文件中含义不明确、对同类问题表述不一致或者有明显文字和计算错误的内容进行必要的澄清、说明或者补正。澄清、说明或者补正应以书面方式进行,并不得超出投标文件的范围或者改变投标文件的实质性内容。

4. 详细评审

经初步评审合格的投标文件,评标委员会应当根据招标文件确定的评标标准和方法,对其技术部分和商务部分进行进一步的评审、比较。

评标委员会应当根据招标文件,审查并逐项列出投标文件的全部投标偏差。评标委员会对在评标过程中发现的问题,应当及时做出处理或者向招标人提出处理建议,并做出书面记录。

5. 判定无效投标文件

投标文件有下述情形之一的应当判定为无效投标文件：

（1）投标人资格条件不符合国家有关规定和招标文件要求的，或者拒不按照要求对投标文件进行澄清、说明或者补正的。

（2）未能对招标文件做出实质性响应。评标委员会应当审查每一份投标文件是否对招标文件提出的所有实质性要求和条件一一做出响应。

（3）投标文件载明的技术方案、技术规格、技术标准和方法等明显不符合招标文件的要求。

（4）投标文件附有招标人不能接受的条件。

（5）在评标过程中，评标委员会发现投标人的报价明显低于其他投标报价或者在设有标底时明显低于标底，使得其投标报价可能低于其个别成本的，应当要求该投标人做出书面说明并提供相关证明材料。投标人不能合理说明或者不能提供相关证明材料的，由评标委员会认定该投标人以低于成本报价竞标。

（6）在评标过程中，评标委员会发现投标人以他人的名义投标、串通投标、以行贿手段谋取中标或者以其他弄虚作假方式投标的。

6. 评标过程记录

评标委员会完成评标后，应当向招标人提出书面评标报告，并抄送有关行政监督部门。评标应当如实记载以下内容：

（1）基本情况和数据表。
（2）评标委员会成员名单。
（3）开标记录。
（4）符合要求的投标一览表。
（5）无效投标情况说明。
（6）评标标准、评标方法或者评标因素一览表。
（7）经评审的价格或者评分比较一览表。
（8）经评审的投标人排序。
（9）推荐的中标候选人名单与签订合同前要处理的事宜。
（10）澄清、说明、补正事项纪要。

评标报告由评标委员会全体成员签字。对评标结论持有异议的评标委员会成员可以书面方式阐述其不同意见和理由。评标委员会成员拒绝在评标报告上签字且不陈述其不同意见和理由的，视为同意评标结论。评标委员会应当对此做出书面说明并记录在案。

7. 推荐中标候选人

评标委员会推荐的中标候选人应当限定在1~3人，并标明排列顺序。采用公开招标方式的，评标委员会应当向招标人推荐2~3个中标候选方案。采用邀请招标方式的，评标委员会应当向招标人推荐 1~2 个中标候选方案。评标委员会决定否决所有投标的,应在评标报告中详细说明理由。

8．招标、投标情况的书面报告及其备案

招标人应当自确定中标人之日起 15 日内,向有关行政主管部门提交招标投标情况的书面报告。书面报告至少应包括下列内容:

（1）招标项目基本情况,包括招标范围、招标方式和发布招标公告的媒介、资格审查、开评标过程和确定中标人的方式及理由等。

（2）招标文件中投标人须知、技术规格、评标标准和方法、合同主要条款等内容。

（3）投标人情况。

（4）评标委员会的组成和评标报告。

（5）中标结果。

（6）其他需要说明的问题。

9．发出中标通知书和未中标通知书

招标人向中标人发出中标通知书,同时向未中标人发出未中标通知书。

4.1.2 技术评审

技术评审的目的在于确认备选的中标人完成本招标项目的技术能力及其所提方案的可靠性。与资格评审不同的是,这种评审的重点在于评审投标人将怎样实施招标项目。技术评审的主要内容有以下几点。

1．技术方案的可行性

审查施工方案及重点、难点部分施工控制措施;施工组织管理结构;现场工程技术人员专业配置;施工总平面图布置,特别是对该项目的关键工序的施工方法进行可行性论证,应审查其技术的难点和技术的先进性、可靠性。

2．施工进度计划的可靠性

审查施工进度计划是否符合业主或采购人的时间要求,这一计划是否科学和严谨,同时还要审查保证施工进度计划的措施。例如,劳动力安排、主要设备、材料及机械设备的组织计划是否合理和可靠等。

3．施工质量保证

审查质量保证体系及措施,包括质量管理人员的配备、质量检测仪器的配备和质量管理制度。

4．工程材料和机械设备供应的技术性能

审查主要材料和设备的样本、型号、规格和制造厂家名称、地址等,审查其技术性能能否达到设计标准。

5. 分包计划

如果投标人在正式投标时已列出拟分包的公司名称，则应审查这些分包公司是否具有相应的资格、能力和经验来保证项目的实施。

应用案例 4-1 某工程施工项目技术评审的主要内容

1. 施工总体布置

着重评审布置的合理性，分阶段施工的还应审查其各阶段施工方案之间的衔接是否合理，以及如何避免与其他承包商之间交叉作业时发生纠纷。

2. 施工进度计划

审查投标人的施工进度计划是否满足项目的总体进度要求，是否科学、合理且切实可行。有阶段工期要求的工程还要审查投标人的进度计划是否满足该要求。而且，还要从投标人拟投入项目的施工机械、设备及人员的情况分析投标人是否在中标后能够实现自己的这些承诺。

3. 施工方法和技术措施

主要评审各投标人所采取的施工方法和技术措施是否能保证工程的质量要求、进度要求及安全要求，并且附有相关的保证措施。

4. 材料和设备

由承包商采购的材料和设备是否在质量和性能上满足设计要求和招标文件中要求的技术规范和技术标准，必要时要求投标人报送：材料和设备的样本；技术说明书；材料和设备的型号、规格、生产地址等。

5. 技术建议和替代方案

仔细分析投标人提出的技术建议和替代方案，评定技术建议是否具有可借鉴性，替代方案是否会影响工程的使用功能和质量。

6. 对投标人的管理和技术能力进行评价

对投标人项目管理机构及组成人员进行综合评审，对其提交的相关资质、经验等证明材料的真伪进行调查分析，对其施工方案的可行性、科学合理性及对招标文件的响应程度进行分析，给出客观评价。

4.1.3 商务评审

商务评审的目的在于从成本、财务和经济分析等方面评定投标报价的合理性和可靠性，并评估授标给各投标人的不同经济效果和风险。参加商务评审的人员通常是成本、财务方面的专家，有时还要求有估价及经济管理方面的专家。商务评审的内容主要包括成本和财务两个方面。

1. 成本方面

（1）审查全部报价数据计算的正确性，将投标报价进行对比分析，评价各报价是否可靠、合理。

（2）投标报价构成是否合理。

（3）分包工程价格是否可靠、合理。

（4）额外费用的合理性。

（5）投标人以往的可比工程的工时费用。

2. 财务方面

（1）评审投标人的财务实力和资信程度。

（2）分析投标文件中所附资金流量表的合理性及其所列数字的依据。

（3）分析投标人提出的财务和付款方面的建议的合理性。

（4）审查所有保函是否被接受。

（5）评审投标人的信贷能力。

4.1.4 综合评价与比较

综合评价与比较是在上述工作的基础之上，根据事先拟定好的评标原则、评标指标和评标办法，对筛选出来的若干个具有实质性响应的投标文件进行综合评价与比较，最后选定中标人。中标人应当符合以下条件之一：① 能最大限度地满足招标文件中规定的各项综合评价标准。② 能满足招标文件各项要求，并且经评审的投标价格最低，但是投标价格低于成本的除外。

一般设置的评价指标包括：

（1）投标报价。

（2）施工方案（或施工组织设计）与工期。

（3）质量标准与质量管理措施。

（4）投标人的业绩、财务状况、信誉等。

4.2 项目评标的方法

评标方法的科学性对于实现平等的竞争，公正、合理地选择中标者是极其重要的。评标涉及的因素很多，应分门别类，在有主有次的基础上，结合项目的特点，确定科学的评标方法。现行常用的评标方法主要有专家评议法、低标价法、综合评定法、计分法、系数法、协商议标法和投票法。

4.2.1 专家评议法

这种方法由评标小组或评标委员会拟定评标的内容,如工程报价、工期主要材料消耗、施工组织设计、工程质量保证和安全措施,分项进行分析比较或调查,进行综合评议,选择其中各项条件都比较优秀者为中标单位。这种方法是一种定性的优选法,其优点是能深入听取各方的意见,但易出现众说纷纭、意见难以统一的现象。

4.2.2 低标价法

这种方法是在通过了严格的资格预审和其他评标内容都符合要求的情况下,只按投标报价来定标的一种方法。世界银行贷款项目多采用此种评标方法。

这种评标方法有两种方式:一种是将所有投标者的报价依次排列,取其三个低报价,对低报价的投标者进行其他方面的综合比较,择优定标;另一种是"A+B 值评标法",即以低于标底一定幅度以内的报价的算术平均值为 A,以标底或评标小组确定的更合理的标价为 B,然后以 A+B 的均值为评标标准价,选出低于或高于这个标准价某个幅度的报价者进行综合分析比较,择优选定。

应用案例 4-2

该项目是世界银行对某国某水电站建设的贷款项目。评标结果必须交世界银行批准才能签订合同。各项工程投标报价的名次如表 4-1 所示,表中报价按开标当天汇率统一折算为美元。

表 4-1 某国水电站的土木工程投标报价结果　　　　单位:万美元

工程项目	投标人名称	报价
第一项:坝和溢洪道	Dumez(法国)	6 550
	Kajima(日本)	7 820
	Hyundai(韩国)	7 920
	Aoki(日本)	8 060
	Shimizu(日本)	8 250
第二项:输水管	Hyundai(韩国)	7 260
	SBTP(法国)	6 730
	Lsinger(瑞士)	8 230
	Laisei(日本)	8 550
	Kajima(日本)	8 760
第三项:电站厂房和开关站	Maeda(日本)	3 680
	HFIndai(韩国)	3 970
	Dumez(法国)	4 000
	Kajima(日本)	4 330
	Lsinger(瑞士)	4 660

评标小组报世界银行的中标人的建议为：第一项由 Kajima（日本）中标；Dumez（法国）虽报价低，但因施工机械不足，不能中标。第二项由 SBTP（法国）中标，因为在开标以后规定期限内法郎贬值，以当年 5 月 5 日的折算值，Hyundai（韩国）为 7 260 万美元，SBTP（法国）为 6 730 万美元，此时 SBTP（法国）的报价低于 Hyundai（韩国）。第三项由 Maeda（日本）中标，因报价最低。

世界银行收到评标小组的评标报告后，马上派出工作组对评标报告进行了详细的研究和调查，对于评标小组建议的第一项和第三项的中标人提出了异议。世界银行工作组认为，在满足招标文件的要求和技术方案合理的情况下，若无特殊理由，应选取报价最低的投标者，他们数次召集该国能源部的此项目负责人和评议小组及几个投标者分别开会。第一项的投标人 Dumez（法国）表示同意评标小组的看法，他们的施工机械设备确实不足以对该项工程施工，但表示愿意增加施工设备而不额外增加报价。在这种情况下，世界银行同意让 Dumez（法国）公司中标。

对第三项，因为一个投标人投标超过两项时，在评标时可将其标价折扣 4% 之后进行比较，所以对 Dumez（法国）公司而言，在比较第一项、第三项标价时，应折扣 4% 后再作比较。其标价比较结果计算如下：

$$(6\,550+4\,000)\times(1-0.04)=10\,128（万美元）$$
$$6\,550+3\,680=10\,230（万美元）$$

因此，在考虑折扣的条件下，Dumez（法国）第一项和第三项的报价之和（10 128 万美元）低于 Dumez（法国）第一项与 Maeda（日本）第三项的报价之和（10 230 万美元），故第三项也应由 Dumez（法国）中标。

4.2.3 综合评定法

综合评定法是在充分阅读标书、认真分析标书优劣的基础上，经评委充分讨论确定中标单位的评标定标方法。

标书内容包括工程预算书、工期目标、质量等级目标、施工组织设计、优惠条件、报价、本次投标的项目经理两年内施工实绩及优良工程证书等。标书中的预算价与经审定的标底价比偏差在 3%～5% 范围内，认定该标书为有效标书。按照招标文件的规定，标书中的报价在低于标底的某一范围内，该标书为有效标书。若标书预算均超出了有效标书的范围，则由招标投标办事机构召集有关部门对标底重新审定。若标底有误，则按调整后的标底评标；若标底无误，则该工程可转为议标。招标文件中应明确规定报价均超出有效范围时的处理办法，但中标价不得高于标底价。

评委按招标文件中确定的评标原则进行综合评标，若评委意见分歧较大，不能取得一致意见，可采用投票法决定中标单位。

应用案例 4-3　××大厦基坑工程评标报告

经过初步评审后，确定投标人为三家，即投标人1、投标人2和投标人3。招标方对三家的技术方案、商务方案和实际考察情况分析评比后，形成如下评审建议。

1. 技术方案角度分析

（1）专家组认为投标人3在合理、安全、降水、护坡、地基处理等的效果上都更为有效，工艺先进，应作为首选。

（2）投标人2与投标人1的方案各有长短，但在地基处理中投标人3采用桩长较短（11.5～15.5m），因地基处理是长久工程，应作为主要评选对象，所以该方案应最后考虑。

2. 商务报价角度分析

（1）根据2002年4月15日三家报来的承诺书，三家的商务报价各有优劣。投标人3最终报价196万元，但要10%的预付款且基坑工程完工后付至50%。其余款年底付清，报价低但垫资较短。

（2）投标人2最终报价2 285 645.67元，不需预付款，基础工程结束一个月内支付50%工程款，余款年底付清，报价较高垫资较短。

（3）投标人1最终报价230万元，不需预付款，开工三个月以后付50%。结构封顶再付30%，20%的工程尾款在工程全部竣工后结清，报价较高但垫资较长。

3. 其他方面分析

（1）投标人1为全民所有制企业，地基与基础工程施工二级企业，通过了ISO 9000系列认证，合作单位CFG桩设计单位其勘察设计资质为乙级。拟派本工程人员较齐全。

（2）投标人3为全民所有制企业，地基与基础工程施工二级企业，连续7年被评为重合同守信誉单位，合作单位CFG桩设计单位其勘察设计资质为甲级。拟派本工程项目经理资质业绩较好，经验丰富。

（3）投标人2为全民所有制企业，地基与基础工程施工一级企业，通过了ISO 9000系列认证，是2001年度北京市重合同守信誉单位，信誉等级AAA级。

📁 **结论**

在综合了技术方案、商务方案、企业信誉、综合报价、后期费用等方面的因素后，建议选用投标人3作为××大厦基坑工程的施工承包商。

4.2.4　计分法

计分法是由评委对投标单位的预算主材用量、报价、工期目标、质量等级目标、施工组织设计、施工实绩等按事先确定的评分标准分别打分，汇总得分后，根据总得分和总报价综合评定，择优选定中标人的评标定标方法。

评分法常采用百分比，各评分要素的权重（分值分布）可根据工程具体情况确定。

评分法常将评委分成经济、技术两组分别打分。评分时，评委应经过充分讨论形成一致意见，对每个投标人每组只打出一个分值。若分歧较大，不能形成一致意见，可由评委各自对各投标人打分，计分时，去掉一个最高分，去掉一个最低分，其余分值取平均值。各投标得分汇总后，全体评委根据总得分和总报价综合评价，择优选择中标人。

应用案例 4-4

表 4-2 是一个采购管理咨询服务的对比审评表，根据各投标人的实际情况，对应表格的标准得出最终结果，得分最高者为中标人。

表 4-2 项目管理综合评分（满分 100 分）

序号	评比项目	评比内容		得分（分）
一	投标人近 5 年承担项目管理的业绩（仅限于投标人作为业主或代业主管理的项目）（总分 20 分）	1. 项目管理数 a. 承担过 5 个及 5 个以上项目 b. 承担过 3~4 个项目 c. 承担过 2 个以下项目	12 分 8 分 4 分	
		2. 工程规模加分 承担过 10 万平方米以上公建项目	+2 分	
		3. 主持选定设计方案后获奖加分 a. 获国家级奖 b. 获省市级奖 c. 获院级奖	+3 分 +2 分 +1 分	
		4. 工程质量控制加分 a. 获鲁班奖 b. 获长城杯奖 c. 获省（部）级优质奖	+3 分 +2 分 +1 分	
二	项目主要管理人员素质（总分 24 分）	1. 项目管理部经理 a. 曾全过程担任过 10 万平方米以上公建项目业主方总经理 b. 曾全过程担任过 5 万平方米以上公建项目业主方总经理 c. 曾全过程担任过 5 万平方米以上项目业主方副总经理	12 分 8 分 4 分	
		2. 项目管理部副总经理 a. 曾全过程担任过 10 万平方米以上项目业主方副总经理 b. 曾全过程担任过 10 万平方米以上项目业主方工程部经理	4 分 2 分	
		3. 项目管理部总工程师 a. 曾全过程担任过 10 万平方米以上公建项目总工程师 b. 曾全过程担任过 10 万平方米以上公建项目副总工程师	4 分 2 分	

续表

序号	评比项目	评比内容	得分（分）
二	项目主要管理人员素质（总分24分）	4. 项目管理部总会计师 a. 曾全过程担任过 10 万平方米以上公建项目的总会计师（财务部经理） 4分 b. 曾全过程担任过 5 万平方米以上公建项目总会计师（财务部经理） 2分	
三	管理方案（总分30分）	评标人根据投标人管理方案中的： a. 项目管理架构 b. 合同网络系统 c. 工期总控制计划 d. 投资成本控制方法 e. 质量保证措施 f. 对设计总包、施工总承包、监理的协调项目前期及市政协调管理等的科学性、合理性、可行性进行综合评判 优秀： 25~30 分 良好： 20~24 分 合格： 15~19 分	
四	对项目管理目标的承诺（总分10分）	按项目可行性研究报告中初定的开发建设周期及施工期、成本质量目标为基本数值。 1. 进度 a. 建设期缩短 10%以上 2分 达到要求 1分 b. 施工期缩短 10%以上 2分 达到要求 1分 2. 成本 a. 低 5% 3分 b. 达到要求 2分 3. 质量 获鲁班奖 3分 获长城杯奖 2分 优良 1分	
五	管理费用（总分6分）	最低 6分 中 4分 最高 2分	
六	其他综合评分（总分10分）	评标人对投标人的规模、独立性、公正性、投标文件的完整与准确、投标配合的态度及服务意识等综合印象评分。4~10 分	

应用案例 4-5

××文物保护修缮工程设计招标商务文件评分表，如表4-3所示。

表 4-3 ××文物保护修缮工程设计招标商务文件评分

单位：分

评比内容			投标人 1 情况	投标人 1 得分	投标人 2 情况	投标人 2 得分	投标人 3 情况	投标人 3 得分	投标人 4 情况	投标人 4 得分	投标人 5 情况	投标人 5 得分	投标人 6 情况	投标人 6 得分	投标人 7 情况	投标人 7 得分
1	申请人实力（共 18 分）															
1.1	公司人力资源情况（4 分）	专业设计人员 50 人以下（1 分）	总人数 51 人，专业设计 42 人	1	总人数 146 人，专业设计 135 人	4	总人数 266 人，专业设计 254 人	4	总人数 36 人，专业设计 33 人	1	总人数 48 人，专业设计 41 人	1	总人数 43 人，专业设计 31 人	1	总人数 102 人，专业设计 20 人	1
		专业设计人员 51~100 人（2 分）														
		专业设计人员 101 人以上（4 分）														
1.2	项目专业设计师情况（2 分）	专业设计人员 10 人以下（1 分）	专业设计计 25 人	2	专业设计计 17 人	1.5	专业设计计 20 人	2	专业设计计 8 人	1	专业设计计 12 人	1.5	专业设计计 9 人	1	专业设计计 20 人	2
		专业设计人员 11~19 人（1.5 分）														
		专业设计人员 20 人以上（2 分）														
1.3	古建修缮或复建设计获奖情况（2 分）	曾获国家级奖项或省部级奖项 3 个以上（2 分）	获国家文物局二等奖，市文物局一等奖	2	无	0	古典建筑设计遗址保护获国家教育部优秀设计一等奖	1	获北京市规划委员会二、三等奖	1		0	省文物局奖报名列有 4 项工程	2	四项获省级奖	2
		曾获省部级奖项（1 分）														
		其他（0 分）														

第4章 项目评标

续表

评比内容		投标人1 情况	投标人1 得分	投标人2 情况	投标人2 得分	投标人3 情况	投标人3 得分	投标人4 情况	投标人4 得分	投标人5 情况	投标人5 得分	投标人6 情况	投标人6 得分	投标人7 情况	投标人7 得分
1.4 资质等级（3分）	文物保护勘察设计甲级（2分）建筑设计甲级（3分）建筑设计乙级（1分）建筑设计乙级以下（0分）	资质甲级	2	文物保护勘察设计甲级、建筑设计甲级	5	文物保护勘察设计甲级、建筑设计甲级	5	文物保护勘察设计甲级、建筑设计乙级	3	文物保护勘察设计甲级、建筑设计乙级	3	文物保护勘察设计甲级	2	文物保护勘察设计甲级	2
1.5 注册资本金（3分）	平均值452万元高于452万元（3分）低于452万元高于226万元（2分）低于226万元（1分）	注册资本金100万元	1	注册资本金100万元	1	注册资本金800万元	3	注册资本金50万元	1	注册资本金100万元	1	注册资本金412万元	2	注册资本金1607万元	3
1.6 ISO认证情况（4分）	通过ISO 9000认证（4分）未通过ISO 9000认证但具有较完善的质量保证体系（2分）其他（1分）		2	质量管理体系	2	ISO 9001（1994）	2		1		1	ISO 9000（2000）	4		1

77

续表

	评比内容		投标人1情况	得分	投标人2情况	得分	投标人3情况	得分	投标人4情况	得分	投标人5情况	得分	投标人6情况	得分	投标人7情况	得分
2	申请人设计经验（共11分）															
2.1	申请人（企业、事业）成立时间（3分）	20年以上（3分） 10年以上（2分） 5年以上（1分）	17年	2	登记证日期为：1984年	2	1993年成立，已有11年历史	2	成立于1980年3月，已有24年历史	3	成立于1984年,已承担古建筑修缮工程20年	3	成立于1984年,已有20年历史	3	解放前后即从事古建筑保护修缮	3
2.2	文物建筑修缮设计经验（4分）	有与本项目规模、投资额相类似的经验（建安工程投资1.5亿元-2亿元古建修缮建筑面积1.4万m²）（4分） 有国家重点文物保护单位勘察设计经验（3分） 有省级重点保护单位勘察设计经验（2分）	国家重点文物保护单位勘察设计经验	3	建安工程投资2.3亿元	4	国家重点文物保护单位勘察设计经验	3	国家重点文物保护单位勘察设计经验	3	国家重点文物保护单位勘察设计经验	3	国家重点文物保护单位勘察设计经验	3	建安工程投资1.8亿元	4
2.3	古建修缮或复建工程设计经验（2分）	已承担古建修缮或复建项目20项以上（2分） 已承担古建工程10项以上（1.5分） 已承担古建修缮或复建项目3项以上（1分）	20项以上	2	20余项	2	只列了8项	1	20余项	2	已承担古建修缮或复建工程20项	2	20余项	2	有23项	2

续表

评比内容		投标人1 情况	投标人1 得分	投标人2 情况	投标人2 得分	投标人3 情况	投标人3 得分	投标人4 情况	投标人4 得分	投标人5 情况	投标人5 得分	投标人6 情况	投标人6 得分	投标人7 情况	投标人7 得分
2.4	仿古工程设计经验（2分）：已承担仿古项目20项以上（2分）；已承担仿古项目10项以上（1.5分）；已承担仿古项目3项以下（1分）	10项以上	1.5	预审文件中列25项	2	预审文件中列4项	1.5	26项	2	11项	1.5		1	仿古建筑3项	1
3	申请人拟投人员资历（共7分）														
3.1	设计师类似项目设计经验（4分）：有与本项目规模、投资额相当的文物保护勘察设计经验（4分）；有国家重点单位保护勘察设计经验（3分）；有省级重点单位保护勘察设计经验（2分）	有国家重点文物保护单位勘察设计经验	3	有本项目规模、投资额相当的文物保护勘察设计经验	4	有国家重点文物保护单位勘察设计经验	3	国家重点文物工程设计主持	3	7项	3	全国重点文物保护单位	3	有本项目规模、投资额相当的文物保护勘察设计经验	4
3.2	设计师情况获奖情况（2分）：曾获国家级文物保护修缮工程设计奖项（2分）；曾获省级文物保护修缮工程设计奖1项（1分）；其他（0分）	获北京市第四届中小设计一等奖	1		0	获教育部一等奖	1		0		0		0	文化部科技进步奖	1

续表

	评比内容		投标人1 情况	得分	投标人2 情况	得分	投标人3 情况	得分	投标人4 情况	得分	投标人5 情况	得分	投标人6 情况	得分	投标人7 情况	得分
3.3	设计师专业配置(1分)	设计师数量、专业配置合理(1分) 设计专业配置不足或专业数量不均衡(0分)		1		0	专业人员齐全	1	有详细的《设计工作安排表》、《设计工作流程表图》	1	专业配备齐全	1	配置不足	0	专业配置合理	1
4	设计费报价水平和工作周期（共6分）															
4.1	设计费报价水平（总额）(4分)	低于设计费平均值10%的(4分) 与设计费报价平均值相差±10%以内的(3分) 高于设计费平均值10%的(2分)	平均521万元，申报507.41万元	4	平均521万元，申报514.8万元	4	平均521万元，申报675万元	2	平均521万元，申报713.3万元优惠到642万元	2	平均521万元，申报579.9万元	2	平均521万元，申报211.9万元	4	平均521万元，申报519万元	3
4.2	设计工作周期（古建修缮设计周期）(2分)	与古建修缮设计周期平均值相差15天之内的(2分) 与古建修缮设计平均值相差30天以外的(1分) 与古建修缮设计周期平均值±30天以外的(0分)	平均96天，申报128天	0	平均96天，申报70天	1	平均96天，申报50天	0	平均96天，申报80天	1	平均96天，申报160天	0	平均96天，申报70天	1	平均96天，申报115天	1

续表

	评比内容		投标人1 情况	投标人1 得分	投标人2 情况	投标人2 得分	投标人3 情况	投标人3 得分	投标人4 情况	投标人4 得分	投标人5 情况	投标人5 得分	投标人6 情况	投标人6 得分	投标人7 情况	投标人7 得分
5	对设计合同条款的响应情况(3分)	对设计合同条款的响应情况(3分) 完全响应《招标文件》中合同条款的(3分) 未提出重大实质性合同条款调改要求的(2分) 提出重大实质性合同条款调改要求的(1分) 其他(0分)	完全响应	3	完全响应	3	完全响应	3	修改意见	1	未提出重大实质性合同条款调改	2	完全响应	3	完全响应	3
6	中标后提供本工程现场技术服务的承诺及其他承诺情况(共3分)	中标后提供本工程现场技术服务的承诺及其他承诺情况(共3分) 承诺具有实质性及可操作性(3分) 承诺具有较强实质性及可操作性(2分) 承诺不具实质性或可操作性较差的(1分) 其他(0分)	承诺格式完整	3	完全响应	3	承诺具有实质性及可操作性	3	《现场设计服务方案及承诺》	3	承诺具有较强实质性及可操作性	2	承诺具有较强实质性及可操作性	2	完全响应	3
	各投标人总得分(分)		33.5		38.5		37.5		29		27		34		37	

4.2.5 系数法

系数法适用于政府或业主等对工期有特殊要求的、项目采用快速路径法施工的、工程开工时尚无法编制准确预算的建筑工程。标书中预算部分以取费率表示，报价部分以按实结算后下浮百分率表示，评委充分阅读标书后，综合评定，择优选择中标人。

在系数法评标过程中，评委应充分阅读标书，认真分析，并按下列顺序优先考虑中标人：

（1）工期安排合理。
（2）施工组织设计优良。
（3）施工实绩好，优良工程多。
（4）质量目标优良。
（5）取费标准恰当，让利幅度合理。

若评委不能形成一致意见，可采用投票法确定中标人。

4.2.6 协商议标法

政府有明确规定必须保密的工程项目，经主管部门批准后，评委可全部由招标单位选定。招标投标管理机构和公证机关可不参加评标过程，但招标文件及评标结果必须经招标投标管理机构审查认可。

因公开招标或邀请招标失败而转为议标的工程，可与原投标人按原开标顺序分别协商议定，若均不能定标，经招标投标管理机构同意后，可重新选择投标人协商议标。

评标时评委应认真研究标书，综合考虑，一般应以施工组织设计最优者优先商议，中标价由双方议定，但不得高于标底价。若评委不能达成一致意见，可采用投票法确定中标人。

4.2.7 投票法

投票法是由全体评委投票表决中标人的评标定标方法。采用其他评标办法不能达成一致意见时，经招标投标管理机构批准，可采用投票法，在依据其他评标定标方法产生的两个中标候选人中投票确定一个中标人。

4.3 评标报告

4.3.1 评标报告的主要内容

招标委员会或招标评审小组在对所有标书进行各方面评审之后，须编写一份评审结论报告，即评标报告。该报告作为评审结论，应提出推荐意见和建议，并说明其授予中标的具体理由。评标报告的主要内容应包括以下方面。

（1）招标过程简况，开标记录及评标委员会成员名单。

（2）列出参加投标的公司总数，以及因各种原因列为"废标"而被剔除的投标人名称、被废标的原因等，符合要求的投标一览表。

（3）经评审投标人排序并对其投标文件进行评述，这是评标报告的主体和重点。其主要内容包括：标价分析，包括标价的合理性，与标底价（如果有）的比较，高于或低于底标价的百分比及其原因等；标书是否与招标文件要求相符，有何保留意见或技术建议，这些意见是否合理；投标人提出的工程期限或交货期限和进度计划的评述；投标人的资信及承担类似项目的经验简述，包括其分包商的简况；授标给该投标人的风险或可能遇到的问题等。基于上述得出结论与建议。

（4）评标标准、评标方法或者评标因素一览表。

（5）经评审的价格、付款方式、技术方案、技术指标、对实现项目目标的承诺分析比较一览表。

（6）结论与建议。

（7）澄清、说明、补正事项纪要。

（8）附表包括开标记录表，投标单价、总价汇总综合表，投标方资质汇总表，主要材料综合表，技术性能汇总表，主要加工设备、机具汇总表，投标方必答和承诺汇总表，保修承诺汇总表，投标方综合比较表，考察、面试汇总评定表等。

4.3.2 评标报告实例

福景花园铝合金门窗工程评标报告（节选）

1. 概述

1999年5月1日至5日，有关领导召开铝合金门窗式样、框的颜色、玻璃等问题的研讨会，在1999年5月1日〔1999〕BGC—115FGE会议纪要和5月4日、5日两次专题会议中决定对原有铝合金门窗工程招标书中技术要求/标准做出新规定，并提出新要求，按两种方案编写标书，直到5月18日下午通知项目部招标。项目部于5月20日向5家单位正式发出投标邀请函及招标文件。参加福景花园铝合金门窗工程招标单位如下：

（1）中信（集团）公司渤海铝业有限公司。

（2）沈阳黎明铝门窗工程公司。

（3）武汉凌云建筑装饰工程总公司。

（4）北京泓申铝质工程公司。

（5）北京嘉寓门窗有限公司。

5家投标单位均按投标邀请函的要求，送来投标书。5月27日14:00，项目部会同施工总承包及施工监理部在项目部会议室进行开标。开标结果记录在"福景花园铝合金门窗工程开标记录"（详见附表4-1）。

为确保评标工作按时保质完成,做到使投标单位公平竞争,我们细致地阅读了5家单位的投标文件,从投标方的资质、投标汇总价、主要材料的选用、门窗主要性能、主要加工设备机具、投标方必答和工程保修7个方面列表汇总(详见附表4-2~附表4-8)进行比较,做出5家投标方的综合比较表(详见附表4-9),此次招标单位除武汉凌云建筑装饰工程总公司外,其余4家公司均在预选中已进行了实地考察、答疑等工作(详见附表4-10)。武汉凌云公司在此次报价中价格最高,其公司本部和加工厂均在京外,路途遥远,北京在施工程与其生产的铝合金门窗又不相似,因此暂不考察,仅对其投标文件进行仔细阅读。此次在阅读各家投标书时,遇到不明白或有疑问的问题等均直接询问投标方,听其解答,甚至以补充有关资料方式来代替集体答疑会(详见附表4-11),并将补充资料归入投标文件保存,其问题解释、说明随同投标文件一起归纳在各表格中。

2. 综合评价

通过投标文件评审和实地考察对各家加工厂实况、加工质量、主要机具设备、技术力量、设计规模、微机管理和在施工程施工安装质量等方面有了较深刻的认识和较全面的了解,各家既有共性,又有特性。

(1)共性。

1)建厂较早、规模较大、厂容厂貌较好、办公均采用微机管理。

2)主要加工设备为进口货,均具备铝合金门窗设计、加工、施工、安装等能力。

3)各投标方领导重视,敬业精神好,不厌其烦地进行实地考察、市场调研、论证分析和解答有关问题。

4)所用的主要材料玻璃,分别为上皮浮法和洛玻浮法产品,主要五金配件为德国诺托配套产品,结构胶均为美国道康宁或GE名牌产品,铝合金型材主要受力构件厚度均不小于2mm,均有中空玻璃生产线。

5)据玻璃幕专家分析认为,本工程采用6+A12+6、6+A12+5中空玻璃及铝合金框的综合性传热系数K值≈(3.5~3.6)w/m^2k<3.7w/m^2k,基本满足设计要求,能衰减噪声28dB。

6)没有钢付框。

(2)特性。

1)北京泓申铝质工程公司:①铝合金型材内设钢衬,增强钢度、强度,减少框的横向尺寸,增大玻璃面积,增加室内透光率。②门、窗框与扇均为52系列。③上悬窗活动扇既有英国产高士红16"加重铰链还另加10"加重支撑。④活动扇、门窗周边两道密封胶条增宽道10mm,用以提高活动扇门、窗的密封性能。⑤具有20世纪90年代德国生产耶鲁牌的计算机数控双头锯、挤角机和美国生产道康宁牌打胶机等利用计算机控制加工件的数量和尺寸,铝型材可以切割成任意角度,下料精度可达0.01mm,加工精度高。送来铝窗样品加工较精细。⑥中空玻璃生产流水线自动化程度高,厂房内部环境清洁、干净、生产有序。⑦有规模较大的铝型材销售公司,货源充足,加工过程中不会停工待料。⑧所用螺钉为不锈钢制品。

2）北京嘉寓门窗有限公司：① 采用多点锁，增加门窗密闭性。② 生产加工塑钢门窗有专用生产线，有特色。③ 中空玻璃内分子筛是新进口的工艺，价格高，美观性差些。

3）中信（集团）公司渤海铝业有限公司：① 中空玻璃是厂家的合成产品，相对说性能要好些，但价格也贵些。② 活动门扇用的铰链中加螺旋垫片防止门的掉角。③ 活动门、窗中所用胶条是中外合资产品，宽10mm，密闭性能较好。

4）沈阳黎明铝门窗工程公司：① 铝合金门窗为100系列，从而提高了其强度和刚度。② 门、窗、扇和框的部位采用隔热断桥，有效降低了型材的导热率，保温性能、隔声性能好，但增加了造价。

5）武汉凌云建筑装饰工程总公司：① 上悬窗上部采用挂钩式节点，牢固、安全、可靠。② 擅长玻璃幕墙的设计与施工。

3. 结论与建议

（1）通过阅读标书、实地考察、答疑三个阶段工作，我们认为这些厂家均有承担本工程铝合金门窗的设计、加工、安装、施工的能力；均是规模较大的专业厂家。主要加工设备为进口货，门窗性能均能满足现行国家规范要求，敬业精神和维修服务均好。

（2）从投标价来看，二级企业门窗专业厂家报价低于一级企业以玻璃幕墙为主的厂家，工地安装费二级为28～49.2元/m^2，一级企业为40～66元/m^2。

（3）据了解，美国PPG公司色卡中氟碳色标UC51524是一种二层喷涂的专用漆，如果用它做三层喷涂，涂层表面会有细微的褶皱，即"橘皮现象"，近看会影响美观；中空玻璃内外面均用等厚玻璃时，其固有频率相同，对降低噪声不利；再者，上皮玻璃价格高于洛玻，白色玻璃两个厂家质量相同。基于以上三点，建议选用第二方案，即中空玻璃为6+A12+5，玻璃厂家为洛玻，铝型材采用二层喷涂。

（4）对投标方的结论。

1）北京嘉寓门窗有限公司：投标书中铝窗按平开窗设计报价，不符合标书要求，应该作为废标处理。

2）武汉凌云建筑装饰工程总公司：投标价最高（方案1：6 974 309元；方案2：6 418 209元），未报计算书，提交的65系列上悬检验报告，空气渗透性能为Ⅱ级，雨水渗透性能为Ⅲ级，其质量欠佳，不予考虑。

3）北京泓申铝质工程公司：方案1、方案2的投标价最低（方案1：4 278 041元；方案2：3 862 714元）。铝合金型材是国内名牌产品，主要生产设备是德国20世纪90年代产品和美国名牌设备，加工精度高，自动化程度高，对平开门窗采取防掉角措施，产品质量较好。所送窗样品和示范单元铝合金门窗质量较好，其横向尺寸减小，增加房间透光率，无论框、扇均为52系列。其虽是二级企业，但是生产铝合金门、窗的专业厂家，而且工地安装费最低（28元/m^2），是可选择的中标单位。

4）中信（集团）公司渤海铝业有限公司：一级国内合资企业，已通过 ISO 9001 质量认证，绝大多数加工设备为意大利、德国的产品。活动平开门有防掉角措施，示范单元铝合金门窗质量也较好，投标价居第三位（方案 1：4 791 942.55 元；方案 2：4 538 236.88 元），框为 90 系列，扇为德国 42 系列，工地安装费为 40 元/m^2，是可选择的中标单位。

5）沈阳黎明铝门窗工程公司：国营一级企业，1998 年通过 ISO 9001 质量体系认证，此次投标书做得较细致，主要生产加工设备为西德 20 世纪 70 年代维格玛牌产品，所提供的 70 系列铝合金平开窗三性（风压变形、雨水渗漏、空气渗透）试验均达到国标 A1 级标准。采用 100 系列注塑工艺制作的热断桥铝合金型材有效降低了型材的导热率，但提高了成本。其投标价居第四位（方案 1：5 220 809.24 元；方案 2：4 928 586.88 元）。如果取消隔热断桥部分，其总造价可降低一些（方案 1：4 950 626.06 元；方案 2：4 658 403.71 元）。该公司承诺可让利 3%，让利后方案 1 总造价为 4 802 107.27 元仍居第四位，而方案 2 为 4 518 651.59 元，略低于渤海铝的方案 2 投标价（4 538 236.88 元），居第三位，是可选择的中标单位。

（5）建议。

1）基于上述讨论和综合分析，我们建议选用方案 2，即铝型材表面处理为二层氟碳静电喷涂，玻璃为（6+A12+5）浮法双白中空玻璃，玻璃厂家为中国洛阳浮法玻璃集团有限责任公司。

2）福景花园铝合金门窗工程的选择次序为：① 北京泓申铝质工程公司投标价最低，是生产铝合金门窗专业厂家，产品加工和安装质量较好，能满足使用要求。② 中信（集团）公司渤海铝业有限公司投标价较低，以生产建筑幕墙为主，兼产铝合金门窗，产品加工和安装质量较好，能满足使用要求。③ 沈阳黎明铝门窗工程公司投标价高于中信（集团）公司渤海铝业有限公司，铝合金型材内取消隔热断桥部分，其总造价与中信（集团）公司渤海铝业有限公司相近，产品质量较好，能满足使用要求。

附表 4-1 福景花园铝合金门窗工程开标记录

招标项目：福景花园铝合金门窗工程
招标日期：
开标日期：

附表 4-1a 投标报价登记表

序号	单位名称	投标价（元） 方案1	投标价（元） 方案2	标价名次	备注
1	北京泓申铝质工程公司	4 278 041	3 862 714	1	
2	沈阳黎明铝门窗工程公司	5 220 809.24	4 928 586.88	4	
3	武汉凌云建筑装饰工程总公司	6 974 309	6 418 209	5	
4	北京嘉寓门窗有限公司	4 585 808.81	4 207 675.75	2	
5	中信（集团）公司渤海铝业有限公司	4 791 942.55	4 538 236.88	3	

附表 4-1b 出席开标人员登记表

单 位 名 称	出席人签名

附表 4-2 福景花园铝合金门窗工程投标方资质汇总

序号	单位名称	资质等级	注册资金（万元）	经济性质	营业执照	资质证书	安全资格认可证	金属结构会员证	生产许可证	通过ISO9001认证时间	总人数	高工	工程师	助工	技术员	备注
1	北京泓申铝质工程公司	2	1 000	有限责任	√	√	√	√			200	3	12	15	25	
2	北京嘉寓门窗有限公司	暂定2	1 000	有限责任	√	√	√		√	√	93	3	5	10	16	
3	中信（集团）公司渤海铝业有限公司	1	1 500	有限责任（国内合资）	√	√	√	√		√ 1998年	604	14	72	33		有玻璃幕墙工程专项设计证书
4	沈阳黎明铝门窗工程公司	1	1 142	全民	√	√	√	√		√ 1998年	2 006	35	189	66	26	
5	武汉凌云建筑装饰工程总公司	1	3 500	全民	√		√	√		√ 1998年	1 762	45	87	64	52	有玻璃幕墙等专项设计证书，获得四个国家优质工程鲁班奖

附表 4-3 福景花园铝合金门窗工程投标价汇总综合

单位：元

序号	项目 项目名称 单位	1 铝合金门窗 方案1 方案2	2 工地安装费 方案1 方案2	3 其他取费 方案1 方案2	4 总包服务费 方案1 方案2	5 总包管理费 方案1 方案2	6 总造价 方案1 方案2	7 投标价 方案1 方案2	8 备注
1	北京泓申铝质工程公司	均包括在总造价中		83 051 74 990	42 357 38 245	4 278 041 3 862 714	4 278 041 3 862 714		

续表

序号	项目 项目名称 单位	1 铝合金门窗 方案1 方案2	2 工地安装费 方案1 方案2	3 其他取费 方案1 方案2	4 总包服务费 方案1 方案2	5 总包管理费 方案1 方案2	6 总造价 方案1 方案2	7 投标价 方案1 方案2	8 备注
2	北京嘉寓门窗有限公司	3 684 383.74 3 380 598.51	221 075.45 202 825.92	546 782.37 501 697.66	89 044.83 81 702.44	44 522.42 40 851.22	4 585 808.81 4 207 675.75	4 585 808.81 4 207 675.75	
3	中信（集团）公司渤海铝业有限公司	3 832 265 3 619 923.47	178 400 178 400	641 706.40 607 731	93 047.43 88 121.10	46 523.71 44 060.55	4 791 942.55 4 538 263.88	4 791 942.55 4 538 236.88	
4	沈阳黎明铝门窗工程公司	4 687 497 4 419 845.09	281 249.82 265 190.71	100 000 100 000	101 374.95 95 700.72	50 687.47 47 850.36	5 220 809.24 4 928 586.88	5 220 809.24 4 928 586.88	可让利3%
5	武汉凌云建筑装饰工程总公司	均包括在总造价中			135 423 124 625	67 712 62 313	6 974 309 6 418 209	6 974 309 6 418 209	

注：1. 其他取费应包括：设计费、试验费、保险费、运输费、管理费、税金。
2. 5家公司均送有铝合金门、窗样品。

复习思考题

1．简述项目评标的程序。
2．评标时，对投标者的技术评审应重点评审哪些内容？
3．商务评审的主要内容有哪些？
4．专家评议法有什么利弊？
5．什么是低标价法？它有什么优缺点？
6．什么是综合评定法？它有什么优缺点？
7．什么是计分法？它有什么优缺点？
8．什么是系数法？它有什么优缺点？
9．什么是协商议标法？它有什么优缺点？
10．什么是投票法？它有什么优缺点？

第 5 章
合同的法律基础

引导案例

导例 1：甲公司与乙公司签订一份买卖合同。合同约定乙公司以单价 2 000 元的价格从甲公司购买空调 100 台，并约定了空调的质量标准。乙公司预付 20 000 元，甲公司在一周内交货。合同订立一周后，甲公司只交付乙公司 50 台空调。乙公司经检验后认为该 50 台空调质量不符合合同约定的质量标准，要求退货。甲公司称自己没有能力在合同约定的时间内向乙公司提供合同约定的空调，但建议由丙公司供货给乙公司，货款由乙公司直接向丙公司支付。双方约定最后签订合同应当以书面形式。但双方协商一致后，直接通知丙公司向乙公司供货，并未签订书面合同。三天后丙公司为乙公司安装并调试了 100 台空调，价款共计 200 000 元。随后乙公司向丙公司支付货款 180 000 元，扣除了已经向甲公司支付的 20 000 元预付款。丙公司向法院起诉，要求乙公司支付剩余货款。

法院认为：甲公司与乙公司之间所订立的由第三人丙公司交付空调的协议（涉及第三人利益的合同），就交货的时间、价格及支付价款的方式，都有明确的约定，可见双方已经就合同的内容达成口头的协议，即已经成立一口头合同。唯一的不足就是，当事人未依照约定订立书面的合同。口头合同成立后，丙公司即向乙公司交付了约定的 100 台空调，乙公司接收并支付了 90 台的货款。可见双方当事人已经就合同的主要义务为履行，只是由于乙公司已经向甲公司支付过 10 台空调的预付款，所以乙公司少向丙公司支付了 10 台空调的价款，才产生了争议。这样依照《中华人民共和国合同法》第三十六条的规定，甲公司与乙公司之间就由丙公司代为交付空调的合同已经有效成立。乙公司拒绝向丙公司支付 10 台空调的价款，丙公司有权向乙公司追偿。

本案关键是要正确认定应当采用书面形式的合同而没有采用书面形式的，是否具有法律效力。

⇨ **点评**

合同通常应当在承诺生效时成立。如果法律、行政法规规定或者当事人约定应当采用书面形式的合同，则应当在当事人于书面合同上签名盖章后生效。本案中，甲公司与乙公司在签订由丙公司交付货物的合同时约定，该合同应当采用书面形式，所以该合同应当于双方在书面合同上签名盖章时生效。但《中华人民共和国合同法》第三十六条规定：法律、行政法规规定或者当事人约定采用书面形式订立合同，当事人未采用书面形式但一方已经履行主要义务，对方接受的，该合同成立。此条规定说明只要实际上双方已经成立口头合同，且当事人一方已经实际履行了其主要合同义务，另一方也已接受，即使没有签订书面合同也一样有效。因为这种实际履行和接受已经表示双方都承认这个合同，这时如果仅拘泥于合同形式而否定合同的法律效力，不仅不符合当事人的真实意思，也不符合合同法鼓励交易、便利交易、尊重当事人自由意志的法律原则。

导例2：老李同意借款8万元给老王投资股市，但要求老王以私家车做抵押签订了借款抵押合同，并办理了抵押登记。结果老王股票被套，到约定的还款日期老王无钱还款。于是老李要求老王按照抵押合同约定将他名下的汽车过户给老李，但老王说他已经将抵押的汽车卖掉了。老李起诉老王到法院，要求老王撤销汽车转让行为，并按抵押合同约定将车过户给自己。

⇒**点评**

《中华人民共和国担保法》第四十九条规定：抵押期间，抵押人转让已办理登记的抵押物的，应当通知抵押权人，并告知受让人转让物已经抵押的情况；抵押人未通知抵押权人或者未告知受让人的，转让行为无效。法院据此认为，老王的汽车转让行为无效。要求老王在判决生效一周之内，将转让的车辆要回，并过户给老李，或归还8万元人民币给老李。

导例3：某建筑工程公司A有二级施工承包资质。为投标一项要求一级承包资质的招标工程项目，以市政工程公司（一级施工承包资质）名义参加了投标并中标。这种以冒名或挂靠方式取得的项目是无效的。因为《中华人民共和国招标投标法》第五十四条规定：投标人以他人名义投标或者以其他方式弄虚作假，骗取中标的，中标无效。

由上述导例可见，一份合同可能会涉及很多法律法规，而一份具有法律效力的合同必须要依法订立。

5.1 合同的法律关系

从法律上讲，合同是市场经济中交易的基本法律形式，所以合同关系属于法律关系。

作为法律用语的"合同"一词，在很多法律中都有应用。如劳动法中的合同、行政法中的合同、民法中的合同、国际贸易法中的合同等。而《中华人民共和国合同法》（以下简称《合同法》）所指的合同，仅限于民法意义上的合同。

法律关系是指人与人之间的社会关系由法律规范调整时所形成的权利与义务关系。在社会生活中，人与人之间会形成各种各样的社会关系，当某一种社会关系由法律规范所调整时，这种社会关系的参与者之间就形成了一种用法律形式规范的权利与义务的法律关系。

不同的社会关系或社会关系的不同方面需要不同的法律规范进行调整，因而人与人之间形成了内容和性质各不相同的法律关系。如行政法律关系、民事法律关系、合同法律关系、建设法律关系等。

法律关系由主体、客体和内容三部分构成，称为法律关系的构成要素，如图5-1所示。

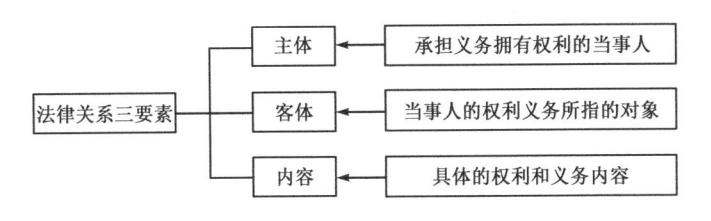

图 5-1 法律关系的构成要素

5.1.1 合同法律关系的主体

合同法律关系是由合同法律规范所确认并调整的，在合同的订立、履行、变更转让和终止等过程中产生的民事权利与义务关系。

合同法律关系主体（以下简称合同主体）是指参与合同法律关系、依法享有权利、承担义务的合同当事人。合同主体可以是自然人、法人和其他组织。就合同而言，各主体都是平等的。

所以合同是由平等主体的自然人、法人或其他组织所订立，并实施的一种民事行为。

民事行为作为一种最重要的法律事实，是由民事主体实施、以意思表示为要素、能够引起民事权利和民事义务的产生、变更或终止的行为。

应用案例 5-1

王星下班自驾车回家，他刚考下驾驶本，技术生疏，于是在车后贴上"实习"标志。刚到大门口，李贺迎面示意他停车，要搭他的车回家。王星说："我刚拿本技术不佳，你要有胆就上来吧！"李贺坐上车说："没事，走吧！"在路过一狭窄路段时，对面来一辆带斗大货车，王星判断不准，右打轮过大冲下道沟，致使汽车侧翻，李贺头部受伤右臂骨折。为此李贺花去医药费九千余元，工作也丢了。李贺要王星承担他的部分医疗费，王星不同意。于是被李贺告上法庭。理由是：我乘王星的车，我们已构成合同关系，他在履行合同过程中使我受伤，理应承担违约责任。而王星呢？他不同意赔偿，其理由是：我已告诉李贺我技术不佳恐有危险，他还上车，其行为表明他愿意承担车祸的风险，从而构成风险自负，故我不该承担违约责任。

那么，本案中，王星应否承担违约责任？王星与李贺之间是否是合同关系？

实际上王星不该承担违约责任，因为他们之间根本就没有成立合同关系，而是好意施惠关系，王星应承担的是过错侵权责任，而不是违约责任。

我国《合同法》第二条第一款规定：合同是平等主体的自然人、法人、其他组织之间设立、变更、终止民事权利义务关系的协议。依此规定，合同首先是一种协商，协议须经当事人协商达成一致。这一点本案符合；其次，合同是平等主体之间的协议，这一点本案也符合；最后，合同是设立、变更、终止民事权利义务关系的协议。这一点本案不符合。因为，同事朋友之间帮忙、搭车、结伴出游之类的口头协议，并不是以设立、变更或终止民事权利义务关系为目的的法律行为。所以，王星与李贺之间并非合同关系，只是同事之间善意施助而已。

合同作为法律行为，只有在合同当事人所做出的意思表示是合法的、符合法律要求的情况下，合同才具有法律约束力，并应受到国家法律的保护。而如果当事人做出了违法的意思表示，即使达成协议，也不能产生合同的效力。由于合同是一种民事行为，因此民法中关于民事行为的一般规定，如民事法律行为的生效要件、民事行为的无效和撤销等，均可适用于合同。如我国《民法通则》第五十五条规定："民事法律行为应当具备下列要件：（一）行为人具有相应的民事行为能力；（二）意思表示真实；（三）不违反法律或者社会公共利益。"这也是合同的一般生效要件。

合同法律关系的主体是合同法律关系中经济权利的享有者和经济义务的承担者，即当事人，包括国家机关、法人、其他社会组织、个体经营户和农村承包经营户、公民等。其中，法人是合同法律关系的基本主体。

其他组织也可以成为合同的主体，这种组织通称为非法人组织。这些非法人组织，依据有关法律规定能够独立从事一定范围的生产经营或服务活动，但不具备法人条件。主要包括企业法人所属的领有营业执照的分支机构、从事经营活动的非法人事业单位和科技性社会团体、事业单位和科技性社会团体设立的经营单位、外商投资企业设立的从事经营活动的分支机构等。

5.1.2 合同法律关系的客体

合同法律关系的客体是指合同法律关系主体（当事人）享有的权利和承担的义务所指的对象。客体是主体的目标所在，所以法律关系中的客体又叫标的。合同法律关系的客体的表现形式如图 5-2 所示。

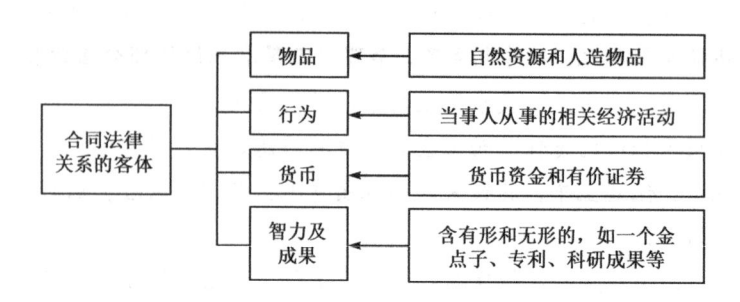

图 5-2 合同法律关系的客体的表现形式

1. 物品

物品包括自然资源和人造物品。可以分为种类物、特定物、可分物和不可分物。

（1）种类物。种类物是指具有相同特性的、可以等价替代的、能起同样作用的一类物品。比如，有人损害了公共宣传栏的玻璃，就可以让他买一块同样的玻璃安上。他买的玻璃和被他损坏的那块玻璃是同一种类物。但如果你借人家一台崭新的铲运机，然后还人家一台旧的，可能就有问题，因为虽然新的、旧的都可以铲运土方，但它们不属于同一种类物，二者不等价。

（2）特定物。特定物是指具有特定价值或特定用途的物品。如在文物展览会上，一个人损坏了一件清代瓷瓶，他去买一件制作一模一样的现代瓷瓶作为赔偿物就不行，因为那个清代瓷瓶是文物，它有特定的价值，属于特定物，是不可能用其他物品来替代的。

（3）可分物。可分物是指将物品分离后不丧失其原有性能和价值的物品。

（4）不可分物。不可分物是指将物品分离后即丧失其原有性能和价值的物品。

2. 行为

客体也可以是行为。行为是指合同关系主体为达到一定经济目的所进行的经济活动。例如，项目公司对项目的管理行为是项目管理咨询合同的客体；工程项目的施工行为是建筑工程施工合同的客体；提供劳务及服务等行为则分别是劳务合同及服务合同的客体。

行为既然是合同主体为保证经济权利和经济义务的实现而进行的活动，就包括了作为和不作为。比如，建设工程无理由延期完工、延期付款、错运到货地点、保管不善、质量不符合标准等均属不作为行为。不作为行为属于违约，因而不作为方应承担违约责任。

3. 货币

货币包括货币资金和有价证券。货币是充当一般等价物的特殊商品，在生产流通过程中是以价值形态表现的资金。有价证券是指具有一定票面金额，代表某种财产权的凭证，如股票、债券、汇票等。

4. 智力及成果

智力是指人们的智力或才能、学识等，如引进人才、邀请专家顾问等。智力成果也称非物质财富，是指靠人的脑力劳动所创造的成果，如专利、发明、科研成果、创作成果等。

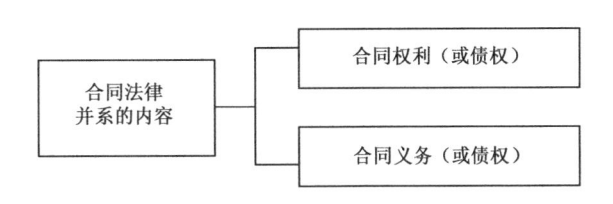

5.1.3 合同法律关系的内容

合同法律关系的内容是指合同当事人享有的权利（债权）和承担的义务（债务）。从民事法律关系方面讲，合同法律关系的内容是指合同当事人依据法律规定和合同的约定所产生的权利义务关系，简称合同权利、合同义务关系，或债权、债务关系，如图5-3所示。

图5-3 合同法律关系的内容

1. 权利

法律权利是指权利主体依据法律规定和约定，有权按照自己的意志做出某种行为，同时要求义务主体做出某种行为或者不得做出某种行为，以实现其合法权益。合法权利人的具体权利内容如下：

（1）在法律规定的范围内，有权自主决定从事或不从事某些经济活动，从而实现或放弃自己的利益。

（2）有权依照法律、法规或约定，要求相对的义务主体履行法律义务，以实现自己的利益和要求。

（3）因相对义务主体不依法或不依约定履行义务，致使权利主体的权利受到侵犯时，权利主体有权请求国家机关强制其履行，以保护和实现自己的权益。

2. 义务

法律义务是国家在法律中规定的，对法律主体的行为进行约束的一种手段。义务主体必须依据法律规定和权利主体的合法要求，做出某种行为或不得做出某种行为，以保证权利主体实现其权益，否则就要承担法律责任。义务主体的具体义务内容有：

（1）义务主体必须依照法律或合同约定，做出一定行为或者不得做出一定行为以实现权利主体的利益和要求。

（2）义务主体应自觉履行事先约定的义务，如果不履行或不完全履行，将受到国家法律制裁。

（3）义务主体的义务仅限于当事人依法约定的范围，约定以外的不必履行。

5.1.4 合同法律关系的相对性

1. 合同法律关系相对性的含义

合同法律关系的相对性是指有效合同只对合同当事人具有法律效用，即合同的权利义务关系只能发生在合同当事人之间，只能由合同当事人行使合同规定的权利，同时承担合同规定的义务或责任。与合同当事人无合同上的权利义务关系的其他人不能行使合同规定的权利，也不用承担合同规定的义务或责任，除非依法律规定或合同约定。

合同法律关系的相对性是合同法律关系区别于物权关系的一个最重要的特点。合同法律关系具有相对性，而物权关系则具有绝对性，即物权人对其物品具有绝对掌控权，任何人都负有不得侵害他人物权的义务。

2. 合同法律关系相对性的主要内容

合同法律关系的相对性表现在主体相对性、内容相对性和违约责任相对性三个方面，如表5-1所示。

表5-1 合同法律关系相对性的主要内容

相对性类别	主体相对性	内容相对性	违约责任相对性
相对性主要特点	只有合同当事人一方才有权向另一方提出请求、提起诉讼或申请仲裁	合同当事人享有合同权利，同时承担合同义务	违约责任只能在有合同关系的当事人之间发生。一方当事人因第三方的原因造成违约的，应当向对方承担违约责任。合同关系以外的人，不负违约责任

(1) 主体相对性。合同关系只发生在合同主体之间，即只有合同当事人之间才有权就合同约定内容，相互向对方提出请求，或者在对方违约时提起诉讼或申请仲裁，而无权向合同关系以外的第三人提出此类的要求。

应用案例 5-2

杨先生与 AD 房屋经纪公司签订了房屋出租代理委托合同，约定 AD 公司按季向杨先生支付租金。一个季度很快过去，杨先生满心欢喜地到 AD 公司去取租金，却发现公司已人去屋空。杨先生于是去找房客，要求他们支付上一个季度的租金。房客应该支付杨先生租金吗？显然不应该，因为房客虽然租住的是杨先生的房子，但他并不是杨先生与 AD 房屋经纪公司之间合同关系的主体。

(2) 内容相对性。合同的内容均是相对合同当事人而言的，所以只有合同的当事人才享有合同约定的权利，并承担合同约定的义务。合同当事人以外的任何第三人既不能主张合同中的权利，也无须承担合同中的义务，如表5-2所示。

表5-2 合同内容的相对性

合同法律关系内容	合同权利	合同义务	合同约束力
合同当事人	享有权利	承担义务	有效
非当事人	不享有权利	不承担义务	无效

合同内容的相对性主要包括以下两个方面的内容：

1) 合同权利一般只能由当事人享有，第三人不能享有；合同义务一般也只能由当事人承担，第三人无须承担。

2) 合同的权利义务关系只对合同当事人产生约束力，而不能约束合同关系以外的其他人。

(3) 违约责任相对性。违约责任以合同债务的存在为前提，合同债务则体现在合同义务之中。所以合同义务的相对性就决定了合同责任的相对性。合同当事人不但应当为因自己原因造成的违约承担责任，还应当为因合同关系以外的第三人原因造成的违约承担责任。合同关系以外的第三人，不承担违约责任。合同当事人也不对合同关系以外的其他组织、个人或国家承担违约责任。有人会问：如果因为当事人违约对合同关系以外的其他组织、个人或国家造成了损害，应该怎么办呢？我们说这种情况下违约人不承担违约责任，并不意味着违约人也不承担其他责任。此时他应当向被损害方承担民法上的侵权责任、行政责任甚至刑事责任，但不是违约责任。

上述法律依据是：

1)我国《合同法》第一百零七条："当事人一方不履行合同义务或者履行合同义务不符合约定的，应当承担继续履行、采取补救措施或者赔偿损失等违约责任。"

2)《合同法》第一百二十一条："当事人一方因第三人的原因造成违约的，应当向对方承担违约责任。当事人一方和第三人之间的纠纷，依照法律规定或者按照约定解决。"

3)《合同法》第八条："依法成立的合同，对当事人具有法律约束力。当事人应当按照约定履行自己的义务，不得擅自变更或者解除合同。"

应用案例 5-3

广东某建筑安装工程总公司（以下简称建安公司）与上海市某设备制造厂（以下简称制造厂）签订了一份锅炉买卖合同。合同约定，制造厂作为出卖人，负责将符合合同约定的型号、规格和质量的锅炉，在约定时间内送到约定地点。制造厂在给建安公司运送锅炉途中发生撞车事故，致使制造厂车毁人亡。交通部门鉴定结论是：事故责任完全在对方（丙方），制造厂司机无事故责任。由于交通事故锅炉未按时运到，影响了建安公司的生产，给建安公司造成了经济损失。于是建安公司起诉至法院，要求追究制造厂的违约责任。制造厂称没有及时将锅炉运到，并非自己的原因，而是因为丙方违章驾驶，撞毁本厂的车辆造成的，所以建安公司应追究丙方责任。

法院支持建安公司的请求，判决制造厂承担合同约定的违约责任。

⇨ **点评**

锅炉买卖合同的当事人是建安公司和制造厂，制造厂没有按照约定时间及时将锅炉运到，属于违约。虽然制造厂违约的原因是由第三人丙方造成的，但丙不是合同的当事人，故建安公司不能依照合同去追究丙方的违约责任。同时因为建安公司还没有接到锅炉，所以对损坏的锅炉也没有物权，因而建安公司也不能追究丙的侵权责任。

因此，本案的正确处理应该是：先由建安公司追究制造厂的违约责任，再由制造厂追究丙方的侵权责任。

5.1.5 合同法律关系的扩张

根据合同法律关系相对性特点，合同仅对其当事人具有法律效力，对合同关系以外的其他人无效。但有时当事人之间的合同关系在某些情况下，可能会与当事人以外的第三人有一定关系。因此，在合同法的某些条款中扩张了合同关系对第三人的效力，如表 5-3 所示。

表 5-3 合同法律关系扩张的内容

扩张内容	涉他合同	合同债权的保全	租 赁 权	保护第三人利益的义务
表现形式	为他人利益合同；他人履行合同	撤销权、代位权	租赁权的物权化	债务人对与债权人有特定关系的第三人承担义务
相应条款	第六十四、六十五条	第七十三、七十四、七十五条	第二百二十九条	第二百三十四条

1. 涉他合同

涉他合同即涉及第三人的合同。当事人若要让第三人承担合同债务，则应提前与第三人约定；但要让第三人直接取得合同债权则无须与他提前约定。

涉他合同分为两大类：第一类是为了第三人利益的合同（利他合同）；第二类是由第三人履行的合同。

为了第三人利益的合同：是债务人直接向第三人履行债务，而不是向债权人履行债务。在这类合同中第三人虽然不是合同的当事人，却和债权人一样享有要求债务人履行债务的权利，比如保险合同。

由第三人履行的合同：意思是合同当事人约定，合同债务由第三人履行，而不是由合同当事人向债务人履行。比如甲在互联网上向乙网站订购一套教材，并约定由丙公司负责送达到甲的家中。

2. 合同债权的保全

合同成立后，债务人应以其部分财产作为合同债权的担保。当债务人转移或随意处置财产而影响到合同的履行时，法律就要采取保护债权人利益的措施。这种措施就是债权的保全。

为防止因债务人的财产不当减少而给债权人的债权带来危害，法律允许债权人行使代位权或撤销权，以保护其债权。

（1）代位权。所谓代位权，是指债权人为保全其债权，向法院请求以自己的名义行使属于债务人权利的权利。

应用案例 5-4

甲公司向乙公司借款 30 万元，又从乙公司购买总价为 50 万元的电器设备。双方书面约定到 2004 年年底甲公司还清乙公司共计 80 万元欠款。到约定还款期限后，乙向甲催要，甲公司提出种种理由拒不还款。乙公司了解到丙公司欠甲公司货款 180 万元，到期未还。乙丙两个公司要联合成立一个新的联营公司，那 180 万元债务作为甲公司入主新公司的资本金。于是乙公司诉至法院，请求以自己的名义代位行使甲公司的债权。法院据《合同法》第七十三条准许乙公司的请求，如图 5-4 所示。

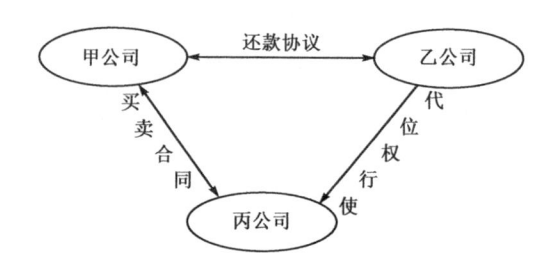

图 5-4 行使代位权示意图

行使代位权的条件:
1) 债权人(此例中为乙公司)与债务人(甲公司)之间存在着合法的债权债务关系。
2) 债务人在本合同(此例中的还款协议)以外享有债权(买卖合同中的债权),却怠于行使其权利。
3) 债务人的债务已经到期。

(2) 撤销权。债务人放弃其对第三人的到期债权、无偿转让或已明显不合理低价转让财产,对债权人造成损害的,债权人可以请求人民法院撤销债务人的行为,此即债权人行使撤销权。在我国,撤销权的行使只能通过诉讼的方式,所以撤销权实际上是一种请求法院撤销合同的权利。

应用案例 5-5

甲公司从乙公司处借款 50 万元,约定年底归还。到年底盘点,甲公司仅有现金 53 万元,但为了祝贺丙公司 10 年大庆,甲公司赠给丙公司 5 万元。故甲公司只能偿还乙公司 48 万元的欠款。在这种情况下,乙公司就可以行使撤销权,请求法院撤销甲公司对丙公司的赠予行为,将其中的 2 万元取回以偿还乙公司的欠款(另外的 3 万元的赠予行为仍然有效)。

3. 租赁权

为了保护租赁合同中承租人的利益,防止在合同持续过程中因租赁物被出卖而使承租人无法再继续使用租赁物,我国《合同法》第二百二十九条规定:"租赁物在租赁期间发生所有权变动的,不影响租赁合同的效力。"这实际上就是从法律上规定了租赁权在一定程度上可以对抗所有权人的物权,即租赁权的物权化。

租赁权的物权化有效保护了承租人的利益。只要是租赁物在租赁期间发生所有权的变动,无论其变动原因是买卖、赠予、继承或其他情形,都不能影响租赁合同的效力。

4. 保护第三人利益的义务

我国《合同法》第二百三十四条规定:"承租人在房屋租赁期间死亡的,与其生前共同居住的人可以按照原租赁合同租赁该房屋。"这一条规定意味着在合同关系成立后,根据诚实信用原则的要求,与债权人具有特殊关系的第三人(如债权人的家人、受雇人、与债权人共同居住的人等),也应受合同保护。债务人对这些特殊关系人亦负有照顾、保护等义务。

若因债务人不履行此项义务，给债权人的特殊关系人造成损害的，亦应依合同法的原则，承担赔偿责任。这就使合同具有保护第三人利益的功能。

5.2 国际合同法简介

在国际经济活动中，参与合同法律关系调整的主要是国际经济法、国际公法和国际私法。本节分别作简要介绍。

5.2.1 国际经济法

1. 国际经济法的含义与范围

（1）国际经济法的含义。国际经济法是调整不同国家和国际经济组织及不同国家的个人和法人之间经济关系的法律的总称。它涵盖很多内容，如《国际贸易法》、《国际投资法》、《国际环境保护法》、《国际货币金融法》、《国际经济组织法》、《国际税法》、《国际海事法》等。

人们在经济活动中的经济关系可分为国内经济关系和国际经济关系，国内经济关系由其所在国法律进行调整，国际经济关系则应由相关国际经济法律进行调整。

国际经济关系的参加者包括自然人、法人、其他经济组织以及由某一政府所代表的国家。自然人、法人与其他经济组织在国际经济关系中的法律地位是相同的，因而与国家相对应统称为私人。

国际组织也可以参加一定范围的国际经济关系，如世界银行、国际货币基金组织、亚洲开发银行等。

若按国际经济关系的参加者来划分，国际经济关系可分为国家之间的国际经济关系、私人之间的国际经济关系以及国家与私人之间的国际经济关系。私人之间的国际经济关系通常是利益交换关系，常称为交易关系；私人与国家之间的国际经济关系通常表现为国家对私人的国际经济活动的管理，可称为管理关系；国家之间的国际经济关系通常是双方或多方就彼此的经济利益进行协调，因而可称为协调关系。上述各类国际经济关系均属国际经济法的调整对象。

从法的表现形式看，调整国际经济关系的法不仅包括国际法规范，也包括国内法规范。因此，国际经济法是"调整国际经济关系的法"，而不是"调整经济关系的国际法"。

（2）国际经济法的范围。因为国际经济法是调整国际经济关系的法，所以国际经济法的范围取决于国际经济法所调整的国际经济关系的范围。

从国际经济关系主体划分，可分为国家之间的经济关系、国家与私人之间的经济关系以及私人之间的经济关系，所以国际经济法包括用于调整国家之间的经济关系的法（部分国际公法）；调整国家与私人之间的跨国经济关系的法（具有经济法的性质）；调整私人之间的跨国经济关系的法（具有民商法的性质）；各国国内的涉外经济法等。因此，国际经济法不仅具有跨国法的性质，还具有跨部门法的性质，它同时包含国际公法规范、涉外经济法规范、国际商法规范和各国的涉外经济规范等，如表5-4所示。

表5-4　国际经济法的范围

法规内容＼法律规范	国际公法	国际私法	国际商务惯例	各国经济法	国际经济法
非国际经济法范围	调整国际非经济关系的国际公法规范	调整国际非经济关系的国际私法规范		国内的非涉外经济法	
国际经济法范围	调整国际经济关系的国际公法规范	调整国际经济关系的国际私法规范	已转化和未转化为国际国内法律规范的国际商务惯例	国内的涉外经济法	前四项内容总和称为国际经济法

从国际经济关系发生的领域看，可分为国际货物买卖关系、国际技术转让关系、国际服务贸易关系、国际直接投资关系、国际金融关系和国际税收关系，所以国际经济法涉及的领域应包括国际货物买卖法、国际技术转让法、国际服务贸易法、国际直接投资法、国际金融法和国际税法等。

法律的基本价值之一是确认秩序。国际经济法既跨越了国家界限又跨越了部门界限，这使得国际经济法成为一个体系庞杂、内容繁多、规则冲突突出的法律部门。尽管如此，国际经济法中仍然存在着共同的规则以及法律特定范围的秩序。

2．国际经济法的基本原则

国际经济法的基本原则是国家主权、平等互利、信守约定和全球合作4项基本原则。

这4项基本原则的确定，出于以下考虑：① 国际经济法基本原则应体现立法者的价值取向。例如，在秩序与自由之间是选择秩序还是选择自由，在国家利益与个人利益之间是选择国家利益还是选择个人利益。价值取向体现了国际经济法的立法精神。国际经济法的基本精神在于强调国家主权的地位，强调国际经济交往中的平等互利，强调有约必守。② 因为国际经济法是跨越多个部门的，所以国际经济法的基本原则应适用于国际经济法的各个分支，并体现在各类法律制度和法律规则中，并通过每一法律分支的各项制度和规则表现出来。

（1）国家主权原则。国际经济法中的国家主权原则强调的是尊重他国在经济领域的主权。国家经济主权包括：一国有权自主选择其经济制度，任何其他国家和其他实体都无权加以干涉；一国对其境内的自然资源和全部财富享有最终处置权；一国有权对有关的国际经济交往实施管理或控制。

国家主权原则是指一切国家和个人在从事国际经济活动时，都应在享有国家主权的同时必须尊重他国的主权，在对国际经济交往中行使管辖权时也应注意他国基于国际法所享有的权利，不得对对方国家的主权造成损害。

（2）平等互利原则。平等互利原则要求在国家之间以及私人之间的交往中，各方应居于同等的法律地位，包括政治上的平等和经济上的互利，不能一个国家只承担义务不享有权利，也不能只享有权利而不承担义务。

（3）信守约定原则。在国家之间的关系中，信守约定表现为条约必须遵守，即一国只要签订或承认某一条约，就应受其约束。不但国际间经济交往要受其约束，国内法规也不能与该条约相抵触。

在私人之间的关系中，信守约定表现为合同必须遵守，即经双方当事人签订的依法成立的合同，对双方当事人具有法律约束力。如果国家与私人之间存在约定关系，那么，无论是私人方还是国家方也均应遵守这种约定。

（4）全球合作原则。全球合作是指所有国家在法律地位平等的基础上，共同参与世界性经济、财政、货币问题的国际决策，从而公平分享由此带来的利益。全球合作主要是发展中国家与发达国家的合作，目的是促进所有国家尤其是发展中国家的发展。

3. 国际经济法的主体

国际经济法的主体是指能够参加国际经济法所调整的社会关系并能以自己的名义享有或承担国际经济法上的权利或义务的实体。国际经济法的主体包括国家、私人（法人和自然人）和国际组织。

（1）国家。国家是最重要的国际经济法的主体。一方面，国家有权同其他国家或国际组织签订国际经济条约或协定，这不仅使得国家彼此相互约束，而且可以给有关国家的自然人、法人和其他国际经济交往的当事人设定权利和义务。如两国签署的投资保护协议可使得缔约国一方的投资者在另一缔约国境内的投资享有最惠国待遇。再如国家之间关于知识产权保护的约定，大大促进了国际技术转让活动；国家之间关于相互减让进口关税的承诺，对于商品在国际市场上流通的方向和数量都影响深远。

另一方面，国家也有权直接参加国际经济贸易活动，可与其他国家的公民、法人等缔结各种经济合同。例如，由政府机构从国外采购国防物资，以政府的名义从外国银行借款。在这种情况下，一国同外国的当事人之间就不是一种管理与被管理的关系，而是一种比较特殊的契约关系。当然，国家也有权在国际法院进行诉讼以维护自己的主权和利益。

（2）私人（法人与自然人）。国际经济法所调整的国际经济交往通常是由不同国家的法人与自然人完成的，因此，法人与自然人是国际经济法的常见主体。作为国际经济法的主体的法人与自然人，必须具有从事国际经济交往的权利能力和行为能力。权利能力是指法人与自然人依法享有权利和承担义务的资格；行为能力是指法人与自然人依法享有权利和承担义务的能力。所以法人与自然人作为国际经济法主体所遇到的第一个问题就是它们的能力或资格的认定问题，即一个法人或自然人依据什么样的标准取得参加国际经济交往的资格。

判断自然人和法人有无能力或资格参与国际经济交往主要依据属人法，即依据国际经济关系主体所属国家的法律判定。但在实践中，自然人和法人参加国际经济交往又的确受到外国政府的限制。这种限制并非是对外国人的能力或资格的限制，而是对外国人行使财产权（主要指物权和知识产权）的限制。例如，依据一国法律所获得的知识产权在他国就不能当然地得到承认和保护，所以，外国人若想在内国从事与知识产权相关的经济活动，就必须先依据内国法来确立其知识产权，然后才能按照内国法的要求来行使这种知识产权。对物权来讲，在一个国家所取得的物权在其他国家通常会自动地得到承认，不需履行另外的审批或登记程序，但这种物权的行使仍须接受内国法的限制。例如，一个国家对某一外国法人对一套设备的所有权的有效性通常不会提出疑义，但是否允许该外国人将该套设备卖到内国或出租给内国的公司、是否允许该外国人以该套设备在内国投资，则必须遵循内国法的规定。

（3）国际组织。国际组织是在各成员自愿协商的基础上按某种特定程序建立起来的，具有独立人格的法律实体，如世界银行、国际货币基金组织、石油输出国组织等。国际组织的权利能力和行为能力来自其成员组织的授权，因而必须严格按照有关条约和组织章程的规定行使。

国际组织分类：以国家作为成员的政府间国际组织，被称为公法上的国际组织；以自然人、法人和其他实体作为成员的民间国际组织，被称为私法上的国际组织。以国家作为成员的国际组织通常被赋予某些国家才可能具有的管理的职能，如协调各成员国的意志；协调本组织与非成员国及其他国际组织的关系；管理各成员国私人之间的经济交往以及成员国与非成员国私人之间的经济交往等。

5.2.2 国际公法

国际公法也称国际法，是国家与国家之间在国际交往中形成的，用以调整国际关系的，有法律约束力的各种原则、规则和制度的总称。国际法以国际关系为调整对象，是由国际社会所公认的而不是由某一个立法机关制定产生的一个独立的法规体系。

国际法调整的国家与国家之间的关系包括主权的相互承认；领土、领海、领空的归属；公海及南北极的法律地位；居民国籍的认定和在外国的地位；外交使领馆的建立及其享有的特权；相互争端的解决等。

国际法的基本主体是主权国家，主权国家是国际法原始和完全的主体，但不是唯一的主体。国际组织是国际法的派生性主体。某些争取独立的民族解放组织或民族解放运动也是国际法的主体，属于过渡性主体。后两者都是有限的、有条件的、不完全的国际法主体。

1. 国际法的特点

（1）国际法是国际社会的法律。国际法只调整国际关系，包括国家与国家之间、国家与其他具有国际法律人格的国际社会实体之间以及这些实体之间的关系，国际法不调整国内关系。

（2）国际法是平等者之间的法律。国际社会主要是由地位平等的主权国家组成的，在它们之上没有一个超国家的统一的最高立法机关，国际社会也没有一个强制机关，所以，国际法的实施除各国自觉遵守外，主要依靠国家本身的力量。

（3）国际法是内容十分广泛的法律。国际关系不仅包括政治、外交、军事、法律等方面的关系，还包括经济、海洋、空间等领域的关系。用于调整各个领域国际关系的原则、规则和制度，形成了一些不同的法律部门或国际法的分支，如领土法、海洋法、条约法、外交法、战争法等。

2．国际法的基本原则

国际法的基本原则如图 5-5 所示。

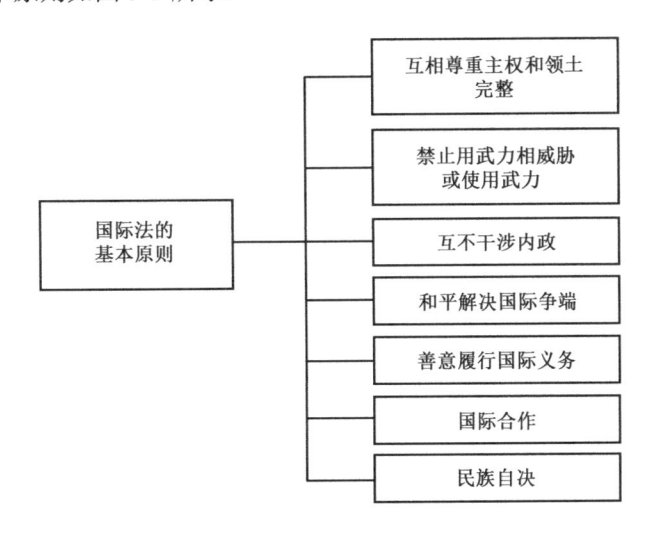

图 5-5　国际法的基本原则

国际法的基本原则：
- 互相尊重主权和领土完整
- 禁止用武力相威胁或使用武力
- 互不干涉内政
- 和平解决国际争端
- 善意履行国际义务
- 国际合作
- 民族自决

国家主权是国家最根本的属性。它是国家固有的而不是国际法赋予的。国家主权体现在三个方面，即独立权、平等权和自保权。

虽然国际法不调整国内关系，但在民商事范围内，中国参加的国际条约可以在中国直接适用，在与中国国内法不一致时，国际条约优先适用。

民族自决原则中独立权的范围，只适用于殖民地民族的独立，不适用于国内的民族分裂主义活动。

5.2.3　国际私法

国际私法是调整涉外民事法律关系的法律规范的总称。不同的国家间私人的民事关系，包括买卖不动产、婚姻、继承、商贸、诉讼等财产关系及与财产有关的人身关系。从国家的角度看，不同国家间的私人民事关系就是涉外民事关系，因而也称涉外民事法律关系。

西方一些国家，对调整民事法律关系的民法和商法，传统上称为"私法"。所以调整国际间民事法律关系的法律，便称为"国际私法"。

在国际间的民事法律关系中，一定存在着一个或几个涉外因素。通常民事法律关系具有下列三种情况之一的，便是涉外民事法律关系。

(1) 民事法律关系主体的一方或双方，是外国的自然人或法人。

(2) 它的客体是位于外国的物或其他标的。

(3) 引起法律关系发生、变更、消灭的法律事实，存在于外国。

调整涉外民事法律关系，既可能涉及本国法律，又可能涉及外国法律。那么在什么情况下适用本国法律，在什么情况下适用外国法律，适用外国的哪一个国家的法律，是由本国来决定的。因此，国际私法属于国内法的范围。在我国，关于调整涉外民事法律关系的法律规范，散见在一些有关的单行法规中，如我国颁布的《中华人民共和国发明奖励条例》和《中华人民共和国中外合资经营企业法》等。

国际私法主要包括对外贸易的买卖、运输、承揽、保险、信贷、结算等关系；专利权、版权、商标权、知识产权的国际保护；涉外婚姻、家庭、继承、债务等关系；涉外民事案件的司法管辖和仲裁，外国法院判决的承认和执行等。

1. 国际私法的主要原则

(1) 尊重国家主权原则。

(2) 遵守平等互利原则。

(3) 遵守国际条约和国际惯例原则。

(4) 保护当事人合法权益原则。

2. 法律冲突和冲突规范

有人说国际私法实质上是解决涉外民事法律关系的法律冲突的法律，因为涉外民事法律关系涉及两个或两个以上不同国家的法律。由于世界各国的政治制度、经济基础、文化背景、风俗习惯、宗教信仰等各个方面的不同，决定了法律制度的不同。因而，这些不同国家的民事法律之间的矛盾或冲突是普遍存在的。而国际私法作为内国对外政策的法律工具，主要是通过解决法律冲突来调整涉外民事关系，所以法律冲突是国际私法要解决的主要问题。

一般国际法律冲突可以有两种解决办法：

(1) 用制定国际间统一适用的实体法的方法来从根本上消除产生法律冲突的可能性。由于积极的法律冲突是因为各国对同一问题作了不同的规定造成的，所以如果各国之间就同一问题做出同一规定，法律冲突也就不存在了。这就需要制定各国都适用的统一实体法，就是制定直接规定当事人权利、义务的国际公约或国际惯例。但是建立这种国际间统一适用的实体规范并不是很容易，并且由于各种原因，在世界范围内制定出一个统一适用的实体规范几乎是不可能的。虽然目前已产生了不少的国际条约和国际惯例，并在涉外民事关系中起到了重要作用，但并不能完全解决涉外民事关系中的法律问题，更多的民事法律冲突的解决还是靠制定冲突规范来完成的。

(2) 用制定法律冲突规范的办法来解决。制定法律冲突规范是指在各国国内立法或有关国际条约中，明确规定在什么情况下应适用哪一国的法律。它并不像统一实体法那样直接规定当事人的权利和义务，只是指出涉外民事关系应当适用的法律。通常是当冲突规范指向内国法时，适用内国实体法；当冲突规范指向外国法，而这种外国法的适用对内国有利或无损内国主权时，适用外国实体法。这样，在遇到法律冲突时，就可以根据冲突规范找到适用的法律依据来解决和处理民事法律关系中的冲突问题。在国际私法中，制定法律冲突规范应遵循一定的原则。

（1）属人法原则。属人法原则规定民事关系冲突应适用法律关系主体所属国家的法律。

（2）当事人选择法律的原则。当事人选择法律的原则又称意思自治原则，规定民事关系冲突适用各方当事人共同协商选择的法律。

（3）行为地法原则。行为地法原则规定民事关系冲突适用行为发生地国家的法律。

（4）法院地法原则。法院地法原则规定民事关系冲突适用审理民事案件的法院的所在地的国家的法律。

（5）物之所在地法原则。物之所在地法原则规定民事关系冲突适用民事关系中标的物所在国的法律。

（6）旗国法原则。旗国法原则规定民事关系冲突适用所持旗帜的所属国的法律。

3．国际私法案例

应用案例 5-6

案由："的哥"返还捡拾的皮包，收失主酬金 5 000 元。

2001 年 2 月 8 日上午，扬州出租车司机王阳拉的一位美国客商杰克把随身携带的皮包忘在出租车上。司机发现时失主已不知去向。于是他将皮包放入后备厢，继续跑车。

杰克丢了皮包后十分着急，但因没要发票，寻找很困难。无奈之下，他经人指点到广播电台交通之声节目播发寻物启事，又于当月 9 日在当地晚报上刊登寻物启事，承诺将付给还包人酬金 5 000 元，并公布了联系方式。

次日，王阳把皮包交给了杰克。杰克兑现承诺，付给王阳人民币 5 000 元。

杰克皮包失而复得后，即向扬州公路运输管理处（以下简称公管处）提出投诉。公管处接到投诉后，查实收受酬金的是出租汽车司机王阳。2 月 9 日，公管处通知王阳到公管处说明情况。王阳在公管处说明了捡拾物品经过，并承认拾物归还失主后接受酬金的事实。10 日，王阳将酬金交到公管处，经公管处交还失主。公管处以"举报待查"为由，暂扣王阳上岗证，要求其在指定时间和指定地点接受处理。

王阳既憋气又窝火，拾到的皮包，还了；收受的酬金，交了；上岗证，被扣了，而且还落得个贪财司机的名声，受众人谴责。于是，他断然决定：到法院打官司，告公管处。

2001 年 5 月 20 日，法院公开审理了此案。法院认为：被告市公管处受理失主投诉后，对原告的违规行为进行调查，并对原告进行教育，将原告主动退还的酬金转交失主，这一行为并无不当。被告接受举报后，以"举报待查"为由暂扣原告上岗证的行为也有法律依据，并无不妥之处。这期间，被告未对原告采取任何行政强制措施。因此，王阳要求撤销市公管处收缴酬金的行为,并要求判令返还酬金的诉讼请求没有事实依据。该请求事项不属法院行政审判的权限内。法院一审判决驳回原告全部诉讼请求,依法确认市公管处暂扣王阳出租汽车上岗证行为合法。

法院的判决为此案下了结论。此案是一起涉外案件,外国司法机关及外国人是如何处理此类问题的呢?

对于拾得物返还的有偿与无偿,无人认领的拾得物归公还是归己的问题。各国法律采取了截然不同的态度。

(1)中国法律规定返还无偿、无人认领的拾得物归公。《中华人民共和国刑法》第二百七十条规定:将他人的遗忘物或者埋藏物占为己有,数额较大,拒不交出的,处两年以下有期徒刑、拘役或者罚金;数额巨大或者有其他严重情节的,处两年以上五年以下有期徒刑,并处罚金。

《中华人民共和国民法通则》第七十九条规定:拾得遗失物、漂流物或者失散的饲养动物,应当归还失主,因此而支出的费用由失主偿还。

最高人民法院《关于贯彻执行〈中华人民共和国民法通则〉若干问题的意见》(试行)第九十四条规定:"拾得人将拾得物据为己有,拒不返还而引起诉讼的,按照侵权之诉处理。"

(2)外国法律多规定返还有偿,无人认领的拾得物归己。《法国民法典》第2279条规定:丢失物品的人或者物品被偷的人,自其物品丢失或被偷窃之日起,3年以内,得向现在持有该物品的人请求返还,该持有物品的人得向其取得该物的人请求赔偿。

《德国民法典》第965条至第983条对拾得物的归属做了规定,主要内容为:拾得人拾得遗失物后,应进行公示,或交警署。所有人未认领的,拾得物归拾得人所有。

《瑞士民法典》第720条规定:拾得遗失物的人应通知失主,如失主不明,应将拾得物交付警署或自行采取适宜的招领方法。该法第722条规定:已履行拾得人义务的人,在公告或报告后逾期5年仍不能确定所有人时,取得该物的所有权。

英美法系国家的判例法也认为:拾得人对遗失物享有"占有权",如有真正的所有权人放弃追索(在时效期间内未追索者推定为放弃),则由拾得人取得对遗失物的绝对权利。

日本《民事法》第240条规定:"遗失物,依特别法所定,在公告后6个月内不知其所有人时,拾得人取得所有权。"

我国台湾省"民法"第803条至第807条规定了遗失物的权属问题。该法第5条规定的主要内容为:拾得遗失物,应通知其所有人。不知所有人,或所有人所在不明者,应为招领之揭示,或报告警署或自治机关,报告时,应将其物一并交存。遗失物拾得后6个月内,所有人认领的,于揭示及保管员费受偿后,应将其物返还之。前项情形,拾得人对于所有人,可请求其物价值十分之三报酬。遗失物拾得后6个月内,所有人未认领者,警署或自治机关应将其物交付拾得人,归其所有。

总之,世界各国法律,在拾得物的处理上几乎都规定:拾得人和警署在履行了一定义务,如呈报、公示或催告后,若遗失物无人认领,由拾得人取得遗失物的所有权。

我国与世界各国在拾得物的处置及所有权权属的法律规定上几乎完全不同:

1）对拾得人的义务，如通知、保管、报告、交存等，我国法律未作规定，外国法律大都有此规定。但我国法律对拾得人规定了遗失物的返还义务，如不返将承担刑事法律责任或民事法律责任。

2）对拾得人的报酬请求权，我国法律未作规定，外国法律多规定拾得人可以获得拾得物价值百分之三十以内的报酬。

3）外国法律规定遗失物的所有权人在一定期间内不主张遗失物的权利，遗失物归拾得人所有。我国法律规定无人认领的遗失物归国家所有。

> **法理点评**
>
> 王阳拾物返还收取酬金一事，受到新闻媒体的广泛关注，并给予猛烈的抨击，认为王阳违反了我国的法律，违背了我国传统的道德观念，应该受到谴责。
>
> 事实上，王阳无论是在法律上，还是在道德上都不应该受到谴责。理由如下：
>
> 一是王阳在本案中没有违法行为。王阳捡到遗失物主动返还了，尽管没有像人们所期望的那样立即返还，但法律并没有规定拾得遗失物的人返还拾得物的期限。我国《刑法》、《民法通则》等法律中的规定在王阳返还遗失物的情况下对其不再具有拘束力。
>
> 二是杰克丢失皮包后发出悬赏要约，王阳返还物品的行为已构成一个法律上的承诺，双方已订立了一份涉外悬赏合同，杰克支付王阳5 000元酬金是履约行为。
>
> 三是王阳在被投诉的情况下，因迫于各方面压力而返还酬金的行为并非王阳的真实意愿表示，属无效民事行为。
>
> 四是杰克履约后又到公管局进行投诉，是毁约行为，这一行为违反了国际社会公认的一项国际惯例——"禁止反言原则"，即要求当事人对自己在订立合同时做出的承诺不能反悔。所以杰克投诉王阳的行为违反了国际惯例。
>
> 五是杰克违反国际惯例，通过投诉的方式索回酬金，构成不当得利，应予返还。
>
> 六是本案是一个涉外案件，涉外案件并不必然要适用中国法律，而是首先要考虑国际条约的适用，其次是根据国际私法中的冲突规范来确定准据法。依最密切联系的原则确定准据法：本案的事实发生地、合同缔结地、合同履行地等都在中国，本案与中国有最密切的联系，所以本案的准据法是中国法。在国际条约和我国法律都没有规定的情况下，适用国际惯例。

（3）中外返还有偿与返还无偿的法律思考。外国法律对遗失物的拾得人既有保护，又有约束。法律要求遗失物的拾得人拾得遗失物后，要进行公示，这是法律对拾物人的约束。公示后，遗失人认领的，遗失人必须给拾物人一定的补偿，遗失人没有认领的，遗失物归拾得人所有，这是法律对拾物人的保护。

我国关于拾物返还方面的立法缺乏公正性。比如我国法律规定，拾物人拾得遗失物后，拾物人必须无条件予以返还，如不返还，从《刑法》角度讲，构成侵占罪，从《民法》角度讲，构成不当得利，遗失人可以通过诉讼程序索回遗失物，而不给拾物人任何补偿。这是违背权利义务对等原则的。

我们知道，物的所有人对自己的所有物负有妥善保管、认真照料的义务，从法律上讲，所有人对自己的物要给予足够的注意。所有人因自身的疏忽大意丢失了自己的物品,说明所有人本身存在过错。我国法律要求拾物人无条件地返还遗失物,这实际上就是把失物人的过错变成拾物人的强制性义务。拾物人自拾物到返还这一期间,对拾得物要进行照料和保管,要付出劳动,而法律并不要求失物人给予一定的补偿,所以说,现行法律的规定对拾物人的规定是不公正的。

5.2.4　西方国家合同法

西方国家的合同法主要分为两个法律体系,即大陆法系和英美法系。法系是西方法学家经常使用的概念,是西方法学家根据法律的历史传统对法律进行分类,属于同一传统的具有某种共性的法律就构成一个法系。

合同自由原则是西方国家合同法的最基本原则,主要包括订立合同的自由、选择合同对方的自由、决定合同内容的自由。合同自由并不是绝对自由,国家也可以通过反垄断的立法、保护消费者权益的立法、关于普通合同条款的立法来实施一定程度的干涉。

1. 大陆法系

大陆法系以法国和德国法律为代表。属于大陆法系的有法国、德国、奥地利、比利时、荷兰、意大利、瑞士、西班牙、日本,以及亚非拉美的属于法语语系、日耳曼语系和拉丁语系的一些国家。

大陆法系基本上没有直接意义的合同法,其有关合同的法律规定大多包含在民事法典之中。该法系的民法理论将合同法律规范与有关的侵权行为、不当得利、无因管理等法律规范通归在一起作为民法的一部分,称为债务关系法、债权法或债法。例如,法国民法典中的第三卷是有关合同规范的,内容主要包括合同成立的要件、债的效果、债的权力、债的消除等,并在此基础上对具体合同的买卖、互易、合伙、借贷、委托、保证及和解等做出了规定。这些规定和原则同一般国家的合同法的规定和原则非常相近。

2. 英美法系

英美法系,也称普通法系。属于英美法系的国家有英国、美国、加拿大、新西兰、澳大利亚、印度、巴基斯坦、缅甸、新加坡,以及其他一些使用英语的亚非国家和地区。英美法系国家将有关合同的法律规范集中在一起构成一个独立完整的体系,称为合同法。合同法是由一些规定的法律条款和很多判例汇编而成的,属于判例法。合同法中的许多基本原则,如合同的成立、合同的形式和内容、合同效力、第三方在合同中的权利与义务、合同的消除、违约的救济等各项规则均需按判例所确定的规则处理。

5.3　《中华人民共和国合同法》简介

《中华人民共和国合同法》(以下简称《合同法》)是于1999年3月15日第九届全国人

民代表大会第二次会议通过，并于 1999 年 10 月 1 日起正式施行的。《合同法》实施后，《经济合同法》、《涉外经济合同法》和《技术合同法》同时废止，因此消除了市场交易规则之间的分歧，把纷繁复杂的市场经济生活纳入统一、有序的规范中。

《合同法》包括总则、分则和附则三大部分，共 23 章 428 条，如表 5-5 所示。

表 5-5 《中华人民共和国合同法》内容

合同法组成	合同法内容
总则（第一章至第八章，第一条至第一百二十九条）	一般规定、合同的订立、效力、履行、变更和转让、合同的权利义务终止、违约责任以及其他规定
分则（第九章至第二十三章，第一百三十条至第四百二十七条）	买卖合同、供用水电气热力合同、赠与合同、借款合同、租赁合同、融资租赁合同、承揽合同、建设工程合同、运输合同、技术合同、保管合同、仓储合同、委托合同、行纪合同、居间合同
附则（第二十三章，第四百二十八条）	关于《合同法》生效和《经济合同法》、《涉外经济合同法》、《技术合同法》废止的规定

5.3.1 合同法概述

1. 合同的基本概念

合同是平等主体（自然人、法人、其他组织）之间就民事权利、义务关系达成的协议，但婚姻、收养、监护等有关身份关系的协议，不适用合同法的规定。

合同是合意的结果，因此合同的成立必须要有两个或两个以上的当事人，各方当事人须互相做出意思表示，且各个意思表示是一致的，才能达成协议。由于合同是两个或两个以上意思表示一致的产物，因此当事人必须在平等自愿的基础上进行协商，才能使其意思表示达成一致。如果不存在平等自愿，也就没有真正的合意。我国《民法通则》第八十五条规定："合同是当事人之间设立、变更、终止民事关系的协议。依法成立的合同，受法律保护。"强调了合同本质上是一种协议，是当事人意思表示一致的产物。

2. 合同法的基本原则

合同法的基本原则是合同法的基本指导思想和法律准则，具有规范作用和强制性，从事交易活动的当事人都必须遵守。

我国《合同法》的基本原则是：平等自愿、公平守法、诚实信用和鼓励交易原则。

（1）平等自愿原则。合同双方当事人在合同法律关系中是平等的，任何一方都不能将自己的意志强加给另一方。比如，本来建筑施工企业与建设行政管理部门是管理与被管理的关系，但如果建筑施工企业与建设行政管理部门签订了建筑工程施工承包合同，则二者之间在合同关系中就具有平等的法律地位。

合同自愿原则也称合同自由原则。合同法的自由原则主要体现在以下三个方面：

1）当事人的合意具有法律效力。合同本质上就是当事人的合意，具有法律效力，当事人应严格遵守，任何一方违约时都应承担违约责任。

2）合同自由原则还表现在合同法赋予了当事人的合意具有优先于合同法的任意性规范而适用的效力。例如，合同法规定了各种规则，但这些规则大多可以通过当事人的自由约定加以改变；合同法规定了合同的形式，但除法律关于合同形式的特殊规定以外，并不禁止当事人创立新的合同形式。只要当事人的合意不违背法律的禁止性规定，不损害国家、社会和他人的利益，法律就承认其效力，即承认约定优先。

3）当事人享有订立合同的自由。当事人是否订立合同、与谁订立合同、订立什么样的合同、选择什么方式签订合同等一系列问题都由当事人自愿协商。当事人订立合同的自由体现在以下6个方面，即订立合同自由；选择相对人自由；选择合同方式自由；决定合同内容自由；变更和解除合同自由；选择争议的处理方式自由。

（2）公平守法原则。公平是立法的基本原则，主要指合同当事人应当遵循公平原则确定各方的权利和义务。当事人承担的义务和享有的权利应当对等。但对于权利义务不对等的合同，如果不损害公众利益，不违反国家法律、法规，当事人又没有争议，法律并不能认定其无效。这也充分体现了合同自由原则。

《合同法》第五十二条第五款规定，"违反法律、行政法规的强制性规定"的合同无效。就是说如果合同内容与任意性法律规范的内容不符，只要没有其他违法之处，该合同仍然是有效的。这里要注意的是：如果合同没有违反法律、行政法规的强制性规定，却违反了地方性法规或行政规章，不能直接将其认定为无效合同。无损公众利益的合同，即便违反了地方性法规或行政规章，也是有效的。

（3）诚实信用原则。诚实信用原则是从道德角度而言的，可以说这是合同当事人应该遵循的最高法则。在债法中诚实信用原则被称为"帝王规则"。《合同法》第六条规定："当事人行使权利、履行义务应当遵循诚实信用原则。"人们常说的"三分货，七分心"，就是指交易人的诚信比交易的货物还重要。诚实守信是市场经济最基本的道德准则。作为当事人，在合同订立、履行、合同争议的解决及合同履行完以后的各个阶段都应做到恪守诺言、以信为本、诚实无欺，只有这样才能更好地维护市场正常的交易秩序，提高交易效率，降低交易费用，保证交易安全。

（4）鼓励交易原则。鼓励交易原则在合同法中没有相应的条款与之对应，但合同法的内容却始终体现这样一种精神。比如我国《合同法》在以下多个方面都体现了鼓励交易的原则：[1]

首先，在合同形式上，《合同法》第三十六条规定："法律、行政法规规定或当事人约定采用书面形式订立合同，当事人未用书面形式但一方已经履行主要义务，对方接受的，该合同成立。"虽然在第三十二条中规定："当事人采用合同书形式订立合同的，经双方当事人签字或者盖章时合同成立。"但同时第三十七条又规定："采用合同书形式订立合同，在签字或者盖章之前，当事人一方已经履行主要义务，对方接受的，该合同成立。"

上述说明虽然有些合同在形式上不符合《合同法》的某些条款的规定，但从鼓励交易，

---

[1] 苏号朋. 合同的订立与效力. 北京：中国法制出版社，1999.

提高效率，增加社会财富等角度考虑出发，只要当事人合意，且不损害公共利益和他人利益，法律就应该承认该合同的存在，而不能予以撤销。

其次，在可撤销合同的处理方面，《合同法》第五十四条规定：对因重大误解或显失公平情况下订立的合同，以及一方以欺诈、胁迫的手段或乘人之危，使对方违背自己心愿订立的合同，受损方可以请求人民法院或者仲裁机构变更或者撤销合同。但若当事人（受损方）请求变更时，人民法院或者仲裁机构则不得撤销合同。这也说明合同法鼓励交易原则，鼓励当事人通过变更使不公平的合同变得公平，从而使无效合同变成有效合同，促使交易成功。

再次，在解除合同方面，《合同法》作了较严格的规定。目的是尽量避免因当事人解除合同，致使交易无法进行。[①]

最后，在合同分则中也多处体现出鼓励交易的原则。比如，在租赁合同分则第二百二十九条中规定："租赁物在租赁期间发生所有权变动的，不影响租赁合同的效力。"第二百三十条规定："承租人在房屋租赁期间死亡的，与其生前共同[②]居住的人可以按照原租赁合同租赁该房屋。"第二百三十六条规定："租赁期间届满，承租人继续使用租赁物，出租人没有提出异议的，原租赁合同继续有效，但租赁期限为不定期。"

上述这些条款都是鼓励交易原则的具体体现。

5.3.2 合同的订立

合同订立是动态的缔约过程与静态的合同成立的结合。

如果将合同关系的成立看作一个行为的话，那么该行为是瞬间完成的，即从当事人就权利义务关系形成合意的那一刻起，合同即告成立。而动态的合同成立则需要有一个从协商到达成一致的过程。这个过程包括要约、承诺等步骤。

1. 要约

要约是合同成立需要的第一步。《合同法》第十四条规定："要约是希望和他人订立合同的意思表示，该意思表示应该符合下列规定：（一）内容具体确定；（二）表明经受要约人承诺，要约人即受该意思表示约束。"

要约要发生法律效力应具备下列基本要件：

（1）要约必须具有订立合同的意图。是否具有订立合同的意图是判断要约还是要约邀请的重要依据。

（2）要约的内容应当具体确定。发出要约的目的是要同受要约人订立合同。所以只要受要约人同意要约，合同即告成立。为了使合同成立后能够切实履行，要约人就必须要在发出的要约中对当事人的权利义务进行尽可能完整清晰的说明，以使受要约人能够清楚了

[①] 苏号朋. 合同的订立与效力. 北京：中国法制出版社，1999.
[②] 李永军. 合同法. 北京：法律出版社，2004.

解要约人的真实意思，知道如果他接受要约会享有哪些权利，同时要承担哪些义务。所以要约的内容应该包括合同的最基本的要素：合同主体、标的物、数量、期限以及价格等条款。我国《合同法》虽然规定要约内容应当具体确定，但并没有规定"应当具体确定"哪些内容。所以如果一项要约没有上述内容，也不能认定其为无效要约，关键是要看双方当事人是否愿意达成一个有法律效力的合同。

应用案例 5-7

某建筑公司施工需要大量水泥，于是在当地报纸上刊登广告称："我建筑公司急需建筑用水泥200吨，如贵厂在一周内可以有足够的水泥供应，请于见电报之日起两日内电话通知我公司，我公司将派人前往验货并购买。"甲水泥厂和乙水泥厂见报后都及时用电话通知了建筑公司，并提供了水泥的型号及价格。甲水泥厂为抢到这笔生意，在电话通知对方的同时，又自作主张将100吨水泥运往建筑公司工地。但在该批水泥到达建筑公司所在的工地之前，建筑公司已派技术员前往乙水泥厂验货并签订了购销合同。合同签订后的当天下午，甲水泥厂给建筑公司打电话称货已发出。第二天上午，甲水泥厂的水泥运到工地，建筑公司让甲厂将水泥运回去，因为它们已购买了乙水泥厂的水泥。甲水泥厂则要求公司收货并付款。

理由是：建筑公司既然发出了要约，而自己又在要约约定的有效期内做出了承诺，建筑公司就应该受要约约束。

⇨ 点评

建筑公司刊登的广告是要约邀请不是要约，只有在其"前往验货"后才能做出是否订立购买水泥合同的意思表示。所以，甲水泥厂的理由不能成立。

《合同法》第六十一条规定："合同生效后，当事人可以就质量、价款或者报酬、履行地点等内容没有约定或者约定不明确的，进行协议补充；不能达成补充协议的，按照合同有关条款或者交易习惯确定。"若当事人就有关合同内容约定不明确的，依照合同有关条款或交易习惯仍不能确定的，可以根据《合同法》第六十一条规定加以确定。

（3）要约必须由要约人向受要约人发出。我国《合同法》并未明确规定具备什么资格才能发出要约，但既然承认要约是希望与他人订立合同的意思表示，又承认合同是具有法律效力的，那么要约人就应该具有法律主体资格，即要约人应当具有民事行为能力和民事权利能力。根据合同自由原则，要约应当由愿意订立合同的当事人或其指定的代表发出。若未被授权人或授权人超过授权范围以当事人名义发出要约的，当事人若不认可，则要约中的义务对当事人不会产生约束力。

（4）要约中必须表明要约人放弃订立合同最后决定权的旨意。《合同法》第十四条第二款规定要约应符合下列规定，即"表明经受要约人承诺，要约人即受该意思表示的约束"，亦即只要受要约人接到要约后，表示同意订立合同，合同就成立。

2．承诺

《合同法》第二十一条规定："承诺是受要约人同意要约的意思表示。"所以承诺的效力

就是使合同成立。承诺应符合下列条件:

(1) 承诺必须由受要约人向要约人做出。《合同法》没有规定受要约人是否必须是特定的。实践中大多数要约都是向特定人发出的。所以《合同法》第十五条规定:"……寄送的价目表、拍卖公告、招标公告、招股说明书、商业广告等为要约邀请。"但又规定"商业广告的内容符合要约规定的,视为要约"。说明《合同法》并未排除受要约人可以是非特定人。

应用案例 5-8

某商店举行有奖销售活动,声称:"在该商场购物满 100 元,可获赠奖券两张。当天下午 3:00 在商场南门摇奖,最高奖金 5 000 元。"该商场的有奖销售活动,即属于向不特定人发出的要约。要约内容是:受要约人购买该商店商品满 100 元即可获得两张奖券,经过摇奖后可能中奖。这里的受要约人为不特定人。只要顾客在该商场购物满 100 元并领取奖券即承诺,合同即成立。

(2) 承诺的内容必须要与要约的内容一致。受要约人对要约的内容不能做实质性修改(如修改要约中有关合同的标的、数量、质量、价格或报酬、履行期限、地点、方式和违约形式及争议的解决办法等),否则要约失效。经受要约人修改后的要约称为反要约。

(3) 承诺必须在要约的有效期内做出。超过要约有效期的要约失效。《合同法》第二十二条规定:"承诺应以通知的方式做出,但根据交易习惯或者要约表明可以通过行为做出承诺的除外。"所以履行行为也可以作为承诺的方式。比如,到饭店去吃饭的顾客,明知服务员上错了菜,却也没吱声给吃了。这就是用吃这道上错的菜的行为向饭店方做出了加点这道菜的承诺。所以饭后顾客应该为这道菜付款。

3. 合同成立

一项合同成立,需要符合实质要件及形式要件的要求。实质要件包括具备资格的缔约人和当事人意思表示一致。形式要件是指要符合法律规定的形式。但我国《合同法》遵循不要式合同原则,所以一般仅具备实质要件合同就可以成立。对有瑕疵的合同或对形式要件有所欠缺时,可以通过当事人的实际履行进行补救。

4. 缔约过失责任

(1) 缔约过失责任的含义及其构成要件。缔约过失责任是指缔约当事人一方在合同订立期间因没有尽到法定义务,而导致另一方当事人遭受损失时所应承担的民事责任。缔约阶段缔约人的义务如下所述:

1) 协力义务。缔约当事人应本着诚实信用态度,齐心协力促成合同成立。

2) 保密义务。当事人在合同谈判中可能会涉及双方的一些商业秘密,当事人有替对方保密的义务。

3) 保护义务。比如,商场对进入商场购物的顾客,银行对进入银行办理业务的顾客都有义务。

缔约过失责任构成要件：① 过失发生在订立合同过程中。② 违反依诚实信用原则所应付的合同义务。③ 另一方的信赖利益因此而受到损失。④ 损失与过失之间具有因果关系。

（2）缔约过失责任的类型及其责任范围。缔约过失责任有以下4种类型：① 假借订立合同，恶意进行磋商。其真实目的或是阻止对方与他人订立合同，或是使对方贻误商机，或仅为戏耍对方。② 故意隐瞒与订立合同有关的重要事实或者提供虚假情况。依照诚实信用原则，缔约当事人负有如实告知义务。若有隐瞒或虚告即构成欺诈。若造成对方受损则应承担缔约过失责任。③ 有其他违背诚实信用原则的行为。例如，王某与某小学商定捐100万元改建校舍，8月底到账。学校为建新校舍将旧校舍拆除并贷款50万元。后来王某生意亏本拒绝捐款，因此给学校造成损失。王某理应承担缔约过失责任。④ 泄露或者不正当使用在订立合同中知悉的商业秘密并给对方造成损失。

在合同不成立、无效或者被撤销时，可能会由于一方的过失而导致另一方遭受损失，此时受害人有权要求过失人赔偿。过失人的赔偿范围应相当于受害人因相信合同有效成立所遭受的损失，包括缔约费用、履行准备费用以及因信赖本合同成立而错失其他缔约机会的损失。

过失人承担缔约过失责任的方式依缔约过失行为所造成的损害后果不同有不同的承担方式：一是返还财产，即在缔约过程中已经取得对方财产的，过失人应当返还财产。二是赔偿损失，即在因缔约过失行为造成对方损失时，应当承担赔偿责任。

应用案例 5-9

张某同意将一套房子以125万元的价格卖给陈某，并收取了陈某5万元预付款。双方约定在办理产权过户手续时将其余120万元付清。但在办理产权过户手续前，二手房价格普遍上涨。王某愿意出价150万元购买张某的那套房子。张某当即决定将此房卖给王某，并与之签订了房屋买卖合同。因为张某的原因使他与陈某的房屋买卖未能达成，致使陈某错过了以较低价格购买其他二手房的机会，所以张某在此案中应付缔约过失责任：返还陈某5万元预付款及相应利息，并补偿因此房屋买卖合同未达成而错失购买其他房产机会的损失。

缔约过失责任是对违约责任和侵权责任的一种补充性责任制度，其适用范围和赔偿范围均应受到限制，通常只是赔偿信赖利益损失。因为毕竟合同自由是合同法的基本原则，缔约或者不缔约是当事人的自由选择。

5.3.3 合同的内容与形式

1. 合同的内容

合同的内容，一方面是指合同当事人的权利义务；另一方面是指合同条款。

合同条款规定了当事人的权利义务。合同是否成立和有效，合同性质如何都可以通过合同条款反映出来。

《合同法》第十二条做了一般性规定：合同内容可以由当事人约定，一般应有合同的标的、数量、质量、价款或报酬、履行期限、地点和方式、违约责任、解决争议的方法。同时规定："当事人可以参照种类合同的示范文本订立合同。"

2．合同的形式

合同的形式是指合同当事人的意思表现形式，合同内容即合意的一种表现形式。

《合同法》第十条规定："当事人订立合同，有书面形式、口头形式和其他形式。法律、行政法规规定采用书面形式的，应当采用书面形式。当事人约定采用书面形式的，应当采用书面形式。"但《合同法》第三十六条又规定："法律、行政法规规定或当事人约定采用书面形式订立合同，当事人未采用书面形式但一方已经履行了主要义务，对方接受的，该合同成立。"合同的形式如表5-6所示。

表5-6 合同的形式

形　　式	表现方式
书面	合同书、信件、数据电文等
口头	当面口头约定、电话中约定等
其他	以书面和口头形式以外的行为方式缔约的形式，主要是默示形式

合同书是指载有合同条款且有当事人双方签字或盖章的文书。合同书是合同书面表现形式中最重要的一种，必须以书面文字凭据方式记载合同条款且应有当事人双方签字或盖章。当事人是自然人时，盖个人印章或签字同样有效。但当事人是法人时，由于其法定代表人具有自然人和法人代表双重身份，若只有其个人签字或个人印章，则很难区分其身份。所以当其作为法定代表人签订合同时应该加盖法人印章才能代表法人。盖了法人印章后，法人代表是否签字都不会影响合同生效。

合同的信件表现形式是指当事人双方以信件往来方式签订的合同。这种信件必须具有相应的合同内容。《合同法》第三十三条规定："当事人采用信件、数据电文等形式订立合同的，可以在合同成立之前要求签订确认书。签订确认书时合同成立。"由双方签字的载有合同条款的信件实际上就成了合同书。

如果数据电文形式的信件可以调取再现，它实际上具备了书面形式的要件。《合同法》第十一条规定："书面形式是指合同书、信件和数据电文（包括电报、电传、传真、电子数据交换和电子邮件）等可以有形地表现所载内容的形式。"

默示形式也称推定方式，主要依据行为方式来推定合同是否成立，如可以根据乘客按正常秩序上公共汽车这一行为，推定该乘客与公交公司的客运合同成立。根据顾客向自动售货机投币这一行为，可以推定买卖合同成立。日常生活中存在着大量的通过实际履行主要义务来实现缔约的例子。

实际履行是否一定可以导致合同成立，这要区分不同的情况。如果当事人在合同中明确约定：如果不采用书面形式订立主要合同条款，则合同不成立，当事人就不能通过实际履行来促使合同成立。

一般如果要使实际履行缔约成立的话，必须是一方履行了主要义务，另一方接受的；或者双方都从事了履约行为，只有一方履行义务而另一方没有履行的，不能认定合同成立。另外，实际履行行为本身必须是合法的，即实际履行不损害国家以及社会的公共利益，也不损害第三者利益，否则不能推定合同成立。

3. 格式合同

《合同法》第三十九条第二款规定："格式条款是当事人为了重复使用而预先拟订，并在订立合同时未与对方协商的条款。"因为格式合同没有经过当事人双方协商，所以格式条款本身是不符合合同自由原则的。因此，国家为避免格式合同提供方利用自己的特别地位设立不公平的格式条款，《合同法》第三十九条第一款规定："采用格式条款订立合同的，提供格式条款的一方应当遵循公平原则确定当事人之间的权利和义务，并采用合理的方式提请对方注意免除或者限制其责任的条款，按照对方的要求，对该条款予以说明。"

《合同法》第四十条规定："格式条款提供方免除己方责任、加重对方责任，排除对方主要权利的，一律无效。"例如，商家在其店堂贴出的"商品售出，概不退换"的告示即商家单方面订立的格式合同条款，该条款实为免除其责任的条款，为无效条款。

当格式条款有两种以上解释时，应取对提供格式条款方不利的解释。

5.3.4 合同的效力

合同的效力是指合同在当事人之间及对第三人产生的法律约束力。合同成立不等于合同生效，只有具备合同生效要件的合同才能发生法律效力。

所谓合同生效要件，是指已经成立的合同发生完全的法律效力，应当具备的法律条件。合同生效要件是判断合同是否具有法律约束力的标准。《民法通则》第五十五条规定，民事法律行为应当具备下列条件：

（1）行为人具有相应的民事行为能力。企业法人设立的不能独立承担民事责任的分支机构，由该企业法人申请、登记，经登记主管机关批准，领取营业执照，在核准登记的经营范围内从事经营活动。（《企业法人登记管理条例》第三十五条规定）

（2）意思表示真实，是指意思表示人的表示行为应当真实地反映其内心的效果意思，不得有虚假的表示。

（3）不得违反法律和社会公共利益。行为人不允许买卖国家法律规定禁止流通的物品。例如，枪支、弹药、毒品或黄色录音带和录像带等内容的违法行为，当然会导致合同的无效。

（4）必须具备法律规定的形式。在民事法律行为中可以采取书面形式、口头形式或者其他形式。如法律规定用特殊形式，应当依照法律规定办事。合同生效有法律、行政法规规定应当办理批准、登记等手续的，办理完有关手续，合同才能生效。

上述内容是合同的一般生效要件,但有些合同还有一些特殊的生效要件,如技术引进合同需要经过国家有关部门的批准后才能生效。

目前,涉及合同审批、登记的有关法律、行政法规主要有《城市房地产管理办法》、《担保法》、《民用航空法》、《三资企业法》等。

1. 合同效力

合同效力可分为有效合同、无效合同和效力待定合同,如表5-7所示。

表5-7 合同的效力

合同效力	具备条件	
有效合同	合同主体合法:具备民事权利能力和民事行为能力	
	当事人意思表示真实,符合自愿原则	
	合同内容合法:不违反国家法律法规,不损害国家及公共利益	
	合同格式合法:法规有规定的按规定,无规定的双方商定	
无效合同	恶意串通损害国家、集体及他人利益的合同无效	
	以合同形式掩盖非法目的的合同无效	
	损害社会公共利益及其他法律法规的合同无效	
效力待定合同	当事人是限制民事行为能力的人	纯获利合同有效
		非纯获利合同的效力看其法定代表人意见
	以欺诈胁迫手段,强迫签订的合同	损害公众利益的违法合同无效
		否则合同效力看被胁迫或被欺诈方意见
	无代理权人所签合同	表见代理合同有效
		非表见代理合同的效力由被代理人决定

2. 合同免责条款的效力

如果合同中具有免除造成对方人身伤害责任的条款,则为无效条款。因故意或者重大过失造成对方财产损失的,当事人不能免除责任,则相应的免责条款无效。

3. 可撤销合同

(1)因重大误解订立的合同可以撤销。这类合同的构成要件是:第一是当事人一方因自己的原因对合同的重要事项产生了错误认识;第二是错误认识与订立合同之间有因果关系;第三是所订合同对当事人造成重大损失或达不到合同目的的。

(2)显失公平的合同可以撤销。这类合同的构成要件是:客观上在订约时当事人之间的利益不平衡;主观上一方当事人故意利用自身优势或利用另一方当事人的经验不足、急躁等弱势,订立显失公平的合同。

(3)一方以欺诈、胁迫的手段或乘人之危,使对方在违背真实意思的情况下订立的合同无效。

撤销权必须在法定期限内(从知道撤销事由之日起一年内)行使,超过法定期限的,撤销权作废。

4. 表见代理合同

《合同法》第四十九条规定:"行为人没有代理权、超越代理权或者代理权终止后以被代理人名义订立合同,相对人有理由相信行为人是有代理权的,该代理行为有效。"构成表见代理合同须具备的条件:

(1) 行为人无代理权而以被代理人的名义订立合同。
(2) 相对人有理由相信行为人有代理权。
(3) 表见代理人与相对人订立的合同具备生效条件。
(4) 相对人善意且不存在过错,即相对人不知代理人无代理权且对这一点已尽了必要的注意。

应用案例 5-10

马老汉委托某房产经纪公司为其卖掉了他名下的一套单元房,售房款 32 万元被其儿媳领走据为己有。马老汉将代理公司告上法庭,要求其支付售房款 32 万元。

法院审理认为,马老汉与其儿媳一起去公司咨询代理事宜,公司去看房,也都由其儿媳陪同。后来又是其儿媳带上他的房产证去公司签订了委托代理合同,并在委托合同上签了她自己的姓名。其儿媳已经具备了马老汉表见代理人条件,所签合同为表见代理合同,故合同有效,房产经纪公司无过错,马老汉败诉。

5.3.5 建设工程合同法律体系

建设工程合同是为完成一系列工程建设活动,各工程建设管理主体之间所形成的各类合同的统称。包括但不限于:勘察合同、设计合同、建筑安装施工合同、建筑专业分包合同、劳务分包合同、监理合同、造价咨询合同、物资采购合同、招标代理合同、项目管理咨询合同等。所有这些合同基本上都是以如表 5-8 所示的法律为基础建立的。

表 5-8 建设工程合同法律体系

建设工程合同法律体系	主要法律	法通则	调整平等主体的财产、人身关系的基本法
		合同法	规范我国市场经济财产流转关系的基本法
		建筑法	规范建筑活动维护建筑市场秩序的基本法
		招投标法	规范建筑市场采购的基本法
	相关法律	担保法	合同订立履行中需要提供担保的基本法
		保险法	合同订立履行中需要提供投保的基本法
		劳动法	建设工程合同中需要建立劳动关系的基本法
		仲裁法	合同履行中发生争议、当事人之间有仲裁协议的基本法
		民事诉讼法	合同履行中发生争议、当事人之间没有仲裁协议的基本法
		公证法、鉴证法	合同需要公证、鉴证的基本法

复习思考题

1. 两个成年人达成的"五一"黄金周结伴出游协议属于合同吗？说明理由。
2. 有关部门与单位之间订立的计划生育协议、综合治理协议等属于民法上的合同吗？
3. 合同法的调整对象有哪些？
4. 何谓合同法律关系主体、客体？各有哪些形式？
5. 理解种类物、特定物、可分物和不可分物的含义。
6. 合同法律关系包含哪些内容？
7. 合同法律关系的相对性体现在哪些方面？
8. 何谓国际经济法？说明其调整范围。
9. 国际经济法的基本原则是什么？
10. 国际经济法的主体有哪些？
11. 何谓国际公法和国际私法？
12. 国际（公）法的基本原则是什么？
13. 国际私法的基本原则是什么？
14. 解决国际法律冲突的原则及方法各有哪些？
15. 我国合同法的基本原则是什么？
16. 何谓合同的订立？何谓合同生效？二者有何关系？
17. 什么是要约？其构成要件有哪些？
18. 什么是承诺？其构成要件有哪些？
19. 合同当事人应具备的资格是什么？
20. 合同的形式有哪几种？
21. 一般合同应包括哪些内容？
22. 合同生效的一般要件有哪些？
23. 合同效力可分哪三种情况？
24. 在何种情况下，合同的免责条款无效？
25. 何谓表见代理合同？

第6章
常见的几种合同形式

引导案例

口头变更合同内容证据不足遭败诉

黄某在那蒙镇独资开办某塑料制品厂。2004年7月20日,黄某经人介绍与杨某洽谈并签订《租赁合同书》,约定杨某向黄某租赁厂房及土地,租期从2004年10月1日起至2021年10月31日止,初始三年租金为每年10 000元,须同年10月1日一次性缴纳;其余每年租金为11 000元,须当年10月31日之前支付,本合同自签订之日生效。合同签订后,杨某按合同约定依时交付定金及支付前三年租金。此后,杨某分别于2007年8月30日、2008年9月2日、2009年8月27日三次向黄某交纳了租金。2010年8月底,黄某以双方已口头约定变更支付租金时间为每年8月31日前为由,多次催收租金未果。同年9月,杨某以黄某去向不明无法联系,故意逃避接受履行为由,将2010年11月1日至2011年10月31日租金提存,并由钦州市公证处通过刊登公告通知黄某领取。后黄某将杨某起诉至法院,要求解除合同并由被告补足租金、滞纳金。

原告黄某认为:合同实际履行自签订生效之日起,与合同租期不一致。为此,双方经电话口头商议,约定第四年起在每年8月31日前付清下一年度的租金。然而经我方多次催告,被告仍拒绝支付,已严重违约。至本案诉讼,被告杨某才告知将租金提存,即使如此亦少了两个月租金,故起诉要求解除合同,由被告杨某补足租金及滞纳金40 588元。

被告杨某辩称:合同约定交租时间为10月31日,因原告急需钱我方才提前履行,并非双方口头约定变更交租时间为8月31日。无法联系原告,我方不得已将租金提存公证部门,已全面履行合同义务,无解除合同的法定情形。

法院认为:变更付租时间的事实被告予以否认,原告未能提供充分的证据证实,故其主张的事实和理由不能成立。被告已将租金依法提存,可认定其已履行了交付租金义务,未对合同目的的实现造成重大影响,不构成根本违约,故原告要求解除合同并主张补足租金及滞纳金的诉讼请求予以驳回。

原、被告签订的《租赁合同书》是双方当事人真实意思表示，主体、内容合法，为有效合同，按照《中华人民共和国合同法》第六十条的规定，双方均应按约全面履行自己的义务。原告主张支付租金的日期已变更，但其未能提供有力证据证明，根据《最高人民法院关于民事诉讼证据的若干规定》第二条"当事人对自己提出的诉讼请求所依据的事实或者反驳对方诉讼请求所依据的事实有责任提供证据加以证明。没有证据或者证据不足以证明当事人的事实主张的，由负有举证责任的当事人承担不利后果"的规定，法院不确认原告主张。债权人下落不明，债务人依据《合同法》第一百零一条规定，可将标的物提存公证处，被告杨某已履行合同义务，故原告黄某请求解除合同和要求被告杨某补足租金和滞纳金的主张被依法驳回。

6.1 建设工程合同

6.1.1 建设工程合同的法律特征

《合同法》第二百六十九条规定："建设工程合同是承包人进行工程建设，发包人支付合同价款的合同。建设工程合同包括勘察、设计、施工合同。"

建设工程合同具有以下法律特征：

（1）合同的主体以法人为主。工程建设项目招标发包的招标人，通常为该项建设工程的投资主体即项目业主；国家投资的工程建设项目，招标人通常为依法设立的项目法人（就经营性的建设项目而言）或者项目的建设单位（就非经营性建设项目而言）。

（2）建设工程合同的标的是建设工程。建设工程不能是其他标的物，而是不可以移动的不动产工程，并长期存在和发挥效用，事关国计民生的大事，这正是其标的物的特殊性。这一点与承揽合同不同，是逐渐从承揽合同中独立出来的。

（3）国家对建设工程实施应有的监督和管理。建设工程一般有投资大、周期长、质量要求高的特点，对国家经济建设具有重大意义，这些工程建设项目都要纳入国家基本建设规划。因此必须加强监督管理。

（4）建设工程合同是有程序性的要式合同，工程建设合同必须按照规定的程序进行。建设工程合同应当采取书面形式，这是由建设工程合同履行的特点决定的，也是国家对其监督管理的需要。

（5）建设工程合同体现了计划性特征。国家对基本建设工程实行计划控制，是实现国家经济快速、稳定发展的重要措施，所以建设工程合同仍应受国家计划的约束。对于计划外的工程项目，当事人不得签订建设工程合同，对于国家的重大项目工程建设合同，更应该根据国家规定的程序和国家批准的投资计划和设计任务书签订。

6.1.2 建设工程合同的主要内容

1. 建设工程勘察、设计合同

建设工程勘察合同示范文本如下所列。

应用案例 6-1　建设工程勘察合同（示范文本）

工程名称：_____
工程地点：_____
勘察证书等级：_____
发包人：_____
勘察人：_____
签订日期：_____
发包人委托勘察人承担_____任务。

根据《中华人民共和国合同法》及国家有关法规规定，结合本工程的具体情况，为明确责任，协作配合，确保工程勘察质量，经发包人、勘察人协商一致，特签订本合同，以资共同遵守。

第一条　工程概况
1.1　工程名称：_____
1.2　工程建设地点：_____
1.3　工程规模、特征：_____
1.4　工程勘察任务委托文号、日期：_____
1.5　工程勘察任务（内容）与技术要求：_____
1.6　承接方式：_____
1.7　预计勘察工作量：_____

第二条　发包人应及时向勘察人提供下列文件资料，并对其准确性、可靠性负责。

2.1　提供本工程批准文件（复印件），以及用地（附红线范围）、施工、勘察许可等批件（复印件）。

2.2　提供工程勘察任务委托书、技术要求和工作范围的地形图、建筑总平面布置图。

2.3　提供勘察工作范围已有的技术资料及工程所需的坐标与标高资料。

2.4　提供勘察工作范围地下已有埋藏物的资料（如电力、电信电缆、各种管道、人防设施、洞室等）及具体位置分布图。

2.5　发包人不能提供上述资料，由勘察人收集的，发包人需向勘察人支付相应费用。

第三条　勘察人向发包人提交勘察成果资料并对其质量负责。

勘察人负责向发包人提交勘察成果资料4份，发包人要求增加的份数另行收费。

第四条　开工及提交勘察成果资料的时间和收费标准及付费方式

4.1　开工及提交勘察成果资料的时间

4.1.1 本工程的勘察工作定于_____年____月____日开工，_____年____月____日提交勘察成果资料，由于发包人或勘察人的原因未能按期开工或提交成果资料时，按本合同第六条规定办理。

4.1.2 勘察工作有效期限以发包人下达的开工通知书或合同规定的时间为准，如遇特殊情况（设计变更、工作量变化、不可抗力影响以及非勘察人原因造成的停工、窝工等）时，工期顺延。

4.2 收费标准及付费方式

4.2.1 本工程勘察按国家规定的现行收费标准_____计取费用；或以"预算包干"、"中标价加签证"、"实际完成工作量结算"等方式计取收费。国家规定的收费标准中没有规定的收费项目，由发包人、勘察人另行议定。

4.2.2 本工程勘察费预算为____元（大写_____），合同生效后3天内，发包人应向勘察人支付预算勘察费的20%作为定金，计____元（本合同履行后，定金抵作勘察费）；勘察规模大、工期长的大型勘察工程，发包人还应按实际完成工程进度____%时，向勘察人支付预算勘察费的____%的工程进度款，计____元；勘察工作外业结束后____天内，发包人向勘察人支付预算勘察费的____%，计____元；提交勘察成果资料后10天内，发包人应一次付清全部工程费用。

第五条 发包人、勘察人责任

5.1 发包人责任

5.1.1 发包人委托任务时，必须以书面形式向勘察人明确勘察任务及技术要求，并按第二条规定提供文件资料。

5.1.2 在勘察工作范围内，没有资料、图纸的地区（段），发包人应负责查清地下埋藏物，若因未提供上述资料、图纸，或提供的资料图纸不可靠、地下埋藏物不清，致使勘察人在勘察工作过程中发生人身伤害或造成经济损失时，由发包人承担民事责任。

5.1.3 发包人应及时为勘察人提供并解决勘察现场的工作条件和出现的问题（如落实土地征用、青苗树木赔偿、拆除地上地下障碍物、处理施工扰民及影响施工正常进行的有关问题，平整施工现场，修好通行道路，接通电源水源，挖好排水沟渠以及水上作业用船等），并承担其费用。

5.1.4 若勘察现场需要看守，特别是在有毒、有害等危险现场作业时，发包人应派人负责安全保卫工作，按国家有关规定，对从事危险作业的现场人员进行保健防护，并承担其费用。

5.1.5 工程勘察前，若发包人负责提供材料的，应根据勘察人提出的工程用料计划，按时提供各种材料及其产品合格证明，并承担费用和运到现场，派人与勘察人的人员一起验收。

5.1.6 勘察过程中的任何变更，经办理正式变更手续后，发包人应按实际发生的工作量支付勘察费。

5.1.7 为勘察人的工作人员提供必要的生产、生活条件，并承担费用；如不提供时，应一次付给勘察人临时设施费＿＿＿元。

5.1.8 由于发包人原因造成勘察人停工、窝工，除工期顺延外。发包人应支付停工、窝工费（计算方法见 6.1）；发包人若要求在合同规定时间内提前完工（或提交勘察成果资料）时，发包人应按每提前一天向勘察人支付＿＿＿元计算加班费。

5.1.9 发包人应保护勘察人的投标书、勘察方案、报告书、文件、资料图纸、数据、特殊工艺（方法）、专利技术和合理化建议，未经勘察人同意，发包人不得复制、不得泄露、不得擅自修改、传送或向第三人转让或用于本合同外的项目。如发生上述情况，发包人应负法律责任，勘察人有权索赔。

5.1.10 本合同有关条规定和补充协议中发包人应负的其他责任。

5.2 勘察人责任

5.2.1 勘察人应按国家技术规范、标准、规程和发包人的任务委托书及技术要求进行工程勘察，按本合同规定的时间提交质量合格的勘察成果资料，并对其负责。

5.2.2 由于勘察人提供的勘察成果资料质量不合格，勘察人应负责无偿给予补充完善使其达到质量合格；若勘察人无力补充完善，需另行委托其他单位时，勘察人应承担全部勘察费用；或因勘察质量造成重大经济损失或工程事故时，勘察人除应负法律责任和免收直接受损失部分的勘察费外，并根据损失程度向发包人支付赔偿金，赔偿金由发包人、勘察人商定为实际损失的＿＿＿％。

5.2.3 在工程勘察前，提出勘察纲要或勘察组织设计，派人与发包人的人员一起验收发包人提供的材料。

5.2.4 勘察过程中，根据工程的岩土工程条件（或工作现场地形地貌、地质和水文地质条件）及技术规范要求，向发包人提出增减工作量或修改勘察工作的意见，并办理正式变更手续。

5.2.5 在现场工作的勘察人员，应遵守发包人的安全保卫及其他有关的规章制度，承担其有关资料的保密义务。

5.2.6 本合同有关条款规定和补充协议中勘察人应负的其他责任。

第六条 违约责任

6.1 由于发包人未给勘察人提供必要的工作生活条件而造成停、窝工或来回进出场地，发包人除应付给勘察人停、窝工费（金额按预算的平均工日产值计算），工期按实际工日顺延外，还应付给勘察人来回进出场费和调遣费。

6.2 由于勘察人原因造成勘察成果资料质量不合格，不能满足技术要求时，其勘察费用由勘察人承担。

6.3 合同履行期间，由于工程停建而终止合同或发包人要求解除合同时，勘察人未进行勘察工作的，不退还发包人已付定金。已进行勘察工作的，完成的工作量在50%以内时，发包人应向勘察人支付预算额50%的勘察费计＿＿＿＿＿＿＿元；完成的工作量超过50%时，则应向勘察人支付预算额100%的勘察费。

6.4 发包人未按合同规定时间（日期）拨付勘察费，每超过一日，应偿付未支付勘察费的千分之一逾期违约金。

6.5 由于勘察人原因未按合同规定时间（日期）提交勘察成果资料，每超过一日，应减收勘察费千分之一。

6.6 本合同签订后，发包人不履行合同时，无权要求退还定金；勘察人不履行合同时，双倍返还定金。

第七条 本合同未尽事宜，经发包人与勘察人协商一致，签订补充协议，补充协议与本合同具有同等效力。

第八条 其他约定事项：_____

第九条 本合同发生争议，发包人、勘察人应及时协商解决，也可由当地建设行政主管部门调解，协商或调解不成时，发包人、勘察人同意由_____仲裁委员会仲裁。发包人、勘察人未在本合同中约定仲裁机构，事后又未达成书面仲裁协议的，可向人民法院起诉。

第十条 本合同自发包人、勘察人签字盖章后生效；按规定到省级建设行政主管部门规定的审查部门备案；发包人、勘察人认为必要时，到项目所在地工商行政管理部门申请鉴证。发包人、勘察人履行完合同规定的义务后，本合同终止。

本合同一式____份，发包人____份、勘察人____份。

发包人名称：（盖章）	勘察人名称：（盖章）
法定代表人：（签字）	法定代表人：（签字）
委托代理人：（签字）	委托代理人：（签字）
邮政编码：	邮政编码：
电　话：	电　话：
传　真：	传　真：
开户银行：	开户银行：
银行账号：	银行账号：
建设行政主管部门备案：	鉴证意见：
（盖章）	（盖章）
备案号：	经办人：
备案日期：　年　月　日	鉴证日期：　年　月　日

建设工程设计合同与建设工程勘察合同很相近，主要区别在双方责任。建设工程设计合同双方责任如下所述：

1. 发包人责任

1.1 发包人按本合同第三条规定的内容，在规定的时间内向设计人提交资料及文件，并对其完整性、正确性及时限负责，发包人不得要求设计人违反国家有关标准进行设计。发包人提交上述资料及文件超过规定期限15天以内，设计人按合同第四条规定交付设计文件时间顺延；超过规定期限15天以上时，设计人员有权重新确定提交设计文件的时间。

1.2 发包人变更委托设计项目、规模、条件或因提交的资料错误，或所提交资料有较大修改，以致造成设计人设计需返工时，双方除需另行协商签订补充协议（或另订合同）、重新明确有关条款外，发包人应按设计人所耗工作量向设计人增付设计费。在未签合同前发包人已同意，设计人为发包人所做的各项设计工作，应按收费标准，相应支付设计费。

1.3 发包人要求设计人比合同规定时间提前交付设计资料及文件时，如果设计人能够做到，发包人应根据设计人提前投入的工作量，向设计人支付赶工费。

1.4 发包人应为派赴现场处理有关设计问题的工作人员，提供必要的工作生活及交通等方便条件。

1.5 发包人应保护设计人的投标书、设计方案、文件、资料图纸、数据、计算软件和专利技术。未经设计人同意，发包人对设计人交付的设计资料及文件不得擅自修改、复制或向第三人转让或用于本合同外的项目，如发生以上情况，发包人应负法律责任，设计人有权向发包人提出索赔。

2. 设计人责任

2.1 设计人应按国家技术规范、标准、规程及发包人提出的设计要求，进行工程设计，按合同规定的进度要求提交质量合格的设计资料，并对其负责。

2.2 设计人采用的主要技术标准是：

2.3 设计合理使用年限为____年。

2.4 设计人按本合同第二条和第四条规定的内容、进度及份数向发包人交付资料及文件。

2.5 设计人交付设计资料及文件后，按规定参加有关的设计审查，并根据审查结论负责对不超出原定范围的内容做必要调整补充。设计人按合同规定时限交付设计资料及文件，本年内项目开始施工，负责向发包人及施工单位进行设计交底、处理有关设计问题和参加竣工验收。在一年内项目尚未开始施工，设计人仍负责上述工作，但应按所需工作量向发包人适当收取咨询服务费，收费额由双方商定。

2.6 设计人应保护发包人的知识产权，不得向第三人泄露、转让发包人提交的产品图纸等技术经济资料。如发生以上情况并给发包人造成经济损失，发包人有权向设计人索赔。

2. 建设工程施工合同

建设工程施工合同除了标的、数量和质量、价款或酬金、履行期限、履行地点和方式、违约责任、争议的解决等条款外，还必须具备以下主要条款：

（1）建设工程项目的概况。建设工程项目概况包括：工程名称，工程地点，建筑面积，建筑高度，建筑层数，主要结构类型，设计图纸状态，施工用地概况，资金来源，项目批准文号，计划立项批准文号，规划许可证编号，工程报建表编号等。

（2）现场勘察。对现场及其周边环境，以及发包人向承包人提供的根据有关勘察所取得的水文地质资料及与之有关的可用资料进行了认真细致和全面的勘察和检查的规定。

（3）建设工程施工合同当事人的责任。当事人的责任即合同主体的权利和义务，应明确划分合同主体的职责范围，使合同主体能够各司其职、各尽其责，将建设工程顺利完成。一旦发生任何一方不履行合同规定义务的情况，应按合同规定的方式处理。这一条款还包含合同主体派驻工地项目组织和执行合同代表的职权范围，这直接关系到在工程建设过程中签证的有效性问题，一般应在合同中不仅明确合同主体代表的姓名及其授权范围，还可以在合同中明确其签证的限额，这样有利于发生问题后能够按约定的职责范围及时解决，不致因权限不明，互相推诿影响工程工期。

（4）工程量计量原则和工程量核实确认。此条款所述的是工程量计算规则，这个规则适用于本合同文件下任何性质的计量、计价、结算和支付。本条中提及的工程量计算规则应与准备工程量清单所使用的规则相一致，如果在合同执行过程中，上述工程量计算规则中缺少相对应的计量规则或约定，则合同主体之间应该商定补充的规则。工程量确认的程序是中标方应按监理同意的格式向项目监理部提交月度请款单和月结算报告，说明中标方认为自己在当月已完工程量（包括必要的说明书、清单和其他证明文件）和有权得到的款额。项目监理部收到请款单和月结算报告后按合同约定的时间内按设计图纸核实已完工程数量，并报招标方确认。

> **相关链接**
>
> 监理单位是指具有法人资格，取得监理单位资质证书，并受甲方委托对本工程实施监理工作的监理公司。
>
> 总监理工程师是由监理单位法定代表人书面授权，全面负责监理合同的履行，主持项目监理机构工作的监理工程师。
>
> 总监理工程师代表是指经监理单位法定代表人同意，由总监理工程师书面授权，代表总监理工程师行使其部分职责和权力的项目监理机构中的监理工程师。
>
> 专业监理工程师是指根据项目监理岗位职责分工和总监理工程师的指令，负责实施某一专业或某一方面的监理工作，具有相应监理文件签发权的监理工程师。
>
> 监理员是指经过监理业务培训，具有同类工程相关专业知识，从事监理工作的监理人员。
>
> 项目监理部是指由监理单位派驻工地负责履行委托监理合同的组织机构。
>
> 监理工程师是指项目监理机构中总监理工程师、总监理工程师代表、专业监理工程师、监理员的统称。

（5）工程变更。在工程施工中，当招标人决定更改合同文件中所描述的工程，使得工程任何部分的结构、质量、数量、施工顺序、施工进度和施工方法发生变化，即称为发生了"工程变更"。工程变更对工程项目的质量和进度，特别是投资带来较大的影响，有经验的承包商常常通过工程变更获取改变合同价和工期的机会，所以在合同中应特别注意控制工程变更及工程变更的价格变化。

（6）合同价款与支付。这一条款中应写明合同类型（总价式合同、单价式合同、成本加酬金等），并确定工程造价的依据和工程造价的方式。同时，还应约定调整工程造价的方法、程序和时间。如果实行可调价格，就应当明确可调因素，如工程量增减、招标方认可的设计变更、材料的价格调整等。

（7）施工监理。在合同条款中应明确施工监理的范围和内容，并明确招标方赋予施工监理的监理权限。

应用案例 6-2　　第七条　施工监理

7.1　甲方委托的监理单位应当具备相应资质条件。甲方应在签发中标通知书之日后14天内，在工程开工以前，将甲方委托的监理单位的名称及其他详细资料以书面形式通知乙方。

7.2　监理单位任命的总监理工程师是监理单位驻现场的唯一合法代理人。总监理工程师应受理与其有关的所有通知、指示、同意、批准、证书、决定等。

7.3　如果总监理工程师将他的任何职责和权力委托给他的助理（总监理工程师代表），此委托应以书面形式通知乙方。

7.4　如果监理单位在获取甲方的批准后更换总监理工程师，监理单位应将更换情况以书面形式通知乙方。

7.5　监理单位派驻施工现场的监理部及监理工程师应当依据法律、行政法规、规章，以及本合同全面、客观、公正地履行其相应的职责和权力，并严格按照《建设工程监理规范》（GB 50319—2000）对本工程实施监督管理。

7.6　监理工程师在按照合同行使其权力和职责时，应公正办事。监理工程师行使职权，并不意味着解除合同中约定的乙方的责任。例如检查隐蔽工程、检查放线定位并签字，但这并不能免除乙方的责任。

7.7　确有必要时，监理工程师可发出口头指令，并在48小时内给予书面确认，乙方对监理工程师的指令应予执行。监理工程师不能及时给予书面确认，乙方应于监理工程师发出口头指令后7天内提出书面确认要求。监理工程师在乙方提出确认要求后48小时内不予答复，应视为乙方要求已被确认。

7.8　乙方认为监理工程师指令不合理，应在收到指令后24小时内提出书面申告，监理工程师在收到乙方申告后24小时内做出修改指令或继续执行原指令的决定，并以书面形式通知乙方。紧急情况下，监理工程师要求乙方立即执行指令或乙方虽有异议，但监理工程师决定仍继续执行指令，乙方应予执行。因指令错误发生的费用和给乙方造成的损失由甲方先行垫付，之后，甲方再向监理单位索赔，工期相应顺延。

注：甲方为发包人，乙方为中标人。

（8）隐蔽工程验收。

应用案例 6-3

8.1　凡隐蔽工程，一般情况下，乙方应在工程完成前提前12小时以书面形式预约监理（遇特殊情况，提前不少于 4 小时），以便监理做好验收前准备工作。验收前，乙方应自检合格，并按规定填写确切的隐蔽记录。监理到现场检查合格，乙方可进行下道工序施工；如不合格，乙方应自行整改并重新报验。如果监理在通知要求的时间之后逾期 4 小时不到现场检查，乙方可安排进行下道工序的施工，并且在安排下道工序的当日，书面通知监理和甲方此项特殊情况。乙方未报验收进行下道工序施工，本工序按不合格工程论处。

8.2 工程某一部分具备覆盖、掩盖条件或达到合同文件约定的中间验收部位，乙方自检合格后在隐蔽和中间验收 12 小时前通知监理及甲方参加。通知时应提供乙方自检记录、隐蔽和中间验收的内容、验收时间和地点。乙方准备验收记录，监理和甲方验收合格并在验收记录上签字后，乙方方可进行隐蔽和继续施工。验收不合格，乙方在限定期限内修改后重新按上述程序验收。

8.3 乙方未经同意自行隐蔽的工程，甲方有权重新检验。甲方对已经同意隐蔽了的工程要求重新检验时，乙方应按要求进行剥露或开孔并在检验后重新覆盖或修复。检验合格，甲方赔偿乙方损失，工期可以顺延；检验不合格，乙方承担发生的全部费用，工期不顺延。

注：甲方为发包人，乙方为中标人。

（9）安全文明施工和环保。在合同里应明确施工现场安全文明施工的责任，依据施工方的安全组织设计严格管理，并依照 ISO 14000 标准制定并实施相应的环保制度和措施。

（10）工程竣工验收与结算。该条款应该明确竣工验收的组织、竣工验收和移交应满足的条件，并明确结算的时间、方式和方法，即明确是以经招标方认可的投标方提交的结算报告书为准还是以审价单位的审价结果为准，同时还应明确双方对结算价格发生争议后，解决争议的方式、时间，明确由审价单位进行审价的程序和方法及审价的约束力等。

6.1.3 签订建设工程合同应注意的问题

1. 合同主体要有与所从事的经济活动相应的资质

工程建设是关系国计民生的重要经济活动。由于建设工程项目的专业性、技术性都很强，而工程建设往往资金需求量大，生产周期长，技术水平要求高，一旦发生问题，将给国家和人民的生命财产安全造成极大损失。所以每个工程项目的质量和经济效益，对国家和社会发展有着长期的、重要的影响，与广大人民群众的生产生活和生命财产安全密切相关。因此，建设工程合同的主体必须具有相应的资质。例如工程承包人应当具备下列条件：① 有符合国家规定的注册资本。② 有与其从事的建筑活动相适应的具有法定执业资格的专业技术人员。③ 有从事相关建筑活动所应有的技术装备。④ 法律、行政法规规定的其他条件。

2. 合同的签订应具备法定的形式和手续

合同的签订应具备的法定形式和手续，即通过公证、鉴证、律师见证、登记备案、内部监督等方式来预防不规范行为的发生。公证即国家公证机关依法证明当事人的法律行为和有法律意义的事件、文书的真实性和合法性的行为。鉴证，即合同当事人在签订合同时请求国家行政主管部门或上级主管部门对其签订合同的真实性、合法性进行鉴定证明的行为。律师见证，即律师事务所接受当事人的委托，指派两名以上律师对具体的法律行为或法律事件的真实性、合法性进行证明的行为。登记备案是指建设行政管理部门对当事人所签的合同予以确认并登记备案，以保障当事人合法权益的行为。

3．工程项目采用平行发包时合同的特点

发包人可以就建设工程的勘察、设计、建筑、安装等工作分别与勘察人、设计人、建筑人、安装人签订勘察、设计、建筑、安装合同。在这种合同结构下，各个合同中的相对人，即勘察人、设计人、建筑人、安装人分别按照合同的约定对发包人负责，其相互之间没有合同关系。

4．工程项目采用联合体承包和总分包方式发包时合同的特点

共同承包的各方对承包合同的履行承担连带责任。建设工程项目总承包方按照承包合同的约定对发包人负责；分包人按照分包合同的约定对总承包人负责。总承包人和分包人就分包工程对发包人承担连带责任。

6.2 买卖合同

6.2.1 买卖合同的法律特征

1．买卖合同的概念

《合同法》第一百三十条规定："买卖合同是出卖人转移标的物所有权于买受人，买受人支付价款的合同。"

按照《合同法》的规定，买卖合同买卖的标的仅限于有形物所有权的转移，无形物或其他财产权利的转让不适用买卖合同的法律规定，即买卖合同与知识产权、债权或其他财产权，如土地使用权的转让是不同的。

2．买卖合同的主要条款

买卖合同的主要条款除以前所列明的合同应具备的八大条款外，《合同法》第一百三十一条规定，买卖合同的主要条款还应包括"包装方式、检验标准和方法、结算方式、合同使用的文字及其效力等条款"。其中，结算条款关系到卖方能否安全、及时地收到标的物的价款，常用的结算方式有支票、汇票、托收、汇兑、信用证等方式。

3．卖方的义务

（1）交付货物。《合同法》第一百三十八条规定："出卖人应当按照约定的期限交付标的物。约定交付期间的，出卖人可以在该交付期间内的任何时间交付。"第六十二条第四款规定:"履行期限不明确的,债务人可以随时履行,债权人也可以随时要求履行。"

《合同法》第一百四十一条对交付货物的地点做出了规定,即"出卖人应当按照约定的地点交付标的物"。同时又规定,"当事人没有约定交付地点或者约定不明确的",当"标的物需要运输的,出卖人应当将标的物交付给第一承运人;标的物不需要运输的,出卖人和买受人订立合同时知道标的物在某一地点的,出卖人应当在该地点交付标的物;不知道某一地点的,应当在出卖人订立合同时的营业地交付标的物"。

(2)保证货物的交付品质。《合同法》第一百五十三条规定:"出卖人应当按照约定的质量要求交付标的物。出卖人提供有关标的物质量说明的,交付的标的物应当符合该说明的质量要求。"《合同法》第六十二条第一款又规定:"质量要求不明确的,按照国家标准、行业标准履行;没有国家标准、行业标准的,按照通常标准或者符合合同目的的特定标准履行。"

(3)按合同规定移交与货物有关的单据。与货物有关的单据主要包括保险单、商业发票、原产地证书、商检书、装箱单、提单等。《合同法》第一百四十七条规定:"出卖人按照约定未交付有关标的物的单证和资料的,不影响标的物毁损、灭失风险的转移。"

(4)转移货物所有权。在交付货物时即进行了货物所有权的转移。

4. 买方的义务

(1)支付价款。价款的支付包括支付的数额、地点、时间、方式等问题。对于支付数额,《合同法》第一百五十九条、第六十一条、第六十二条第二款分别规定,买受人应当按照约定的数额支付价款。对价款支付数额没有约定或约定不明确的,合同生效后,可以补充协议;不能达成补充协议的,按照合同有关条款或者交易习惯确定;或者按照订立合同时履行地的市场价格履行;依法应当执行政府定价或者政府指导价的,按照规定履行。

对于价款的支付地点,《合同法》第一百六十条规定,"买受人应当按照约定的地点支付价款。对支付地点没有约定或者约定不明确,依照本法第六十一条的规定(对价款的支付地点没有约定或约定不明确的,合同生效后,可以补充协议)仍不能确定的,买受人应当在出卖人的营业地支付,但约定支付价款以交付标的物或者交付提取标的物单证为条件的,在交付标的物或者交付提取标的物单证的所在地支付"。

对于价款的支付时间,《合同法》第一百六十一条规定:"买受人应当按照约定的时间支付价款。对支付时间没有约定或者约定不明确,依照本法第六十一条的规定(对价款的支付时间没有约定或约定不明确的,合同生效后,可以补充协议)仍不能确定的,买受人应当在收到标的物或者提取标的物单证的同时支付。"

对于价款的支付方式。当事人对付款方式有约定的,依照约定;没有约定的,买受人可以采用在付款地通常使用的任何方式付款。但是,所采用的付款方式不得违反付款地的法律规定。

(2)收取货物。收取货物既是买方的权利,也是买方的义务。因为如果买方对卖方交付的标的物无合法根据而拒绝接收,将可能导致卖方增加费用支出或其他不利情况。

买方收取货物义务的产生须以卖方适当履行其交付义务为前提，如果卖方未按合同约定的时间、地点、数量、质量等履行交付义务，买方可以依法拒绝接受卖方交付的标的物，而无违反收取货物的义务而言。但是，在买方拒绝接收标的物的情况下，如果根据具体情形出卖人又无法采取补救措施立即收回或保管的，买方应负妥善保管的义务，在必要时为防止损失可以将标的物变卖，但应当取得有关标的物存在不符合约定情形的相关证明。同时，买方有及时将标的物不符合约定的情况通知卖方的义务，或表明拒绝接收的意思。否则，买方将丧失向卖方请求承担违约责任或采取其他措施（如解除合同）的权利。如果买方不妥善保管或怠于通知而导致卖方损失的，买方应当承担损害赔偿责任。

5. 标的物风险的转移

标的物风险的转移直接关系到货物受到损害或灭失后，责任由谁承担的问题，因此，它是一个非常重要的问题。《合同法》第一百四十二条至第一百四十九条对标的物的风险转移作了详细的规定。

（1）原则上，风险转移与标的物的交付相结合。《合同法》第一百四十二条规定，"标的物毁损、灭失的风险，在标的物交付之前由出卖人承担，交付之后由买受人承担，但法律另有规定或者当事人另有约定的除外"。

（2）买受人违约时风险转移的规定。一般情况下，买方违约时，风险自买受人违约之日起转移。《合同法》第一百四十三条规定："因买受人的原因致使标的物不能按照约定的期限交割的，买受人应当自违反约定之日起承担标的物毁损、灭失的风险。"《合同法》第一百四十六条规定，出卖人按照约定交付标的物，而买受人违反约定没有收取的，"标的物的毁损、灭失的风险自违反约定之日起由买受人承担"。

（3）在途运输的标的物风险的转移。《合同法》第一百四十四条规定："出卖人出卖交由承运人运输的在途标的物，除当事人另有约定的以外，毁损、灭失的风险自合同成立时起由买受人承担。"

（4）合同约定不明确的，风险承担的规定有利于出卖人。如《合同法》第一百四十五条规定："当事人没有约定交付地点或者约定不明确，标的物需要运输的，出卖人将标的物交付给第一承运人后，标的物毁损、灭失的风险由买受人承担。"

（5）卖方违约时风险的转移规定。《合同法》第一百四十八条规定："因标的物质量不符合要求，致使不能实现合同目的的，买受人可以拒绝接受标的物或者解除合同。买受人拒绝接受标的物或者解除合同的，标的物毁损、灭失的风险由出卖人承担。"

（6）风险的转移不影响违约责任的承担。《合同法》第一百四十九条规定："标的物毁损、灭失的风险由买受人承担的，不影响因出卖人履行债务不符合约定，买受人要求其承担违约责任的权利。"

6.2.2 买卖合同的主要内容

买卖合同除了标的、数量和质量、价款或酬金、履行期限、履行地点和方式、违约责任、争议的解决等条款外，还应该具备以下主要条款：

（1）供货产品名称、数量、规格及技术要求。产品名称，产品的规格型号及数量，技术要求，技术规范，技术资料（如产品样本、安装工艺图、电气原理图、操作手册、维修指南等），供货范围等。

（2）交货。交货地点，交货方式，交货期限，实际交货时间。

应用案例 6-4

2.1 交货地点：＿＿＿＿＿＿＿＿＿＿＿＿＿＿＿＿＿＿＿＿工地。

2.2 交货方式：卖方将货物运送到＿＿＿＿＿＿＿安装现场指定地点并在移交买方前负责保管。

2.3 合同交货期为＿＿年＿＿月＿＿日，实际交货时间，以最后一批货物到达指定到货地点为准。

2.4 由卖方负责将货物运至＿＿＿＿＿＿＿工地并负责卸货，运输、卸货的费用和风险由卖方承担。

2.5 卖方发货后 24 小时内，应将货物合同号、货物名称、件数、总重量、总体积（m^3）、运单号、发票金额、运输工具名称及起运日期等，以传真或电传方式通知买方，以便做好接货准备工作。

2.6 卖方提供的货物应包括足够完成＿＿＿＿＿安装工程所需的附件、配件以及第一条所说明的技术资料。

（3）包装。设备包装的标准，由于包装不善引起货物锈蚀、损坏和损失的责任承担，包装费是否包括在货物总价内，包装箱内应附有的资料（如详细的装箱单和质量合格证等），包装箱编号和起吊部位标志，组装件应有明显的组对标志等。

（4）开箱验收标准及提出异议期限。

应用案例 6-5

4.1 所有材料设备均应按主要零部件单价明细表及中标后最终确定产品品牌规定的型号、厂家供货一览表，并符合规范、设计图纸及系统功能要求规定的种类标准，并提供一切有关质量合格证明。

4.2 货到工地后，由买方、卖方共同根据合同签订的产品型号、供货范围、数量及产品合格证等进行验收，清点验收无误后，共同签署验货证书。如因包装、运输不当造成货物质量下降或破损、缺件等事故，由卖方承担补充、更换的责任。

4.3 如遇 4.2 条所述任何一方代表不能按时到达现场验货，又无函电通知时，出席方有权执行 4.2 条的规定，缺席方应认可上述记录和验货证书。

4.4 货物到货验收时，卖方必须提供：① 产品合格证书。② 原产地证明文件。③ 中国商检文件。④ 设备使用说明书（中文）。⑤ 出厂检验报告。

4.5 所有货物到达工地后,在与买方交接以前,卖方应指派专人负责保管、看护,若发生遗失或损坏,应由卖方承担全部责任。

4.6 若买方或监理对所验货物有异议,应该于开箱后7天内向卖方提出,实属卖方责任的,由卖方负责补换,一切经济损失由卖方承担。货到3天后未进行验收或7天内未提出异议的,则视为所交货物外观质量和数量符合验收标准。

(5) 合同价格及支付。

应用案例 6-6

5.1 合同总价为人民币_____,上述价格为货物本体、部件及有关附件运到_____工地价,包括到岸价、各项清关税费、各项港口费用、商检费、内陆运输及保险费和增值税等。

其明细如表6-1所示。

表6-1 合同价款明细表

设 备 号	单价（RMB 元）	数　　量	分项总价（RMB 元）
		设备总价（RMB 元）	

5.2 合同签订后____天内,买方凭卖方委托银行开具的等额预付款保函支付给卖方合同总额的____%为合同预付款（RMB____元）。

5.3 按本合同第四条验货合格后____天内,买方应支付给卖方合同总额的____%（RMB____元）。

5.4 货到工地并经安装调试验收后____天内,买方支付给卖方合同总额____%（RMB____元）。

5.5 ____工程竣工验收并备案后____天内,买方支付给卖方合同总额____%（RMB____元）。

5.6 保修期开始后28天内,凭卖方委托银行开具合同金额的____%（RMB____元）的保留金保函（有效期____）,买方支付给卖方____%的余款。

(6) 所有权转移。合同标的所有权转移的条件、时间和地点等。

(7) 买方的责任。

应用案例 6-7

7.1 卖方供应的材料、设备,按照检验条款检验合格后由买方妥善保管,发生丢失损坏,其经济损失由甲方负责。如果卖方未通知买方、监理验收,则买方不负责材料、设备的保管,丢失损坏由卖方负责。

7.2 卖方供应的材料、设备,如果交货地点、交货时间或交货数量与"供货清单"不符,或检验结果表明该材料或设备不符合合同约定,则卖方应承担相应的责任。发生此类情况时，买方应就此书面通知卖方与卖方协商之后应决定：

（1）由卖方将任何不符合合同约定的材料和设备运出现场并重新采购。

（2）按照延误情况延长供货期。

7.3 买方若中途变更产品花色、品种、规格、质量或包装的规格，应偿付给卖方变更部分货款（或包装价值）总值____%的罚金。

7.4 买方若中途退货，应事先与卖方协商，卖方同意退货的，应由买方偿付卖方退货部分货款总值____%的罚金。

7.5 买方如未按合约规定日期向卖方付款，每延期一天，应按延期付款总额____%付给卖方延期罚金。

（8）卖方的责任。

应用案例 6-8

8.1 产品花色、品种、规格、质量不符本合同规定时，买方同意利用者，按质论价；不能利用的，卖方应负责保修、保退、保换。由于上述原因致延误交货时间，每逾期一日，卖方应按逾期交货部分货款总值的____%向买方偿付逾期交货的违约金。

8.2 卖方未按本合同规定的产品数量交货时，少交的部分，买方如果需要，应按合同数补交。买方如不需要，可以退货。由于退货所造成的损失，由卖方承担。如买方需要而卖方不能交货，则卖方应付给买方不能交货部分货款总值的____%的罚金。

8.3 产品包装不符本合同规定时，卖方应负责返修或重新包装，并承担返修或重新包装的费用。如买方要求不返修或不重新包装，卖方应按不符合同规定包装价值____%的罚金付给买方。

8.4 产品交货时间不符合同规定时，每延期一天，卖方应偿付买方延期交货部分货款总值____%的罚金。

8.5 如因生产资料、生产设备、生产工艺或市场发生重大变化，卖方须变更产品品种、花色、规格、质量、包装时，应提前____天与买方协商。

（9）质量保证。

应用案例 6-9

9.1 卖方应严格按照制造图纸、技术要求和国家、部（专业）有关标准生产和检验，确保产品质量。并且完全符合合同规定的质量、规格和性能的要求，并保证产品是全新的、未使用过的。

9.2 到货后如发现质量与合同所要求不符，卖方负责更换并承担相关责任。

9.3 设备安装时如发现非安装原因造成配件破损或质量与合同要求不符，卖方负责更换并承担相关责任。

9.4 卖方设备经过正确安装、正常使用及保养，在其使用寿命内应具有满意的使用效果。

9.5 对设备质量应按国家和部颁（专业）质量标准或验收规范进行验收。设备安装后，卖方负责调试工作，并参加买方组织的最终验收工作。

9.6 在设备验收后的质量保证期内，如因买方使用不当和保管不善造成的问题，卖方应配合解决，但费用由买方负担。

（10）现场服务。说明现场服务的内容，服务的方式、方法，服务费用支付的方式、方法，以及服务的承诺等。

（11）质量保修。

1）买卖双方在物权转移时应签订质量保修书。质量保修书的主要内容包括：质量保修范围和内容；质量保修期；质量保修责任；质量保修金的支付；质量保修金的返还等。

2）卖方应向买方提交维修保养方案，内容包括：半月保养、月保养、季度保养、半年保养、年保养的人员安排，检查内容及所达到的技术要求等。

（12）买卖合同的附件。买卖合同通常包括如下附件：质量保修书，售后服务，交货及技术数据一览表，注册商标，易损件清单，主要元器件品牌等。

6.2.3 签订买卖合同应注意的问题

（1）《合同法》中并未规定买卖合同必须采取书面形式。《合同法》对合同的形式采取了"重实质轻形式"的原则，就买卖合同而言，除了法律的规定有特殊要求外，一般情况下，它是不要式合同，即根据契约自由原则，当事人在订立合同时选择什么具体方式，应由当事人来决定。法律对此的唯一要求，就是所选择的方式须足以容纳当事人的合意。

（2）买卖合同的当事人双方都有明确的目的：卖方以取得价款为目的，买方以取得标的物的所有权为目的。当事人的这一目的，也就是买卖的原因，在当事人缺乏这一目的时，买卖合同也就不能成立。因此，买卖合同为要因合同。但买卖双方当事人实施买卖的动机不构成买卖合同的原因。

（3）买卖合同中，对买卖标的的质量规定，对标的所有权转移的地点、时间、方式，价款的支付，包括支付的数额、地点、时间、方式等问题，《合同法》的规定均是：当事人有合同约定的，按照约定执行；没有约定或者约定不明确的，应当……见本书 6.2.1 节。可见当事人在买卖合同中应该尽可能详细地描述这些内容，尽量避免今后的合同纠纷。

（4）买卖合同的标的是有形物，所以要详细描述标的的质量标准、功能要求、售后服务、质量保修等。

6.3 委托合同

6.3.1 委托合同的概念与特点

1. 委托合同的概念

《合同法》第三百九十六条规定："委托合同是委托人和受托人约定，由受托人处理委托人事务的合同。"在委托合同关系中，委托他方处理一定事务的一方为委托人，又称委任人；接受该委托的一方为受托人，又称受任人。

2．委托合同的特点

（1）委托合同是代理关系发生的一种原因。《民法通则》第六十四条规定："代理包括委托代理、法定代理和指定代理。"委托代理是按照被代理人的委托行使代理权，而委托合同是确定这种委托代理关系产生的协议。

代理是指代理人在代理权限范围内，以被代理人的名义同第三人进行一定的民事法律行为，由此产生的法律效果直接归属于被代理人的一种法律制度。代理强调的是代理人须以被代理人的名义行事，而委托合同中并不强调这一点，只要受托人以委托人的利益行事即可。

（2）受托人应按照委托人的指示和要求处理委托事务。受托人是按照委托人的要求和指示，为了委托人的利益处理事务，因此受托人处理事务的后果直接归委托人。但是，有一点需要注意，即受托人在处理委托人委托的事务中，只有按委托人的指示和要求从事委托活动，受托人的行为后果才对委托人具有约束力。

（3）委托合同具有严格的人身属性。委托合同的订立和履行是以委托人和受托人之间的相互信任为基础的，所以受托人应亲自受理受托事务，不经过委托人同意，不能转托他人处理受托事务。

（4）委托合同可以是有偿的，也可以是无偿的。《合同法》第四百零六条规定："有偿的委托合同，因受托人的过错给委托人造成损失的，委托人可以要求赔偿损失。无偿的委托合同，因受托人的故意或者重大过失给委托人造成损害的，委托人可以要求赔偿损失。"由此可见，有偿合同与无偿合同的法律后果是有所不同的。

6.3.2　委托合同的主要内容

（1）合同当事人。在委托合同中应写明委托人和受托人的姓名（或名称）、国籍、住址（或主营业所）。如果是多个委托人或受托人的，应当分别书写，并由各个当事人分别签字盖章。同时注意未经授权的代理人，不得代为签字。

（2）委托事务。委托合同的客体是受托人办理委托事务的行为，由此合同中委托事务条款必须详尽，在条款中，要明确写出委托人委托受托人办理事务的内容和权限范围。

（3）委托报酬及支付事项。如果委托合同具有涉外因素的，委托人与受托人还应写明所支付的货币种类、所适用的外汇比价等。该条款中还应包含报酬支付方式。双方当事人应当把约定的报酬支付方式、支付工具、支付时间和支付地点等写入该条款；如果是分次支付的，还应写明每次支付的数额与时间。

（4）办理委托事务所需支出的合理费用。无论委托合同是否有偿，委托人都有义务提供和补偿受托人办理委托事务所必需的费用，如差旅费用、咨询费用、有关财物的运输费用、包装费用和仓储保管费用等。

（5）合同履行的期限、地点和方式，违约责任，合同签订的日期、地点。

6.3.3 签订委托合同应注意的问题

（1）相互信任是双方当事人签订委托合同的基础。委托合同既是委托方与受托方双方意思表示一致的结果，同时也包含着委托人对受托人完成某项事务的能力和水平的信任，受托人对委托人的了解和承担义务的意愿。

（2）委托合同的形式可以是口头的，也可以是书面的，为了使合同增强严肃性，一般应采取书面形式。

（3）受托人应当按照委托人的指示处理委托事务。需要变更委托人指示的，应当经委托人同意；因情况紧急，难以和委托人取得联系的，受托人应当妥善处理委托事务，但事后应当将该情况及时报告委托人。

（4）受托人接受委托人指令后，在处理受托事务中，可能会遇到各种情况，因此受托人应及时向委托人报告事务处理的进展情况及有关问题，以使委托人及时了解和掌握完成事务的进度。事务全部办理结束后，应尽快向委托人报告处理事务的结果。

（5）由于委托合同的标的是服务，是提供的无形产品，所以在委托合同中往往只规定委托的服务范围和主要内容，而服务的具体内容要在委托合同签订后，受托人向委托人提交的项目管理规划和实施细则中加以详细描述。

（6）对于服务质量的描述完全不同于有形产品，在委托合同里，委托人要用管理目标实现的程度来考核受托人的服务是否令人满意。

6.3.4 项目管理委托合同实例

应用案例 6-10 项目管理委托合同

第一条 合同双方

1.1 委托方（以下简称甲方）：
　　　地　　址：
　　　电　　话：
　　　传　　真：
　　　邮政编码：

1.2 受托方（以下简称乙方）：
　　　地　　址：
　　　电　　话：
　　　传　　真：
　　　邮政编码：

1.3 甲方为_____项目（以下简称"该项目"）的业主。为了对该项目进行有效的控制，甲乙双方经充分协商，就甲方委托乙方进行项目全过程管理事宜达成如下条款。

第二条　项目管理服务委托范围

2.1　选定设计方案。乙方应与甲方进行充分的沟通，在理解并能清晰地表达甲方对项目的设想与意图的基础上，编制详尽的方案设计招标文件，组织国际或国内招标，继而进行方案论证，最终选定使甲方满意的设计方案。

2.2　开发建设的手续。甲方委托乙方于该项目开发建设期间，在各项手续现状基础上，办理或配合甲方人员继续办理政府规定的规划、土地、建设、市政公用、街道和其他政府主管部门的各项手续以及协调等工作。上述手续包括但不限于建设用地规划许可证、国有土地划拨使用证、建设工程规划许可证、建设工程开工证、房屋产权证及租赁许可证、投资许可证、消防、人防、节水的审批；市政各口（包括雨污水、供水、供电、热力、天然气、电信、道路、绿化、环卫环保）方案的审批，市政工程规划许可证、工程开工证及验收接用手续的办理。乙方的工作应无损该项目手续方面已取得的成果，保证手续符合法律法规和政策要求，保证在办理和协调各项手续的过程中不耽搁该项目进度、技术、质量、成本计划的实现，并尽可能保证甲方对规划和建设的其他要求。乙方无权以办理手续遇到困难为由，延误或中止本合同的执行。

2.3　周边关系。乙方在管理该项目期间，应在充分了解和接受该项目与周边相邻单位关系的基础上，从维护甲方利益出发，维持或改善周边关系，而不应以该项目与周边关系为由，延误或中止本合同的执行。

2.4　工程协调。甲方委托乙方负责对设计、施工、监理三方实施监督、控制、协调和管理工作，负责解决和协调项目实施过程中的任何问题，确保项目进度、技术方案、质量、安全、成本等计划的全面实现。

2.4.1　对监理方的管理。甲方委托乙方在该项目中代表甲方负责对监理方的管理工作。甲方要求乙方根据该项目建安与市政工程的需要，编拟建安工程与市政工程监理招标文件，在公正评标的前提下推荐合适的监理公司，协助甲方签署与监理方的监理委托合同，并监督管理监理公司履行其合同义务。乙方对甲方与监理方的监理委托合同，在符合甲方利益和要求的基础上，经甲方书面认可，具有调整处置权，有权向监理方提出新的工作要求。

2.4.2　对设计方的协调、配合。甲方委托乙方在该项目实施中，代表甲方负责对设计方的协调、配合工作。甲方要求乙方根据现有设计成果、规划和建设报批情况、甲方的要求等，编拟委托设计合同和设计任务书，在公正评标的前提下，推荐设计总包与设计分包人，监督并管理设计单位在该项目建设期间履行其合同义务。乙方对重大的设计方案应通过经济技术论证进行审定。乙方对甲方与设计方之间的设计合同，在符合甲方利益和甲方要求的基础上，经甲方逐项书面认可后，具有调整处置权，有权向设计方就有关技术和设计问题提出任务变更和新的工作要求。

2.4.3　对施工方的管理。甲方委托乙方管理该项目的建安与市政工程的施工工作。甲方要求乙方代表甲方编制施工总承包及各专业分包工程的招标文件，经甲方核准，代表甲方组织招标和评标工作，提出书面评标报告，客观公正地推荐施工总承包及各专业分包单位。甲方要求乙方代表甲方负责各项施工合同的制定和执行，在该项目建设和保修期间监督并管理施工单位履行其合同义务。乙方具有对项目施工进度总控制计划、施工组织设计和技术方案、工程质量核验的审定权，有权批准发布局部工程的开工令、停工令、复工令以及工程款支付的审定权等，以上各项权利的使用，必须按约定程序书面通知甲方。乙方在批准发布全部工程的开工令、停工令、复工令时，须事先报经甲方核准。

2.4.4 材料设备采购。甲方委托乙方负责该项目重要材料设备的选型及采购管理工作。乙方须根据项目功能要求和工程建设进度的情况，进行该项目所需材料设备的市场调研、选型、厂商洽谈工作，并编写详细的采购计划和性能价格比较报告，报经甲方核准后，代表甲方起草供货合同；待供货合同签订后，负责监督并管理供货合同的执行，负责按合同验收材料及设备，并代表甲方与厂商落实安装、调试、保修事宜。

2.4.5 工程验收。甲方委托乙方进行该项目开发建设全过程管理，由本合同签约之日起至该项目竣工交验合格、市政工程完工并接用，该项目大产权办理完毕止。乙方有责任代表甲方进行工程竣工、政府质检部门验收、各项市政工程与该项目接口、房管部门实测面积、物业大产权的办理、与物业管理机构交接该项目等（包括但不限于以上各项）工作，并有责任代表和维护甲方经济利益和法律权益。在该项目获得质量监督部门出具质量核验证书，以及该项目全部市政工程完工后，乙方可以不再保留驻现场的管理机构和撤出部分人员，但未履行完的合同责任乙方应照常履行。

2.5 档案管理。甲方委托乙方主持该项目开发建设工程档案管理室的建档工作，乙方保证在该项目工程交验合格时，应有全套系统完善的、分类合理的开发及建设工程档案。该项目的开发建设工程档案（原件），乙方工作人员因工作需要调用，应办理完备的借用手续（借用目的，责任人，借用责任，归还日期等）；档案原件发生任何遗失、涂改、破损、泄密等，应由乙方承担完全责任。

2.6 财务管理顾问。甲方委托乙方负责该项目的财务管理，编制项目管理所需的各种财务报表，包括但不限于项目资金计划、筹资及成本支出表、现金流量表、项目投资估算表等。

2.7 虽然本章以上各条未列明，但为开展项目全过程管理所必须进行的其他管理工作，也被认为包括在管理委托范围之内。

第三条 项目管理的标准

3.1 项目前期及施工期的管理。确保____年___月完成主要工程，____年___月完成全部工程，此两项进度目标作为工程进度管理的考核指标。分阶段的形象进度按照乙方编制并经甲方批准的该项目进度总控制计划所规定的日期控制。

3.2 项目建设总成本管理。项目建设总成本（不含土地费用）不超过_____亿元人民币。

3.3 工程质量。符合国家及_____省/市的工程竣工验收的_____质量标准。

第四条 项目管理机构及基本运作方式

4.1 管理委托试用期。甲、乙双方同意在甲方委托乙方进行该项目综合管理的初期，即合同签署后的前三个月，作为委托管理试用期。乙方在试用期间，应尽早尽快熟悉并深入工作，对该项目前期开发及市政手续、规划及设计、监理和工程施工的工作或安排等事项（包括但不限于以上各项）的现有状况进行全面检讨和分析。乙方在试用期三个月时间内，分别完成并向甲方提交下列文件：项目开发建设总进度控制计划；项目总承包及专业分包合同网络体系；项目建设主要工程和技术方案；项目建设质量和安全计划；项目建设成本计划等，并汇集成项目管理工作实施报告。乙方在试用期内组织并实施本合同规定的项目管理各项工作。甲、乙双方同意，甲方对乙方在试用期间工作成果的认可成为本合同继续执行的必要条件。如果甲方对乙方工作不满意，有权参照本合同第七条的规定。

4.2 专职管理机构及组成人员。经甲方核准，乙方接受甲方委托后，应即刻成立满足项目要求的专职管理机构并选派称职人员到位；甲方全权负责评价该机构以及全部组成人员的工作表现及工作业绩，乙方对其派出人员的素质和工作能力以及行为后果负全部合同责任；如甲方对上述任何人员的工作不满意，乙方有责任在甲方提出书面要求后5个工作日内更换有关人员，而不得以此为由，延误或中止对合同的执行。

4.3 会议制度和月报。该项目的委托管理工作，应遵循"公开、交流、信任"的工作原则。为保证该原则的有效落实，乙方应坚持定期的月/周例会和非定期的专题会议制度。有关会议文件（例会确定的月/周工作计划和专题会议的纪要）在会后第二个工作日由乙方整理后交甲方存阅。甲方对会议纪要有权质询，乙方有责任进行答复，乙方于每月7日向甲方提交上个月度的项目月报，由甲方评价。

4.4 合同。在甲方委托乙方的管理工作范围内，凡属本项目对外签署的合同以及对合同的修改、补充，均在甲方与有关方之间进行，甲方委托乙方的只是合同的起草、合同的执行以及合同的管理工作。

4.5 款项支付。该项目工程建设及开发所涉及的合同款项和其他款项，甲方委托乙方按时编制详尽的款项支付凭证，报经甲方批准，由甲方按计划直接支付。

第五条 双方责任

5.1 甲方责任

（1）对乙方提出工作目标、任务和工作要求。

（2）提供为进行本合同规定工作所需的各类资料和信息。

（3）充分信任并授权乙方代表甲方进行本合同规定的工作。

（4）按时支付乙方本合同规定的管理费。

（5）在约定的时限内批准、认可乙方为进行本合同规定的工作而提交的任何报告、合同、协议、信函和其他文件，或提出修改要求，或驳回上述文件。

（6）按甲方与设计、监理、施工等单位签署的合同规定，及时支付有关款项。

（7）在工地范围内向乙方提供办公场所。

（8）向乙方专职管理机构派出甲方业务协调人，便于业务操作层面的协调。

5.2 乙方责任

（1）进行本合同所规定的项目开发建设全过程管理工作，包括所有相关的合同、工程、商务、财务、行政等方面的工作。

（2）组织专职机构和专职人员，实施本合同规定的工作，并对所派出人员的工作及行为后果负全部合同责任。

（3）承担本合同规定工作有关的办公设施及办公用品的费用，承担工作人员和辅助人员的有关费用，自行解决交通通信手段及费用。

（4）承担与本合同规定工作的交际应酬费用。

（5）在合同签订一个月内，对该项目开发和工程建设的管理提出详尽方案、工作程序和进一步的工作计划。

（6）编制项目各类工作计划和管理工作月报并及时报送甲方指定负责人。

（7）坚持规范例会制度和会议纪要制度。

（8）杜绝工程承包及材料和设备采购等业务中不良行为的发生。

第六条　管理费用

6.1　委托管理费。乙方受托进行该项目全过程管理的取费按 6.2 条的规定计取。管理费的定义详见本合同附件一。

6.2　管理费及支付办法

（1）本合同项目管理费的总额是人民币_____万元。

（2）本合同签订后 5 个工作日内，甲方向乙方支付人民币_____万元，作为乙方的项目管理开办费及头 2 个月的管理费。

（3）本合同签订后第三个月起，于每月十日前，甲方向乙方支付人民币_____万元，连续支付___月至____年____月底止。

（4）乙方将该项目移交给甲方完毕后一个月内，甲方将管理费余款一次支付给乙方。

6.3　管理业绩奖罚

（1）因乙方原因造成甲方直接经济损失，或项目成本超过预算，或项目进度计划延误而造成甲方直接经济损失，乙方承担甲方的直接经济损失，或超出预算的金额（乙方承担额应以乙方所收取全部管理费的____%为限）。

（2）乙方全面实现了本合同规定的各项考核指标，并为该项目获得明显的额外经济效益（或降低了成本），甲方将核准情况，额外给予乙方该项效益____%的奖励。

第七条　合同期限和合同的中止/终止

7.1　本合同自双方签字后生效，至甲方支付给乙方该项目全部管理服务费用时止。

7.2　甲方保留视乙方工作表现和管理绩效而继续执行合同或随时中止或终止合同的权利，由甲方向乙方发出书面中止/终止通知后 15 天生效；乙方不能以接到通知为由，在中止或终止行为生效前停止执行本合同，或蓄意延误本合同的执行，否则甲方有权利向乙方追索相应的经济损失。

7.3　甲方延期支付乙方管理费，在乙方向甲方发出催款通知后 15 日内仍未收到款项（双方另外达成协议除外），乙方有权发出中止合同通知，并于发出中止通知后 15 日中止生效。中止通知书发出后，乙方有权自行停止部分管理工作。

第八条　其他

8.1 不可抗力。由于不可抗力原因导致本合同无法执行或达不到预期目标,甲乙双方互不追究对方责任,本合同的有效期限自动顺延;因不可抗力因素而导致管理期限的必然延长,甲乙双方另行协商延期支付管理费用和其他事宜。

8.2 违约。甲乙双方有一方违约,则对方有权向违约方要求承担违约责任,并赔偿由此给对方造成的一切经济损失。

8.3 保密。乙方承诺在合同期内和合同期满3年内不将有关该项目的技术和商业秘密,透露给与本合同事宜无关的任何个人或机构。

8.4 争议。甲乙双方因本合同引起的争议,如双方协商不能达成一致,应交由_____仲裁委员会按其规则进行仲裁。

8.5 修改。本合同的任何修改,必须经甲乙双方书面补充协议规定。

8.6 法律。本合同适应于中华人民共和国法律。

8.7 本合同由双方授权代表签字后生效;合同一式四份,甲乙双方各执两份,具有相同法律效力。

复习思考题

1. 建设工程合同的法律特征有哪些?
2. 简述建设工程设计合同各方的法律责任。
3. 建设工程施工合同应包括哪些主要内容?
4. 签订建设工程合同应注意哪些问题?
5. 简述买卖合同的法律特征。
6. 买卖合同的主要内容有哪些?
7. 签订买卖合同应注意哪些问题?
8. 委托合同的法律特征有哪些?
9. 委托合同的主要内容是什么?
10. 签订委托合同应注意哪些问题?

第7章
合同实施管理

引导案例

2008年6月6日,永恒公司与宝坻公司签订一份建设工程施工合同。约定永恒公司所有的坐落于天津市河西区纪庄子黑牛城道裕成住宅小区1、2号楼工程由宝坻公司承建。质量等级为优良。建筑面积为16 373m²。承包范围为土建工程,水、暖、电安装工程(不包括基础处理、铝合金门窗)。承包方式为包工包料。合同价款为1 096.991 0万元。给付方式:宝坻公司进场后付工程总造价的5%,主体完工拨付到总价的65%,装修分两次拨付总造价的20%,竣工验收后拨付到总价的97%,竣工后一年内尾款付清。合同第四十二条第(三)项补充条款还约定本工程造价一次包死,不留活口(工程范围以外的增项、增量由甲方永恒公司驻现场代表签证后按规定结算)。

合同签订后,宝坻公司进场施工,该工程竣工验收合格后,宝坻公司先后于2008年11月、12月将该工程交付永恒公司使用。2009年12月28日宝坻公司向永恒公司提交结算报告,永恒公司收到结算材料后未予答复。上诉前,永恒公司已给付宝坻公司工程款共计987.544 5万元。宝坻公司向法院提起诉讼,要求永恒公司支付拖欠的工程款及其利息。

⇨点评

本案例争论焦点有以下两点:

(1)工程是否存在增项、增项是否包含在总造价中以及工程外排水费用。

合同第四十二条第(三)项补充条款有两层含义:① 一旦工程款确定下来,则不能对该工程款再进行变更。宝坻公司必须要将该工程款一次性包死,即使发生了原材料涨价等非因被告的原因造成的建筑成本上涨,也不得另行要求增加工程款。② 如果发生工程范围以外的增项、增量,经甲方驻现场代表签证认可后,在工程款之外结算。此条款已明确表明增项不在总造价中。

(2)永恒公司应否承担欠付工程款利息。

工程竣工后，宝坻公司应向永恒公司提交结算报告，鉴于宝坻公司在竣工一年后向永恒公司提交结算报告，故宝坻公司主张逾期付款利息应自其向永恒公司提交竣工报告之日起计算。

某国际工程合同规定，进口材料的关税不包括在承包商的材料报价中，由业主支付。但合同未规定业主的支付日期，仅规定，业主应在接到承包商提交的到货通知单30天内完成海关放行的一切手续。现由于材料到货太迟，到港后工程施工中急需这批材料，承包商先垫支关税，并完成入关手续，以便及早取得材料，避免现场停工待料。对此，承包商是否可向业主提出补偿海关税的要求？这项索赔是否也要受合同规定的索赔有效期的限制？

⇨ 点评

（1）如果业主拖延海关放行手续超过30天，造成现场停工待料，则承包商可将它作为不可预见事件，在合同规定的索赔有效期内提出工期和费用索赔。而承包商先垫付了关税，以便及早取得材料，对此承包商可向业主提出海关税的补偿要求。因为按照国际工程惯例，如果业主妨碍承包商正确地履行合同，或尽管业主未违约，但在特殊情况下，为了保证工程整体目标的实现，承包商有责任和权力为降低损失采取措施。由于承包商的这些措施使业主得到利益或减少损失，业主应给予承包商补偿。

（2）本案例中，承包商为了保证工程整体目标的实现，为业主完成了部分合同责任，业主应予以如数补偿。而业主行为对承包商并非违约，故这项索赔不受合同所规定的索赔有效期限制。

在签订了工程合同后，要使合同顺利实施，合同双方就必须共同完成各自的合同责任。

一个有利的合同，在合同实施过程中如果管理不善，不会带来好的工程经济效益。相反，一个不利的合同，虽然会给承包商的合同实施和合同管理带来很大困难，但通过有力的合同管理可以避免或减轻其损失。合同管理是为保证订立合同的双方全面地、有秩序地和正确地完成合同规定的责任、权利和义务，行使合同赋予的合法权利所进行的一系列的管理活动。合同管理涵盖从合同签订到合同履行完毕及后合同义务的全过程。

在国内，许多承包企业在签订合同后，往往将合同作为一份保密文件，对合同不重视分析和研究，疏于实施阶段的合同管理工作，特别是施工现场的合同管理工作，丧失了很多索赔机会或反而被对方索赔，出现合同虽然有利，但工程却亏本的现象。

国外有经验的承包商却十分注重工程实施中的合同管理，通过合同实施控制，不仅可以圆满地完成合同责任，而且可以挽回合同签订中的损失，改变自己的不利地位，通过索赔等手段增加工程利润。

合同实施管理应立足于现场，在我国应加强"合同交底"工作，它对整个项目管理有着十分重要的作用。在工程施工中对项目管理的各个方面起总协调和总控制作用。合同实施管理的主要工作包括合同分析、合同交底、合同控制、合同跟踪、合同实施情况偏差分析及处理、合同实施中的沟通问题等。

7.1 合同分析及合同交底

在合同实施阶段，合同分析是指从执行的角度分析、补充、解释合同，并进行合同结构分解，将合同目标和合同规定落实到合同实施的具体问题上和具体事件上，用以指导具体工作，以保证合同得以顺利履行。

国外承包商都十分重视合同分析，经常研究对照合同，从中找出问题，趋利避害。国内承包商在合同管理中的差距表现在：一是不做合同分析，出现问题才去查找原始合同文件；二是没有做合同交底，没有形成以合同为中心的技术交底，合同的责任无法在项目活动中体现出来；三是认为合同实施是经营部门的事，形成"营的不用，用的不知"，即管理合同的部门具体不运用合同，真正要落实合同责任的部门和人员却不知晓合同内容。

7.1.1 合同分析概述

1. 合同分析的作用

（1）合同条文繁杂，内涵意义深刻，法律语言不容易理解。在合同实施前，工程参与方及各层次管理人员对合同条文的解释必须有统一性和同一性。如果不能对合同做出统一的分析和解释，不能将合同规定用最简单易懂的语言和形式表达出来，各使用者在执行中翻阅合同文本，极容易造成解释不统一，而导致工程实施中的混乱。特别是对复杂的合同，或承包商不熟悉的合同条件，或各方面合同关系比较复杂的工程，分析与解释工作尤为重要。在业主与承包商之间，合同解释权归工程师。而在承包商的施工组织中，合同解释权必须归合同管理人员。

在合同实施前进行合同分析，不仅方便日常管理工作，而且承包商、项目经理、各职能人员和各工程小组在工程中也不必经常为合同文本和合同式的语言所累。

（2）同在一个工程中，往往几份、十几份甚至几十份合同交织在一起，有十分复杂的关系。一般来说，一份工程承包合同，对某一个问题的规定往往有时可能在许多条款，甚至在许多合同文件中出现，这给实际工作中使用带来极大不便。例如，对一分项工程，工程量和单价在工程量清单中，质量要求包含在工程图纸和规范中，工期按进度计划，而合同双方的责任、价格结算等又在合同文本的不同条款中，因而极容易造成执行中的混乱。

（3）分解合同工作并落实合同责任。合同事件和工程活动的具体要求（如工期、质量、技术、费用等）、合同双方的责任关系、事件和活动之间的逻辑关系极为复杂，要使工程按计划有条理地进行，必须在工程开始前将它们落实下来，从工期、质量、成本、相互关系等各方面定义合同事件和工程活动，这就需要通过合同分析分解合同工作，落实合同责任。

（4）进行合同交底，简化合同管理工作。由于工程小组、项目管理职能人员等所涉及的活动和问题一般都不涵盖全部的合同文件，而仅为合同的部分内容。因此，没有必要花费大量的时间和精力全面把握合同，只需要掌握自己所涉及的部分合同内容。为此，由合同管理人员先作全面的合同分析，再向各职能人员和工程小组进行合同交底就不失为较好的方法。

也由于合同条文往往不直观明了，一些法律语言不容易理解，遇到具体问题，即使查阅合同，也不是所有查阅人都能准确全面地把握合同。只有由合同管理人员通过合同分析，将合同约定用最简单易懂的语言和形式表达出来，使大家了解自己的合同责任，从而使得日常合同管理工作简单、方便。

（5）分析合同风险，制定风险对策。工程承包是高风险行业，存在诸多风险因素，这些风险有的可能在合同签订阶段已经经过合理分摊，但仍有相当的风险并未落实或分摊不合理。因此，在合同实施前如果不能透彻地分析风险，就不可能在实施中对风险有充分的准备，并做到有效控制。对己方应承担的风险也有必要通过风险分析和评价，制定和落实风险回应措施。

应用案例 7-1

我国某国际工程公司 A，在国际公开竞争招标中，中标获得非洲 S 国的一项首都垃圾电站的设备采购与安装工程，该项工程合同金额为 5 000 万美元，是世界银行贷款项目。该工程地处热带，常年高温、少雨，年平均温度达 30℃，最高气温达 48℃，属非洲高气温国家之一。该国政治气候令人深感不安，政局不稳定，经济危机给该国带来许多问题，上年度对外债务过重，达 36 亿美元，债务与生产总值之比达 100%，远远超过国际公认的 50%的警戒线，近年通货膨胀率达 65%以上，超过国际公认 50%的警戒线，工程地区的地质情况复杂多变，给施工带来一定困难。该国市场物资匮乏，主要建筑材料及设备大部分由业主通过国际招标向国外采购。劳务方面，该国规定凡是外国公司承包该国工程项目，必须雇用至少 50%以上的该国劳务人员，但该国缺乏技术人员和技术工人，人员素质较差，效率较低。工程款支付按 40%国际流通货币（美元或欧元）及 60%当地货币的比例支付，该国虽未设立外汇管制，但由于银行制度的恶劣及税收过高，导致外国人转移资金困难，该国虽然财政状况恶化，但因在非洲战略地位的重要性，仍可获较大的国际援助。

由于某国际工程公司 A 在该项目合同实施前进行了合同分析，分析了合同风险，制定了相应的风险对策，保证了合同的顺利履行。

（6）具体落实合同条款。合同分析实质上又是合同执行的计划，在分析过程中应具体落实合同执行战略。

（7）由于合同中出现错误、矛盾和二义性解释，以及施工中出现合同未做出明确约定的情况，在合同实施过程中双方会有许多争执。要解决这些争执，首先必须作合同分析，按合同条文的表达，分析它的意思，以判定争执的性质。要解决争执，双方必须就合同条文的理解达成一致。特别是在索赔中，合同分析为索赔提供了理由和根据。

应用案例 7-2

某工程由 A 企业投资建造，2011 年 4 月 28 日经合法的招标投标程序，由某施工单位 B 企业中标并于不久后开始施工。该工程施工合同的价款约定为固定总价。该工程变形缝包括滤池变形缝、清水池变形缝和预沉池变形缝。已载明滤池变形缝密封材料选用"胶霸"，但未载明清水池变形缝和预沉池变形缝采用何种密封材料。2012 年 6 年 4 月，B 企业就清水池变形缝和预沉池变形缝的密封材料按合同约定报监理单位批准，其在建筑材料报审表上填写的材料为"建筑密封胶"。监理单位坚决不同意B企业用"建筑密封胶"，而要求用"胶霸"。B企业最终按监理单位的要求进行了施工。此后不久，B企业就此向A企业提起索赔，要求A企业补偿使用"胶霸"而增加的费用800 000元。因双方无法就此达成一致意见，最后，B企业根据合同的约定将该争议提交给法院。

B企业提起索赔的理由是：对清水池变形缝和预沉池变形缝采用何种密封材料没有约定；"胶霸"是新型材料，在该工程所在地的工程造价信息中找不到"胶霸"这种建材而只能找到"建筑密封胶"，所以其只能按照"建筑密封胶"进行报价。

对此，A企业也反驳了该索赔的理由。最后，法院驳回了B企业的该索赔请求。

2. 合同分析的基本要求

合同分析和解释是为合同管理服务的，它必须符合合同的基本原则，反映合同的目的和当事人的主观真实意图。

（1）准确性和客观性。合同分析应准确、全面和客观。如果合同分析出现误差，则必然影响执行过程，导致合同实施中出现更大的失误。

合同分析的准确性是指准确理解合同中的用语和措辞的含义。在合同中对某些词语做出定义的情况下，应严格按这些定义对合同条款做出解释。

应用案例7-3

某工程中采用固定总价合同，合同条件规定，承包商若发现施工图中的任何错误和异常应通知业主代表。在技术规范中规定，从安全的要求出发，消防用水管道必须与电缆分开铺设；而在图纸上，将消防用水管道和电缆放到了同一个管道沟中。承包商按图纸报价并施工完成后。但工程师拒绝验收，指令承包商按规范要求施工，重新铺设管道沟，并拒绝给承包商任何补偿。其理由是：

1）两种管道放一个沟中极不安全，违反工程规范。在合同解释顺序中，规范优先于图纸。

2）即使施工图上注明两管放在一个管道沟中，这是一个设计错误。但作为一个有经验的承包商是应该能够发现这个常识性的错误的。而且合同中规定，承包商若发现施工图中任何错误和异常，应及时通知业主代表。承包商没有遵守合同规定。

在工程施工过程中，当进行到施工图所规定的处理范围边缘时，乙方在取得在场的监理工程师认可的情况下，为了使夯击质量得到保证，将夯击范围适当扩大。施工完成后，乙方将扩大范围内的施工工程量向造价工程师提出计量付款的要求，但遭到拒绝。试问造价工程师拒绝承包商的要求合理否？为什么？

⇨点评

造价工程师的拒绝合理。其原因：

该部分的工程量超出了施工图的要求，一般来讲，也就超出了工程合同约定的工程范围。对该部分的工程量监理工程师可以认为是承包商的保证施工质量的技术措施，一般在业主没有批准追加相应费用的情况下，技术措施费用应由乙方自己承担。

合同分析的客观性是指合同分析不能"自以为如何"和"想当然",而应依据合同解释的一般原则和国际惯例做出解释。例如,对合同风险的分析、合同双方责任和权利的划分,都必须实事求是地按照合同条款,依据合同精神进行解释,而不能以当事人的主观愿望解释合同;否则,必然导致实施过程中出现合同争执,导致损失。

(2)合同双方的一致性。在实践中,合同分析往往是一方单方面对合同做出的解释。在分析过程中,可能会发现合同中存在缺陷。这些缺陷可能对己方有利,也可能不利,但从合作伙伴关系的角度考虑,均应主动向对方提出,以澄清并使问题得到解决。所以,合同分析的结果应能为双方认可,如果有不一致,应在合同实施前解决,以避免合同执行中的争执和损失。

(3)合同分析的结果应具有简易性和可操作性。合同分析的结果必须采用使不同层次的管理人员、工作人员能够接受的表达方式,使用简单易懂的工程语言,对不同层次的管理人员提供不同要求,不同内容的分析资料。合同分析结果用于指导合同实施,其详细程度应达到具有可执行性和可操作性。

(4)全面性。合同分析的全面性,应从两个角度来理解:

一是对合同的每一条款、每句话,甚至每个词都应认真推敲,仔细琢磨,全面落实。合同分析不能只观其大略,不能错过一些细节问题,这是一项非常细致的工作。在实际工作中,常常一个词,甚至一个标点就能关系到争执的性质,关系到一项索赔的成败,关系到工程的盈亏。

二是要全面、整体地理解,而不能断章取义,特别是当不同文件、不同合同条款之间不一致,出现矛盾时,应按照合同文件的优先性原则做出解释。

3. 合同分析的方法和过程

(1)合同总体分析。合同总体分析的目的在于确定合同规定的主要目标,划定各方的职责、义务和权限,分析各种活动的法律后果。合同总体分析的结果是工程施工总的指导性文件。分析的重点是:承包商的主要职责和义务;业主的主要职责和义务;合同工作范围、合同价格、计价方法和价格补偿条件;工期要求和补偿条件;风险类别;合同双方的违约责任;合同变更方式和程序;工程验收方法;争执的解决等。合同总体分析中应对合同中的风险和执行中应注意的问题进行特别说明和提示。

(2)合同工作分析。合同工作分析必须将合同目标、要求和合同双方的责任与权利关系分解到具体的工程活动上,以便使工程有计划、有秩序、按合同实施。合同工作分析的主要结果是合同事件表,实质上是项目合同实施计划。它包括整体管理与协调计划、工作分解结构、施工组织设计、成本计划、质量计划、进度计划、沟通计划、人力资源计划、风险管理计划、采购计划和HSE(健康安全环境)管理计划等。

(3)特殊问题的合同扩展分析。在合同的签订和实施过程中常常会有一些特殊问题发生,会遇到一些特殊情况。它们可能属于在合同总体分析和工作分析中发现的问题,也可能是在合同实施过程中出现的新情况。这些问题和情况在合同签订时可能未预计到,合同中未明确规定或它们已超出合同的范围。

合同分析信息处理过程如图 7-1 所示。

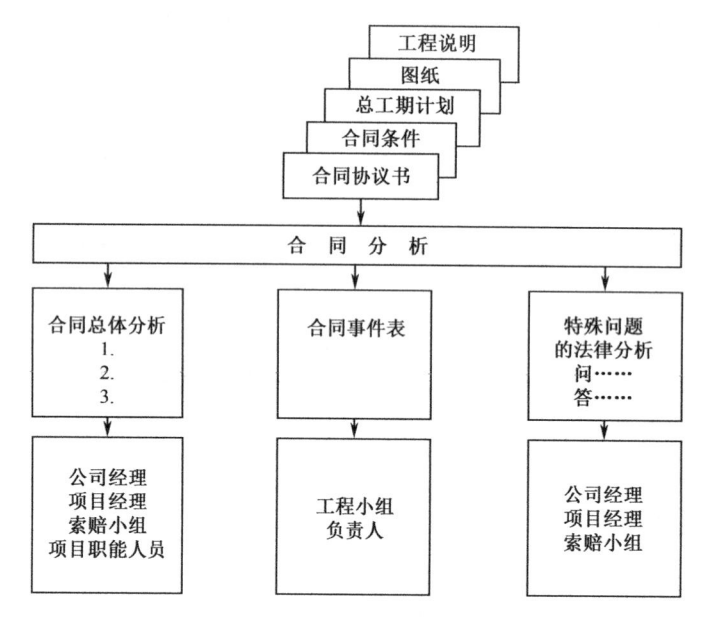

图 7-1 合同分析信息处理过程

7.1.2 合同总体分析

1. 合同总体分析的概念

合同总体分析是指通过分析将合同条款和规定具体地落实到一些带全局性的问题上和具体事件上，用以指导具体工作，保证合同能够顺利实施。分析的主要对象是合同协议书和合同条件。

合同总体分析的结果是工程施工总的指导性文件，应将它以最简单的形式和最简洁的语言表达出来，以便进行合同结构分解和合同交底。

2. 合同总体分析的内容

合同总体分析在不同的时期，为了不同的目的，有不同的内容。例如，对施工合同总体分析，承包商重点分析的内容有：承包商的主要合同责任及权利、工程范围，业主的主要责任和权利，合同价格、计价方法和价格补偿条件，工期要求和顺延条件，合同双方的违约责任，合同变更方式、程序，工程验收方法，索赔规定及合同解除的条件和程序，争执的解决等。

在分析的同时，应对合同执行中的风险及应注意的问题做出特别的说明和提示。

（1）合同的法律基础。分析订立合同所依据的法律、法规，通过分析，承包商了解适用于合同的法律的基本情况（范围、特点等），用以指导整个合同实施和索赔工作。对合同中明示的法律应重点分析，有时还要注意分析基于当地社会、文化、宗教习俗而必须遵守的规则等。

（2）合同的类型。通常，合同类型按合同关系可分为工程承（分）包合同、联营合同、劳务合同等；按计价方式可分为固定总价合同、单价合同、成本加酬金合同等。不同类型的合同，其性质、特点、履行方式不一样，双方的责权利关系和风险分配不一样。这直接影响合同双方责任和权利的划分，影响工程施工中的合同管理和索赔（反索赔）。

（3）合同文件和合同语言。合同文件的范围和优先次序，如果在合同实施中合同有重大变更，应做出特别说明。

合同文本所采用的语言。如果使用多种语言，则定义"主导语言"。

（4）承包商的主要任务。

1）明确承包商的总任务，即合同标的。承包商在设计、采购、生产、试验、运输、土建、安装、验收、试生产、缺陷责任期维修等方面的主要责任，施工现场的管理，给业主的管理人员提供生活和工作条件等责任。

2）明确合同中的工程量清单、图纸、工程说明、技术规范的定义。在解释合同时应顾及某些合同用语或工程用语在本行业中的专门含义和习惯用法。由于工程合同在一定工程领域中应用，有些名词在该专业范围和一定地域内有特指的意义。这个意义应作为合同解释的支持，在这里不仅包括常用的技术术语，也包括一些非技术术语。因为它们是在特定的工程背景下被使用的，有一定的技术的或管理的规范支持。

应用案例 7-4

在我国的某水电工程中，总承包商为国外某公司，我国某承包公司分包了隧道工程施工。分包合同规定：在隧道挖掘中，在设计挖方尺寸基础上，超挖不得超过40cm，在40cm以内的超挖工作量由总承包商负责，超过40cm的超挖由分包商负责。

由于地质条件复杂，工期要求紧，分包商在施工中出现许多局部超挖超过40cm的情况，总承包商拒付超挖超过40cm部分的工程款。分包商就此向总承包商提出索赔，因为分包商一直认为合同所规定的"40cm以内"，是指平均的概念，即只要总超挖量在40cm之内，就不是分包商的责任，总承包商应付款。而且分包商强调，这是我国水电工程中的惯例解释。

在本合同中，我国某承包公司损失了数百万元。原因就是因为它们属于不同的国度，总承包商不能接受我国惯例的解释。而且合同中没有"平均"两字，在解释时就不能加上这两字。如果局部超挖达到50cm，则按本合同字面解释，40～50cm范围的挖方工作量确实属于"超过40cm"的超挖，应由分包商负责。既然字面解释已经准确，则不必再引用惯例解释。当然，如果承包商和分包商都是中国的公司，这个惯例解释常常是被认可的。

工程范围的界限应很清楚，否则会影响工程变更和索赔，特别是对固定总价合同来说。

在合同实施中，如果工程师指令的工程变更属于合同规定的工程范围，则承包商必须无条件执行；如果工程变更超过承包商应承担的风险范围，则可向业主提出工程变更的补偿要求；如果工程师指令的附加工程不在合同规定的工程范围内，承包人有权拒绝执行发包人的变更指令,或坚持先签订补充协议,重新商定价格,然后再执行。

确定一个附加工程是否属于合同范围,通常要看该附加工程是否为合同工程安全地、经济地、高效率地运行,或更完美地使用所必需的,或为合同工程的总功能服务的。

3)明确工程变更的程序。在合同实施中,工程变更通常要作工程变更工作流程图,并交付相关的职能人员。工程变更通常须由业主的工程师下达书面指令,出具书面证明,承包商开始执行变更,同时进行费用补偿谈判,在一定期限内达成补偿协议。这里要特别注意工程变更的实施、价格谈判和业主批准价格补偿三者之间在时间上的矛盾性,对承包商常常会有较大的风险。

4)明确工程变更的补偿范围,通常以合同金额一定的百分比表示。在这个范围以内,承包商无权要求任何补偿。通常这个百分比越大,承包商的风险越大。

有时有些特殊的规定应重点分析。例如有一个承包合同规定,业主有权指令进行工程变更,业主对所指令的工程变更的补偿范围是,仅对重大的变更,且仅按单个建筑物和设施地平以上体积变化量计算补偿费用。这实质上排除了工程变更索赔的可能。

5)明确工程变更的索赔有效期,由合同具体规定,一般为 28 天,也有 14 天的。一般这个时间越短,对承包商管理水平的要求越高,对承包商越不利。

(5)业主责任。

1)业主委托工程师并全权履行业主的合同责任。在合同实施中要注意合同规定的工程师的职权范围,每个合同又有它自己独特的规定,对此要作专门分析,业主一般不会给工程师全部的权利。

2)业主和工程师有责任对平行的各承包商和供应商之间的责任界限做出划分,对这方面的争执做出裁决,对他们的工作进行协调,并承担管理和协调失误造成的损失。例如,设计单位、施工单位、供应单位之间的互相干扰应由业主承担责任。

应用案例 7-5

某工程业主将土建施工任务和设备安装任务采取平行发包,并分别与土建和设备安装承包商签订了承包合同。经业主同意,土建承包商又将桩基础施工分包给一专业基础工程承包商。

该工程地基处理采用桩基,并由业主负责提供钢筋混凝土预制桩。按照施工进度计划要求,土建施工任务完工后,再进行设备安装,桩基础施工计划从当年的 7 月 5 日开工至 7 月 15 日结束。在施工过程中,由于业主供应预制桩不及时,直至 7 月 10 日才运到施工现场;以后又出现了与业主提供的地质资料不符的地质条件,需要对地基进行二次处理。

⇨**点评**

设备安装单位的损失应由谁承担?

设备安装单位的损失应由业主承担。因为设备安装承包商与土建承包商之间并没有合同关系,不能直接向土建承包商索赔,而设备安装承包商与业主有合同关系,业主不能按合同约定交付安装作业条件,属于业主的责任。

3)应及时做出承包商履行合同所必需的决策,如下达指令、履行各种批准手续、做出认可、答复请示,完成各种检查和验收手续等。应分析它们的实施程序和期限。

4)应及时提供施工条件,如及时提供设计资料、图纸、施工场地、道路等。

5)应及时按合同规定支付工程款,及时接收已完工程等。

(6)合同价格分析。

1)合同所采用的计价方法及合同价格所包括的范围,如固定总价合同、单价合同、成本加酬金合同或目标合同等。

2)工程计量程序,工程款结算(包括进度付款、竣工结算、最终结算)方法和程序。

3)合同价格的调整,即费用索赔的条件、价格调整方法、计价依据、索赔有效期等规定。

例如,有的合同规定,有同类分项工程,则可以直接使用它的单价;若仅有相似的分项工程,则可对它的单价作相应调整后使用;如果既无相同又无相似的分项工程,则应重新确定价格。

4)拖欠工程款的合同责任。

应用案例 7-6

某城乡建设有限责任公司和某城市改建综合开发总公司于 2002 年 11 月 25 日签订了《某小区西三区一期工程施工协议》,由原告城乡建设集团有限责任公司承建某小区西三区一期工程,工程总造价暂定 2 020 万元。2004 年 11 月 15 日,原、被告双方签订了《某住宅小区西区二期工程建设工程施工合同》,由原告承建某小区西区二期工程,合同价款 24 020 220 元。工程完工后,2006 年 12 月 12 日,原告就被告拖欠的工程款向被告发出了《关于催付拖欠某西区工程款的函》。2008 年 7 月 16 日,原、被告签署了《某小区一期、二期工程结算结果》,双方确认被告欠付原告工程款 54 176 083.52 元。现被告已经给付 50 180 000 元,尚欠工程款本金 3 996 083.52 元。2009 年 4 月 12 日,原告向被告再次发出《某城乡建设集团有限责任公司关于催付拖欠某小区工程款的函》,函件要求被告给付工程款本金及其利息(按银行同期存款利率)和违约金及看房费用(每日 200 元)。如不能如期偿还,某号楼底商由某城乡建设集团有限责任公司处置。请于 10 日内给予答复,否则视为默认。该函发出后,被告未予答复。为此,原告向人民法院提起诉讼,要求被告支付工程款,并请求法院将留置的某号楼底商进行拍卖优先受偿。

这是一起典型的拖欠工程款以留置工程偿还的纠纷。后经过法院调解,双方未能就还款达成任何计划,于是法院判决:被告应当给付原告工程款 3 996 083.52 元及其利息,于判决后 10 日内给付,逾期不给付的,法院将拍卖某号楼底商,使原告优先受偿。

(7)工期。在实际工程中,工期拖延极为常见和频繁,而且对合同实施和索赔的影响很大,所以要特别重视。应列出可能进行工期索赔的所有条款,重点分析合同规定的开竣工日期,主要工程活动的工期,工期的影响因素,获得工期补偿的条件和可能等。

例如,有的合同规定,对工程暂停,承包商不仅可以进行工期索赔,还有费用索赔和终止合同的权利。如规定:"如果停工的责任不在乙方,则甲方应向乙方补足相当于停工时间的工期。如果这种停工超过 6 个月，则乙方有权要求终止合同。"

（8）违约责任。对违约责任条款应重点分析。如果合同一方未遵守合同规定，造成对方损失，应受到相应的合同处罚。

1）由于管理上的疏忽造成对方人员和财产损失的赔偿条款。

2）由于预谋或故意行为造成对方损失的处罚和赔偿条款等。

3）承包商不能按合同规定工期完成工程的违约金或承担业主损失的条款。

4）由于承包商不履行或不能正确地履行合同责任，或出现严重违约时的处理规定。

5）由于业主不履行或不能正确地履行合同责任，或出现严重违约时的处理规定，特别是对业主不及时支付工程款的处理规定。

（9）验收、移交和保修。

1）验收包括许多内容，如材料和机械设备的现场验收、隐蔽工程验收、单项工程验收、全部工程竣工验收等。

在合同分析中，应对重要的验收要求、时间、程序以及验收所带来的法律后果作说明。

应用案例 7-7

某单位为建设职工宿舍楼，与市建筑公司签订一份建设工程承包合同。合同规定：建筑面积 5 000 平方米，高 6 层，总造价 1 300 万元；由发包方负责施工技术监督及协商解决施工中的有关事项；承包方包工包料，主体工程和内外承重墙一律采用国家标准红机砖，每层有水泥经圈梁加固；竣工交付验收日期为 2009 年 2 月 27 日；交付使用后，如果在 6 个月内发生较大质量问题，由承包方负责修复。承包方按合同规定的日期竣工，验收时，发包方发现工程的 2~5 层所有内承重墙裂缝较多，要求承包方修复后再验收，承包方拒绝修复，认为不影响使用。6 个月之后，发包方提出工程不合格，要求承包方对内承重墙拆掉重新建筑。承包方提出，裂缝属于砖的质量问题，与施工技术无关。双方协商不成，发包方于 2009 年 6 月 15 日以建筑工程质量不合格为由向仲裁委员会提出仲裁申请。

仲裁委员会查明，由于本工程实行包工包料，承包商在工程建设中只在外墙和主体结构建设中使用了合同约定的主要建材红机砖，而在内承重墙建设中使用了压强不够红机砖标准的烟灰砖，烟灰砖不能用于高层建筑和内承重墙。承包方应承担主要责任，发包方派出的施工技术监督人员明知道承包方使用烟灰砖叠砌内承重墙，而未加制止，也未向领导报告，任其施工，也应负有一定责任。

2）竣工验收合格即办理移交。应重点分析工程移交的程序。移交作为一个重要的合同工作，同时又是一个重要的法律概念，它表示：

① 业主认可并接收工程，承包商工程施工任务的完结。

② 工程所有权的转让。

③ 承包商工程照管责任的结束和业主工程照管责任的开始。

④ 保修责任的开始。

⑤ 合同规定的工程款支付条款有效。

对工程尚存在的缺陷、不足之处以及应由承包商完成的剩余工作，业主可指令承包商限期完成，承包商应在移交证书上注明的日期内尽快地完成这些剩余工程或工作。

3) 对工程保修容易引起争执的是，在工程使用中出现问题的责任的划分。如果质量问题是由于承包人的施工质量低劣、材料不合格、设计错误等原因造成的，则必须由承包人负责维修。如果是由于业主使用和管理不善造成的问题，则不属于维修范围，或承包商也必须修复，但费用由业主承担。

在保修期内，业主还掌握着承包商的部分保留金。如果承包商在接到业主维修通知后一定期限内（通常为三个星期）不承担维修责任，业主可委托他人维修，则费用由保留金中扣除。

应用案例 7-8

2008年8月，某制药厂因搬迁需要另行建设厂房，与某建筑工程公司签订了建设工程承包合同。合同约定：制药厂的全部厂房总建筑面积5 000平方米，全部由建筑公司承建，制药厂提供建筑设计图纸，并对工程的竣工验收和结算进行了约定。合同工期为10个月。

合同签订后，双方都基本上履行了各自的责任。在竣工验收过程中，制药厂发现工程质量存在一定的问题，并提出了建议，记录在验收记录中，要求建筑公司在完善质量缺陷后，另行共同验收。

工程经过维修和检修，建筑公司再次提出竣工验收，但又发现了一些在第一次验收中没有发现的问题，故再次要求建筑公司进行修复，遭到建筑公司的拒绝。为此，某制药厂明确表示，如果建筑公司拒绝修复工程质量缺陷，某制药厂将扣除建筑公司的维修保证金，并对建筑公司的不履行职责的行为可能造成的损失保留索赔的权利。建筑公司则表示，如果某制药厂拒付工程款，建筑公司将拒绝交付工程竣工验收的资料，并不向当地质量监督部门申报工程竣工验收手续。双方协商不成，争议一直持续了3个月。为了保证工程的如期投产，在万般无奈的情况下，某制药厂在工程未经质量监督部门验收的情况下，将制药设备搬入新厂房并开始生产。12月，建筑公司以某制药厂拒付工程款为由向人民法院提起诉讼，要求被告某制药厂给付工程款及其利息。

最后法院判决：原告在施工过程中，应当按照双方的约定，在自行验收的过程中，完善工程缺陷和瑕疵，达到竣工验收标准，原告没有履行维修和保修责任，应当承担一定的责任。对于被告自行维修工程所花的费用，应当从应给付原告的款项中加以扣除。原告没有按照合同的约定和法律的规定办理竣工验收手续，是导致工程未及时结算的主要原因，因此，被告不必支付工程款的利息。

（10）索赔程序和争执的解决。它决定着索赔的解决方法。这里主要分析以下几点：

1) 索赔的程序。

① 当出现索赔事项时，承包商以书面的索赔通知书形式，在索赔事项发生后的28天以内，向工程师正式提出索赔意向通知。

② 在索赔通知书发出后的 28 天内，向工程师提出延长工期和（或）补偿经济损失的索赔报告及有关资料。

③ 工程师在收到承包商送交的索赔报告的有关资料后，于 28 天内给予答复，或要求承包商进一步补充索赔理由和证据。

④ 工程师在收到承包商送交的索赔报告的有关资料后，28 天未予答复或未对承包商作进一步要求，视为该项索赔已经认可。

⑤ 工程师对索赔的答复，承包商或业主不能接受，即进入仲裁或诉讼程序。

2）争执的解决方式和程序。

3）仲裁条款，包括仲裁所依据的法律、仲裁地点、方式和程序、仲裁结果的约束力等。

7.1.3 合同结构分解

合同结构分解是指按照系统规则和要求将合同对象分解成互相独立、互相影响、互相联系的单元。合同结构分解应与项目的合同目标相一致。

根据结构分解的一般规律和合同条件自身的特点，合同结构分解应遵循如下规则：

（1）保证合同条件的系统性和完整性。合同结构分解的结果应包括所有的合同要素，这样才能保证应用这些分解结果时能够等同于应用合同条件。

（2）保证各分解单元间界限清晰、意义完整、内容大体相当，这样才能保证应用分解结果明确有序且各部分工作量相当。

（3）易于理解和接受，便于应用。即要充分尊重人们已经形成的概念和习惯，只有在根本违背合同原则的情况下才做出更改。

（4）便于按照项目的组织分工落实合同工作和合同责任。

7.1.4 合同工作分析

为了使工程有计划、有秩序，按合同实施，必须将工程合同目标、要求和合同双方的责权利关系分解落实到具体的合同实施工作上，这就是合同工作分析。

合同工作分析是在合同总体分析和进行合同结构分解的基础上，依据合同协议书、合同条件、规范、图纸、工作量表等，确定各项目管理人员及各工程小组的合同工作，以及划分各责任人的合同责任。

合同工作分析涉及承包商签约后的所有活动，其结果实质上是承包商的合同执行计划，它包括：

（1）工程项目的结构分解，即工程活动的分解和工程活动逻辑关系的安排。

（2）技术会审工作。

（3）工程实施方案、总体计划和施工组织计划。在投标书中已包括这些内容，但在施工前，应进一步细化，作详细的安排。

（4）工程详细的成本计划。

（5）合同工作分析，不仅针对承包合同，而且包括与承包合同同级的各个合同的协调，各个分合同的工作安排和各分合同之间的协调。

根据合同工作分析，落实各分包商、项目管理人员及各工程小组的合同责任。对分包商，主要通过分包合同确定双方的责权利关系，以保证分包商能及时按质、按量地完成合同责任。如果出现分包商违约或完不成合同，可对其进行合同处罚和索赔。对承包商的工程小组可以通过内部的经济责任制来保证。落实工期、质量、消耗等目标后，应将其与工程小组经济利益挂钩，建立一套经济奖罚制度，以保证目标的实现。

合同工作分析的结果是合同实施工作表，如表 7-1 所示。合同实施工作表反映了合同工作分析的一般方法，是工程施工中最重要的文件之一，从各个方面定义了该合同工作。合同实施工作表实质上是承包商详细的合同执行计划，有利于项目组在工程施工中落实责任，安排工作，进行合同监督、跟踪、分析和处理索赔事项。

表 7-1　合同实施工作表

子项目：	编码：	日期： 变更次数：
工作名称和简要说明：		
工作内容说明：		
前提条件：		
本工作的主要过程：		
负责人（单位）：		
费用：	其他参加者：	工期：
计划：	1.	计划：
实际：	2.	实际：

1）编码。这是为了计算机数据处理的需要，对合同实施工作的各种数据处理都靠编码识别。所以编码要能反映工作的各种特性，如所属的项目、单项工程、单位工程、专业性质、空间位置等。通常它应与项目的分解结构（WBS）编码有一致性。

2）工作名称和简要说明。

3）变更次数和最近一次的变更日期。它记载着与本工作相关的工程变更。在接到变更指令后，应落实变更，修改相应栏目的内容。

最近一次的变更日期表示，从这一天以来的变更尚未考虑到。这样可以检查每个变更指令的落实情况，既防止重复，又防止遗漏。

4）工作内容说明。这里主要为该工作的目标，如某一分项工程的数量、质量、技术要求以及其他方面的要求。这由合同的工程量清单、工程说明、图纸、规范等定义，是承包商应完成的任务。

5）本工作的主要过程。指完成该工作的一些主要活动及其实施方法、技术与组织措施。如设备安装的主要活动有：现场准备，施工设备进场、安装，设备就位、吊装、固定等。

6）前提条件。它记录着本工作的前导工作，即本工作开始前应具备的准备工作或条件。它不仅确定工作之间的逻辑关系（确定它的紧前工作），是构成网络计划的基础，而且确定了各参加者之间的责任界限。

应用案例 7-9

在某工程中，承包商承包了设备基础的土建和设备的安装工程。按合同和施工进度计划规定：

① 在设备安装前3天，基础土建施工完成，并交付安装场地。

② 在设备安装前3天，业主应负责将生产设备运送到安装现场，同时由工程师、承包商和设备供应商一齐开箱检验。

③ 在设备安装前15天，业主应向承包商交付全部的安装图纸。

④ 在安装前，安装工程小组应做好各种技术和物资的准备工作等。

据此就可以确定设备安装工作的前提条件，而且各方面的责任界限十分清楚，如图7-2所示。

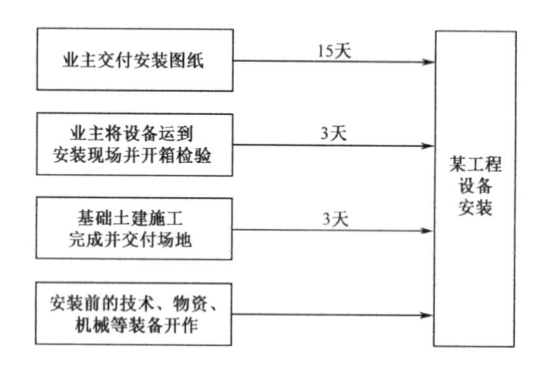

图 7-2 某工程设备安装的前提条件

7) 责任人，即负责该事件实施的工程小组负责人或分包商。

8) 成本（或费用）。这里包括计划成本和实际成本。有如下两种情况：

①若该事件由分包商承担，则计划费用为分包合同价格。如果在总包和分包之间有索赔，则应修改这个值。而相应的实际费用为最终实际结算账单金额总和。

②若该事件由承包商的工程小组承担，则计划成本可由成本计划得到，一般为直接费成本。而实际成本为会计核算的结果，在该事件完成后填写。

9) 计划和实际的工期。计划工期由网络分析得到。这里有计划开始期、结束期和持续时间。实际工期按实际情况，在该事件结束后填写。

10) 其他参加人，即对该事件的实施提供帮助的其他人员。

7.1.5 特殊问题的合同分析和解释

合同不可能明确定义和解释工程中发生的所有问题。在实际工程合同的签订和实施过程中，常常会有一些特殊问题发生。例如，合同中出现错误、矛盾和二义性的解释；有许多工程问题合同中未明确规定，出现事先未预料到的情况；工程施工中出现超过合同范围的事件，包括发生民事侵权行为，整个合同或合同的部分内容由于违反法律而无效等。

这些问题通常属于实际工程中的合同解释问题。由于实际工程问题非常复杂、千奇百怪，所以特殊问题的合同分析和解释常常反映出一个工程管理者对合同的理解水平，对本工程合同签订和实施过程的熟悉程度，以及他的经历、处理工程问题的经验。这项工作对监理工程师尤为重要。

我国《合同法》第一百二十五条规定："当事人对合同条款的理解有争议的，应当按照合同所使用的词句，合同的有关条款，合同的目的、交易的性质以及诚实信用原则，确定该条款的真实意思。"但是工程承包合同的内容、签订过程、实施过程是十分复杂的，有其特殊性，对施工合同的解释也十分复杂。

1. 合同中出现错误、矛盾、二义性的解释

由于建筑工程合同条款多、相关的文件多，其中出现错误、矛盾、二义性常常是不可避免的；不同语言之间的翻译，不同利益和立场的人员，不同国度的合作者常常会对同一合同条款产生不同的理解。这些不同的理解又会导致工程过程中行为的不一致，最终产生合同争执。业主作为合同文件的起草者，应对合同文件的正确性负责，如果出现错误或含义不明，则应由工程师给出解释。通常情况下，由此造成承包商额外费用的增加，承包商可以提出索赔要求。按照一般的合同原则，承包商对合同的理解负责，即由于自己理解错误造成报价、施工方案错误则由承包商负责。由于工程实际情况是极其复杂的，对合同的解释很难提出一些规定性的方法，甚至对一个特定的工程案例无法提出一个确定的、标准的、能为各方面接受的解决结果。因此对合同的解释，人们通常只能通过总结过去工程案例和经验提出一些处理问题的基本原则和程序。合同分析和解释过程，如图7-3所示。

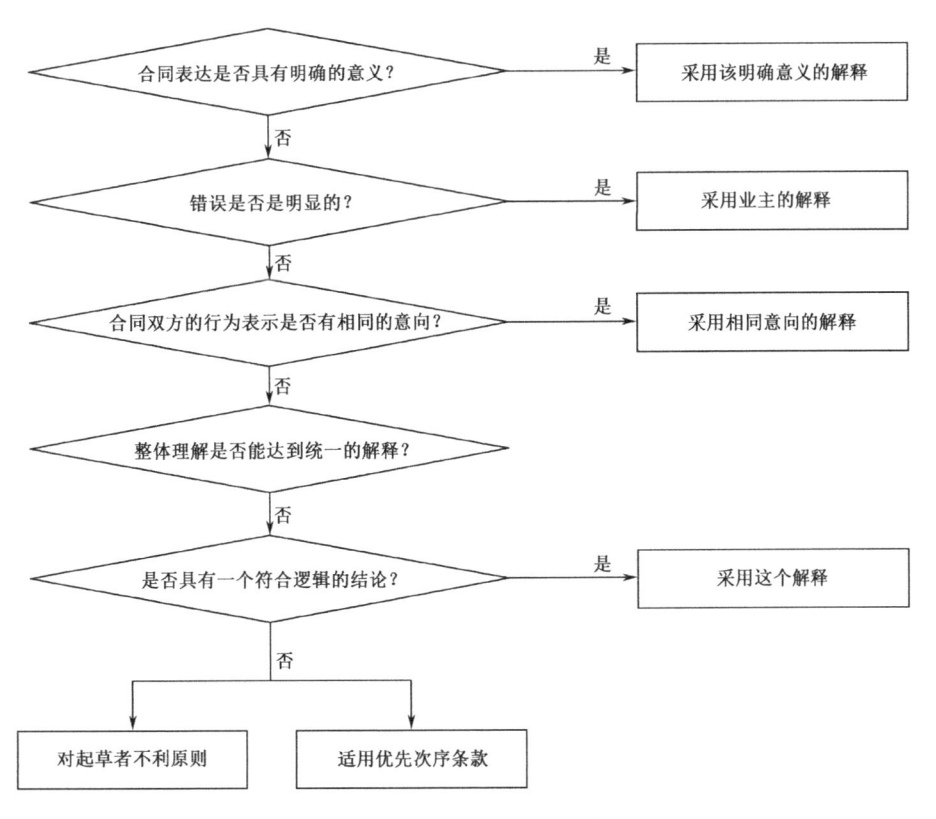

图7-3 合同分析和解释过程

（1）字面解释为准。任何调解人、仲裁人或法官在解决合同问题时都不能脱离合同文件中的文字表示的意思。如果合同文件的规定清楚无误，并不含糊，则以字面解释为准。这是首先使用的，也是最重要的原则。但通常在合同争执中，合同用语很少是含义清晰、一读就懂的，都会存在这样或那样的问题。则其解释又有如下规定：

1）如果合同文件具有多种语言的文本，不同语言的翻译文本之间可能出现不一致的解释，则以合同条款所定义的"主导语言"的文本解释为准。

2）顾及某些合同用语或工程用语在本行业中的专门的含义和习惯用法。由于建筑工程合同应符合建筑工程惯例，则在建筑工程领域有些名词在一定的地域、一定的专业范围内有特指的意义。这个意义应作为合同解释的支持，在这里不仅包括常用的技术术语，也包括一些非技术术语。因为它们是在特定的工程背景下被使用的，有一定的技术的或管理的规范支持。例如，合同中规定"楼地面必须是平整的"，这个平整不是绝对的水平和平整，而是在规范所允许的高低差别范围内的平整。在现代工程中，人们通过在合同中增加名词解释和定义，以及使用统一的规范避免因语言的不一致导致双方对合同解释的不一致性。

（2）顾及合同签订前后双方的书面文字及行为。虽然对合同的不同解释常常是在工程过程中才暴露出来的，但问题在合同签订前已经存在，而由于如下原因使问题没有暴露。

1）双方未能很好沟通，双方都自以为是地解释合同。

2）合同事件尚未发生，或工程活动尚未开始，矛盾没有暴露出来，大家都未注意到。对此有如下几种处理方法：

① 如果在合同签订前双方对此有过解释或说明，例如承包商分析招标文件后，在标前会议上提出了疑问，业主作了书面解释，则这个解释是有效的。

② 按照合同的目的解释合同。对合同中出现矛盾、错误，或双方对合同的解释不一致，不能导致违背，或放弃，或损害合同目标的解决结果。这是合同解释的一个重要原则。

③ 尽管合同中存在含糊之处，但当事人双方在合同实施中已有共同意向的行为，则应按共同的意向解释合同，即事实决定对合同的解释。我国的合同法也有相似的规定。

应用案例 7-10

在一钢筋混凝土框架结构工程中，有钢结构杆件的安装分项工程。钢结构杆件由业主提供，承包商负责安装。在业主提供的技术文件上，仅用一道弧线表示钢杆件，而没有详细的图纸或说明。施工中业主将杆件提供到现场，两端有螺纹，承包商接收了这些杆件，没有提出异议，在混凝土框架上用了螺母和子杆进行连接。在工程检查中承包商也没提出额外的要求。但当整个工程快完工时，承包商提出，原安装图纸表示不清楚，自己因工程难度增加导致费用超支，要求索赔。法院调查后表示，虽然合同曾对结构杆件的种类有含糊，但当业主提供了杆件，承包商无异议地接收了杆件，则这方面的疑问就不存在了。合同已因双方的行为得到了一致的解释，即业主提供的杆件符合合同要求。所以承包商索赔无效。

④ 推定变更。当事人一方对另一方的行为和提议在规定的时间内未提出异议或表示赞同时，对合同的修改或放弃权益的事实已经成立。所以对对方行为的沉默常常被认为同意，是双方一致的意向，则形成对合同新的解释。

（3）通常认为，承包商有责任对自己不理解的或合同中明显的意义含糊，或矛盾，或错误之处向业主提出征询意见。因为承包商负有正确理解招标文件的责任。如果业主未积极地答复，则承包商可以按照对他有利的解释理解合同。而如果承包商对合同问题未作询问，有时会承担责任，即按业主解释为准。这种原则在实际工程中用得较少，主要当工程图纸或规范中出现常识性的、明显的错误（"一个有经验的承包商"能够发现的），而承包商按错实施工程，则要承包商承担责任。

（4）整体地解释合同。将合同作为一个有机的整体，而不能只抓住某一条、某一个文件断章取义。每一条款，只要它被写入合同中，都应被赋予一定的含义和目的，应该有所指，不能是无用的或无意义的。所以任何一个单词、短语、句子、条款都不能超越合同的其余部分进行解释。不能用某一个条款来否定另一个条款。所以当合同条款出现矛盾时，首先要决定每一个条款的目的、含义、适用范围，再将表面上有矛盾的条款的目的和含义、特指的范围进行对照，找出它们的一致性，以得到不矛盾的解释。

应用案例 7-11

鲁布革引水系统工程，业主为中国水电部鲁布革工程局，承包商为日本大成建设株式会社，监理工程师为澳大利亚雪山公司。在工程过程中由于不利的自然条件造成排水设施的增加，引起费用索赔。

1）合同相关内容分析。工程量表中有如下相关分项，3.07/1 项："提供和安装规定的最小排水能力"，作为总价项目，报价为 42 245 547 日元和 32 832.18 元。3.07/3 项："提供和安装额外排水能力"，作为总价项目，报价为 10 926 404 日元和 4 619.97 元。

同时技术规范中有如下规定。

S3.07（2）（C）规定："由于开挖中的地下水量是未知的，如果规定的最小排水能力不足以排除水流，则工程师将指令安装至少与规定排水能力相等的额外排水能力。提供和安装额外排水能力的付款将在工程量表 3.07/3 项中按总价进行支付。"

S3.07（3）（C）中又规定："根据工程师指令安装的额外排水能力将按照实际容量支付。"显然上述技术规范中的规定之间存在矛盾。

合同规定的正常排水能力分别布置如下。

平洞及 AB 段 1.5t/min；C 段 1.5t/min；D 段 1.5t/min 渐变段及斜井 3.0t/min 合计 7.5t/min。

按 S3.07（2）（C）规定，额外排水能力至少等于规定排水能力，即可以大于 7.5t/min。

2）事态描述。从 2006 年 5 月至 8 月底，大雨连绵。由于引水隧道经过断层和许多溶洞，地下水量大增，造成停工和设备淹没。经业主同意，承包商紧急从日本调来排水设施，使工程中排水设施总量增加到 30.5t/min（其中 4t/min 用于其他地方，已单独支付）。承包商于 6 月 12 日就增加排水设施提出索赔意向，10 月 15 日正式提出索赔要求。

索赔项目有：被淹没设备损失为 1 716 877 日元和 2 414.70 元；增加排水设施为 58 377 384 日元和 12 892.67 元；合计为 60 094 261 日元和 15 307.37 元。

3）责任分析。

① 机械设备由于淹没而受到损失，这属于承包商自己的责任，不予补偿。

② 额外排水设施的增加情况属实。由于遇到不可预见的气候条件，并且应业主的要求增加了设备供应。

4）理由分析。虽然对额外排水设施责任分析是清楚的，但双方就赔偿问题产生分歧。由于工作量表 3.07/3 项与规范 S3.07（2）（C）、S3.07（3）（C）之间存在矛盾，按不同的规定则有不同的解决方法。

① 按规范 S3.07（2）（C），额外排水能力在工作量表 3.07/3 总价项目中支付，而且规定"至少与规定排水能力相等的额外排水能力"，则额外排水能力可以大于规定排水能力，且不应另外支付。

② 按照规范 S3.07（3）（C），额外排水能力要按实际容量支付，即应予以全部补偿。

③ 由于合同存在矛盾，如果要照顾合同双方利益，导致不矛盾的解释，则认为工程量表 3.07/1 已包括正常排水能力，3.07/3 报价中已包括与正常的排水能力相等的额外排水能力，而超过的部分再按 S3.07（3）（C）规定，按实际容量给承包商以赔偿。这样每一条款都能得到较为合理的解释。

5）影响分析。承包商提出，报价所依据的排水能力仅为 1.5t/min，渐变段及斜井为 3.0t/min。其他两个工作面可以利用坡度自然排水。所以合同工程量表 3.07/1 和 3.07/3 中包括的排水能力为 9.0t/min，即（1.5+3.0）×2 t/min。

由于本分项为总价合同，承包商这样提出的目的，不仅可以增加属于赔偿范围的排水能力，而且提高了单位排水能力的单价合同。

但工程师认为，承包商应按合同规定对每一个工作面布置排水设施，并以此报价。所以合同规定的排水能力为 15t/min（正常排水能力为 7.5t/min，以及与它相同的额外排水能力）。则属于索赔范围的，即适用规范 S3.07（3）（C）的排水能力为 11.5t/min（30.5-4-15）。

6）索赔值计算。承包商在报价中有两个值：3.07/1 作为正常排水能力，报价较高；而 3.07/3 作为额外排水能力，报价很低。工程师认为，增加的是额外排水能力，故应该按 3.07/3 报价计算。承包商对 3.07/3 报价低的原因做出了解释（可能是由于额外排水能力作为备用的，并非一定需要，故报价中不必全额考虑），并建议采用两项（3.07/1 和 3.07/3）报价之和的平均值计算。这个建议方案最终为各方所接受。

则合同规定的单位排水能力单价如下。

日元：（42245547+10926404）÷15=3544796.73 日元/（t/min）

人民币：（32832.18+4619.97）÷15=2496.81 元/（t/min）

则赔偿值如下。

日元：3544796.73÷11.5=40765162.4（日元）

人民币：2496.81×11.5=28713.32（元）

（5）二义性的解决。如果经过上面的分析仍然没有得到一个统一的解释，则可采用如下原则：

1）优先次序原则。合同是由一系列文件组成的。例如，按 FIDIC 合同的定义，合同文件包括合同协议书、中标函、投标书、合同条件、规范、图纸、工程量表等。实质还包括合同签订后的变更文件及新的附加协议，合同签订前达成一致的附加协议。当矛盾和含糊出现在不同合同文件之间时，则可运用优先次序原则。

应用案例 7-12

某承包商承接了某电站一座仓储基地水泥包装仓库的建筑安装任务。在施工过程中，承包商发现图纸与工程量表中对预应力混凝土空心板和梁的质量描述有较大差异。图纸中规定其质量标准为"BS5328/76 的 C25P 项"，而工程量表中规定其质量标准为"BS5328/76 的 C20P 项"。

在第二次现场会议上，承包商的代理人提出这个问题，并要求监理工程师确认应执行哪一个标准，得到的回答是"按图纸执行"。由于图纸采用的是高标号混凝土，实施结果必然会造成承包商费用的增加，承包商对质量标准变化带来的差异及时地向业主发出"索赔通知书"，并附监理工程师的书面签证及其他相关资料。

图纸与工程量表出现不一致在工程实施中是经常发生的，运用优先次序原则。

2）对起草者不利的原则。尽管合同是双方协商一致确定的，但起草合同文件又常常是买方的一项权利，他可以按自己的要求提出文件。按照责权利平衡的原则，他又承担相应的责任。如果合同中出现二义性，可以认为二义性是起草者的责任，或他有意设置的陷阱，则以对他不利的解释为准。

应用案例 7-13

在某供应合同中，付款条款对付款期的定义是"货到全付款"。而该供应是分批进行的。在合同执行中，供应方认为，合同解释为"货到，全付款"，即只要第一批货到，购买方即"全付款"，而购买方则认为，合同解释应为"货到全，付款"，即货全到后，再付款。从字面上看，两种解释都可以。双方争执不下，各不让步，最终法院判定本合同无效，不予执行。实质上本案例还可以追溯合同的起草者。如果供应方起草了合同，则应理解为"货到全，付款"；如果是购买方起草的合同，则可以理解为"货到，全付款"。

（6）其他一些具体原则。

1）具体的详细的说明优先于一般的笼统的说明，详细条款优先于总论。

2）合同的专用条款、特殊条款优先于通用条款。

3）文字说明优先于图示，工程说明、规范优先于图纸。

4）数字的大写优先于小写。

5）合同文本有许多变更文件，如备忘录、修正案、补充协议，则以时间最近的优先。

6）手写文件优先于打印文件，打印文件优先于印刷文件。

2. 合同中未明确规定问题的处理

在合同实施过程中，经常会出现一些合同中未明确规定的特殊细节问题，它们会影响工程施工、双方责任界限的划分。由于合同中没有明确规定，所以很容易引起争论。对它们的分析通常仍在合同范围内进行，其分析的依据通常有以下几个方面：

（1）合同意义的拓广。通过整体地理解合同，再作推理，以得到问题的解答。

（2）合同的目的。对合同中未明确规定而引起的争议的解决方案，应有利于项目目标的实现，不能违背合同精神。这是合同解释的一个重要原则。

（3）工程惯例。在国际工程中则使用国际工程惯例，即考虑通常情况下，这一类问题的处理或解决方法。如果合同中没有明示对问题的处理规定，则双方都清楚的行业惯例能作为合同的解释。

（4）公平原则和诚实信用原则。例如，当规范和图纸规定不清楚，双方对本工程的材料和工艺质量发生争议时，则承包商应采用与工程的目的和标准相符合的良好的材料和工艺。

3. 特殊问题的合同法律扩展分析

在工程承包合同的签订、履行或争执处理、索赔（反索赔）中，有时会遇到重大的法律问题，通常有两种情况：

（1）这些问题已超过合同的范围，超过承包合同条款本身。例如，有的干扰事件的处理合同未规定，或已构成民事侵权行为。

（2）承包商签订的是一个无效合同，或部分内容无效的合同，则相关问题必须按照合同所适用的法律来解决。

在工程中，这些都是重大问题，对承包商非常重要。但由于承包商对它们把握不准，则必须对它们作合同法律的扩展问题，即分析合同的法律基础，在适用于合同关系的法律中寻求解答。对此通常要请法律专家作咨询或法律鉴定。

应用案例 7-14

某国一公司总承包伊朗的一项工程。由于在合同实施中出现许多问题，有难以继续履行合同的可能，合同双方出现大的分歧和争执。承包商想解约，提出以下问题请法律专家作鉴定：

1）在伊朗法律中是否存在合同解约的规定？
2）伊朗法律中是否允许承包商提出解约？
3）解约的条件是什么？
4）解约的程序是什么？

法律专家必须精通适用于合同关系的法律，对这些问题做出明确答复，并对问题的解决提供意见或建议。在此基础上，承包商才能决定处理问题的方针、策略和具体措施。由于这些问题都是一些重大问题,关系到承包工程的盈亏成败,所以必须认真对待。

7.1.6 合同交底

合同交底是指合同管理人员在对合同的主要内容做出解释和说明的基础上,通过组织项目管理人员和各工程小组负责人学习合同条文和合同分析结果,使每一个项目参加者掌握合同中的主要内容、各种规定、管理程序,熟悉自身的合同责任和工程范围,以及各种行为的法律后果等,树立全局观念,使工作协调一致,避免执行中的违约行为。合同交底是合同履行过程中十分重要的管理手段,合同履行是否全面关系到公司的经济利益。所以在合同分析的基础上进行合同交底。通过合同交底,可以使执行合同的人员更好地明确合同标的,了解合同双方的责任、权利和义务,全面正确地履行合同,并能够避免违约导致的合同纠纷,更好地维护合同双方的合法权益。加强合同管理工作,提高合同管理意识,避免合同履行过程中的纠纷和违约现象发生,避免因合同没有全面正确履行造成的经济损失。

合同交底实质上就是通过逐层向有关部门和人员陈述合同意图、合同要点及合同执行计划并使合同责任落到实处。

1. 合同交底的内容

合同交底的内容离不开合同的内容,更离不开合同分析。合同交底的内容是以合同标的的实现为出发点,并最终要归结到合同标的的实现上来。

(1) 合同交底的双方。合同交底的双方,一方为合同签订人员和合同管理人员,另一方为具体合同执行人员。在合同交底的过程中,双方人员是决定合同是否能正确全面履行的主体。由于合同相关人员的专业知识水平不同,对合同的认知程度不同,合同交底的过程是合同签订人员和合同管理人员向合同执行人员阐述合同意图、合同要点、合同执行计划的过程,也是合同执行人员向合同签订人员和合同管理人员提出问题、反馈问题的过程,最终达成统一认识,形成书面合同交底记录。

(2) 合同意图。合同意图就是合同的指向,即实现合同标的的目标。合同标的是一个合同的核心,没有没有标的的合同,合同标的使签约双方达成了一致目的,通过合同标的各自取得各自的需求。所有合同中的约定都是围绕合同的标的来进行的。例如,买卖合同,购买方是为了取得商品,出卖方是通过出售商品获得利润;建设施工工程合同,发包方是为了获得建筑物或者结构物等,承包方是通过建造建筑物或结构物来获得劳动报酬;建设工程代建合同,是代建方通过自己的脑力劳动和专业知识获取报酬,咨询方通过代建方的劳动弥补自身专业知识的不足,更好地完成建设工程,等等。针对不同合同标的,明确不同的合同意图,加强合同签订人员和合同管理人员及合同执行人员的沟通,对合同达成一致认识,为正确全面履行合同做好准备。

(3) 合同要点合。同要点是对合同标的的关键性描述,主要涉及数量、质量、价款或报酬、履行期限、方式、地点、违约责任、争议解决方式等方面的内容。一般来说,以上合同要点在合同中都已经明确约定,如果没有约定,根据《合同法》的规定来执行。合同的履行和附属义务,"当事人应当按照约定全面履行自己的义务。当事人应当遵循诚实信用原则,根据合同的性质、目的和交易习惯履行通知、协助、保密等义务"。合同约定不明的补救,"合同生效后,当事人就质量、价款或者报酬、履行地点等内容没有约定或者约定不明确的,可以协议补充;不能达成补充协议的,按照合同有关条款或者交易习惯确定"。

合同约定不明时的处理:① 质量要求不明确的,按照国家标准、行业标准履行;没有国家标准、行业标准的,按照通常标准或者符合合同目的的特定标准履行。② 价款或者报酬不明确的,按照订立合同时履行地的市场价格履行;依法应当执行政府定价或者政府指导价的,按照规定履行。③ 履行地点不明确,给付货币的,在接受货币一方所在地履行;交付不动产的,在不动产所在地履行;其他标的,在履行义务一方所在地履行。④ 履行期限不明确,债务人可以随时履行,债权人也可以随时要求履行,但应当给对方必要的准备时间。⑤ 履行方式不明确的,按照有利于实现合同目的的方式履行。⑥ 履行费用的负担不明确的,由履行义务一方负担。价格执行:执行政府定价或者政府指导价的,在合同约定的交付期限内政府价格调整时,按照交付时的价格计价。逾期交付标的物的,遇价格上涨时,按照原价格执行;价格下降时,按照新价格执行。逾期提取标的物或者逾期付款的,遇价格上涨时,按照新价格执行;价格下降时,按照原价格执行。违约责任:当事人一方不履行合同义务或者履行合同义务不符合约定的,应当承担继续履行、采取补救措施或者赔偿损失等违约责任。合同争议的解决:一般采取协商、仲裁、诉讼等方式,一般在合同中明确约定。

(4) 合同执行计划。合同的执行计划,一般依据合同履行的过程来制订。合同的执行计划就是有条不紊地按照合同内容来全面履行合同。这些合同周期长、金额大。针对这些合同,组织合同签订人员和管理人员对这些合同的履行时间,尤其是时间节点进行分析,制定出合同执行计划表供合同执行人员参照执行。有些时候,根据需要再做出调整。

(5) 合同相关资料整理。合同的履行过程是一个动态的过程。根据实际情况,合同当事人双方可能对合同的内容不断地补充和调整。这些补充和调整的内容,应该落实在书面上,形成书面资料,这些书面资料对以后双方的责任和权利产生影响。整理好这些资料,对双方的责任和权利有一个明确的界定,对索赔和反索赔具有重要意义。

2. 合同交底的作用和意义

(1) 在我国传统的施工项目管理系统中,人们十分注重"图纸交底"工作,却没有"合同交底"工作,所以项目组和各工程小组对项目的合同体系、合同基本内容不甚了解。我国工程管理者和技术人员有十分牢固的"按图施工"的观念,这并没有错,但在现代市场经济中必须转变到"按合同施工"上。特别在工程使用非标准的合同文本或项目组不熟悉的合同文本时,这个"合同交底"工作就显得更为重要。

(2) 在我国的许多工程承包企业,工程投标工作主要是由企业职能部门承担的,合同签订后再组织项目经理部。项目经理部的许多人员并没有参与投标过程,不熟悉合同的内容、合同签订过程和其中的许多环节,以及业主的许多相关信息。所以合同交底又是向项目经理部介绍合同签订的过程和其中的各种情况的过程,是合同签订的资料和信息的移交过程。

(3) 合同交底又是对人员的培训过程和各职能部门的沟通过程。

(4) 通过合同交底,使项目经理部对本工程的项目管理规则、运行机制有清楚的了解。同时加强项目经理部与企业的各个职能部门的联系,加强承包商与分包商,与业主、设计单位、监理单位、供应商的联系。这样能使承包商的整个企业和整个项目部对合同的责任、沟通和协调规则，过程实施计划的安排有十分清楚的、一致的理解。这些都是合同交底的内容。

（5）通过合同交底，将各种合同实施工作责任分解落实到各工程小组或分包商。使他们对合同实施工作表（任务单、分包合同）、施工图纸、设备安装图纸、详细的施工说明等，有十分详细的了解。并对工程实施的技术的和法律的问题进行解释和说明，如工程的质量、技术要求、实施中的注意事项、工期要求、消耗标准、相关事件之间的搭接关系、各工程小组（分包商）责任界限的划分、完不成责任的影响和法律后果等。

3. 合同交底的步骤

第一步，企业合同管理人员向项目经理及合同管理人员进行合同交底，全面陈述合同背景、合同工作范围、合同目标、合同执行要点，并解答项目经理及项目管理人员提出的问题，形成合同交底记录。

第二步，项目合同管理人员向项目职能部门负责人进行合同交底，陈述合同基本情况、合同执行计划、各职能部门的执行要点、合同风险防范措施，并解答各职能部门提出的问题形成交底记录。

第三步，各职能部门负责人向其所属执行人员进行合同交底，陈述合同基本情况、本部门的合同责任及执行要点、合同风险防范措施，并解答所属人员提出的问题，形成书面交底记录。

第四步，各部门将交底情况反馈给项目合同管理人员，由其对合同执行计划、合同管理程序、合同管理措施及风险防范措施进一步修改完善，最后形成合同管理文件，下发各执行人员，指导其管理活动。

进行合同交底不仅要求合同管理人员要按照施工管理程序，在工程开工前，逐级进行合同交底，使得每一个项目参加者都能够清楚地掌握自身的合同责任，以及自己所涉及的应当由对方承担的合同责任，以保证在履行合同义务过程中自己不违约。同时，还应当将各种合同工作的责任分解落实到各分包商或工程小组直至每一个项目参加者，以经济责任制形式规范各自的合同行为，以保证合同目标能够实现。为此，要达到合同交底目的，落实合同责任，实施目标管理，就应做好以下几方面的工作：

（1）在合同交底时，合同管理人员首先要组织大家学习合同和合同总体分析结果，要对合同的主要内容做出解释和说明。

（2）将各种合同工作的责任分解落实到各工程小组或分包商，使他们对合同实施工作表（任务单、分包合同）、施工图纸、详细施工说明，以及工程实施的技术和法律等问题，有十分详细的了解。

（3）合同实施前，还要与其他相关的各方面，如业主、工程师、承包商沟通，召开协调会议，落实各种安排。在现代工程中，合同双方有互相合作的责任。包括：

1）互相提供服务、设备和材料。

2）及时提交各种表格、报告和通知。

3）提交质量体系文件。

4）提交进度报告。

5）避免对实施过程和对方的干扰。

6）现场保安、保护环境等。

7）对对方明显的错误提出预先警告，对其他方（如水电气部门）的干扰及时报告。

这些大部分属于承包商的责任。因为承包商是工程合同的具体实施者，是有经验的。合同规定，承包商对设计单位、业主的其他承包商、指定分包承担协调责任，对业主的工作（如提供指令、图纸、场地等），承包商负有预先告知，及时配合，对可能出现的问题提出意见、建议和警告的责任。

（4）在合同实施过程中还必须进行经常性的检查、监督，对合同作解释。

（5）合同责任的完成必须通过其他经济手段来保证。对分包商、主要通过分包合同确定双方的责权利关系，保证分包商能及时地按质按量地完成合同责任。如果出现分包商违约行为，可对他进行合同处罚和索赔。对承包人的工程小组可通过内部的经济责任制来保证。在落实工期、质量、消耗等目标后，应将它们与工程小组经济利益挂钩，建立一整套经济奖罚制度，以保证目标的实现。

4. 目前合同交底存在的问题

在签订合同时，公司及合同签订人都很重视，但在合同签订后，对合同分析及合同交底往往不够重视，甚至直接忽视了这项工作。合同签订与合同执行脱节。签订好的合同往往被人锁在文件柜里，其他人员只是知道其相关的工作职责，而对合同具体内容知之甚少，甚至完全不了解合同的内容，给日后的合同纠纷埋下隐患。合同执行人员由于不清楚合同双方的权利与义务，就没有什么依据去管理，有些人往往会钻这样的空子，最后使公司蒙受损失。例如，在某一个工程地暖管材料采购合同中，材料供应商和承包商签了了购销合同，在购销合同中约定了供应的地暖管按照建筑面积来计算。这是错误的。应该按照实际使用或者使用面积来计算。如果进行了合同分析及合同交底，在合同履行前应该和材料供应商协商解决，按照材料供应行业的惯例来解决，可避免由此带来的经济损失。究其原因，签订合同只是一种形式，没有真正去运用合同、研究合同，没有及时有效地对合同内容进行交底造成。因此，合同交底应得到合同相关人员及公司的高度重视。

7.2 合同实施管理体系

1. 建立合同管理的工作程序

在工程实施过程中，合同管理的日常事务性工作很多。为了协调好各方面的关系，使总承包合同的实施工作程序化、规范化，按质量保证体系进行工作，应订立如下工作程序。

（1）定期和不定期的协商会办制度。在工程过程中，业主、工程师和各承包商之间，承包商和分包商之间以及承包商的项目管理职能人员和各工程小组负责人之间都应有定期的协商会办。通过会办可以解决以下问题：

1）检查合同实施进度和各种计划的落实情况。

2）协调各方面的工作，对后期工作做出安排。

3）讨论和解决目前已经发生的和以后可能发生的各种问题，并做出相应的决议。

4）讨论合同变更问题，做出合同变更决议，落实变更措施，决定合同变更的工期和费用补偿数量等。

承包商与业主，总包和分包之间会谈中的重大议题和决议，应用会谈纪要的形式确定下来。各方签署的会谈纪要，作为有约束力的合同变更，是合同的一部分。合同管理人员负责会议资料的准备，提出会议的议题，起草各种文件，提出对问题解决的意见或建议，组织会议；会后起草会谈纪要（有时会谈纪要由业主的工程师起草），对会谈纪要进行合同法律方面的检查。

对工程中出现的特殊问题可不定期地召开特别会议讨论解决方法。这样有利于保证合同实施一直得到很好的协调和控制。

（2）建立一些特殊工作程序。对于一些经常性工作应订立工作程序，使大家有章可循，合同管理人员也不必进行经常性的解释和指导，如图纸批准程序，工程变更程序，分包商的索赔程序，分包商的账单审查程序，材料、设备、隐蔽工程、已完工程的检查验收程序，工程进度付款账单的审查批准程序，工程问题的请示报告程序等。

这些程序在合同中一般都有总体规定，在这里必须细化、具体化。在程序上更为详细，并落实到具体人员。

在合同实施中，承包商的合同管理人员，成本、质量（技术）、进度、安全管理人员与信息管理人员都必须亲临现场，他们之间应进行经常性的沟通。

2. 建立文档系统

合同管理人员负责各种合同资料和工程资料的收集、整理和保存工作。这项工作非常烦琐和复杂，要花费大量的时间和精力。工程的原始资料在合同实施过程中产生，必须由各职能人员、工程小组负责人、分包商提供。应将责任明确地落实下去。

（1）各种数据、资料的标准化，如各种文件、报表、单据等应有规定的格式和规定的数据结构要求。

（2）将原始资料收集整理的责任落实到人，由他对资料负责。资料的收集工作必须落实到工程现场，必须对工程小组负责人和分包商提出具体的要求。

（3）各种资料的提供时间。

（4）准确性要求。

（5）建立工程资料的文档系统等。

3. 工程过程中严格的检查验收制度

合同管理人员应主动地抓好工程和工作质量，协助做好全面质量管理工作，建立一整套质量检查和验收制度。

（1）每道工序结束应有严格的检查和验收。

（2）工序之间、工程小组之间应有交接制度。

（3）材料进场和使用应有一定的检验措施等。

防止由于承包商的工程质量问题造成被工程师检查验收不合格，试生产失败而承担违约责任。在工程中，由此引起的返工、窝工损失，工期的拖延应由承包商自己负责，得不到赔偿。

4．建立报告和行文制度

承包商和业主、监理工程师、分包商之间的沟通都应以书面形式进行，或以书面形式作为最终依据。这是合同的要求，也是法律的要求，还是工程管理的需要。在实际工作中这项工作特别容易被忽略。报告和行文制度包括如下几方面内容：

（1）定期的工程实施情况报告，如日报、周报、旬报、月报等。应规定报告内容、格式、报告方式、时间及负责人。

（2）工程过程中发生的特殊情况及其处理的书面文件，如特殊的气候条件、工程环境的变化等应有书面记录，并由监理工程师签署。工程中合同双方的任何协商、意见、请示、指示等都应落实在纸上，应养成书面文字交往的习惯。

在工程中，业主、承包商和工程师之间要保持经常联系，出现问题应经常向工程师请示、汇报。

（3）工程中所有涉及双方的工程活动，如材料、设备、各种工程的检查验收，场地、图纸的交接，各种文件（如会议纪要、索赔和反索赔报告、账单）的交接，都应有相应的手续和签收证据。这样双方的各种工程活动才有根有据。

7.3 合同控制

在工程实施过程中，由于实际情况千变万化，导致合同实施与预定目标的偏离，如果不及时采取措施，这种偏差常常由小到大，日积月累，对合同的履行造成严重的影响。因此，需要对合同实施情况进行跟踪，以便及时发现偏差，不断调整合同实施，使之与总目标一致。

合同控制指承包商的合同管理组织为保证合同所约定的各项义务的全面完成及各项权利的实现，以合同分析的成果为基准，对整个合同实施过程进行全面监督、检查、对比和纠正的管理活动。

7.3.1 合同控制的依据、程序和方法

1．合同控制的依据

合同控制时，判断实际情况与计划情况是否存在差异的依据主要有：

（1）合同和合同分析的结果，如各种计划、方案、合同变更文件等，它们是比较的基础，是合同实施的目标和方向。

（2）各种实际的工程文件，如原始记录、各种工程报表、报告、验收结果等。

（3）工程管理人员每天对现场情况的直观了解，如对施工现场的巡视、与各种人谈话、召集小组会议、检查工程质量，通过报表、报告等。

2. 合同控制的程序

（1）工程实施监测与跟踪。由于合同实施往往受到外界干扰，常常偏离目标，为确保工程按照预定的各种计划、设计、施工方案实施，在合同实施过程中，首先必须对整个工程活动实施全面的监测与跟踪。工程实施状况反映在原始的工程资料（数据）上，如质量检查报告、分项工程进度报告、记工单、用料单、成本核算凭证等。工程实施监测是工程管理的日常事务性工作。

（2）对比分析。只有经过对比分析，才能发现计划执行的状况。所以，需要将监测收集到的工程资料和实际数据进行整理，得到能够反映工程实施状况的各种信息，如各种质量报告、各种实际进度报表、各种成本和费用收支报表及其分析报告。然后，将这些信息与工程目标（如合同文件，合同分析文件、计划、设计等）进行对比分析，从而检查两者是否存在差异。差异的大小，即工程实施偏离目标的程度。如果没有差异，或差异较小，则可以按原计划继续实施工程。

（3）纠偏处理。一旦出现差异，就要分析差异的原因，采取纠偏处理措施。差异表示工程实施偏离目标的程度，必须详细分析差异产生的原因及其影响，有针对性地采取纠偏措施进行处理，否则这种差异会逐渐积累，最终导致工程实施远离目标，甚至可能导致整个工程失败。所以，在工程实施过程中要不断进行调整，使工程实施一直围绕合同目标进行。

通过合同跟踪、收集、整理能反映工程实施状况的各种资料和实际数据，如各种质量报告、各种实际进度报表、各种成本和费用收支报表及其分析报告。将这些信息与工程目标进行对比分析可以发现差异。根据差异情况确定纠偏措施，制订下一阶段的工作计划。合同控制的流程如图7-4所示。

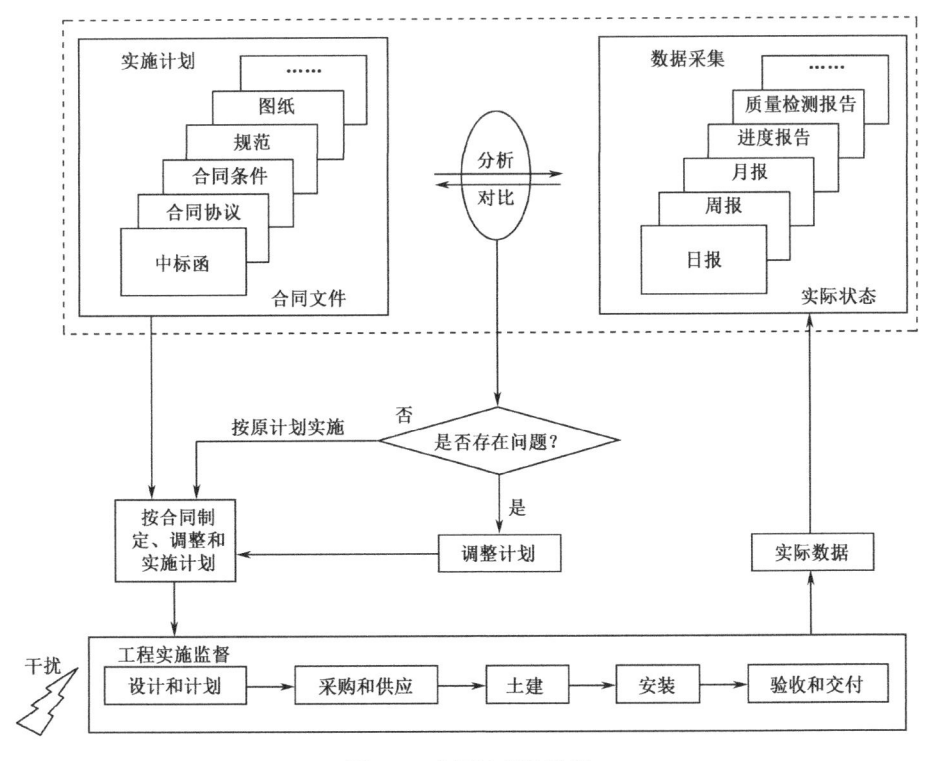

图7-4 合同控制的流程

3. 合同控制的方法

合同控制方法适用一般的项目控制方法。项目控制方法可分为多种类型：按项目的发展过程分类，可分为事前控制、事中控制和事后控制；按照控制信息的来源分类，可分为前馈控制和反馈控制；按是否形成闭合回路分类，可分为开环控制和闭环控制。归纳起来，可分为两大类，即被动控制和主动控制。

（1）被动控制。被动控制是控制者从计划的实际输出中发现偏差，对偏差采取措施，及时纠正的控制方式。因此，要求控制人员对计划的实施进行跟踪，将其收集的工程信息进行加工、整理，再传递给控制部门，使控制人员从中发现问题，找出偏差，使得目标和计划的偏离情况一旦出现就能够加以纠正。被动控制实际上是在项目实施过程中、事后检查过程中发现问题及时处理的一种控制，因此仍为一种积极的并且是十分重要的控制方式。

被动控制的措施包括以下几种：

1）应用现代化方法、手段，跟踪、测试、检查项目实施过程的数据，发现异常情况及时采取措施。

2）建立项目实施过程中人员控制组织，明确控制责任，发现情况及时处理。

3）建立有效的信息反馈系统，及时将偏离计划目标值进行反馈，以使其及时采取措施。

（2）主动控制。主动控制就是预先分析目标偏离的可能性，并拟订和采取各项预防性措施，以保证计划目标得以实现。主动控制是一种对未来的控制，它可以最大可能地改变即将成为事实的被动局面，从而使控制更加有效。当它根据已掌握的可靠信息，分析预测得出系统将要输出偏离计划的目标时，就制定纠正措施并向系统输入，以使系统因此而不发生目标的偏离。它是在事情发生之前就采取措施的控制。

主动控制措施一般包括以下几种：

1）详细调查并分析外部环境条件，以确定那些影响目标实现和计划运行的各种有利和不利因素，并将它们考虑到计划和其他管理职能当中。

2）风险分析，努力将各种影响目标实现和计划执行的潜在因素揭示出来，为风险评估和采取措施提供依据，并在计划实施过程中做好风险管理工作。

3）用科学的方法制订计划，做好计划可行性分析，消除那些造成资源不可行、技术不可行、经济不可行和财务不可行的各种错误和缺陷，保障工程的实施能够有足够的时间、空间、人力、物力和财力，并在此基础上力求计划优化。

4）高质量地做好组织工作，使组织与目标和计划高度一致，把目标控制的任务与管理职能落实到适当的机构和人员，做到职权与职责明确，使全体成员能够通力协作，为共同实现目标而努力。

5）制订必要的应急备用方案，以对付可能出现的影响目标或计划实现的情况。一旦发生这些情况，则有应急措施作保障，从而减少偏离量，或避免发生偏离。

6）计划应留有余地，这样可避免那些经常性的干扰对计划的影响，减少"例外"情况产生的数量，使管理人员处于主动地位。

7）沟通信息流通渠道，加强信息收集、整理和研究工作，为预测工程未来进展提供全面、及时、可靠的信息。

被动控制与主动控制都是实现项目目标所必须采用的控制方式，有效的控制工作应以主动控制为主，将被动控制和主动控制紧密地结合起来，同时还应进行定期、连续不断的跟踪并进行被动控制。只有如此，才能完成项目目标控制的根本任务。

主动控制与被动控制的结合，如图 7-5 所示。在图中，内部方框中为主动控制措施，被动控制在图中未表示，当输出后发现问题，反馈到控制系统，及时采取措施。

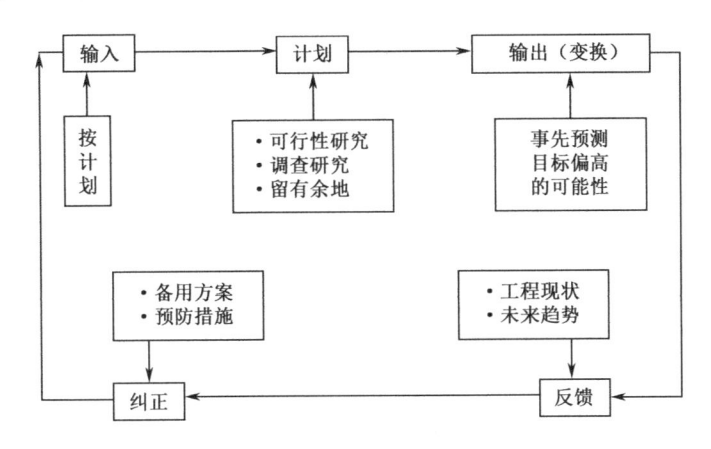

图 7-5 主动控制与被动控制的结合

4．合同控制与项目其他控制的关系

项目管理的主要目标包括进度、质量、成本、安全等都是通过具体的工程活动来实现的。由于在项目施工中各种干扰因素的影响，实施过程常常偏离总目标。为了保证项目实施按预定的计划进行，顺利地实现预定的目标，就必须要对整个项目实施控制。一般而言，工程项目实施控制包括成本控制、质量控制、进度控制和合同控制，如表 7-2 所示。而合同控制则是其他控制工作的核心。

表 7-2 工程实施控制的内容

序号	控制内容	控制目的	控制目标	控制依据
1	成本控制	保证按计划成本完成工程，防止成本超支和费用增加，达到营利目的	计划成本	各分项工程、分部工程、总工程计划成本、人力、材料、资金计划、计划成本曲线等
2	质量控制	保证按任务书（或设计文件、合同）规定的质量完成工程，使工程顺利通过验收，交付使用，实现使用功能	规定的质量标准	各项技术标准、规范、工程说明、图纸、工程项目定义、任务书、批准文件
3	进度控制	按预定进度计划实施工程，按期交付工程，防止工程拖延	任务书（或合同）规定的工期	总工期计划、已批准的详细的施工进度计划、网络图、横道图等
4	合同控制	按合同规定全面完成自己的义务，防止违约	合同规定的义务、责任	合同范围内的各种文件、合同分析资料

（1）合同控制是其他控制的保证。在项目实施过程中，承包商目标控制工作是其主要的合同责任，承包商只有通过合同控制才能使质量、进度和成本控制协调一致，形成一个有序的项目管理过程，所以，合同控制是承包商其他控制的保证。

（2）合同控制的范围较其他控制的范围广泛。

1）在项目实施过程中，承包商应承担合同规定的合同责任和拥有权利都是通过合同控制来实施和保障的。如承包商应完成合同规定的工程的设计、施工和进行保修任务；负责工程现场的安全、清洁和工程保护；遵守法律和执行工程师的指令，对自己的工作人员和分包商承担责任，及时地提供履约担保、购买保险等。同时，承包商有权获得必要的工作条件，如场地、道路、图纸、指令，有权及时获得工程付款，有权决定工程实施方案和选择更为合理的实施方案，有权利对业主和工程师的违约行为进行索赔等。

2）承包商的合同控制不仅针对与业主之间的施工承包合同，还包括与总合同相关的其他合同、总合同与各分合同之间以及各分合同相互之间的协调控制，如分包合同、供应合同、运输合同、租赁合同、担保合同等。

（3）合同控制较其他控制更强调动态调整。主要体现在如下两个方面：

1）由于合同实施常常受到外界干扰而偏离目标，因此必须要不断地对合同进行调整。

2）由于合同目标本身不断改变，如实施中不断出现合同变更，使工程的质量、工期、合同价格发生变化，进而导致合同双方的责任和权益发生变化。所以，合同控制就必须是动态的，合同实施就必须随变化的情况和目标不断调整，如图7-6所示。

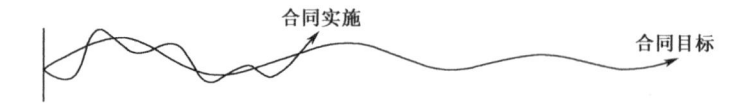

图 7-6 合同目标轨迹与合同动态控制

7.3.2 合同实施监督

合同实施监督可以保证工程的实施工作按合同和合同分析的结果进行。

1. 工程师（业主）的合同实施监督

业主雇用工程师的首要目的是对工程合同的履行进行有效的监督。这是工程师最基本的职责。工程师不仅要为承包商完成合同责任提供支持，监督承包商全面完成合同责任，而且要协助业主全面完成业主的合同责任。

（1）工程师应该立足施工现场，或安排专人在现场负责工程监督工作。

（2）工程师要促使业主按照合同的要求，为承包商履行合同提供帮助，并履行自己的合同责任。如向承包商提供现场的占有权，使承包商能够按时、充分、无障碍地进入现场；及时提供合同规定由业主供应的材料和设备；及时下达指令、图纸。

（3）对承包商工程实施的监督，使承包商的整个工程施工处于监督过程中。工程师的合同监督工作通过如下工作完成：

1）检查并防止承包商工程范围内的缺陷，如漏项、供应不足，对缺陷进行纠正。

2）对承包商的施工组织计划、施工方法（工艺）进行事前的认可和实施过程中的监督，保证工程达到合同所规定的质量、安全、健康和环境保护的要求。

3）确保承包商的材料、设备符合合同的要求，进行事前的认可、进场检查、使用过程中的监督。

4）监督工程实施进度。包括：下达开工令，并监督承包商及时开工；在中标后，承包商应该在合同条件规定的期限内向工程师提交进度计划，并得到认可；监督承包商按照批准的计划实施工程；承包商的中间进度计划或局部工程的进度计划可以修改，但它必须保证总工期目标的实现，同时也必须经过工程师的同意。

5）对付款的检查和监督。对付款的控制是工程师控制工程的有效手段。工程师在签发预付款、工程进度款、竣工工程价款和最终支付证书时，应全面审查合同所要求的支付条件、承包商的支付证书、支付数额的合理性等，并监督业主按照合同规定的程序，及时批准和付款。

2. 承包商的合同实施监督

承包商合同实施监督的目的是保证按照合同完成自己的合同责任。主要工作有：

（1）落实合同实施计划。落实合同实施计划，为各工程小组、分包商的工作提供必要的保证，如施工现场的安排，人工、材料、机械等计划的落实，工序间的搭接关系和安排，以及其他一些必要的准备工作。这项工作应由合同管理人员与项目的其他职能人员共同完成。

（2）协调各方关系。在工程实施中，常常会由于一些合同中未明确划定的工程活动的责任，造成承包商与业主、各承包商、材料和设备供应商，以及各分包商之间、工程小组与分包商之间发生互相推诿、扯皮，引起内部和外部的争执。合同管理人员就必须做好判定和调解工作，即在合同范围内协调业主、工程师、项目管理各职能人员、所属的各工程小组和分包商之间的工作关系，解决相互之间出现的问题，如合同责任界面之间的争执、工程活动之间时间和空间上的不协调。

（3）指导合同工作。在工程实施中，为了使各工程小组都有全局观念，以及及时地对工程中发现的问题提出意见、建议或警告。合同管理人员有必要对各工程小组和分包商进行工作指导，作经常性的合同解释。合同管理人员的工作目标不仅仅是索赔和反索赔，而且还要将各方面在合同关系上联系起来，防止漏洞和弥补损失，更完善地完成工程，起着"漏洞工程师"的作用。例如，促使工程师放弃不适当、不合理的要求（指令），避免对工程的干扰、工期的延长和费用的增加；协助工程师工作，弥补工程师工作的遗漏，如及时提出对图纸、指令、场地等申请，尽可能提前通知工程师，让工程师有所准备，使工程更为顺利。各方应减少对抗，促使合同顺利实施。

（4）参与其他项目控制工作。

1）会同项目管理的有关职能人员检查、监督各工程小组和分包商的合同实施情况，对照合同要求的数量、质量、技术标准和工程进度，发现问题并及时采取措施。

对已完工程作最后的检查核对，对未完成的或有缺陷的工程责令其在一定的期限内采取补救措施，防止影响整个工期。

2）按合同要求，会同业主及工程师等对工程所用材料和设备开箱检查或验收，看是否符合质量、图纸和技术规范等的要求，进行隐蔽工程和已完工程的检查验收，负责验收文件的起草和验收的组织工作，参与工程结算。

3）会同造价工程师对向业主提出的工程款账单和分包商提交的收款账单进行审查和确认等。

（5）合同实施情况的跟踪、偏差分析及参与处理。合同责任是通过具体的实施工作完成的，合同管理人员通过对合同实施情况的跟踪、偏差分析及参与处理，可按合同和合同分析的结果进行。

合同跟踪可以通过实施情况的分析，找出偏差，以便及时采取措施，调整合同实施过程，达到合同总目标，同时还可以使合同管理人员清楚地了解合同实施情况，对合同实施现状、趋向和结果有清醒的认识。

（6）负责工程变更与索赔管理。合同管理工作一经进入施工现场后，合同的任何变更，都应由合同管理人员负责提出。

索赔作为一种重要的合同行为，加强索赔管理，无论是对承包商还是业主都是十分重要的。承包商成功的索赔不仅可以维护自身的经济利益，还可能带来可观的利润，索赔已成为许多承包人的经营手段。对于业主来说，反索赔是对抗恶意索赔的重要手段。

（7）负责工程文档管理。对向分包商发出的任何指令，向业主发出的任何文字答复、请示，业主方发出的任何指令，都必须经合同管理人员审查，记录在案。文档管理可为项目的顺利实施和成功索赔，提供大量的证据资料。

（8）争议处理。承包商与业主、总（分）包的任何争议的协商和解决都必须有合同管理人员的参与，对解决方法进行合同和法律方面的审查、分析及评价，这样不仅保证工程施工一直处于严格的合同控制中，而且使承包商的各项工作更有预见性，更能及早地预测合同行为的法律后果。

由于工程中的许多文件，如业主和工程师的指令、会谈纪要、备忘录、修正案、附加协议等也是合同的一部分，所以它们也应完备，没有缺陷、错误、矛盾和二义性，也应接受合同审查。

应用案例 7-15

在我国的一个外资项目中，业主与承包商协商采取加速措施，将工期提前 3 个月，双方签署了加速协议，由业主支付一笔赶工费用。但加速协议过于简单，未能详细分清双方责任，特别是业主的合作责任。协议中没有承包商权益保护条款（例如，应业主要求加速，只要采取加速措施，即使没有效果，也应获得最低补偿），没有赶工费支付时间的规定。承包商采取了加速措施，但由于气候、业主的干扰、承包商责任等原因使总工期未能提前。结果承包商未能获得任何补偿。

7.3.3 合同跟踪

合同的履行是指工程建设项目的发包方和承包方根据合同规定的时间、地点、方式、内容和标准等要求，各自完成合同义务的行为。合同的履行，是合同当事人双方都应尽的义务。任何一方违反合同，不履行合同义务，或者未完全履行合同义务，给对方造成损失时，都应当承担赔偿责任。

合同签订以后，当事人必须认真分析合同条款，向参与项目实施的有关责任人做好合同交底工作，在合同履行过程中进行跟踪与控制，并加强合同的变更管理，保证合同的顺利履行。

合同签订以后，合同中各项任务的执行要落实到具体的项目经理部或具体的项目参与人员，承包商作为履行合同义务的主体，必须对合同执行者（项目经理部或项目参与人）的履行情况进行跟踪、监督和控制，确保合同义务的完全履行。

1. 合同跟踪的含义

合同跟踪有两个方面的含义。一是承包商的合同管理职能部门对合同执行者（项目经理部或项目参与人）的履行情况进行的跟踪、监督和检查；二是合同执行者（项目经理部或项目参与人）本身对合同计划的执行情况进行的跟踪、检查与对比。在合同实施过程中二者缺一不可。

2. 合同跟踪的作用

（1）通过合同实施情况分析，找出偏离，以便及时采取措施，调整合同实施过程，达到合同总目标。所以，合同跟踪是决策的前导工作。

（2）在整个工程过程中，能使项目管理人员一直清楚地了解合同实施情况，对合同实施现状、趋向和结果有清醒的认识，这是非常重要的。有些管理混乱，管理水平低的工程常常只有到工程结束时才能发现实际损失，可这时已无法挽回。

应用案例 7-16

我国某承包公司在国外承包一项工程，合同签订时预计该工程能盈利 30 万美元。开工时，发现合同有些条款不利，估计能持平，即可以不盈不亏。待工程进行了几个月，发现合同很不利，预计要亏损几十万美元。待工期达到一半，再作详细核算，才发现合同极为不利，是个陷阱，预计到工程结束，至少亏损 1 000 万美元以上。到这时才采取措施，损失已极为惨重。

在这个工程中如果能及早对合同进行分析、跟踪、对比，发现问题并及早采取措施，则可以把握主动权，避免或减少损失。

3. 合同跟踪的依据

（1）合同和合同分析的结果，如各种计划、方案、合同变更文件等，它们是比较的基础，是合同实施的目标和依据。

（2）各种实际的工程文件，如原始记录，各种工程报表、报告、验收结果、量方结果等。

（3）工程管理人员每天对现场情况的直观了解，如通过施工现场的巡视、与各种人谈话、召开小组会议、检查工程质量、量方等。这是最直观的感性知识。通常可以比通过报表、报告更快地发现问题，更能透彻地了解问题，有助于迅速采取措施减少损失。

这就要求合同管理人员在工程过程中一直立足于现场。

4．合同跟踪的对象

合同实施情况跟踪的主要对象如下：

（1）承包商的任务。

1）工程施工的质量，包括材料、构件、制品和设备等的质量，以及施工或安装质量，是否符合合同要求等。

2）工程进度，是否在预定期限内施工，工期有无延长，延长的原因是什么等。

3）工程数量，是否按合同要求完成全部施工任务，有无合同规定以外的施工任务等。

4）成本的增加和减少。

（2）工程小组或分包商的工程和工作。可以将工程施工任务分解交由不同的工程小组或发包给专业分包完成，但必须对它们实施的总体情况进行检查分析，协调关系，提出意见、建议或警告，保证工程总体质量和进度。在实际工程中，常常由于某一工程小组或分包商的工作质量不高或进度拖延而影响整个工程施工。合同管理人员在这方面应给他们提供帮助。如协调他们之间的工作；对工程缺陷提出意见、建议或警告；责成他们在一定时间内提高质量加快工程进度等。

作为分包合同的发包商，总承包商必须对分包合同的实施进行有效的控制。这是总承包商合同管理的重要任务之一。对分包合同控制的目的如下：

1）控制分包商的工作，严格监督他们按分包合同完成工程。分包合同是总承包合同的一部分，如果分包商不能完成合同责任，则总承包商就不能顺利完成总包合同责任。

2）为向分包商索赔和对分包商反索赔作准备。总包和分包之间利益是不一致的，双方之间常常有尖锐的利益争执。在合同实施中，双方都在进行合同管理，都在寻求向对方索赔的机会。所以双方都有索赔和反索赔的任务。

3）对专业分包商的工作和负责的工程，总承包商负有协调和管理的责任，并承担由此造成的损失。所以，专业分包商的工作和负责的工程必须纳入总承包工程的计划和控制中，防止因分包商工程管理失误而影响全局。

应用案例 7-17

某工程业主与承包商 A 签订了该工程的总承包合同。后经业主同意，承包商 A 又将该工程的设计任务和施工任务分别委托给设计单位 B 和施工单位 C，并与它们分别签订了合同。合同签订后，设计单位 B 按时将设计文件和有关资料交付给施工单位 C，施工单位 C

也根据施工图纸进行施工。工程竣工后,业主会同有关质量监督部门对工程进行验收,发现工程存在严重的质量问题,经检查是由于设计不符合规范所致的。原因是设计单位 B 设计前未对现场进行仔细勘察,导致设计不合理,给业主造成重大损失。事后,业主要求设计单位 B 和施工单位 C 承担相应的责任,而设计单位 B 以与业主没有合同关系为由拒绝承担责任,施工单位 C 又以自己不是设计人为由推卸责任,业主遂以设计单位 B 为被告向法院起诉。

该工程严重的质量事故应该由谁来承担责任?

⇨ **点评**

在上述严重的质量事故中,由于设计单位 B 设计前未对现场进行仔细勘察,导致设计不合理,给业主造成重大损失,总承包商 A 和设计单位 B 应对工程建设质量问题向业主承担连带责任。因为总承包商 A 与设计单位 B 之间的关系是总包与分包的关系,根据《合同法》和《建筑法》的规定,总承包商依法将建设工程分包给其他单位的,分包单位应当按照分包合同的约定对其分包工程的质量向总承包单位负责,总承包单位与分包单位对分包工程的质量承担连带责任。

(3) 业主及其委托的工程师的工作。业主和工程师是承包商的主要工作伙伴,应重视对他们的工作进行监督和跟踪。

1) 业主和工程师应及时提供各种工程实施条件,如及时发布图纸、提供场地、及时下达指令、做出答复、及时并足额地支付应付的工程款项等。作为业主和工程师必须正确、及时地履行合同责任,以避免承包商以此为理由而推卸应承担的工程责任。所以,合同工程师应寻找合同中以及对方合同执行中的漏洞。

2) 在工程中承包商应积极主动地做好工作,如提前催要图纸、材料,对工作事先通知。这样不仅可以让业主和工程师及时准备,以建立良好的合作关系,保证工程顺利实施,而且可以推卸自己的责任。

3) 有问题及时与工程师沟通,多向工程师汇报情况,及时听取他的书面指示。

4) 及时收集各种工程资料,对各种活动、双方的交流做好记录。

5) 对有恶意的业主提前防范,并及时采取措施。

(4) 工程总的实施状况。

1) 工程整体施工秩序状况。在工程实施中是否存在现场混乱、拥挤不堪,承包商与业主的其他承包商、供应商之间协调困难,合同工作之间和工程小组之间协调困难,出现事先未考虑到的情况和局面,发生较严重的工程事故等。

2) 已完工程是否通过验收,是否发生过大的工程质量事故,工程试运行是否成功或达到预定的生产能力等。

3) 施工进度是否按预定计划执行,主要的工程活动是否按期完成,在工程周报和月报上计划和实际进度是否有大的偏差。

4) 计划和实际的成本曲线是否出现大的偏离。在工程项目管理中,工程累计成本曲线对合同实施的跟踪分析起很大作用。计划成本累计曲线通常在网络分析、各事件计划成本确定后得到。而实际成本曲线由实际施工进度安排和实际成本累计得到,两者对比,可以分析出实际和计划的差异。

应用案例 7-18

某水利水电综合性工程地处南亚热带雨林气候区,该工程实行跨流域水资源开发,具有综合性经济效益。项目承包施工的合同额为 3 595 万美元,是利用亚洲开发银行贷款,施工工期为 36 个月。该工程土建项目包括堆石坝,引水发电隧洞,水电站主、副厂房及压力钢管,调压井等。项目施工区域位于国家森林公园地区,两个施工区域距离达 70km,共有 10 个施工营地,在环境保护方面又有一些特殊的规定和要求。

由于承包商对地处国家森林公园地区且施工地段分散的承包施工缺乏经验以及工程师的苛求,施工过程中出现了很多问题,主要有:

①施工组织不善,进度迟缓。在施工战线长、施工点和营地多的情况下,项目经理部没有采取统一计划,严格管理的制度,反而强调各施工点各自为政,独立核算,使人力、财力、物力资源不能统一调度使用,有的工区设备闲置不用,有的工区却高价租赁设备;项目的整体施工进度严重滞后,引起业主和咨询工程师的极大不满。

②工程款结算极少,流动资金枯竭。由于施工进度严重滞后,在开工后的第一个旱季施工期,仅结算收入工程款 40 万美元,使资金流动计划全部落空,需要增购的施工设备约达 500 万美元没有着落,与此同时由于拖欠职工工资,引起施工队情绪低落,总承包商从国内派出的施工人员人心思归,甚至聚众闹事。

③咨询工程师不予合作。咨询工程师固执己见,对承包商要求苛刻。对承包商呈报的施工方案迟迟不予批复,一张图纸、一份方案往往要修改五六次才批准实施,严重影响了施工进展。

开工半年时间内,工程师发来函件 700 多件,要求一一书面回复。项目经理部 20 多名工程师的时间和精力几乎都花在应付工程师的函件上,而这些问题本来是可以通过讨论协商而解决的。

在国家森林公园区施工,环保要求极严,多占几平方米土地,或食堂排放污水等细微事项,咨询工程师往往要下令停止作业,严重延误了承包商的正常生产。

7.3.4 合同实施情况的偏差分析

通过合同跟踪,可能会发现合同实施中存在着偏差,即工程实施实际情况偏离了工程计划和工程目标,应该及时分析原因,采取措施,纠正偏差,否则这种差异会逐渐积累,越来越大,最终导致工程实施远离目标,使承包商或合同双方受到很大的损失,甚至可能导致工程的失败。

合同实施情况偏差分析是指在合同实施情况追踪的基础上,评价分析合同实施情况、偏差的大小及其影响程度,以及产生的原因,预测合同实施情况未来发展的趋势,以便对该偏差采取调整措施。所以，合同偏差分析的内容包括以下几个方面。

1．产生偏差的原因分析

通过对合同执行实际情况与实施计划的对比分析，不仅可以发现合同实施的偏差，而且可以探索引起差异的原因。

原因分析的方法有鱼刺图、因果关系分析图（表）、成本量差、价差和效率差分析等。

例如，在计划成本和实际成本累计曲线上，如图 7-7 所示，通过对比分析，可以发现总成本的偏差值，进而还可以进一步分析产生偏差的原因。

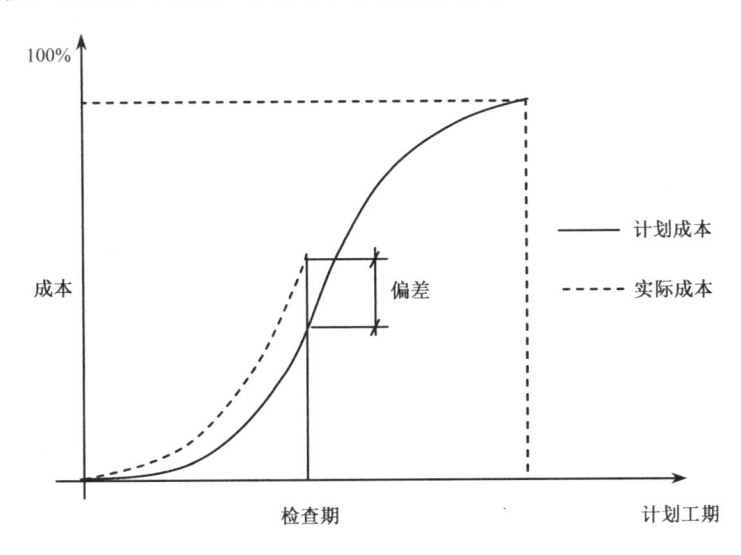

图 7-7　计划成本与实际成本累计曲线对比

通常，在工程中，造成计划和实际成本累计曲线偏离的原因可能有以下几种：
（1）整个工程加速或延缓。
（2）工程施工次序被打乱。
（3）工程费用支出增加，如材料费、人工费上升。
（4）增加新的附加工程，使主要工程的工程量增加。
（5）工作效率低下，资源消耗增加等。

如果对引起工作效率低下的原因做进一步分析，还可以发现更具体的原因，可能有以下几种：

1）内部干扰，如施工组织不周，夜间加班或人员调遣频繁；机械效率低，操作人员不熟悉新技术，违反操作规程，缺少培训；经济责任不落实，工人劳动积极性不高等。

2）外部干扰，如图纸出错，设计修改频繁；气候条件差；场地狭窄，现场混乱，施工条件如水、电、道路受到影响等。

2．合同实施偏差的责任分析

分析产生合同偏差的原因是由谁引起的，应该由谁承担责任。

责任分析必须以合同为依据,按合同规定落实双方的责任。一般只要原因分析有根有据,则责任分析自然清楚。

3. 合同实施趋势分析

针对合同实施偏差情况,可以采取不同的措施,应分析在不同措施下合同执行的结果与趋势。

(1)最终的工程状况,包括总工期的延误、总成本的超支、质量标准、所能达到的生产能力(或功能要求)等。

(2)承包商将承担什么样的后果,如被罚款、被清算,甚至被起诉,对承包商资信、企业形象、经营战略的影响等。

(3)最终工程经济效益(利润)水平。

7.3.5 合同实施情况的偏差处理

通过追踪检查,收集、整理出反映实际状况的各种资料和数据,如进度报表、质量报告、成本和费用收支报表等,将这些信息与工程目标(如合同文件)进行对比分析,对偏差进行处理和调整。根据合同实施偏差分析的结果,承包商可采取相应的调整措施。通常对偏差处理可采取以下四类措施:

(1)合同措施,如进行合同变更,签订新的附加协议、备忘录,通过索赔手段解决费用超支问题等。

(2)组织措施,如增加人员投入,调整工作流程或重新制订计划,派遣得力的管理人员等。

(3)技术措施,如变更技术方案,采用更高效率的施工方案等。

(4)经济措施,如增加投入,对管理人员进行经济激励等。

与合同签订前情况不同,在施工中出现任何工程问题和风险,承包人首先采取的是合同措施,而不是技术或组织措施。通常首先考虑以下两点:

(1)如何保护和充分行使自己的合同权利。例如,通过索赔降低自己的损失。

(2)如何利用合同使对方的要求(权利)降到最低,即如何充分限制对方的合同权利。

而业主和工程师遇到工程问题和风险通常先着眼于解决问题,排除干扰,使工程顺利实施,然后才考虑责任和赔偿问题。这是由于业主和工程师考虑问题是从工程整体利益角度出发的。

如果通过合同诊断,承包商已经发现业主有恶意,不支付工程款或自己已经坠入合同陷阱中,或已经发现合同亏损,而且估计亏损会越来越大,则要及早确定合同执行战略,采取措施,如及早撕毁合同,降低损失;争取道义索赔,取得部分补偿;采用以守为攻的办法,拖延工程进度,消极怠工等。

在这种情况下,常常是承包商投入资金越多,工程完成得越多,承包商就越被动,损失会越大。等到工程完成,交付使用,则承包商的主动权就没有了。

应用案例 7-19

被告某建筑工程公司于 2008 年与原告西湖建筑工程公司签订了路基土石方、挖运、压实合同，将自己所承包的路基填土方部分工程分包给原告。合同签订后，原告进入场地施工，并由被告方的监理人员进场进行现场质量监督。12 月，由原告、被告的监理人员共同对原告已经完成的填土方工程量进行了勘测，测量结果原告方完成填土方 25 000 立方米，在此期间，被告给付原告 8 万元。2009 年 1 月，建设方以施工中未上压路机为由，要求停止施工，原告停工一天后经被告许可继续施工。2 月，建设方又向被告提出停止施工要求，经被告同意原告停止施工，并于 3 月初经原告、被告监理人员对原告所完成的全部土石方进行测量，原告共完成填土方 50 000 立方米。到 4 月，原告方仍未得到被告方允许复工或返工的通知，故撤离了施工现场，并用书面方式通知了被告。直到 5 月初被告才多次书面通知原告复工，原告以对方未按合同规定预付够工程款为由未复工，被告方自己完成了剩余工程，尚欠原告工程款 8 万元。

原告诉称：我方与被告签订了道路土石方挖填工程承包合同，合同签订后，我方如期进入了场地施工，同年我们双方在场的监理人员进行了共同土石方测量验收，被告应支付我方工程款 16 万元，由于被告已经给付了 8 万元，被告尚欠原告 8 万元，该款虽经我方多次催要，被告以无钱为由推脱不付，为此要求被告立即偿付所欠我方工程款和进场费 8.5 万元，并承担违约责任。

被告辩称：原告在施工过程中不按施工规范、程序施工，导致建设方多次提出停工的要求，虽经我方多次警告，原告不予理睬，由始至终未使用压实设备，质量未达到标准，造成返工，使我方损失 10 余万元。原告严重违约，未按期完工，擅自无端终止合同，应承担一切经济后果。

法院认为：被告方在工程施工的过程中派有监理人员，对原告施工质量、技术负责监督、指挥，故建设方提出填土方密实度达不到规定标准，造成停工，原、被告双方均有过错。被告答辩中提出的返工工程量，事先并未通知原告，不予认定。经原、被告双方监理人员对原告所完成的全部填土方工程量进行了测量，测得原告共完成填土方量为 100 000 立方米，参加测量人员均在计算书上签了字，故认定该工程量有效。根据《中华人民共和国建筑法》和《中华人民共和国合同法》的规定，法院判决如下：原告施工中完成的填土方量为 100 000 立方米，共计价款 16 万元，被告尚欠原告工程款 8 万元，于判决生效后 15 日内一次性支付给原告。原告施工进场费自负。这是一起发包方借故违约现象，工程款依法结算的案例。

7.4 合同实施中的沟通问题

1. 沟通问题的重要性

（1）承包商的合同责任是在合同规定时间内，按合同规定的质量标准，完成合同规定范围内工程的施工和竣工,并完成保修责任,最终使业主接收工程,承包商获得合同所规定的支付。但在现代工程项目管理中,人们将项目参加者各方面的满意作为项目目标,这对承包商特别重要。如果承包商的工作不能被业主和工程师承认和理解,即使承包商做出很大的努力,工程很成功,也不能算一个成功的合同。

(2)从合同分析可知,一个合同的实施过程是合同双方各种活动交织在一起形成的有序过程。而一个项目又是许多份相关合同所定义的各种工程活动(义务、责任)交织成的一个有序的过程。要保证一个合同的实施,以及整个项目的顺利进行,需要合同双方及参加项目的各个方面协调一致,包括对合同统一的理解、各方行为具有统一的计划性,合同各方都能全面地履行自己的合同责任等。同时需要合同各方保持经常性的联系和沟通。有效的沟通可以避免干扰事件造成的影响,降低这种影响造成的损失。

(3)合同实施需要一个双方以及各方的信任和友好的氛围,双方愉快地合作。如果双方产生敌对情绪,业主代表和监理工程师对承包商不信任,则承包商的工作将十分艰辛,会有许多心理障碍导致行为的障碍和干扰,最终使工程不能顺利完成。合同的执行过程、索赔和争执的合理解决需要双方良好的合作关系,甚至有人把双方关系作为索赔问题解决的前提条件之一。

应用案例 7-20

在非洲某水电工程中,工程施工期不到 3 年,原合同价 2 500 万美元。由于种种原因,在合同实施中承包商提出许多索赔,总值达 2 000 万美元。监理工程师做出处理决定,认为总计补偿 1 200 万美元比较合理。业主愿意接受监理工程师的决定。但承包商不肯接受,要求补偿 1 800 万美元。由于双方达不成协议,承包商向国际商会提出仲裁要求。双方各聘请一名仲裁员,由他们指定首席仲裁员。本案仲裁前后经历近 3 年时间,相当于整个建设期,光仲裁费花去近 500 万美元。最终裁决为:业主给予承包商 1 200 万美元的补偿,即维持工程师的决定。经过国际仲裁,双方都受到很大损失。如果双方各作让步,通过沟通协商,友好解决争执,则不仅花费少,而且麻烦少,信誉好。

2. 与业主的沟通

业主作为工程和服务的买方,是上帝,而承包商是服务者,应该使业主满意。按照合同管理的目标,只有业主对承包商满意,工程才是成功的。

(1)业主向承包商授标不仅表示业主对承包商报价、工期、实施方案的认可和满意,而且表示业主对承包商的信任。这种信任是承包商提交资格预审文件、投标文件,以及在各种场合向业主宣传的结果。这是承包商合同实施的一个良好条件。在招投标过程中及中标后,承包商应向业主显示其资信和实施工程的能力,解答业主的各种疑问,使业主放心。如果业主不放心,就会提出比较苛刻的合同条件,在合同执行中就会有比较严格的控制和比较多的干预。承包商要研究业主,了解业主的意图和目标,了解业主的商业习惯、文化特点、爱好、禁忌、审美观念,甚至法律和宗教习惯,在工程中多为业主着想。

（2）承包商常常遇到不懂合同，甚至不懂工程管理的业主，但这样的业主又喜欢多干预承包商的工程。他常常又不能理解承包商的难处、承包商所提出的解决问题的方案和合理的索赔要求。这使得承包商的工作很艰难。

1）不让业主干预承包商的工程施工是不可能的，因为业主是工程所有者，在工程中具有最高的权威。

2）多与业主接触，使其了解工程管理，了解承包商工作的难度，使他相信合同双方根本利益是一致的。使他能够理解承包商的决策，以及他对工程的干预可能产生的后果，特别是对工程总目标的影响。

3）如果与业主之间发生矛盾，承包商应充分利用工程师在业主与承包商之间的缓冲作用。

（3）与业主的关系常常还具体体现在与业主代表以及业主上层机构的沟通上。

3. 与监理工程师的沟通

监理工程师是工程的直接管理者，他有很大的权力，他的行为和态度对承包商合同实施的影响最大。在国际工程中由于对承包商不了解、不熟悉，或由于文化习惯、种族偏见，工程师有时会苛求承包商。

（1）在工程开始，与处理同业主的关系一样，要使工程师对承包商的能力充满信心，营造一个信任的气氛，使他相信，承包商会积极主动地抓好质量和进度。

通常在工程的开始阶段，工程师对承包商要求比较严格，工程师的工作也十分细致，常常给人严格要求、不讲情面、不让步的感觉。工程师要建立起自己的权威，并企图形成一个良好的项目组织文化。对此，承包商应该积极配合。如果刚开始质量检查都合格，进度都符合要求，有一个良好的开端，承包商就会树立一个好的形象。工程师对承包商放心，则在以后的工程阶段工程师就会放手让承包商独立工作，干预也比较少。如果刚开始几次检查都不合格，进度拖延，现场混乱，则会加深监理工程师的不信任感。工程师会加强对承包商工程和工作的监督、控制和干预，更为严格和频繁地检查。所以承包商要争取一个良好的开端。

应该看到工程师并不想苛刻要求承包商、刁难承包商，但他要向工程总目标负责，向业主负责。如果他与承包商不协调或遇到一个没有能力、资信不好的承包商，或承包商的工程处于亏损状态，工程师的工作也是十分艰辛的，要付出更大的努力。这也是工程师所不愿意看到的。

（2）承包商及其代表应搞好与工程师的关系，避免矛盾激化。

（3）尊重工程师，维护工程师的权威，听从工程师的指令。

1）对工程师的指令承包商要及时答复，积极响应。如果承包商对工程师的指令作冷处理或不执行，则工程师会感到很恼火，这会使双方的关系恶化。

2）如果承包商不执行工程师的指令，业主有权请其他的承包商或自己派人完成，但费用应由承包商支付。这个费用通常要比承包商自己完成所产生的花费高得多。

3）即使对工程师的指令有异议，或从策略上考虑不宜立即执行，也应在行为上摆出一个立即执行的架势。

（4）积极配合工程师的工作，慎重地有策略地对待工程师工作中的失误和由此导致的索赔。

（5）作为一个承包商，在合同执行前，必须透彻地理解整个建设项目管理系统，熟悉工程师为整个建设工程所做出的各种安排。

7.5 合同实施后评价

由于合同管理工作比较偏重于经验，只有不断总结经验，才能不断提高管理水平，才能通过工程不断培养出高水平的合同管理者。因此，在合同执行后进行合同后评价工作，将有助于人们总结合同签订和执行过程中的利弊得失和经验教训，为以后工程的合同管理工作提供借鉴，更好地搞好这项工作。

进行合同后评价工作十分重要，但人们现在还不太重视这项工作，或尚未有意识、有组织地做这项工作。

合同实施后的评价工作包括的内容和工作流程，如图7-8所示。

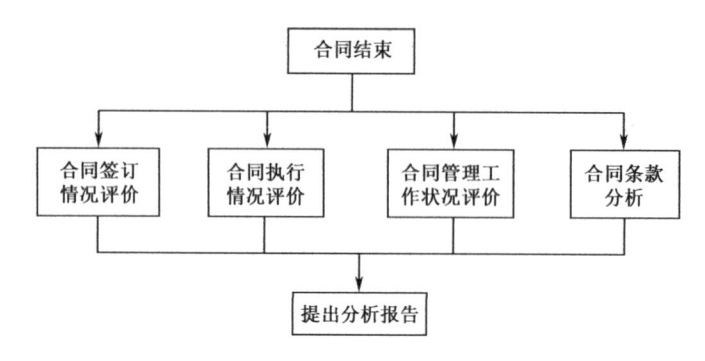

图 7-8 合同实施后评价的内容及流程

合同实施后评价的内容如下所述。

1. 合同签订情况评价

项目在正式签订合同前，所进行的工作都属于签约管理，签约管理质量直接制约着合同的执行过程。因此，签约管理是合同管理的重中之重。评价项目合同签约情况时，主要参照以下几个方面：

（1）招标前，对发包人和建设项目是否进行了调查和分析，是否清楚、准确。例如，施工所需要的资金是否已经落实，工程的资金状况直接影响后期工程款的回收；施工条件是否已经具备、初步设计及概算是否已经批准，直接影响后期施工进度等。

（2）投标时，是否依据公司整体实力及实际市场状况进行报价，对项目的成本控制及利润收益有明确的目标，心中有数，不至于中标后难以控制费用支出，为避免亏本而骑虎难下。

（3）中标后，即使使用标准合同文本，也需要逐条与发包人进行谈判。既要通过有效的谈判技巧争取较为宽松的合同条件，又要避免合同条款不明确，造成施工过程中的争议，使索赔工作难以实现。

（4）做好资料管理工作。签约过程中的所有资料都应经过严格的审阅、分类、归档，因为前期资料既是后期施工的依据，也是后期索赔工作的重要依据。

2. 合同执行情况评价

在合同实施过程中，应该严格按照施工合同的规定，履行自己的职责，通过一定有序的施工管理工作对合同进行控制管理。评价控制管理工作的优劣主要是评价施工过程中工期目标、质量目标、成本目标完成的情况和特点。

（1）工期目标评价。主要评价合同工期履约情况和各单位（单项）工程进度计划执行情况；核实单项工程实际开、竣工日期，计算合同建设工期和实际建设工期的变化率；分析施工进度提前或拖后的原因。

（2）质量目标评价。主要评价单位工程的合格率、优良率和综合质量情况。

1）计算实际工程质量的合格品率、实际工程质量的优良品率等指标，将实际工程质量指标与合同文件中规定的，或设计规定的，或其他同类工程的质量状况进行比较，分析变化的原因。

2）评价设备质量，分析设备及安装工程质量能否保证投产后正常生产的需要。

3）计算和分析工程质量事故的经济损失，包括计算返工损失率、因质量事故拖延建设工期所造成的实际损失，以及分析无法补救的工程质量事故对项目投产后投资效益的影响程度。

4）工程安全情况评价，分析有无重大安全事故发生，分析其原因和带来的实际影响。

（3）成本目标评价。主要评价物资消耗、工时定额、设备折旧、管理费等计划与实际支出的情况，评价项目成本控制方法是否科学合理，分析实际成本高于或低于目标成本的原因。

1）主要实物工程量的变化及其范围。

2）主要材料消耗的变化情况，分析造成超耗的原因。

3）各项工时定额和管理费用标准是否符合有关规定。

3. 合同管理工作状况评价

这是对合同管理本身，如工作职能、程序、工作成果的评价。

（1）合同分析的准确程度。

（2）合同管理工作对工程项目的总体贡献或影响。

（3）在投标报价和工程实施中，合同管理子系统与其他职能的协调问题，需要改进的地方，合同控制中的程序改进要求。

（4）索赔处理和纠纷处理的经验教训等。

4. 合同条款分析

(1) 本合同签订和执行过程中所遇到的特殊问题的分析结果。

(2) 本合同的具体条款，特别是对本工程有重大影响的合同条款的表达和执行的利弊得失。

(3) 对具体的合同条款如何表达更为有利等。

7.6 合同档案管理

任何一项工程都要有业主委托设计、监理、施工，各方之间的责任与利益不同，只有通过合同才能形成相互联系和相互制约的机制，从而实现工程的目标。因而，作为合同文件的档案管理在工程中显得尤为重要，加强工程施工合同的归档管理和开发利用成为工程施工档案管理部门面对的重要课题。

合同档案内容包括投标、中标书、信件及数据、合同书、电传、电报、传真、电子邮件、电子数据交换等，其中市政工程承包合同实际包括勘察、设计、建筑、安装合同。

在合同实施过程中，业主、承包商、工程师、业主的其他承包商之间有大量的信息交往，承包商的项目经理部内部的各个职能部门（或人员）之间也有大量的信息交往。

作为合同责任，承包商必须及时向业主（工程师）提交各种信息、报告、请示。这些是承包商证明其工程实施状况（完成的范围、质量、进度、成本等），并作为继续进行工程实施、请求付款、获得赔偿、工程竣工的条件。而承包商做好现场记录，并保存好记录是十分重要的。许多承包商忽视这项工作，不喜欢档案工作，最终削弱自己的合同地位，损害自己的合同权益，特别是妨碍索赔和争执的有利解决。最普遍的现象是，额外工作未得到书面确认，变更指令不符合规定，错误的量方、现场记录、会谈纪要未及时提出反对意见，重要的资料未能保存，业主违约未能用文字或信函确认等。在这种情况下，承包商在索赔及争执解决中取胜的可能性是极小的。

实践证明，任何工程都会有这样或那样的风险，都可能产生争执，甚至会有重大的争执，这时就会用到大量的证据。

在施工活动中，人们忽视记录及信息整理和储存工作是因为许多记录和文件在当时看来是没有价值的。如果工程一切顺利，双方不产生争执，通常大量的记录确实没有价值，而且这项工作十分麻烦，花费不少。

在实际承包工程中常常有如下现象存在：

(1) 施工现场有许多表格，但是大家都不重视它们，不喜欢档案工作，对日常工作不记录，也没有安排专门人员从事这项工作。例如，在施工日报上，经常不填写，或仅仅填写"一切正常"、"同昨日"、"同上"，没有实质性内容或有价值的信息。

(2) 档案系统不全面、不完整，不知道哪些该记，哪些该保存。

(3) 不保存，或不妥善地保存工程资料。在现场办公室内到处是文件。由于没有专人保管，有些日报表可能被用于打扑克记分，有些报表被用于包东西。

许多项目管理者感叹,在一个工程中文件太多,面太广,资料工作太繁杂,做不好。常常在管理者面前有一大堆文件,但要查找一份需要用的文件却要花许多时间。

7.6.1 合同资料的作用及基本要求

1. 合同资料的种类

在实际工程中,与合同相关的资料面广量大,形式多样,主要有以下几种:

(1) 合同资料,如各种合同文本、招标文件、投标文件、总进度计划、图纸、工程说明等。

(2) 合同分析资料,如合同总体分析、合同工作表、网络图、横道图等。

(3) 工程实施中产生的各种资料。如发包人的各种工作指令、工程签证、信件、会谈纪要和其他协议,各种变更指令、申请、变更记录,各种检查验收报告、鉴定报告。

(4) 工程实施中的各种记录、施工日记等,官方的各种文件、批件,反映工程实施情况的各种报表、报告、图片等。

在工程实施中,现场记录必须到位、完备,必须对所有合同工作和合同相关的各种活动的情况加以记录,收集整理相关资料。

应用案例 7-21

某大型工程项目业主工程管理文件归档分类办法,如表 7-3 所示。工程管理文件归档分类办法是工程管理基础制度中必不可少的重要内容,各项目制定工程管理文件归档分类办法的目的是统一各文件归档,便于文件检索及工作交接,明确项目完工后移交资料内容,完善文件责任制度。

表 7-3 某大型工程项目工程管理文件归档分类办法

文件类型	文件内容
A 册:管理规范	工程管理控制文件(A_1)、各部门职责及人员架构表(A_2)
B 册:合同文件	施工合同文件(B_1)、监理合同文件(B_2)、材料采购合同文件(B_3)、合同登记汇总表(B_4)、施工合同台账(B_5)
C 册:内部来往文件	发文(C_1)、收文(C_2)
D 册:监理部门往来文件	监理人员登记表及证明材料(D_1)、监理规划(D_2)、监理细则(D_3)、监理例会纪要(D_4)、监理备忘录及专题报告(D_5)、监理月报及审核意见(D_6)、发监理单位文件(D_7)
E 册:与施工单位来往文件	施工组织设计(E_1)、施工方案(E_2)、工程联系单(E_3)
F 册:设计变更和工程签证	设计变更(F_1)、技术核定单(F_2)、工程签证(F_3)
G 册:计划管理	总进度计划(G_1)、施工图纸交付计划(G_2)、加工材料计划(G_3)、施工单位总进度计划(G_4)、施工单位月计划(G_5)、施工单位周计划(G_6)
H 册:作业指导书	工程管理指导书(H_1)、成本管理指导书(H_2)
I 册:材料设备管理	封样登记一览表(I_1)、收(调)料单(I_2)、设备调试验收记录(I_3)
J 册:会议纪要	工程例会纪要(J_1)、现场工作协调会议纪要(J_2)、专题会议纪要(J_3)
……	……

2. 合同资料的主要作用

合同管理者负责合同资料以及与合同有关的工程资料的收集、整理和保管（存档）工作。这不仅是他的工作责任，而且是他的工作需要。合同管理者的工作以这些资料为基础，同时又依靠资料来实施。其意义在于：

（1）在合同签订、分析、监督、跟踪、变更和索赔中需要资料，同时又产生大量资料。

（2）合同管理者要做出各种工程报表，向项目经理提出意见和建议，向工程小组落实工程责任，制作协调方案等。

3. 合同资料的基本要求

（1）专业对口、实用。不同专业的工程小组，不同的项目管理职能人员提供不同的资料，同时他们又需要不同的资料。因此资料要满足各种专业工作的要求。

（2）反映实际情况。要求：

1）各种合同文件、工程文件、报表、报告要实事求是，反映客观，不能弄虚作假。

2）各种计划指令、协调方案也要符合实际，切实可行。

（3）及时提供。资料过时，则会失去它的作用，造成损失。如索赔证据提供过迟，则失去索赔机会；合同要求业主代表、工程师、承包商对函件应在答复期内答复，否则承担相应的责任；工程师必须及时认可或拒绝承包商的建议文件、请示文件。

（4）简单明了，便于理解。

7.6.2 合同资料档案管理的任务和建立

1. 合同资料档案管理的主要任务

（1）合同资料的收集。合同包括许多资料、文件；合同分析又产生许多分析文件；在合同实施中每天又产生许多资料，如记工单、领料单、图纸、报告、指令、信件等。必须落实这些资料的收集工作，应由相应的职能人员每天收集这些原始资料交合同管理人员。

（2）合同资料的分类和整理。原始资料必须经过加工和整理，才能反映工程进展的状况，才能成为可供决策的信息，才能成为工程报表或报告文件。

（3）合同资料的储存。所有合同管理中涉及的资料不仅是为了目前的使用，而且必须保存好，直到合同结束。以备将来查找和使用方便，以及为将来建立资料的档案系统提供信息。

（4）合同资料的提供、调用和输出。合同管理人员有责任向项目经理、业主作工程实施情况报告；向各职能人员和各工程小组、分包商提供资料；为工程的各种验收、索赔和反索赔提供资料和证据。

2. 合同资料档案的建立

（1）资料的编码。有效的档案管理是以与用户友好的和具有较强的表达能力的资料编码为前提的。在合同实施前就应专门研究和建立合同资料的编码系统。

最简单的编码是用序数，但它没有较强的表达能力，不能全面表达资料的特征。

一般合同资料的编码体系有如下要求：

1）统一的，包括所有资料的编码系统。
2）能区分资料的种类和特征。从编码上即可读出资料的主要"形象"。
3）能"随便扩展"。
4）对人工处理和计算机处理有同样效果。

通常，资料编码由一些字母和数字符号构成，它们被赋予一定的含义，在合同实施前必须对每部分的编码进行设计和定义。这样编码就能被识别，起到标志作用。合同资料的编码一般由如下几部分构成：

1）有效范围。说明资料的有效/使用范围，如属于某项目或子项目。
2）资料种类。通常有几种分类方法，如不同形态、性质和类别的资料，如图纸、合同文本、信件、备忘录等。不同特征的资料，如技术性的、商务性的、行政的等。
3）内容和对象。这是资料编码最重要的部分。有时人们用项目结构分解的结果作为资料内容和对象的说明。但对于大的工程必须重新专门设计。
4）日期/序号。对相同有效范围、相同种类、相同对象的资料可通过日期或序号来表达和区别。

这几个部分对不同规模、不同复杂程度的工程要求不一样。如对一个小工程，仅一个单位工程，则有效范围可以省略。

（2）索引系统。为了资料储存和使用的方便，必须建立索引系统。它类似于图书馆的书刊索引。

合同相关资料的索引一般可采用表格形式。在合同实施前，它就应被专门设计。表中的栏目应能反映资料的各种特征信息。不同类别的资料可以采用不同的索引表。如果要查询或调用某种资料，即可按图索骥。

例如，信件索引可以包括如下栏目：信件编码、来（回）信人、来（回）信日期、主要内容、档案号、备注等。

要考虑到来信和回信之间的对应关系，收到来信或回信后即可在索引表上登记，并将信件存入对应的档案中。

7.6.3 合同档案管理的途径与方法

合同档案管理是一项系统性的工作，很多部门在与对方签订完合同后虽然能及时交给档案室归档保存，然而就此以后再也不会去关心此合同的履行情况及合同档案的管理情况，合同因档案资料不完备、履行不到位等原因而引起的纠纷比比皆是，给企业带来了不必要的经济损失。管理者只有熟悉合同的签订、履行及档案管理流程，才能完全做好合同档案管理工作，为此公司设置合同档案专管员来管理合同档案是比较合适、有效的。

1. 建立健全合同管理的组织网络和制度网络体系，实行管理的统一与标准化

（1）要提高合同档案管理水平，实现合同管理行为的规范化、专业化，管理工作的专门化，需设立专门的机构和人员负责制。

（2）要使合同管理规范化、科学化、法律化，首先要从完善制度入手，建立制度网络，建立健全各项规章制度，如统一规范整档、制定管理规范、加强合同登记管理制度等。充分利用信息化手段，定期对合同进行分析、统计和归类，健全合同使用、借阅、归还等管理台账的基础管理工作，详细登记合同的订立时间、签署单位、标的名称规格和数量、合同期限、履行记录和变更等情况。完备合同管理履行过程中的更改、撤销等相关事宜的资料归档工作，实行全过程、全封闭管理，使合同始终处于有效的控制状态，方便今后的查找与利用，从而保证合同的完整、安全，做到有章可循、有制可依、有底可查。

2. 注重合同档案的收集工作，控制合同签订前、履行中、结算后的风险，避免或减少给企业带来风险与损失

合同订立前的风险控制——预防合同纠纷的发生。

合同履行中的风险控制——防止违约的发生。

合同结算期的风险控制——力争减少双方利益损害或损失。

3. 合同档案的标准化管理，是维护企业合法权益的现实需要

为了确保合同的完整、准确、安全和有效利用，我们应对合同进行全程动态管理，对合同的收集、整理、鉴定、编号、立卷、归档进行集中统一管理，按档案管理标准规定执行。

4. 加强完备合同档案管理防范措施，控制好法律风险，便于合同的利用

合同必须经领导审批及双方法定代表人签署无误后，方可加盖合同章。要对合同签订过程中介绍信、授权书、委托书、企业资质资信等材料的出具加强管理，并进行登记存档，切忌将盖有公章的空白介绍信、授权委托书或单位文头纸流失。不得以任何形式泄露合同订立、履行及档案管理过程中涉及的双方商业秘密，加强合同管理信息安全保密工作。建立合同评估考核与责任追究制度，对合同档案管理中存在的总体情况和重大合同履行的具体情况进行分析评估，发现存在的不足和错误应及时加以改进，对订立、履行、合同档案管理过程中出现的违法违规行为，追究相关机构或人员的责任。

复习思考题

1. 为什么要进行合同总体分析？
2. 合同总体分析的内容有哪些？
3. 简述合同交底的具体步骤。
4. 简述合同交底的内容。

5．简述合同控制的依据、程序和方法。
6．合同控制的日常工作有哪些？
7．简述合同实施情况的偏差分析。
8．工程师（业主）和承包商的合同实施监督内容是什么？
9．合同跟踪的对象是什么？
10．简述合同实施趋势分析的内容。
11．合同实施中如何与业主、工程师沟通？
12．合同档案管理的主要任务是什么？
13．简述合同档案管理的途径与方法。

第8章
工程合同的变更、转让和终止

<blockquote>

引导案例

在某污水处理工程中，工程范围为铺设 1 500m 的污水管道，合同条件为 FIDIC。按照投标文件中的施工计划，工程应从线路的最低端开始施工，这是最经济的。而在开工后工程师指令承包商在线路的中部区域开工，承包商对此提出不同意见，但工程师坚持他的要求。承包商按工程师的要求施工，同时提出由此产生的索赔要求。由于双方就索赔问题达不成一致，最终导致了仲裁。

⇨**点评**

（1）投标文件后所附的实施方案（包括施工顺序）虽不是合同文件，但它也有约束力。业主向承包商授标也是表示对这个方案的认可。当然在授标前，在澄清会议上，业主也可以要求承包商对方案进行说明，甚至可以要求修改方案，以符合业主的目标、业主的配合和供应能力（如图纸、场地、资金等）。一般承包商会积极迎合业主的要求，以争取中标。

（2）合同规定承包商对实施方案的安全稳定负责，同时决定和修改实施方案又是他的权力。为了更好地完成合同目标（如缩短工期），或在不影响合同目标的前提下承包商有权采用更为科学和经济的实施方案。当然承包商不得由于自身原因（如自己的责任、自己的风险）修改施工方案而要求业主赔偿。

（3）在工程中承包商采用或修改实施方案都要经过工程师的批准或同意，如果工程师无正当理由不同意可能会导致一个变更指令。这里的正当理由通常有：

1）工程师有证据证明或认为，使用这种方案承包商不能圆满完成合同责任，如不能保证质量、保证工期。

2）承包商要求变更方案（如变更施工次序、缩短工期），而业主无法完成合同规定的配合责任。如无法按这个方案及时提供图纸、场地、资金、设备，则有权要求承包商执行原定方案。

</blockquote>

在建筑工程施工中，工程变更是不可避免的。工程变更往往是导致项目投资失控和工期

延误的主要原因，许多工程项目未能实现预期的目标都是由工程变更造成的。工程变更常伴随合同价格和工期的调整，是合同双方利益的焦点。因此，合理确定并及时处理好工程变更，既可以减少不必要的纠纷，保证合同的顺利实施，又有利于业主对工程造价的控制。

8.1 合同变更

合同变更有广义与狭义之分。广义的合同变更是指合同主体和合同内容发生变化。合同主体的变更指的是新的主体取代原合同关系的主体，即新的债权人与债务人代替原来的债权人与债务人，但是合同的内容并没有发生变化。对于这种变更，《合同法》将其规定在合同转让之中。狭义的合同变更是指合同成立后，尚未履行或者尚未完全履行完毕之前，由当事人达成协议而对其内容进行修改和补充。一般所说的合同变更是指合同内容的变更，即狭义的合同变更。

8.1.1 合同变更的类型

合同的变更，从原因与程序上着眼，在我国法律上有以下分类。

（1）当事人各方协商同意变更合同，即所谓协议变更。我国《合同法》第七十七条规定："当事人协商一致，可以变更合同。"合同是双方当事人意思表示一致的协议，它可以由双方当事人协商一致而产生，当然也可以由双方当事人协商一致而变更。因此，当事人协商一致是合同正常变更的唯一条件。我国《合同法》第七十八条规定："当事人对合同变更的内容约定不明的，推定为未变更。"

（2）情势变更情况下，当事人诉请变更合同或法院依职权裁决变更合同。所谓情势变更原则，是指在合同成立以后，作为该合同基础的事由，由于不可归责于当事人的原因，发生了并非当初所能预料的变化，此时，如果依然坚持原来合同的法律效力，必然产生显失公平的结果，有违诚实信用原则。因此，必须对原来的合同做出相应的变更。

（3）基于法律的直接规定变更合同。例如，我国《民法通则》第四十四条规定："企业法人分立、合并后的权利义务，由它变更后的法人享有或承担。"我国《合同法》第九十条规定："当事人订立合同后合并的，由合并后的法人或者其他组织行使合同权利，履行合同义务。"

（4）形成权人行使形成权使合同变更。所谓形成权，是指只要依照权利人一方的意思表示就能使权利发生、变更或者消灭的权利。例如在选择之债中，享有选择权的当事人对选择权的行使，无疑使合同的内容发生了变更。

8.1.2 合同变更的特点

（1）合同变更是针对有效成立的合同而言的，对于尚未履行或尚未完全履行之前的合同未成立，当事人之间根本不存在合同关系，也就谈不上合同的变更。合同履行完毕后，当事人之间的合同关系已经消灭,也不存在变更的问题。

(2) 合同的变更,仅仅涉及内容的局部变更,即只是对原合同关系的内容做某些修改和补充,而不是对合同内容的全部变更。如标的数量的增减、履行地点、履行时间、价款及结算方式的变更等,均属于合同内容的变更。如果合同内容已全部发生变化,则实际上已导致原合同关系的消灭,一个新合同的产生。如合同标的变更,由于合同的标的本身被认为是合同权利义务所指向的对象,属于合同的实质内容。合同标的变更,合同的基本权利义务也发生变化。所以,变更标的实际上就是结束了原来的合同关系。当然,仅仅是标的数量、质量、价款发生变化,一般不会影响到合同的实质内容,只是影响到局部内容,因此不会导致合同关系消灭的问题。

(3) 合同变更以后,自然要产生新的债权债务内容,所以就会涉及新的债权债务的履行问题。事实上,合同的变更是在保留原合同的实质内容的基础上产生了一个新的合同关系,其在变更的范围内已使原来的债权债务关系得以消灭,而尚未变更的部分则依然有效,所以也可以说,合同的变更无非是原合同关系的一种相对消灭。

(4) 在一般情况下,合同的变更与合同的订立一样,是双方的法律行为,双方当事人必须协商一致,并在原来合同的基础上达成新的协议;但是在基于法律的直接规定变更合同,或者在情势变更的情况下,无须征得对方当事人的同意,单方变更合同,也能产生法律上的效力。

8.1.3 合同变更的条件

(1) 原已存在着合同关系。合同的变更,是改变原合同关系,如果无原合同关系便无合同变更的对象。如果合同被确认无效,则不能变更原合同。如果合同具有重大误解或显失公平的因素,享有撤销权的一方可以要求撤销或变更合同。原合同中享有变更或者撤销权的当事人,如果只提出了变更合同,未提出撤销合同,那么在经过双方同意变更合同以后,享有撤销权的一方当事人不得再提出撤销合同,撤销权因合同的变更发生消灭。

(2) 合同内容发生变化。合同内容的变更通常包括:标的变更;标的物数量的增减;标的物品质的改变;价款或酬金的增减;履行期限的变更;履行地点的改变;履行方式的改变;结算方式的改变;所附条件的增添或减少;单纯债权变为选择债权;担保的设定或消失;违约金的变更;利息的变化等。

(3) 合同变更必须有当事人的变更协议。当事人达成的变更合同的协议也是一种民事合同,因此也应符合我国《合同法》有关合同订立与生效的一般规定。合同变更应当是双方当事人自愿与真实的意思表示。

(4) 须遵守法律要求的方式。对合同的变更法律要求采取一定方式,须遵守此种要求。当事人协议变更合同,有时需要采用书面形式,有时则无此要求。债务人违约而变更合同一般不强求特定方式。我国《合同法》第七十七条第二款规定:"法律、行政法规规定变更合同应当办理批准、登记等手续的,依照其规定。"

应用案例 8-1

2012年7月21日，经林州市姚村镇某村委会（发包方）同意，被告田乙（承包方）将自己承包的该村苹果园转包给原告田甲（受让方）建厂，三方签订了果园转包协议书，该协议书载明有偿转让费35 000元，未对保证金进行约定。协议于2012年7月21日签订后，原告田甲于2012年7月29日付给被告田乙23 000元为现金，47 000元为存单形式。原告田甲出具了内容为"今收到了田甲土地有偿转让费现金柒万元整。田乙。"的收据。原告田甲认为被告田乙以怕原告建厂后不依约划出土地归其使用为借口，让原告给付被告47 000元存单中35 000元为保证金，现要求被告退还原告给付的保证金35 000元。被告田乙辩称签协议时，应发包方村支部书记要求为方便其今后的工作，将原协商的转包费70 000元在协议书上写成35 000元，实际仍按70 000元履行。

一审法院认为：一是果园转包协议书即原合同，该协议是经过田甲、田乙双方协商一致后签订的，且经过发包方即某村的同意，属于真实有效的合同。二是原告田甲同意被告田乙将"转包费70 000元"写入收据，也就是说，原告田甲对被告田乙将70 000元作为转包费是认可的，该收据是在双方协商一致、认可的情况下达成的。三是合同的变更会产生新的债权债务内容。该案例中收据变更了原协议约定的转包费，导致原告田甲的债务增加，被告田乙的债权相对扩大，产生了新的债权债务关系。收据变更原合同以后，田甲和田乙就不能完全以原合同内容来履行，而应按变更后的新的权利义务关系履行，即田甲支付转包费70 000元给田乙。综上所述，田乙对田甲出具的收据属于对原协议内容的变更，田甲应按照新的债权债务关系对田甲承担70 000元的新的义务，被告田乙不应返还原告田甲的35 000元。

8.1.4 合同变更的法律效力

（1）合同变更以后，被变更的部分即失去了法律上的效力；已变更的部分，在完成变更程序之后，即产生了新的债权债务。

（2）合同的变更只对合同未履行部分有效，不对合同中已经履行部分产生效力，除了当事人约定以外，已经履行部分不因合同的变更而失去法律依据，即合同的变更不产生追溯力，合同当事人不得以合同发生变更而要求已经履行的部分归于无效。

（3）合同变更，以原合同关系的存在为前提，变更部分不超出原合同关系之外，原合同关系有对价关系的仍保有同时履行抗辩；原合同债权所有的利益与瑕疵仍继续存在，只是在增加债务人负担的情况下，未经保证人或物上担保人同意，保证不生效力；物的担保不及于扩张的债权价值额。

（4）合同变更不影响当事人要求赔偿损失的权利。《民法通则》第一百一十五条规定："合同变更或者解除，不影响当事人要求损害赔偿的权利。"合同变更以前，一方因可归责于自己的原因而给对方造成损害的，另一方有权要求责任方承担赔偿责任，并不因合同变更而受到影响。但是合同的变更协议已经对受害人的损害给予处理的除外。合同的变更本身给一方当事人造成损害的，另一方当事人也应当对此承担赔偿责任，不得以合同的变更是双方当事人协商一致的结果为由而不承担赔偿责任。

8.2 工程变更

工程变更是指在工程施工过程中，根据合同约定对施工的程序、工程的内容、数量、质量要求及标准等做出的变更。

工程变更是一种特殊的合同变更，但两者存在着差异，一般合同内容变更的协商，发生在履约过程中合同变更时，而工程变更则是标的变更在前，价款变更协商在后。在施工过程中，由于双方合同中已经授予工程师进行工程变更的权力。因此，工程师可直接行使合同赋予的权力发出工程变更的指令，根据约定承包商应该先行实施该指令，然后双方再对变更工程的价款进行协商。

8.2.1 工程变更的起因

工程变更的范围、次数和影响的大小与该工程招标文件的完备性、技术设计的正确性，以及实施方案和实施计划的科学性等直接相关。

工程变更一般有以下几个方面的原因：

（1）建筑市场的不规范导致工程合同变更。比如从事建筑行业的监理、设计、业主和施工单位等引起变更，或者一部分施工单位利用工程合同变更来虚报工程造价，这种市场的不规范行为会造成工程变更。

（2）图纸的修改造成工程量的增减，导致工程合同变更。由于设计人员、监理方人员、承包商事先没有很好地理解业主的意图，或设计的错误，导致图纸修改。

由于原始设计的不完善或者安装、给排水、结构、电气等诸多专业之间的矛盾，设计单位可能会对图纸进行修改；施工单位有了新的需求，意图变更项目计划，这肯定会对建设施工的内容、工程量和工期有了新的需求，因而不可避免地要修改原施工图纸，影响了施工的进度计划；施工单位在施工的过程中按照实际的情况对设计图纸错误地提出了变更，以及监理单位在建立的过程中发现了图中的缺陷；从设计图到施工图的翻越也有可能会导致实际工程信息的遗漏；设计师不负责任或不谨慎，对设计图纸的理解不同等，所有这些造成了施工图纸本身出现很多问题，引起了建设工程合同变更。

（3）工程环境的变化，预定的工程条件不准确，要求实施方案或实施计划变更。

（4）由于产生新技术和知识，有必要改变原设计、原实施方案或实施计划，或由于业主指令及业主责任的原因造成承包商施工方案的改变。

（5）政府部门对工程新的要求，政府部门对工程有新的要求或国家政策与社会环境的改变引起工程合同变更，如国家计划变化、环境保护要求、城市规划变动等。

（6）由于合同实施出现问题，必须调整合同目标或修改合同条款。由于合同条款不完善或对合同文件不同解释引起建设工程合同变更。在建筑工程中，由于合同条款并不完整，没有明确的约定，因此而引起的变更是一种非常普遍的现象，也是合同出现争论最常见的因素。

（7）我国对建设项目的管理还不完善，导致了建设工程合同变更。比如在我国存在一些工程，在招标时用造价低、工期短的方式以达到中标的目的，但是在实际施工的过程中，通过不断地变更工程预算，在工程竣工结算时，出现了决算超出了预算，预算超出了概算的情况，由于投资方前期已经投入了大量的资金，不得不再追加投资，于是造成了合同变更。

应用案例 8-2

上海某工程施工中，业主对原定的施工方案进行变更，尽管采用改进后的方案使工程投资大为节省，但同时也引发了索赔事件。在基础施工方案专家论证过程中，业主确认使用钢栈桥配合挖土施工，承包商根据设计图纸等报价 139 万元。在报价的同时，承包商为了不影响总工期，即开始下料加工。后来业主推荐租用组合钢栈桥施工方案，费用为 72 万元，节约费用 67 万元。但施工方案变更造成承包商材料运输、工料等损失，承包商即向业主提出费用索赔。后经双方友好协商，承包商获得 12.5 万元的补偿。

8.2.2 工程变更的影响

工程变更对合同实施影响较大，主要表现在以下几个方面：

（1）导致设计图纸、成本计划和支付计划、工期计划、施工方案、技术说明和适用的规范等定义工程目标和工程实施情况的各种文件作相应的修改和变更。相关的其他计划如材料采购订货计划、劳动力安排、机械使用计划等也应作相应调整。所以它不仅会引起与承包合同平行的其他合同的变化，而且会引起所属的各个分合同，如供应合同、租赁合同、分包合同的变更。有些重大的变更会打乱整个施工部署。

（2）引起合同双方、承包商的工程小组之间、总承包商和分包商之间合同责任的变化。如工程量增加，则增加了承包商的工程责任，增加了费用开支和延长了工期。

（3）有些工程变更还会引起已完工程的返工、现场工程施工的停滞、施工秩序被打乱及已购材料出现损失。

按照国际工程中的有关统计，工程变更是索赔的主要起因。由于工程变更对工程施工过程影响较大，会造成工期的拖延和费用的增加，容易引起双方的争执，所以合同双方都应十分慎重地对待工程变更问题。

应用案例 8-3

某研究单位科研楼工程，甲方经过了解后决定直接分包给不同性质的两个公司，分别与 A 公司签订了土建施工合同，与 B 公司签订了科研设备安装及电梯安装合同。两个合同协议中都对甲方提出了一个相同的条款，即"甲方应协调现场其他施工单位为乙方创造如垂直运输等合理、有效的便利条件"。在合同执行中，当顶层结构楼板吊装后，A公司立刻拆除塔吊，改用卷扬机运送材料作屋面及装饰，B公司原计划由甲方协调使用土建施工单位的塔吊将电梯设备运输到9层楼顶的设想落空后，提出用A公司的卷扬机运送，A公司提出卷扬机吨位不足，不能运送。最后，B公司只好为机房设备的吊装重新设计方案，同时也使施工成本增加了许多。

（4）引起工程返工、现场施工停滞、施工秩序混乱及现场材料损失等，有些重大的工程变更会打乱整个施工部署。

8.2.3 工程变更的范围

在FIDIC合同条件和我国示范文本中，对有关工程变更的问题都有专门的变更条款和做出具体规定。依据FIDIC施工合同条件，工程变更的内容包括以下几个方面：

（1）改变合同中所包括的任何工作的数量。
（2）改变任何工作的质量和性质。
（3）改变工程任何部分的标高、基线、位置和尺寸。
（4）删减任何工作。
（5）任何永久工程需要的附加工作、工程设备、材料或服务。
（6）改动工程的施工顺序或时间安排。

FIDIC合同条件第十三条规定，在颁发工程接受证书前，工程师可通过发布变更指示或以要求承包商递交建议书的方式提出变更。除非承包商立即通知工程师，说明他无法获得变更所需的货物并附上具体的证明材料，否则承包商应执行变更并受此变更的约束。

FIDIC合同条件还规定，除非有工程师指示或同意变更，承包商不得擅自对永久工程进行任何改动。

依据我国施工合同示范文本，工程变更包括设计变更和工程质量标准等其他实质性内容的变更，其中设计变更包括：

（1）更改工程有关部分的标高、基线、位置和尺寸。
（2）增减合同中约定的工程量。
（3）改变有关工程的施工时间和顺序。
（4）其他有关工程变更需要的附加工作。

需要指出的是，工程变更不能使工程性质方面有很大的变动，只能是在原合同规定的工程范围内的变动，否则双方应重新订立合同。从法律角度讲，任何工程变更内容都应经合同双方协商一致。根据诚实信用的原则，业主不能违背合同的约定而单方面对合同做出实质性的变更。从工程角度讲，显然，业主在工程变更导致工程性质发生重大变更的情况下，仍作为原合同的变更而要求承包商无条件地继续施工是不恰当的。因为承包商在投标时并未为这些工程准备施工机具设备，需另行购置或运进机具设备，承包商有理由要求另签合同；除非合同双方都同意将其作为原合同的变更。承包商若认为某项变更指示已超出本合同的范围,或工程师的变更指示的发布没有得到有效的授权,可以拒绝进行变更工作。

8.2.4 工程变更的程序

工程变更程序主要包括工程变更的提出、审查工程变更、编制工程变更文件、协商工程变更的单价、发布工程变更指令及实施工程变更等,如图 8-1 所示。

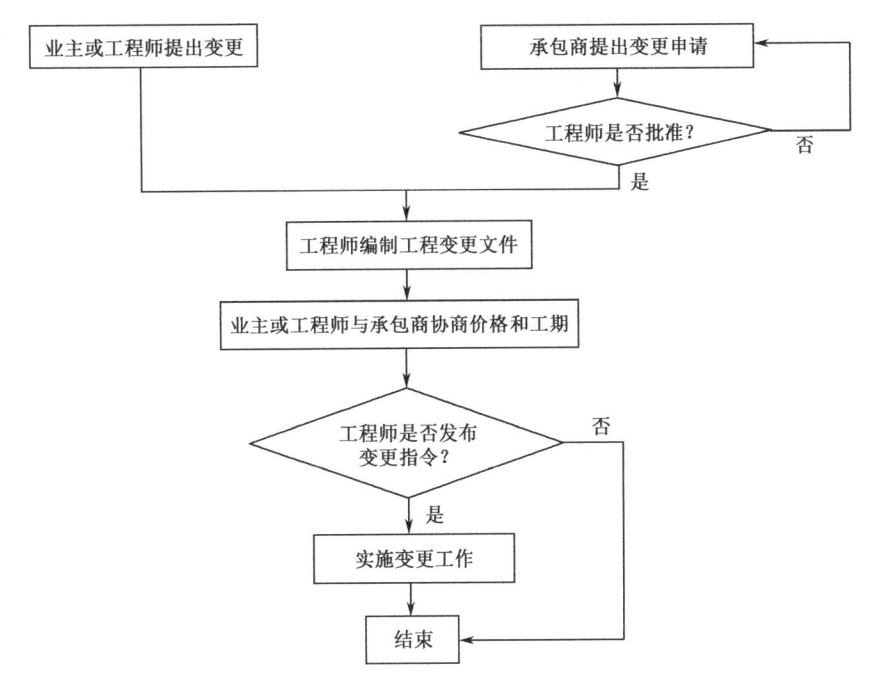

图 8-1 工程变更的一般程序

1. 工程变更的提出

根据工程实施的实际情况,业主、工程师及承包商等都可以根据需要提出工程变更。

(1) 业主方提出变更。业主一般可通过工程师提出工程变更,工程师需要与承包商协商。若业主方提出的工程变更内容超出合同限定的范围,则不能作为工程变更,属于新增工程,只能另签合同处理,除非承包方同意作为变更。

应用案例 8-4

某施工企业承包了某项住房工程,共 300 多户,合同规定工程量变更增减不超过承包商工程总量的 25%。在投标时,业主和承包商都清楚这只是第一期工程,按区域规划来说,就在同一区域内还有第二期甚至第三期工程。承包商十分希望获得第一期工程,创造有利条件,连续获得后续的工程,以节省临时工程,利用已有机械设备和砂石料场。因此,第一期的投标价和合同价都低一些,工程实施进度和质量控制得很好。第一期合同工期为两年,在工程进展到 18 个月时,业主提出工程变更要求,交与工程师处理,即要求将第二期工程中的一部分住房作为第一期的工程变更。增加的工程量交给该工程公司施工。从原合同条款分析，只要增加的工程数量不超过原合同的25%，该承包商似乎无法拒绝。但是，承包商当然不同意将新增加工程当作工程变更来处理。在工程师与承包商协商该项工程变更时，工程承包公司经分析讨论，直接发给业主一份措词强硬、论理有据的拒绝信，并给工程师一份复制件。该信函中指出：在工程执行过程中，业主和工程师提出许多变更令和额外工作，承包商都较好地执行了。但是，这次是新增加数十个住房单元，则不能作为工程变更增加工程量来处理。其原因是，这些工程不属于原合同的工程范围。假如能够协商一个新的合适的调整价格，公司则愿意接受这一项新的任务，或者提请业主仍将它们放在第二期工程中通过招标处理。业主和工程师在接到承包商致函后，认为承包商讲的有道理，则没有硬性指令为工程变更，便将其仍放在第二期工程中招标后再实施该部分工程。

（2）工程师提出变更。工程师根据工地现场工程进展的具体情况，认为确有必要时，可提出工程变更。工程师提出的工程变更应在原合同规定的范围内，且是切实可行的。若超出原合同，新增了很多工程内容和项目，则属于不合理的工程变更请求，工程师应和承包商协商后酌情处理。如在工程施工中，因设计考虑不周，或施工时环境发生变化，工程师本着节约工程成本和加快工程施工进度与保证工程质量的原则，可提出工程变更。

（3）承包商提出变更。承包商在提出工程变更时有两种情况，一种情况是工程遇到不能预见的地质条件或地下障碍；另一种情况是承包商为了节约工程成本或加快工程施工进度，提出工程变更。

工程变更申请表的格式和内容可按具体工程需要设计，如表8-1所示，为某工程项目的工程变更申请表。

表8-1 工程变更申请表

申请人	申请表编号	合同号
相关的分项工程和该工程的技术资料说明		
工程号	图号	
施工段号		
变更依据	变更说明	
变更涉及的标准		
变更涉及的资料		
变更影响（包括技术要求、工期、材料、劳动力、成本等）		
变更类型		
审查意见		
计划变更实施日期		
变更申请人（签字）		
变更批准人（签字）		
变更实施决策/变更会议		
备注		

2. 工程变更的批准

（1）由承包商提出的工程变更，应交与工程师审查并批准。

（2）由业主方提出的工程变更，涉及设计修改的应该与设计单位协商，并通过工程师发出。

（3）工程师发出工程变更的权力的任何具体限制，一般会在合同专用条件中明确约定。若合同对工程师提出工程变更的权力做了具体限制，而约定其余均由业主批准，则工程师超出其权限范围发出工程变更指令时，应附上业主的书面批准文件，否则承包商可拒绝执行。但在紧急情况下不应限制工程师向承包商发布其认为必要的此类变更指令，工程师应在发布指令后，尽快将情况通知业主。尽管此类指令没有得到业主的批准，承包商也应立即遵照工程师的任何此类变更指令执行。

（4）工程师在审批工程变更时，应与业主和承包商进行适当协商，特别是一些投资增加较多的工程变更项目，更要与业主进行充分的协商，征得业主同意后才能批准。

（5）工程师应把好工程变更审查与批准的关口，在工程变更出现后应负责有关变更的工程数量的计量与核实，以及提供有关现场的数据资料和证明，并审查提出工程变更方的理由充分与否。

工程变更审批的一般原则：

1）要考虑工程变更对工程进展是否有利。

2）要考虑工程变更是否可以节约工程成本。

3）要考虑工程变更是否兼顾业主、承包商或工程项目之外其他第三方的利益，不能因工程变更而损害任何一方的正当权益。

4）必须保证工程变更符合本工程的技术标准。

5）工程受阻，如遇到特殊风险、人为阻碍、合同一方当事人违约等不得不变更工程。

3. 工程变更指令的发出及执行

工程变更文件通常包括以下内容：

（1）工程变更的理由、变更概况、变更估价及对合同价的影响。

（2）工程量清单，填写工程变更前、后的工程量，单价和金额及有关说明。

（3）工程变更指令及实施。

为了避免耽误工程，工程师和承包商就变更价格达成一致意见之前，有必要先行发布变更指示，承包商先执行工程变更工作，然后在经过变更价款进行协商后，工程师再发布确定变更价款的指示。

工程变更指示的发出有两种形式：书面形式和口头形式。

一般情况下要求用书面形式发布变更指示。当工程师书面通知承包商工程变更，承包商才执行变更工程。如果由于情况紧急而来不及发出书面指示，承包商应该根据合同规定要求工程师书面认可。

根据工程惯例，除非工程师明显超越合同赋予其的权限，承包商应该无条件地执行工程变更的指示，即工程师依据合同约定发布的工程变更书面指令，不论承包商是否有异议或变更工程价款是否确定，或对业主答应给予的付款金额是否满意，承包商都必须无条件地执行，即使工程变更价款没有确定，或者承包商对工程师答应给予付款的金额不满意，承包商也必须一边进行变更工作，一边根据合同约定寻求索赔或仲裁解决。在争议处理期间，承包商有义务继续进行正常的工程施工和有争议的变更工程施工，否则可能会构成承包商违约。

如果工程师在发出变更指令前要求承包商提出建议书，承包商应尽快书面回应，或提出不能照办的理由，或提交完成变更工作的建议说明、进度安排及变更估价建议。工程师应尽快给予回复。

经审查批准的变更，仍由原设计单位负责完成具体的设计变更工作，并应发出正式的设计变更（含修改）通知书（包括施工图纸）。业主或工程师对设计（修改）变更通知书审查后予以签发，同时下达设计变更通知，由工程师正式下达设计变更指令，承包商组织实施。

8.2.5 工程变更价款的调整

根据工程变更的具体情况，可以分析确定工程变更的责任和费用补偿。

1. 工程变更责任分析

工程变更的范围很广，但由于各种原因的变更最终往往表现为设计变更，且考虑到设计变更在工程变更中的重要性，通常将工程合同变更分为设计变更和其他变更两大类。

（1）设计变更。设计变更主要包括增减合同约定的工程量；更改工程有关的基线、标高、位置或尺寸；增减合同的工程项目；更改工程的性质、类型；改变有关工程的施工顺序或施工时间等，这些变更均涉及设计图纸或技术规范的改变、修改或补充。

在施工合同中，一般赋予工程师变更的权力，工程师可直接通过下达指令、重新发布图纸或规范实现变更。对设计变更必须有设计变更通知，承包商才能执行；未经同意，承包商不得擅自对原工程设计进行变更。

有关其责任划分原则：

1）若设计图纸或技术规范的改变、修改或补充，是由于业主要求、政府部门要求、环境变化、不可抗力、原设计错误等导致的，则应由业主承担责任；由此所造成的施工方案的变更，以及工期的延长和费用的增加应该向业主索赔。

施工中业主需对原工程设计进行变更，应提前 14 天以书面形式向承包商发出变更通知。变更超过原设计标准或批准的建设规模时，业主应报规划管理部门和其他有关部门重新审查批准，并由原设计单位提供变更的相应图纸和说明。

2）若设计图纸或技术规范的改变、修改或补充，是由于承包商的施工过程、施工方案出现错误、疏忽而导致的，则应由承包商承担责任。

在施工中，承包商不得因施工方便而要求对原工程设计进行变更。若提出的合理化建议被业主采纳，且建议涉及对设计图纸或施工组织设计的变更及对材料、设备的换用，则须经工程师的同意。

未经工程师同意承包商擅自更改或换用，承包商应承担由此发生的费用，并赔偿业主的有关损失，延误的工期则不予顺延。工程师同意采用承包商的合理化建议，所发生费用的分担和获得收益的分享，业主和承包商另行约定。

3) 对于由承包商承担的设计工作，承包商提出的设计必须要经过工程师的批准。对不符合业主在招标文件中提出的工程要求的设计，工程师有权不认可。

应用案例 8-5

某饭店工程按照甲方提供的地下室勘探资料，有 0.6 米工程在地下水位以下。甲方出于某种考虑，在招标文件中明确规定不含地下降水费用。2004 年 6 月 25 日，中标单位破土挖槽，在局部有地下室的部位按基础设计标高挖了探井，地下水位标高与资料相符。施工中必须采取降水措施。乙方为减少降水时间，避免降水期间含水层的细砂流失引起四周基土的扰动，当即决定，地下室部位临时挖土标高比原设计提高 0.9 米。6 月 30 日挖土机器离场。7 月 2 日甲乙双方经设计部门办理了将原地下室层高 3.9 米改为 3.2 米，使地下室部位基槽标高提高了 0.7 米。7 月 12 日起，雨季来临，施工受阻，直到 8 月 9 日才达到施工的气候条件。

这是一起在施工过程中因降水的原因而引起的设计变更。

(2) 其他变更。除上述设计变更外，其他导致合同内容发生实质性变化的变更均属于其他变更，如施工方案发生变化、合同双方对工程质量要求的变化（高于强制性标准）、对工期要求的变化、施工条件和环境的变化导致施工机械和材料的变化等，其中施工方案变更更为常见。下面仅以施工方案为例，分析其有关责任原则。

施工方案变更要经过工程师的批准，不论这种变更是否会对业主带来好处（如工期缩短、节约费用）。这类变更应当由业主和承包商平等协商、签署变更协议后，才能按变更协议执行。

有关其责任划分原则：

1) 业主向承包商投标前（或签订合同前），可以要求承包商对施工方案进行补充、修改或做出说明，以便符合业主的要求。在授标后（或签订合同后），业主为了加快工期、提高质量等要求变更施工方案，由此所引起的费用增加可以向业主索赔。

2) 施工合同规定，承包商应对所有现场作业和施工方法的完备、安全、稳定负全部责任。如果由于承包商的施工过程、施工方案本身的缺陷而导致施工方案的变更，由此所引起的费用增加和工期延长应该由承包商承担责任。

3) 承包商有权决定和修改施工方案，业主不能随便干预承包商的施工方案，但同时，承包商应承担重新选择施工方案的风险和责任。为了更好地完成合同目标（如缩短工期），或在不影响合同目标的前提下，承包商有权采用更为科学和经济合理的施工方案，业主不得随便干预。

4）工程师有权批准或同意承包商采用或修改的施工方案，如果工程师无正当理由不同意可能会导致一个变更指令。正当理由指如承包商要求变更方案（如变更施工次序、缩短工期），而业主无法完成规定的配合任务（如无法按此方案及时提供图纸、场地、资金等）；又如工程师有证据证明或认为使用这种方案承包商无法圆满完成合同任务（如不能保证工程质量、工期等），则工程师有权要求承包商执行原定方案。

应用案例 8-6

在某一工程中，按合同规定的总工期计划，应于 2013 年 4 月 3 日开始现场搅拌混凝土。因承包商的混凝土拌和设备不能按时运到工地，承包商决定使用商品混凝土，但被业主否决。而在承包合同中未明确规定使用何种混凝土。承包商不得已，只有继续组织设备进场，由此导致施工现场停工、工期拖延和费用增加。对此承包商提出工期和费用索赔。而业主以如下两点理由否定承包商的索赔要求：

①已批准的施工进度计划中确定承包商用现场搅拌混凝土，承包商应遵守。

②拌和设备不能按时运到工地是承包商的失误，其无权要求赔偿。

最终将争执提交调解人。调解人认为：因为合同中未明确规定一定要用工地现场搅拌的混凝土（施工方案不是合同文件），则商品混凝土只要符合合同规定的质量标准也可以使用，不必经业主批准。因为按照惯例，实施工程的方法由承包商负责。其在不影响或为了更好地保证合同总目标的前提下，可以选择更为经济合理的施工方案。业主不得随便干预。在这一前提下，业主拒绝承包商使用商品混凝土，是一个变更指令，对此承包商可以提出工期和费用索赔。但该项索赔必须在合同规定的索赔有效期内提出。当然承包商不能因为用商品混凝土要求业主补偿任何费用。最终承包商获得了工期和费用补偿。

5）重大的设计变更常常会导致施工方案的变更。重大设计变更指涉及工程总体的规模、特性、标准、总体布置、主要设备选择、已经批准的总工期及阶段性等项改变的设计变更。如果设计变更由业主承担责任，则相应的施工方案的变更也由业主负责；反之，则由承包商负责。

6）对在施工中，承包商遇到的异常的不利的地质条件所引起的施工方案的变更，则由业主承担责任。理由有两个，一是作为一个有经验的承包商无法预料的障碍或条件；二是业主应对其提供的地质勘察资料的正确性和完备性负责。

应用案例 8-7

某工程业主与某承包商签订了一项厂房基础工程的施工承包合同，合同工期为 11 个月。在施工现场承包商已搭设临建设施，但材料、机具设备尚未进场。在工程破土动工之前，承包商按合同约定，在对建筑物的地基进行补充勘察中发现，业主提供的地质资料有误，原基础设计方案须作修改。经业主与设计单位协商，将原设计的钢筋混凝土基础改为桩基础。为此，承包商提出了因修改基础设计，桩基础施工时间比钢筋混凝土施工时间增加，要求延长合同工期和费用补偿。

7）施工进度的变更。在施工中，一旦工程师（或业主）批准（或同意）承包商的进度计划（或调整后的进度计划），则新的进度计划就有了约束力。如果业主不能按照新进度计划完成按合同应由业主完成的责任，如及时提供图纸、施工场地、水电等，则属业主违约，应承担责任。

2．工程变更价款的调整原则

（1）建设工程工程量清单计价规范（GB50500—2003）约定的工程变更价款的确定原则。合同中综合单价因工程量变更需调整时，除合同另有约定外，应按照下列办法确定：

1）工程量清单漏项或设计变更引起的新的工程量清单项目，其相应综合单价由承包商提出，经业主确认后作为结算的依据。

2）由于工程量清单的工程数量有误或设计变更引起工程量增减，属合同约定幅度以内的，应执行原有的综合单价；属合同约定幅度以外的，其增加部分的工程量或减少后剩余部分的工程量的综合单价由承包商提出，经业主确认后作为结算的依据。

应用案例 8-8

某工程项目业主与承包商签订了工程施工合同，合同中包含两个子项工程，估算工程量甲项为 $2\,300\,m^3$，乙项为 $3\,200\,m^3$，经协商合同价甲项为每立方米 180 元，乙项为每立方米 160 元。承包合同规定：

（1）开工前业主应向承包商支付合同价款 20% 的预付款。

（2）业主自第一个月起，从承包商的工程款中，按 5% 的比例扣留滞留金。

（3）当子项目实际工程量超过估算工程量 10% 时，可进行调价，调整系数为 0.92。

（4）根据市场情况规定价格调整系数平均按 1.2 计算。

（5）专业工程师签发月度付款最低金额为 25 万元。

（6）预付款在最后两个月扣除，每月扣 50%。

承包商每月实际完成并经工程师签证确认的工程量如表 8-2 所示。

表8-2　承包商每月实际完成并经工程师签证确认的工程量　　　　单位：m^3

	1	2	3	4
甲项	500	800	800	600
乙项	700	900	800	600

第一个月工程量价款为 500×180+700×160=20.2（万元）

应签证的工程款为 20.2×1.2×(1–5%)=23.028（万元）

由于合同规定专业工程师签发的最低金额为 25 万元，因此，本月专业工程师不予签发付款凭证。问从第二个月起每月工程量价款是多少？专业工程师应签证的工程款是多少？实际签发的付款凭证金额是多少？

分析计算如下：

预付款金额为：(2 300×180+3 200×160)×20%=18.52（万元）

（1）第二个月的各种款项计算如下。

工程量价款为：800×180+900×160=28.8（万元）

应签证的工程款为：28.8×1.2×0.95=32.832（万元）

本月专业工程师实际签发的付款凭证金额为：23.028+32.832=55.86（万元）

（2）第三个月的各种款项计算如下。

工程量价款为：800×180+800×160=27.2（万元）

应签证的工程款为：27.2×1.2×0.95=31.008（万元）

应扣预付款为：18.52×50%=9.26（万元）

应付款为：31.008-9.26=21.748（万元）

专业工程师签发月度付款最低金额为25万元，所以本月专业工程师不予签发付款凭证。

（3）第四个月的各种款项计算如下。

甲项工程累计完成工程量为 2700m^3，比原估算工程量 2300m^3 超出 400m^3，已超过估算工程量的 10%，超出部分其单价应进行调整。

超过估算工程量10%的工程量为：2700-2300×(1+10%)=170（m^3）；

这部分工程量单价每立方米应调整为：180×0.9=162（元）；

甲项工程工程量价款为：(600-170)×180+170×162=10.494（万元）；

乙项工程累计完成工程量为：3000m^3，比原估算工程量3200m^3减少200m^3，不超过估算工程量，其单价不予进行调整；

乙项工程工程量价款为：600×160=9.6（万元）；

本月完成甲、乙两项工程量价款合计为：10.494+9.6=20.094（万元）；

应签证的工程款为：20.094×1.2×0.95=22.907（万元）；

本月专业工程师实际签发的付款凭证金额为：21.748+22.907-18.52×50%=35.395（万元）。

(2) 建设工程施工合同（示范文本）约定的工程变更价款的确定原则。

1) 合同中已有适用于变更工程的价格，按合同已有的价格变更合同价款。

2) 合同中只有类似于变更工程的价格，可以参照类似价格变更合同价款。

3) 合同中没有适用或类似于变更工程的价格，由承包商提出适当的变更价格，经工程师确认后执行。

(3) FIDIC合同条件下工程变更的估价。

FIDIC合同条件（1999年第1版）约定：各项工作内容的适宜费率或价格，应为合同对此类工作内容规定的费率或价格，如合同中无某项内容，应取类似工作的费率或价格。但在以下情况下，应对有关工作内容采用新的费率或价格。

1) 第一种情况。

①如果此项工作实际测量的工程量比工程量表或其他报表中规定的工程量的变动大于10%。

②工程量的变化与该项工作规定的费率的乘积超过了中标的合同金额的0.01%。

③此工程量的变化直接造成该项工作单位成本的变动超过1%。
④此项工作不是合同中规定的"固定费率项目"。

应用案例 8-9

某工程的土方工程，工程量表中工程量为 1500m³，单价为每立方米 15 元，中标合同金额为 6000 万元。基础竣工后实际测量的土方工程量为 2200m³，土方工程不是固定费率项目，问该项工作是否要采用新单价？

分析如下：

工程量表与实际的工程量差值为：2200−1500=700（m³）；

变化的百分比为：700÷1500=46.67%＞10%；

超出部分的价格为：700×15=10500（元）；

超出部分与中标合同金额的比值：10500÷60000000=0.0175%＞0.01%；

原单价计算的价格为：2200×15=33000（元）；

相当于原工程量的单价为：33000÷1500=22（元/m³）；

单价的变化为：(22−15)÷15=46.67%＞1%。

结论：该项工作要采用新的单价。

2）第二种情况。
①此工作是根据变更与调整的指示进行的。
②合同没有规定此项工作的费率或价格。
③由于该项工作与合同中的任何工作没有类似的性质或不在类似的条件下进行，因此没有一个规定的费率或价格适用。

每种新的费率或价格应考虑以上描述的有关事项对合同中相关费率或价格加以合理调整后得出。如果没有相关的费率或价格可供推算新的费率或价格，应根据实施该工作的合理成本和合理利润，并考虑其他相关事项后得出。

工程师应在商定或确定适宜费率或价格之前，确定用于期中付款证书的临时费率或价格。

（4）采用合同中工程量清单的单价和价格。当合同中有相应的计价项目时，原则上采用合同中工程量清单的单价和价格，即按其相应项目的合同单价作为变更工程的计价依据。此时，可将变更工程分解成若干项与合同工程量清单对应的计价项目，然后根据其完成的工程量及相应的单价办理变更工程的计量支付。

采用合同中工程量清单的单价或价格有以下几种情况：
①直接套用，即从工程量清单上直接拿来使用。
②间接套用，即依据工程量清单，通过换算后采用。
③部分套用，即依据工程量清单，取其价格中的某一部分使用。

施工过程中，工程任何部分的标高、基线、位置、尺寸的改变引起的工程变更，以及设计变更或工程规模变化而引起的工程量增减均可按上述原则定价。合同中工程量清单的单价和价格是由承包商投标时提供的，用于变更工程，容易为业主、承包商及工程师接受，从合同意义上讲也是比较公平的。这样既能保持合同履行的严肃性，有效地发挥通过招标产生的合同价格的作用，又能有效地避免双方协商单价时的争议，以及对合同正常履行带来的影响。

应用案例 8-10

某合同钻孔桩工程情况是，直径为 1.0m 的共计长 1501m；直径为 1.2m 的共计长 8178m；直径为 1.3m 的共计长 2017m。原合同规定选择直径为 1.0m 的钻孔桩做静载破坏试验。显然，如果选择直径为 1.2m 的钻孔桩做静载破坏试验对工程更具有代表性和指导意义。因此，工程师决定变更。但在原工程量清单中仅有直径为 1.0m 静载破坏试验的价格，没有直接或其他可套用的价格供参考。经过认真分析，工程师认为，钻孔桩做静载破坏试验的费用主要由两部分构成，一部分为试验费用，另一部分为桩本身的费用，而试验方法及设备并未因试验桩直径的改变而发生变化。因此，可认为试验费用没有增减，费用的增减主要由钻孔桩直径变化而引起的桩本身的费用的变化。直径为 1.2m 的普通钻孔桩的单价在工程量清单中就可以找到，且地理位置和施工条件相近。

因此，采用直径为 1.2m 的钻孔桩做静载破坏试验的费用为：直径为 1.0m 静载破坏试验费加直径为 1.2m 的钻孔桩的清单价格。

（5）协商单价和价格。协商单价和价格是基于合同中没有或者有但不合适的情况而采取的一种方法。

协商确定单价的方法通常有以下两种：

1）以合同单价为基础，按照与合同单价水平相一致的原则确定新的单价或价格。该方法的特点是简单且有合同依据。但如果原单价偏低，则得出的新单价也会偏低；反之，原单价偏高，则得出的新单价也会偏高。所以，其确定的单价只有在原单价合理的情况下才会相对合理，当原单价不合理（有不平衡报价）时，该方法对增加的工程量部分的定价是不合理的。

2）以概预算方法为基础，重新编制工程项目报价单，采用现行的概预算定额，用综合单价分析表的形式，比照投标报价的编制原则进行编制。这种方法适用于新增工程的定价。

应用案例 8-11

某合同路堤土方工程完成后，发现原设计在排水方面考虑不周，为此业主同意在适当位置增设排水管涵。在工程量清单上有 100 多道类似管涵，但承包商却拒绝直接从中选择适合的作为参考依据。理由是变更设计提出时间较晚，其土方已经完成并准备开始路面施工，新增工程不但打乱了其进度计划，而且二次开挖土方难度较大，特别是重新开挖用石灰土处理过的路堤，与开挖天然表土不能等同。工程师认为承包商的意见可以接受，不宜直接套用清单中的管涵价格。

经与承包商协商，决定采用工程量清单上的几何尺寸、地理位置等条件相近的管涵价格作为新增工程的基本单价，但对其中的"土方开挖"一项在原报价基础上按某个系数予以适当提高，提高的费用叠加在基本单价上，构成新增工程单价。

3. 工程变更价款的确定程序

确定工程变更单价的步骤，如图 8-2 所示。

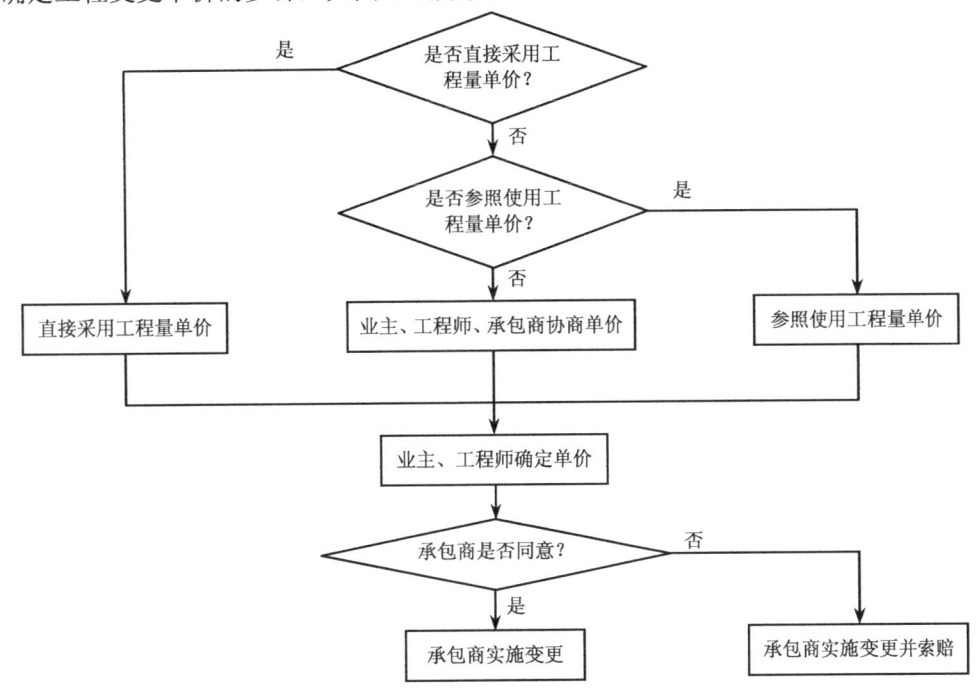

图 8-2 工程变更单价的确定程序

（1）按合同中的单价。如果工程师认为合同中的单价适用于此项变更工程，可按合同中的单价作为此项变更工程的单价。

（2）参照合同中单价确定新单价。如变更工程与合同工程的性质、数量、施工方法、地点差别很大，合同中单价不适用时，则参照合同中类似单价确定一个合理的新单价。

（3）确定新单价。当合同中单价不能参照采用时，即变更工程与合同范围内的工程性质虽然不同，或在与合同不同的工作条件下实施时，则由业主、工程师邀请承包商充分协商，确定一个合理的新单价。如果业主与承包商协商不能达成一致，则由工程师确定一个其认为合理的单价，并抄报业主。

在施工合同条件中，对有关工程变更价款做了如下规定：

（1）承包商在工程变更确定后的 14 天内，可提出变更涉及的追加合同价款要求报告，经工程师确认后相应调整合同价款。如果承包商在双方确定变更后的 14 天内，未向工程师提出变更工程价款的报告，视为该项变更不涉及合同价款的调整。

（2）工程师应在收到承包商的变更合同价款报告后的 14 天内，对承包商的要求予以确认或做出其他答复。工程师无正当理由不确认或答复时，自承包商的报告送达之日起 14 天后，视为变更价款报告已被确认。

（3）工程师确认增加的工程变更价款作为追加合同价款，应与工程进度款同期支付。工程师不同意承包商提出的变更价款，可按合同约定的争议条款处理。

因承包商自身原因导致的工程变更，承包商无权要求追加合同价款。如由于承包商原因实际施工进度滞后于计划进度，某工程部位的赶工施工与其他承包商的施工发生干扰，工程师发布指示改变了施工时间和顺序，导致施工成本的增加或效率降低，承包商无权要求补偿。

4. 工程变更的控制措施

业主、工程师控制工程变更的措施如下：

（1）业主对工程变更及变更价具有决定权。业主是工程的投资者、拥有者，工程变更直接影响到工程及工程投资。因此，业主具有工程变更及变更价的决定权。工程施工中应尽可能减少工程变更。有时从局部衡量，某项变更是需要的，但从工程功能及投资整体衡量，该项变更可以省略，则应否决该项变更。

（2）工程师接受业主委托发布工程变更指令。发生工程变更时，业主委托工程师发布工程变更指令。有工程变更指令，才有变更价的协商。没有工程变更指令，承包商不得进行任何工程变更。

对于以下情况，一般不发布工程变更指令：

1）工程量清单中工程量的变化。
2）删去某一工作。
3）技术规范、标准、施工方法的变化。
4）缺陷通知期修补缺陷。

工程师应加强对工程变更指令的跟踪管理。

（3）严格工程变更的程序。工程变更必须按照合同条件中规定的工程变更程序进行。

首先审查工程变更，经业主决定，确需工程变更时由工程师发布工程变更指令，之后确定工程变更单价并实施工程。

（4）控制工程变更价。工程变更容易引起费用变更，从而影响工程项目的投资。因此，业主、工程师应注意严格控制工程变更价。

应尽可能采用原合同价实施变更工程；当原合同价不能采用时，也要在原合同价的基础上做适当的调整；在不能直接采用又不能调整采用原合同价的情况下才能协商新价，这时应注意防范承包商过高抬价，由工程师确定新价，并抄送业主。

（5）承包商应按照指令执行工程变更。承包商必须服从指令、执行指令。当收到工程师发布的工程变更指令时，承包商应执行工程变更，如对所确定的工程变更价不满意，也要实施工程，而在其后索赔。

8.2.6 工程变更中应注意的几个问题

（1）业主和工程师的认可权必须限制。业主常常通过工程师对材料的认可权提高材料的质量标准、对设计的认可权提高设计质量标准、对施工工艺的认可权提高施工质量标准。如果合同条文规定比较含糊，或设计不详细，则容易产生争执。当认可超过合同明确规定的范围和标准时，承包商应争取业主或工程师的书面确认，进而提出工期和费用索赔。

（2）对业主（工程师）的口头变更指令，应在规定时间内以书面向工程师索取书面确认。对业主（工程师）的口头变更指令，按施工合同规定，承包商也必须遵照执行，但应在7天内书面向工程师索取书面确认。如果工程师在7天内未予书面否决，则承包商的书面要求信即可作为工程师对该工程变更的书面指令。工程师的书面变更指令是支付变更工程款的先决条件之一。作为承包商在施工现场应积极主动，当工程师下达口头指令时，为了防止拖延和遗忘，承包商的合同管理人员可以立刻起草一份书面确认信让工程师签字。

（3）工程变更不能免去承包商的合同责任，而且对方应有变更的主观意图。对已收到的变更指令，特别是对重大的变更指令或在图纸上做出的修改意见，应予以核实。对超出工程师权限范围的变更，应要求工程师出具业主的书面批准文件。对涉及双方责权利关系的重大变更，必须有双方签署的变更协议。

（4）工程变更不能超过合同规定的工程范围。如果超过这个范围，承包商有权不执行变更或坚持先商定价格后再进行变更。

（5）应注意工程变更的实施、价格谈判和业主批准三者之间在时间上的矛盾性。工程变更实施前，最好事先能就价款及工程的谈判达成一致后再进行工程变更。在商讨变更、签订变更协议的过程中，承包商最好提出变更补偿问题，在变更执行前就应明确补偿范围、补偿方法、索赔值的计算方法、补偿款的支付时间等。

但在实际工作中，合同通常都规定，承包商必须无条件执行业主代表或工程师的变更指令（即使口头指令），工程变更已成为事实，工程师再发出价格和费率的调整通知，价格谈判常常迟迟达不成协议，或业主对承包商的补偿要求不批准，价格的最终决定权却在工程师。这样承包商处于十分被动的地位。

对此承包商应采取适当的措施保护自身的利益。可采取如下措施：

1）控制（拖延）施工进度，等待变更谈判结果，这样不仅损失较小，而且谈判回旋余地较大。

2）争取以点工或按承包商的实际费用支出计算费用补偿，如采取成本加酬金方法，这样避免价格谈判中的争执。

3）应有完整的变更实施记录和照片，请业主、工程师签字，为索赔做准备。

在工程变更中，应特别注意由变更引起返工、停工、窝工、修改计划等所造成的损失，注意这方面证据的收集。在变更谈判中应对此进行商谈，保留索赔权。在实际工程中，人们常常会忽视这些损失证据的收集，在最后提出索赔报告时往往因举证和验证困难而被对方否决。

（6）当出现导致工程变更的迹象后，应尽早促使工程师提前做出工程变更。在实际工作中，变更决策时间过长和变更程序太慢会造成很大的损失。常有两种现象：一种现象是施工停止，承包商等待变更指令或变更会谈决议；另一种现象是变更指令不能迅速做出，而现场继续施工，造成更大的返工损失。这就要求变更程序尽量快捷，承包商应尽可能促使工程师提前做出工程变更。

（7）在工程中，承包商不能擅自进行工程变更。施工中发现图纸错误或其他问题需进行变更，首先应通知工程师，经工程师同意或通过变更程序再进行变更。否则，承包商可能不仅得不到应有的补偿，而且还会带来麻烦。

8.3 工程索赔

工程索赔是指在工程承包中，合同当事人一方因对方违约和其他过错或者无过错但由于无法防止的外因致使本方受到损失时，要求对方予以赔偿或补偿的权利，是合同双方为保护自己权益，避免和减少由于对方违约给自己造成的经济损失，提高经济效益，降低各自风险的一种手段。索赔具有双向性，即合同双方当事人都可以依照合同所赋予的权利，就某一事项提出某种要求，它体现了对等的原则。

8.3.1 索赔发生的原因

在工程建设过程中，合同文件（包括技术规范）前后矛盾和用词不严谨以及项目承发包及管理模式的变化，工程的难度增大，是导致施工索赔发生的主要原因。如材料物价上涨、货币及汇率的变化、工程量的增减、施工现场地质条件的变化、工期延长或缩短、恶劣的自然条件及人为发生的阻碍、设计图纸改变、合同文件错误、国家法律法令的变更等，都会导致施工索赔。

应用案例 8-12

某大坝工程，招标图纸注明大坝砼为 90d 龄期 C20 砼，施工图纸注明大坝砼为 90d 龄期 C20 砼，强度保证率为 90%。经查施工规范，大体积砼强度保证率达到 80%即可，据此，承包商认为设计对工程进行了变更，提高了施工标准，要求对砼单价进行补偿，监理工程师批准了承包商的索赔要求。此案例就是因工程变更引起的索赔。

应用案例 8-13

某工程投标日期为 2014 年 11 月，在 2015 年 8 月施工过程中，湖北省发布了一个规定"大中型水电站不得使用立窑水泥"，投标时承包商选定的水泥是当地一家水泥厂生产的立窑水泥，水泥价格较低，后改用另一厂家生产的旋窑水泥，承包商认为施工期由于地方法规变化造成了施工方成本增加，业主应补偿前期已做的砼配合比试验费和水泥价差。

8.3.2 索赔的分类

工程索赔的分类方法很多，从不同的角度有不同的分类形式。

按索赔的对象分类，可分为索赔和反索赔；若按索赔有关当事人分类，可分为承包商与业主间的索赔和承包商与分包商之间的索赔。索赔的最终目的，一般来说，都是要求工期和费用两方面的补偿。工期索赔就是承包商向业主要求延长施工的时间，使原定的工程竣工日期顺延一段合理的时间。费用索赔就是承包商向业主要求补偿不应该由承包商自己承担的经济损失或额外开支，也就是取得合理的经济补偿。

应用案例 8-14

某工程屋顶梁的配筋图未能及时交付给承包商，原定 2012 年 5 月 20 日交付的图纸一直拖延至 6 月底，由于图纸交付延误，导致钢筋订货发生困难（订货半个月后交付钢筋）。因此原定 6 月中旬开始施工的屋顶梁钢筋绑扎拖至 8 月初，再加上该地区 8 月遇到恶劣的气候条件，因气候原因导致工程延误 1 周。最后承包商向业主提出 8 周的工期索赔。

应用案例 8-15

某工程施工中，业主对原定的施工方案进行变更，尽管采用改进后的方案使工程投资大为节省，但同时也引发了索赔事件。在基础施工方案专家论证过程中，业主确认使用钢栈桥配合挖土施工，承包商根据设计图纸等报价 139 万元人民币。在报价的同时，承包商为了不影响总工期，即开始下料加工。后业主推荐租用组合钢栈桥施工方案，费用为 72 万元，节约费用 67 万元。但施工方案变更造成承包商材料运输、工料等损失，承包商即向业主提出费用索赔。后经双方友好协商，承包商获得 12.5 万元赔偿。

8.3.3　FIDIC 合同条件下的索赔程序

在 FIDIC 合同条件下，索赔事件发生后，从承包商提出索赔申请到索赔事件处理完毕，大致要经过以下几个步骤（见图 8-3）。

1）承包商发出索赔申请。合同实施过程中，凡由不属于承包商责任而导致的工程延期和成本增加事件，在发生后的 28 天内，承包商必须以正式函件通知监理工程师声明对此事要求索赔。正式提出索赔申请后，承包商应抓紧准备索赔的证据资料，并在索赔申请发出的 28 天内提出。如果索赔的影响继续存在，在 28 天内不可能准确计算出索赔的款额和延误工期天数时，经监理工程师同意，可以定期陆续提出索赔证据资料和索赔款额及要求延迟工期天数。该索赔事件影响结束的 28 天内，必须提出全面的索赔证据资料和累计索赔款额报送监理工程师，并抄送业主。

2）监理工程师审核承包商的索赔申请。监理工程师正式收到承包商的索赔函件后，应立即研究承包商的索赔资料，确认责任的归属，剔除承包商不合理要求部分，拟定出自己计算的合理索赔款额和工期延误天数。

3）监理工程师与承包商谈判。监理工程师正式收到承包商的索赔函件后，应立即研究承包商的索赔资料，确认责任的归属，剔除承包商的不合理要求部分，拟定自己计算的合理索赔款额和工期延误天数。

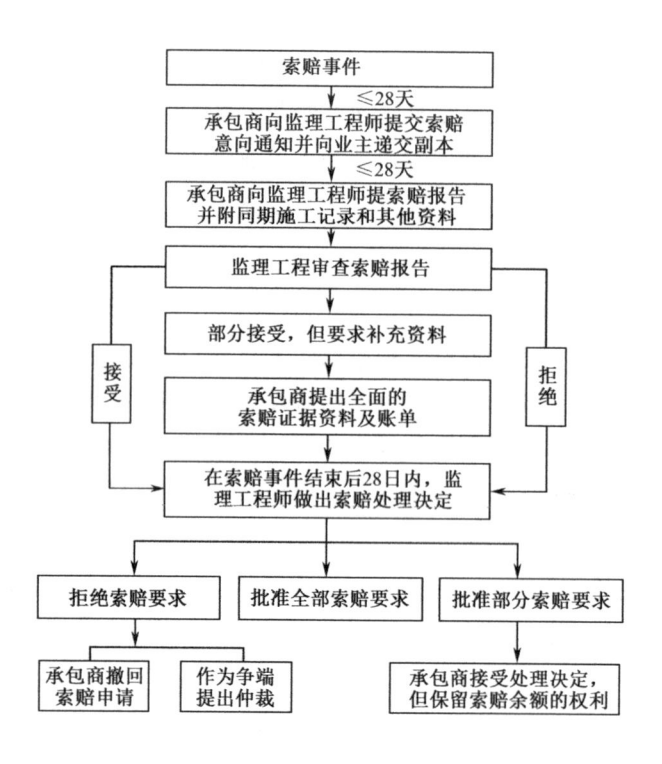

图 8-3　FIDIC 合同条件下的索赔程序

4）业主审批监理工程师的索赔处理报告。业主根据事件发生的原因、责任范围、合同条款审核、承包商的索赔申请和工程师的处理报告，决定是否批准监理工程师的索赔报告。如果业主否定了承包商的索赔要求，则只能通过仲裁来解决。监理工程师的报告一经批准，即可签发支付证书或变更指令。

5）承包商是否接受最终的索赔决定。承包商同意了最终的索赔决定，索赔事件即告结束。若承包商不接受监理工程师的单方面决定或业主删减的索赔款额或工期延误天数，则通过谈判协商或仲裁解决。

8.3.4　索赔费用的计算方法

1. 分项法

分项法是按每个索赔事件所引起损失的费用项目分别分析计算索赔值的一种方法。这一方法是在明确责任的前提下，将索赔费用分项列出，并提供相应的工程记录、收据、发票等证据资料，这样可以在较短时间内给以分析、核实，确定索赔费用顺利解决索赔事宜。在实际中，绝大多数工程的索赔都采用分项法计算。

2. 总费用法

总费用法又称总成本法。就是当发生多次索赔事件后，重新计算该工程的实际总费用。再从这个实际总费用中减去投标报价时的估算总费用，计算索赔余额，具体公式：索赔金额=实际总费用−投标报价估算总费用。

3. 修正总费用法

修正总费用法是对总费用法的改进，即在总费用计算的原则上，去掉一些不合理的因素，使其更合理。修正内容如下：

（1）将计算索赔款的时段局限于受到外界影响的时间，而不是整个施工期。

（2）只计算受影响时段内的某项工作所受影响的损失，而不是计算该时段内所有施工工作受的损失。

（3）与该项工作无关的费用不列入总费用中。

（4）对投标报价费用重新进行核算：按所受影响时段内该项工作的实际单价进行核算，乘以实际完成的该项工作的工作量，得出调整后的报价费用。

按修正后的总费用计算索赔金额的公式：索赔金额=某项工作调整后的实际费用−该项工作的报价费用。修正总费用法与总费用法相比，有了实质性的改进，能够相当准确地反映出实际增加的费用。

8.4 合同价及效益管理

合同履行过程中，会发生合同价的变化，将直接影响效益。合同价和效益管理是合同管理的核心工作。

在合同履行过程中，影响合同价和效益的因素多且复杂，主要包括不利的自然条件、工程量变化、物价调整、工期拖延或加速施工、不可抗力、法律变化等。

8.4.1 不利的自然条件

1. 不利的自然条件的概念

不利的自然条件是指在工程施工中遇到了没有预见的施工条件，而这种条件是在投标报价签约时没有考虑到的。

施工中出现不利的自然条件的原因甚多，从客观上来看，工程规模大、工期长、不可预见因素多，加之地基情况在施工开挖前难以查明；从业主方原因来看，可能由于业主提供的资料粗略，资料的深度不够，或数据不够准确，资料的时间、地点有差异等；从承包商原因来看，可能由于没有考察现场，或者对现场施工条件了解不够，对业主方提供的资料缺乏理解和分析等。

2. 不利的自然条件发生时的合同管理工作（见表 8-3）

是否发生了不利的自然条件，如何处理不利的自然条件，是否给承包商工期和经济补偿，既反映出工程施工的复杂性，也反映出双方在合同管理中对合同价变化的争取与控制。

表 8-3 不利的自然条件发生时的合同管理工作

	承包商	业主、工程师
不利的自然条件发生时的合同管理工作	（1）证实发生了不利的自然条件，说明其不可预见性 （2）立即向业主、工程师发出有关通知 （3）与业主、工程师协商有关措施 （4）在无具体指示情况下，采取可为业主、工程师接受的合理恰当的措施	（1）考察、分析不利的自然条件 （2）确实属于不利的自然条件，与承包商协商有关的措施，对增加的额外费用及工期给予补偿 （3）不属于不利的自然条件，属于承包商投标前现场考察或对业主资料的理解失误，由承包商承担有关费用及延误工期责任

由表 8-3 可以看出，发生不利的自然条件的处理程序不同于索赔的程序。立即发出通知，并与业主、工程师协商有关措施，有利于避免发生了额外费用后再索赔的情况发生。

8.4.2 工程量变化

由于工程变更，工程量发生变化，必然引起合同价的变化。新增工程，既包含新增加的工程量，又包含新的施工单价，都形成合同价的增加。此外，由于投标文件工程量清单中的工程量是估计工程量，在施工过程中需要实测，实际工程量会发生相当大的变化，即使按照工程量清单中固定的单价计算，合同价也会发生变化。因此，业主应对承包商完成的实际工程量予以确认或核实，按照承包商实际永久工程的工程量计量，追加合同价款，应与工程进度款同期支付。

1. 工程量计量的程序和计量原则

承包商应在约定的时间内按专用条款，向工程师提交本期已完工程量的报告，并说明本期完成的各项工程量和工作内容。

（1）工程量计量的程序。工程师应在收到承包商的报告后 7 天内，按照设计图纸核实已完工程量，并通知承包商在现场实际计量前 24 小时共同参加。承包商应派人参加并为计量提供便利条件。如果承包商收到通知后不参加计量，工程师自行计量的结果有效，作为工程价款支付的依据。若工程师不按约定时间通知承包商，致使承包商未能参加计量，工程师单方计量的结果无效。

工程师在收到承包商报告后 7 天内未进行计量，从第 8 天起，则承包商报告中所列的工程量即视为已被确认，作为工程价款支付的依据。

（2）工程量计量的原则。工程师对照设计图纸，只对承包商完成的永久工程合格工程量进行计量，对承包商超出设计图纸范围（包括超挖、涨线）的工程量则不予计量；因承包商自身原因而造成返工的工程量不予计量。

2. 工程量变化的合同管理工作（见表8-4）

表8-4 工程量变化的合同管理工作

	承包商	业主、工程师
工程量变化的合同管理工作	（1）投标时认真审核所投标项目的工程量 （2）注意分析、掌握工程量变化对合同价的影响 （3）尽可能实施所给予的全部工程量，以保证实施合同价尽可能接近签约合同价	（1）招标文件工程量清单中的暂定工程量应尽可能准确 （2）实施时核实工程量计量、净值计量、工程师批准计量 （3）关注工程量变化与合同价的关系

应用案例8-16

某工程在基础工程施工中，因地质条件与合同规定不符，发生了工程量增大，原计划土方量为4500立方米，实际达到5780立方米，合同规定承包商应承担5%的工程量增大的风险。因此，承包商提出按实际工程量计量，结果如下：

承包商应承担的土方量：4500×(1+5%)=4725（立方米）；

业主应承担的土方量：5780−4725=1055（立方米）；

土方挖、运、回填直接费：1055×20=21100（元）；

管理费（综合）20%：21100×20%=4220（元）；

最后，承包商获得的追加工程款为25320（元）。

8.4.3 物价调整

1. 物价调整的概念

物价调整是指根据实施合同工程时的人工费、材料费或影响工程实施的其他费用的上涨或下降，对合同价进行增加或减少的调整。

合同价格调整有两类情况，一类由工程变更引起，另一类由物价浮动引起，即物价调整。物价调整使签约合同价变为可变合同价。在合同工程实施过程中，当劳动力、材料费或影响工程实施的其他费用上涨时，业主将补偿调价值给承包商。反之，当上述费用下降时，承包商将退还调价值给业主。

2. 物价调整的合同管理工作（见表8-5）

凡是施工期超过一年却没有物价调整条款的合同都是风险较大的合同。这是因为，对于施工期较长的合同工程，在通货膨胀和货币兑换不稳定的情况下，物价调整往往是承包商的重要收入之一，在减少亏损和获取利润中都起着举足轻重的作用。首先，物价调整至少应能做到补偿承包商在实施工程中，由于物价上涨而额外支出的人工费、材料费及设备费等工程成本。其次，在物价上涨的同时，如果承包商采取其他有效措施使得人工费、材料费及设备费成本有所降低，那么物价上涨费将成为承包商的重要效益收入。

表 8-5 物价调整的合同管理工作

	承包商	业主、工程师
物价调整的合同管理工作	（1）无物价调整合同条款时，通过合同谈判，争取将物价调整补入合同条件 （2）投标时分析并预测指数来源国的指数资料，确定有利的指数来源 （3）投标时选择有利的调价因素比率 （4）实施中重视指数资料收集及分析 （5）及时结算物价调整值	（1）投标时严格遵守物价调整的规定，如限定可调价工程值、参调因素及其比例范围、规定不调部分的比例、某些情况下不进行物价调整等 （2）统一指数来源国与劳动力、材料、设备来源国的概念 （3）严格审查承包商提交的工程月报表及指数资料 （4）严格物价指数结算

进行物价调整是业主承担工程实施中劳动力、材料、设备等价格浮动风险的体现。严格控制物价调整是业主、工程师投资控制及合同管理的重要内容。

3．物价调整的方法

大多数合同物价调整采用指数法，该方法简化了物价调整的方法，简单易行，便于管理。其计算公式为：

$$\Delta P = P_0 \left(a + \sum_{i=1}^{n} b_i \times \frac{M_{i1}}{M_{i0}} - 1 \right)$$

式中　ΔP——调价值；

P_0——可调价工程值，为合同中指定的可以调价的结算工程值；

a——固定比率，是将合同规定的不调价因素与参加调价因素视为整体时，不调价因素在其中所占的比率，固定比率在合同中常被固定为 0.15～0.35；

b_i——各参加调价因素的比率，是将合同规定的不调价因素与参加调价因素视为整体时，各参加调价因素在其中所占的比率，参加调价的因素通常为劳动力费、材料费，有时还有设备费等；

M_{i0}——基期价格指数，FIDIC 施工合同条件规定，采用递交投标文件截止日期前 28 天当日的适用价格指数作为基期价格指数；

M_{i1}——现行价格指数，指提交结算工程值报表有关的周期最后一天的适用价格指数。

应用案例 8-17

某工程合同总价为 100 万美元。其组成为：土方工程费 10 万美元，占 10%，砌体工程费 40 万美元，占 40%；钢筋混凝土工程费 50 万美元，占 50%。可调部分占工程价款的 85%，人工材料费中各项费用比例如下。

（1）土方工程：人工费 50%，机具折旧费 26%，柴油 24%。

（2）砌体工程：人工费 53%，钢材 5%，水泥 20%，骨料 5%，空心砖 12%，柴油 5%。

（3）钢筋混凝土工程：人工费 53%，钢材 22%，水泥 10%，骨料 7%，木材 4%，柴油 4%。

假定该合同的基准日期为 2003 年 1 月 4 日，2003 年 9 月完成的工程价款占合同总价的 10%，有关月报的工资、材料物价指数如表 8-6 所示。

表 8-6 工资、材料物价指数表

费用项目	代 号	2003年1月指数	代 号	2003年8月指数
人工费	M_{10}	100.0	M_{11}	116.0
钢材	M_{20}	153.4	M_{21}	187.6
水泥	M_{30}	154.8	M_{31}	175.0
骨料	M_{40}	132.6	M_{41}	169.3
柴油	M_{50}	178.3	M_{51}	192.8
机具折旧	M_{60}	154.4	M_{61}	162.5
空心砖	M_{70}	160.1	M_{71}	162.0
木材	M_{80}	142.7	M_{81}	159.5

计算如下：

人工费：(50%×10%+53%×40%+53%×50%)×85%≈45%

钢材：(5%×40%+22%×50%)×85%≈11%

水泥：(20%×40%+10%×50%)×85%≈11%

骨料：(5%×40%+7%×50%)×85%≈5%

柴油：(24%×10%+5%×40%+4%×50%)×85%≈5%

机具折旧：26%×10%×85%≈2%

空心砖：12%×40%×85%≈4%

木材：4%×50%×85%≈2%

不调值费用占工程价款的比例为15%。

则2003年9月的工程款经过调值后，调价值为：

$$\Delta P = 10\% \times P_0 \left(0.15 + 0.45 \times \frac{M_{11}}{M_{10}} + 0.11 \times \frac{M_{21}}{M_{20}} + 0.11 \times \frac{M_{31}}{M_{30}} + 0.05 \times \frac{M_{41}}{M_{40}} \right.$$

$$\left. + 0.05 \times \frac{M_{51}}{M_{50}} + 0.02 \times \frac{M_{61}}{M_{60}} + 0.04 \times \frac{M_{71}}{M_{70}} + 0.02 \times \frac{M_{81}}{M_{80}} - 1 \right)$$

$$= 10\% \times P_0 \left(0.15 + 0.45 \times \frac{116}{100} + 0.11 \times \frac{187.6}{153.4} + 0.11 \times \frac{175.1}{154.8} + 0.05 \times \frac{169.3}{132.6} \right.$$

$$\left. + 0.05 \times \frac{192.8}{178.3} + 0.02 \times \frac{162.5}{154.4} + 0.04 \times \frac{162.0}{160.1} + 0.02 \times \frac{159.5}{142.7} - 1 \right)$$

$$= 1.33 \text{(万美元)}$$

通过调值，2003年9月实得工程款比原价款多1.33万美元。

指数法不易直接反映施工过程中劳动力、材料及设备等成本的真实变化。原因主要有以下5个方面：

（1）指数法是按价格指数、工程成品（结算工程值）对参调因素进行调价，它所反映的价格调整并不是参调因素自身的价格调整。

（2）业主及工程师在确定参调因素以及参调因素比率范围时往往带有人为因素，还常常因人而异，包括对工程的认识水平、业务技术水平以及处理调价的内容、方式都会不尽相同。

（3）确定参调因素、调价比率范围及固定比率，并不是根据工程实施的结果，而是在工程实施之前的招标阶段就由业主及工程师做出的规定和估计。

（4）由于采购时的可供性、价格等方面的原因，实施工程时材料、设备的实际来源往往不易与投标时确定的材料、设备价格指数的来源国相一致，常常出现购买 B 国一国或多国的材料、设备，却采用投标时已确定的 A 国的价格指数。

（5）结算工程值与调价时间不易准确对应。

由于以上多方面原因，指数法不仅赋予了业主、工程师确定物价调整的各种规定与估计来确保自身利益的权利，同时也给予了承包商在一定程度上（要取得业主批准）确定价格指数来源、参加调价因素比率及可调价工程值时研究物价调整，通过物价调整获取利润的机会。

进行物价调整是业主承担工程实施中劳动力、材料、设备等价格浮动风险的体现。严格控制物价调整是业主、工程师投资控制及合同管理的重要内容。

如果实施过程中，劳动力、材料、设备等费用下降，承包商将退还调价值给业主，这说明物价调整不是单一的上涨费的概念，有支有收，取决于劳动力、材料、设备等费用是上涨还是下降。

8.4.4　工期拖延或加速施工

1．工期拖延的概念

工期拖延可分为不可原谅拖期和可原谅拖期两大类。

（1）不可原谅拖期。不可原谅拖期是指由于承包商的原因引起的工期延误。这种情况承包商不仅得不到工期延长及经济补偿，还要赔偿由于工期延误给业主带来的损失。这种赔偿通常称为误期损害赔偿费。

（2）可原谅拖期。凡不是由于承包商原因的拖期都属于可原谅拖期。可原谅拖期是由于客观原因和业主原因造成的。这类工期延误不是承包商的责任。可原谅拖期，如果拖期的责任者是业主或工程师，则承包商不仅可以得到工期延长，还可以得到经济补偿。这种拖期被称为"可原谅并给予补偿的拖期"。可原谅拖期，如果其责任者不是业主，而是由于客观原因时，承包商可以得到工期延长，但得不到经济补偿。这种拖期被称为"可原谅但不给予补偿的拖期"。

2．加速施工

通常在如下情况下，承包商可以提出加速施工的补偿：

（1）由于非承包商责任造成工期拖延，业主希望工程能按时交付，由工程师指令承包商采取加速措施。

（2）工程虽未拖延，由于市场等原因，业主希望工程提前交付，与承包商协商采取加速措施。

（3）由于发生干扰事件，已经造成工期拖延，但双方对工期拖延的责任产生争执。承包商提出工期补偿要求，但工程师（业主）认为是承包商的责任，由工程师直接指令承包商加速，承包商被迫采取加速措施。但最终经承包商申诉或经调解，或经仲裁，工期拖延为业主责任，则这时工程师的加速指令即被推定为上述情况（1），业主应承担相应的赶工费。加速施工的费用补偿分析表，如表8-7所示。

表8-7 加速施工的费用补偿分析表

费用项目	内容说明	计算基础
人工费	增加劳动力投入，不经济地使用劳动力使产效率降低 节假日加班，夜班补贴	报价中的人工费单价，实际劳动力使用量，已完成工程中劳动力计划用量 实际加班数，合同规定或劳资合同规定的加班补贴标准
材料费	增加材料投入，不经济地使用材料 因材料提前交货给材料供应商的补偿 改变运输方式 材料代用	实际材料使用量，已完成工程中材料计划使用量，报价中的材料价格或实际价格实际支出 材料数量，实际运输价格，合同规定的运输方式的价格 代用数量差，价格差
机械费	增加机械使用时间，不经济地使用机械 增加新设备投入	实际费用，报价中的机械费，实际租金等 新设备报价，新设备使用时间
工地管理费	增加管理人员的工资 增加人员的其他费用，如福利费、工地补贴、交通费、劳保、假期等 增加临时设施费 现场日常管理费支出	计划用量，实际用量，报价标准 实际增加人·月数，报价中的资率标准 实际增加量，实际费用 实际开支数，原报价中所包含的数量
其他	分包商索赔 总部管理费	按实际情况确定
扣除：工地管理费	由于赶工，计划工期缩短，减少支出：工地交通费、办公费、工地器具使用费、设施费用等	缩短月数，报价中的费率标准
扣除：其他附加费	保函、保险和总部管理费等	

3. 工期拖延的合同管理工作（见表8-8）

表8-8 工期拖延的合同管理工作

	承包商	业主、工程师
工期拖延的合同管理工作	（1）分析工期拖延原因 （2）承包商原因导致拖期，自费加速施工，力争按期完成工程 （3）非承包商原因导致拖期，属客观原因，要求工期延长；属业主、工程师原因，要求工期延长及经济补偿	（1）分析工期拖延原因 （2）业主、工程师原因导致拖期，给予承包商工期延长及相应经济补偿，或者当不允许工程延期时，要求承包商加速施工，补偿待工费用及加速施工费用 对于可原谅拖期，还应审查拖期项目是否发生在关键线路上，如果拖期项目不在关键线路上，拖期不影响竣工日期，则不需要给予该项目工期延长和相应的经济补偿 （3）客观原因导致拖期，给予承包商工期延长。同样要审查拖期项目是否发生在关键线路上，只有在关键线路上的项目由于客观原因拖期，才能给予工期延长 （4）承包商原因导致拖期，向承包商提出加速施工要求，并明确不补偿加速施工费用。加速施工仍未能按期完工时，对承包商处以误期损害赔偿费

应用案例 8-18

某工程地下室施工中，发现有残余的古建筑基础。因此有关部门对此进行了考古研究，决定对其开挖，然后由承包商继续施工，其间共延误 50 天。该事件后，业主要求承包商加速施工，赶回延误损失。因此，承包商向业主提出工程加速补偿累计达 131 万元。

应用案例 8-19

在某工程中，合同规定某种材料须从国外某地购得，由海运至工地，一切费用由承包商承担。现由于业主指令加速工程施工，经业主同意，该材料改海运为空运。对此，承包商提出费用补偿。

原合同报价中的海运价格为每千克 2.61 美元，现空运价格为每千克 13.54 美元，该批材料共重 28.366 千克，则

费用补偿为：28366×(13.54–2.61)=310040.38（美元）。

8.4.5 不可抗力

不可抗力事件的发生，对施工合同的履行会造成较大的影响。在合同订立时，当事人双方应当明确不可抗力的范围。工程师应当对不可抗力风险的承担有一个通盘的考虑：哪些不可抗力风险可以自己承担、哪些不可抗力风险应当转移出去（如投保等）。在施工合同的履行中，应当加强管理，尽可能地减少或者避免不可抗力事件的发生，不可抗力事件发生后应当尽量减少损失。

1. 不可抗力的概念和范围

不可抗力是指某种异常事件或情况，只要满足下述四个条件，就可称为不可抗力。
（1）一方无法控制的。
（2）该方在签订合同前，不能对之进行合理准备的。
（3）发生后，该方不能合理避免或克服的。
（4）不能主要归因于他方的。

在建筑工程施工中，不可抗力包括（但不限于）：
（1）战争、敌对行动（不论宣战与否）、入侵、外敌行为。
（2）叛乱、恐怖主义、革命、暴动、军事政变或篡夺政权或内战。
（3）暴乱、骚动或混乱，但不包括承包商和分包商及其雇用人员引起的。
（4）战争军火、爆炸物资、电离辐射或放射性引起的污染，但不包括可能由承包商引起的此类污染。
（5）自然灾害，如地震、飓风、台风或火山活动。对于自然灾害形成的不可抗力，当事人双方订立合同时应在专用条款内予以约定，如多少级以上的地震、多少级以上持续多少天的大风等。

2. 不可抗力的合同责任

因不可抗力事件导致的费用及延误的工期由双方按以下方法分别承担：

（1）工程本身的损害、因工程损害导致第三方人员伤亡和财产损失，以及运至施工场地用于施工的材料和待安装的设备的损害，由业主承担。

（2）业主、承包商人员伤亡由其所在单位负责，并承担相应费用。

（3）承包商机械设备损坏及停工损失，由承包商承担。

（4）停工期间，承包商应工程师要求留在施工场地的必要的管理人员及保卫人员的费用由业主承担。

（5）工程所需清理、修复费用由业主承担。

（6）延误的工期相应顺延。

因合同一方迟延履行合同后发生不可抗力的，不能免除迟延履行方的相应责任。

3. 不可抗力发生后的合同管理工作

不可抗力事件发生后，承包商应立即通知工程师，并在力所能及的条件下迅速采取措施，尽量减少损失，业主应协助承包商采取措施。不可抗力事件结束后48小时内承包商应向工程师通报受害情况和损失情况，以及预计清理和修复的费用。

如果不可抗力事件持续发生，承包商应每隔7天向工程师报告一次受害情况，并于不可抗力事件结束后14天内，向工程师提交清理和修复费用的正式报告及有关资料。

出现不可抗力后，承包商要及时通知工程师，并采取措施努力使其对合同所造成的损失减至最小。针对承包商因不可抗力而提出的补偿要求，业主有义务予以满足。

8.4.6 法律变化

如果国家的法律发生变化（包括实行新法律、废除或修改现有法律），或对此类法律的司法或政府解释有改变，对承包商履行合同规定的义务产生影响，导致承包商在实施合同中发生了费用增加或减少，此类增加或减少的费用应由工程师与业主和承包商协商之后，确定加入合同价或从合同价中扣除。由此导致竣工时间受到拖延影响时，应给予延长期。

国家法律、法规的变化使承包商费用变化的主要情况有所得税率、海关税率、外汇兑换率、外币币种及币种比例、人工工资等。

绝大多数情况是由于法律的变化使得承包商在实施合同中费用增加，这时业主应给予承包商有关费用补偿。

FIDIC施工合同条件将法律变化的基准定为投标书递交截止日期前28天的日期，即费用补偿或扣除时按此基准衡量。

业主、工程师在合同管理中应注意国家法律的变化，及时受理承包商提出的法律变化引起费用增加所要求的补偿。当法律变化引起费用减少时，应从合同价中予以扣除。

应用案例 8-20

我国某公司在北非某国承建了一项大型工程。在合同实施期间，当地官方多次调整外汇汇率，由开工时的 1∶4.81（1 美元兑换 4.81 当地币）到完工时的 1∶25，平均每年下调 70%，由于我方在合同中有保值条款，结算时业主方面同意给予一定补偿，最终结算款兑换率为 1∶6.55，减少了损失。

8.4.7 合同价调整

合同价调整涉及的因素多而复杂，加之直接与业主和承包商的利益相关，是难度较大的合同管理工作。

1. 合同价款允许调整的情况

（1）可以调整合同价款的原因。按照通用条款的规定，对于可调价合同，在施工过程中如果遇到以下情况，可以对合同价款进行相应的调整。

1）法律、行政法规和国家有关政策变化影响到合同价款。如施工过程中某项税费发生变化，则应按实际发生与订立合同时的差异进行增加或减少合同价款的调整。

2）工程造价部门公布的价格调整。当市场价格浮动变化时，按照专用条款约定的方法对合同价款进行调整。

3）一周内非承包商的原因而停水、停电、停气所造成停工累计超过 8 小时。

4）双方约定的其他因素。

（2）合同价款调整的管理程序。发生上述事件后，承包商应当在情况发生后的 14 天内，将调整的原因、金额以书面形式通知工程师。

工程师确认调整金额后作为追加合同价款，并与工程款同期支付。工程师收到承包商通知后 14 天内不予确认也不提出修改意见，则视为已经同意该项调整。

2. 合同价调整的合同管理工作（见表 8-9）

合同价调整的合同管理综合地反映在不利的自然条件、工程变更、工期延长或加速施工、物价调整、法律变化、工程量变化、不可抗力的合同管理中。

表 8-9　合同价调整的合同管理工作

	承包商	业主、工程师
合同价调整的合同管理工作	（1）将合同价调整的合同管理工作贯穿于获取工程项目并实施完成工程项目的始终 （2）签约前分析实施时合同价的可能变化，并有相应的措施，如报价的考虑、物价指数资料的确定等 （3）签约后进行合同价管理，随时发现合同价变化的不利因素，并向业主提出有关工程量与单价变化相应的调整要求 （4）按照合同规定，提出合同价调整	（1）将合同价调整的合同管理工作贯穿于项目立项至工程项目验收的始终 （2）编制招标文件时，注重有关合同价变化条款的编写，工程量清单中的暂定工程量应尽可能准确 （3）签约后进行合同价管理，随时发现合同价变化的不利因素，严格控制工程量计量，严格控制工程变更价，严格控制物价调整等 （4）按照合同规定，审理承包商提出的合同价调整要求

8.5 合同转让

合同转让是指合同成立后，当事人依法可以将合同中的全部或部分权利（或者义务）转让或转移给第三人的法律行为。也就是说，合同的主体发生了变化，由新的合同当事人代替了原合同当事人，而合同的内容没有改变。

按照其所转让的权利义务的不同，合同的转让可分为合同权利的转让、合同义务的转移，以及合同权利和义务的概括移转三种情况。

8.5.1 合同权利的转让

所谓合同权利的转让，是指合同的债权人通过协议将其债权全部或者部分转移给第三人的行为。合同权利的转让是合同主体变更的一种形式，是在不改变合同内容的情况下，合同债权人的变更。合同权利的转让有广义与狭义之分。

广义的合同权利转让是指合同的权利人的合同权利由第三人承受，即第三人参与债的法律关系而成为新的合同权利人。合同债权的转让并非一定要通过订立合同才能进行，法院的判决、行政行为以及继承、赠予等，都能使债权得以转移。让与关系一经成立并生效，受让人即取代了合同中原来的债权人而成为新的债权人。

狭义的合同权利转让是指合同权利人通过订立合同形式而将合同权利转让给第三人承受，即通过一个新的合同关系使第三人参与原来的合同关系之中，与原债权人共同享有债权。

1. 合同权利转让的构成要件

合同权利的转让必须具备以下条件才能生效：

（1）让与人与受让人达成协议。合同权利让与实际上就是让与人与受让人之间订立了一个合同，让与人按照约定将合同权利让与给受让人。此种合同的当事人是转让人和受让人，订立权利转让合同应具备合同的有效条件。

（2）须有有效的合同权利存在。合同权利的有效存在，是合同权利转让的根本前提。如果债权人让予的债权无效或不存在，显然是一种给付不能，让与合同即不能生效。因为任何人不可能将自己没有的权利再转让给别人。受让人因此而受到的损失，有权要求让予人进行赔偿。

（3）让与的合同权利须具有可让与性。合同权利作为财产权利，一般都具有可让与性。因此，合同的权利人当然可以将其合同权利让与他人。但是，并非所有的合同权利都具有可让与性。对于不具有可让与性的合同权利，合同权利人无疑不得将其转让。

我国《合同法》第七十九条明文规定了禁止转让的合同权利。所以，不能转让的合同债权包括：

1) 依合同权利性质不得让与的债权。基于人身性质的债权，如委托人与受托人之间的债权，雇用人与受雇人之间的债权，由于其均为建立在债权人和债务人特殊的人身信任基础上的合同权利，因此，非经债务人同意，不得让与；以特定身份为基础的债权，如抚养或扶养请求权等，原则上不得让与；以特定的人为基础的债权，如因身体健康而产生的损害赔偿请求权等不得让与。

应用案例 8-21

甲建筑公司与乙公司签订合同，由甲公司租用乙公司施工电梯一部。无疑，甲公司负有支付租金的义务，享有使用施工电梯的权利。甲公司未经乙公司同意，不得向丙公司转让合同权利（施工电梯的使用权）。原因在于，甲公司拥有操作施工电梯的专门技术、管理人员，乙公司是基于对甲公司管理水平和妥善使用方面的信任而出租该施工电梯，如甲公司转让该合同权利，丙公司有错误操作之虞，有违乙公司订立合同的本意。

2）合同的当事人双方约定不得转让的合同权利。依据债权的性质，虽然不在禁止之列，但其约定不得转让的合同权利，为尊重当事人的意愿，一般不得转让，当然此种约定应以不违反法律的强制性规定为前提。

3）依照法律规定不得转让的合同权利，当然不能转让。

4）处于诉讼阶段的债权。处于诉讼阶段的债权若允许自由转让，则会导致诉讼当事人的变更，破坏合法的诉讼程序，同时会造成司法资源的浪费，所以不能转让。

（4）履行必需的程序。我国《合同法》第八十七条规定："法律、行政法规规定转让权利或者转移义务应当办理批准、登记等手续的，依照其规定。"

2. 转让通知

债权让与是债权人对自己享有的权利的一种处分，债权让与合同是债权人与第三人关于转移合同权利的意思表示一致的协议。由于债务人不是此合同的当事人，因此其同意与否与合同的成立没有关系。所以，债权的让与只要求有债权人与受让人的合意，不以取得债务人的同意为必要。不过，债权让与只有在让与人或受让人通知债务人时，才对其产生法律上的效力。我国《合同法》第八十条规定："债权人转让权利的，应当通知债务人。未经通知，该转让对债务人不发生效力。债权人转让权利的通知不得撤销，但经受让人同意的除外。"

3. 合同权利转让的效力

合同权利转让的效力是指合同权利转让所发生的法律效果，可分为内部效力与对外效力两个方面。

（1）合同权利转让的内部效力。所谓合同权利转让的内部效力，是指原债权人与受让人之间发生的法律效果。主要包括以下几个方面：

1）受让人取得合同权利。合同权利由让与人转让给受让人，合同权利转让如果是全部转让，则受让人取代原债权人的地位而享有合同权利，让与人脱离原合同关系。如果是部分转让，则受让人加入合同关系，成为与原债权人共享合同权利的新债权人。

2）受让人取得属于主权利的从权利。合同债权转移时，债权的从属权利如担保物权、损害赔偿请求权，以及合同不履行时的违约金请求权等都随之转移。但专属于原合同权利人自身享有的从权利，如撤销权、解除权等形成权，并不因合同权利的移转而当然地移转于受让人。我国《合同法》第八十一条规定："债权人转让权利的，受让人取得与债权有关的从权利，但该从权利专属于债权人自身的除外。"

3）让与人对受让人有告知的义务。让与人应将债务人的地址、债务发生的原因、履行期限等有关情况告知受让人，并负有向受让人交付债务证明文件的义务，以使受让人能够完全行使合同权利。

4）保证转让的权利有效且无瑕疵。让与人应保证其转让的权利有效且不存在权利瑕疵。如果在权利转让以后，因权利存在瑕疵而给权利人造成损失的，让与人应当承担损害赔偿责任。当然，如果让与人在转让权利时明确告知受让人权利有瑕疵，则受让人无权要求赔偿。

(2) 合同权利转让的对外效力。合同权利转让的对外效力是指原债权人、受让人与债务人之间发生的法律效果。这一效力主要有以下几个方面：

1）债务人应向受让人履行债务。债权受让人从债权让与成立以后，即代替原债权人成为债务人的新的债权人，享有与原债权人一样的权利，自然其可以请求债务人履行债务。反过来，债务人与原债权人之间的权利义务关系，则因为债权让与而归于消灭。让与人就不得再向债务人请求给付。

2）免除债务人对转让人所付的责任。债务人负有向受让人（新债权人）做出履行的义务，同时免除其对原债权人所付的责任。如果债务人向让与人履行债务，债务人并不能因债权清偿而解除对受让人的债务。让与人也无权要求债务人向自己履行债务，如果让与人接受了债务人的债务履行，应付返回义务。

3）债务人对原合同权利人的抗辩权可以向受让人主张。我国《合同法》第八十二条规定："债务人接到债权转让的通知后，债务人对让与人的抗辩，可以向受让人主张。"当然，债权让与以后，债务人还可能由于诸如时效等事实的发生，而取得了对新债权人的抗辩权。

4）债务人可以主张以其合同权利与让与的合同权利抵消。我国《合同法》第八十三条规定："债务人接到债权转让通知时，债务人对让与人享有债权，并且债务人的债权先于转让的债权到期或者同时到期的，债务人可以向受让人主张抵消。"

应用案例 8-22

甲方卖给乙方 100 万元的茶叶，乙方应于 2000 年 10 月 1 日付款。甲方曾欠乙方 50 万元蔬菜款。应于 2000 年 9 月 1 日付款。至 9 月 20 日，甲方将 100 万元的债权转让给丙方，丙方受让该债权后要求乙方偿付，乙方以甲方尚欠 50 万元蔬菜款为由主张抵消权，只付给丙方 50 万元。

乙方的债权到期，其抵消权成立。但乙方忘了扣除 9 月 1 日至 9 月 20 日之间的迟延金。

8.5.2 合同义务的转移

合同义务的转移即债务承担,是指经债权人同意,债务人将债务转移给第三人的行为。债务的转移可分为全部转移和部分转移。

合同义务的全部转移是指由第三人(承担人)代替债务人承担其全部债务,原债务人即脱离了债的权利义务关系,而承担人就成为新的债务人。

合同义务的部分转移是指第三人加入债的关系与债务人共同承担债务,原债务人并不脱离债的关系,而依然是债务人。

我国《合同法》第二百七十二条规定:"总承包人或者勘察、设计、施工承包人经发包人同意,可以将自己承包的部分工作交由第三人完成。承包人不得将其承包的全部建设工程转包给第三人或者将其承包的全部建设工程肢解以后以分包的名义分别转包给第三人。"由此可见,法律明确规定,在建设工程中,承包商的债务转移只能是部分转移。

1. 合同义务转移的条件

(1)必须有有效合同义务的存在。根据我国法律规定,当事人转移的合同义务只能是有效存在的债务。如果债务本身不存在,或者合同订立后被宣告无效或被撤销,就不能发生义务转移的后果。将来可发生的债务虽然理论上也可由第三人承担,但仅在该债务有效成立时,债务承担合同才能发生效力。

(2)转移的合同义务具有可转移性。因合同义务转移后,合同义务主体发生变更,因此,所转移的合同义务必须具有可转移性。依据法律的规定或合同的约定不得转移的义务,不能进行转移。

(3)必须存在合同义务转移的协议。合同义务的转移,须由当事人达成转移的协议。该合同义务转移协议的订立有两种形式:一是通过债权人与第三人订立;二是通过债务人与第三人订立。

(4)必须经债权人的同意。合同关系通常是建立在债权人对债务人的履行能力有所信任的基础之上。如果未经债权人同意而将债务转移于第三人,无法预知该第三人是否有足够的能力和信用履行债务,债权人的利益是否能够实现便不能确定。因此,我国《合同法》第八十四条规定:"债务人将合同的义务全部或者部分转移给第三人的,应当经债权人同意。"如果未征得债权人同意,合同义务转移无效,原债务人仍负有向债权人履行的义务。当第三人以债务承担为由履行时,债权人有权拒绝受领,并有权追究债务人不履行的责任。债权人的同意可以采取明示或默示的方式。如果债权人未明确表示同意,但他已经将第三人作为其债务人并请求其履行,即可推定债权人已经同意。

(5)必须依法办理有关手续。按照法律、行政法规的规定,合同义务的转移应当办理批准、登记等手续的,则在转移合同义务时应办妥这些手续。

2. 合同义务移转的法律效力

合同义务的转让生效后发生以下几方面的法律效力:

（1）债务全部移转的，承担人取代原债务人的地位而为新债务人，原债务人脱离债务关系，而不再负担债务。债务人的债务部分转移给第三人的，第三人与原债务人共同承担债务。

（2）新债务人取得原债务人基于债权债务关系所享有的一切抗辩权。我国《合同法》第八十五条规定："债务人转移义务的，新债务人可以主张原债务人对债权人的抗辩。"

（3）从属于主债务的从债务一并移转于承担人承担。违约金、利息等权利也随之移转，但保证债务非经保证人同意，不发生移转的效力。我国《合同法》第八十六条规定："债务人转移义务的，新债务人应当承担与主债务有关的从债务，但该从债务专属于原债务人自身的除外。"

8.5.3 合同权利和义务的概括移转

所谓合同权利和义务的概括移转，是指原合同的当事人一方将债权债务一并转移给第三人，由其完全代替出让人的法律地位，成为合同法律关系的新的当事人。

合同权利义务的概括移转，主要有两种情形：合同承受与企业合并。

1. 合同承受

所谓合同承受，是指合同当事人一方将其在合同中的权利义务全部转移于第三人，第三人承受其在合同中的地位，享受权利并负担义务。

合同承受既可因当事人之间的协议发生，也可因法律的直接规定发生。

我国《合同法》第八十八条规定："当事人一方经对方同意，可以将自己在合同中的权利义务一并转让给第三人。"其构成要件是：

（1）合法有效的合同的存在，无疑是债权债务概括转移的前提。原合同无效的不能产生法律效力，更不能转让。

（2）转让人与承受人达成合同转让协议。这是债权债务概括转移的关键。

（3）只有双务合同中才有权利义务同时存在的问题，也才有债权债务的概括移转的问题。所以，合同的承受仅发生在双务合同中。

（4）合同承受须得到被承受的合同的相对人的同意。原合同的对方当事人如果不同意，合同的承受不能产生法律上的效力。

2. 企业合并

企业合并在法律上同样产生债权债务概括移转的法律后果。

我国《民法通则》第四十四条规定："企业法人分立、合并后的权利义务，由它变更后的法人享有或承担。"

我国《合同法》第九十条规定："当事人订立合同后合并的，由合并后的法人或者其他组织行使合同权利，履行合同义务。"

这都是基于法律的直接规定，而使企业合并后在法律上产生的债权债务的概括移转。

但需要注意的是，企业合并以后，原企业债权债务的概括移转，无须取得对方当事人的同意，只要其依法履行了通知或者公告的义务，对债权人即发生法律上的效力。

8.6 合同终止

合同终止，又称为合同的消灭，是指合同关系不再存在，合同当事人之间的债权债务关系终止，当事人不再受合同关系的约束。合同的终止也就是合同效力的完全终结。

8.6.1 合同终止概述

1. 合同终止的条件

根据《合同法》规定，有下列情形之一的，合同终止：
（1）债务已经按照约定履行。
（2）合同解除。
（3）债务相互抵消。
（4）债务人依法将标的物提存。
（5）债权人免除债务。
（6）债权债务同归于一人。
（7）法律规定或者当事人约定终止的其他情形。

2. 合同终止的效力

合同终止因终止原因的不同而发生不同的效力。根据《合同法》规定，除上述的第（二）项和第（七）项终止条件外，在消灭因合同而产生的债权债务的同时，也产生了下列效力：

（1）消灭从权利。合同关系的终止，使合同的担保及其他从权利义务也归于消灭。如抵押权、违约金债权、利息债权和主债权也归于消灭。

（2）返还负债字据。负债字据又称为债权证书，是债务人负债的书面凭证。合同终止后，债权人应当将负债字据返还给债务人。如果因遗失、损毁等原因不能返还的，债权人应当向债务人出具债务消灭的字据，以证明债务的了结。

根据《合同法》规定，因第（二）项、第（七）项规定的情形合同终止的，将消灭当事人之间的合同关系及合同规定的权利义务，但并不完全消灭相互之间的债务关系，对此，将适用以下条款：

（1）结算与清理。我国《合同法》第九十八条规定："合同的权利义务终止，不影响合同中结算和清理条款的效力。"由此可见，合同终止后，尽管消灭了合同，如果当事人在事前对合同中所涉及的金钱或者其他财务约定了清理或结算的方法，则应当以此方法作为合同终止后的处理依据，以彻底解决当事人之间的债务关系。

（2）争议的解决。我国《合同法》第五十七条规定："合同无效、被撤销或者终止的，不影响合同中独立存在的有关解决争议方法的条款的效力。"这表明了争议条款的相对独立性,即使合同的其他条款因合同无效、被撤销或者终止而失去法律效力,但是争议条款的效力依然存在。这充分尊重了当事人在争议解决问题上的自主权,有利于争议的解决。

3. 后合同义务

依据诚实信用原则及交易惯例,合同当事人还负有一定义务,如通知、保密、协助义务,此种义务因发生在合同终止之后而被称为后合同义务。对此,《合同法》第九十二条做了明确规定:"合同的权利义务终止后,当事人应当遵循诚实信用原则,根据交易习惯履行通知、协助、保密等义务。""通知"是指当事人在有条件的情况下应当将合同终止的有关事宜告诉合同对方当事人。"协助"是指当事人一方配合另一方做好善后工作。"保密"是指当事人在合同终止以后,对了解到的对方当事人的秘密不向外泄露。这些义务是原来义务的扩展,其依据的是诚实信用原则而非合同本身。

8.6.2 合同的解除

合同的解除,是指合同有效成立后尚未全部履行前,合同的一方当事人按照法律规定,或者双方当事人约定的解除条件使合同不再对双方当事人具有法律约束力的行为,或者合同各方当事人经协商消灭合同的行为。

1. 合同解除的特点

(1) 合同解除是对有效合同的解除。当事人之间自始就不存在合同关系的,不存在合同的解除问题;当事人之间原存在合同关系,但合同关系已经消灭的,也不发生合同的解除。同时,当事人之间的合同应是有效的,否则也不存在合同的解除。

(2) 合同的解除须达到一定的条件。合同一经有效成立,即具有法律约束力,双方当事人不得擅自解除合同。但是在具备了一定条件的情况下,法律也允许当事人解除合同,以满足自己的利益需要。合同解除的条件,既可以是法律规定的,也可以是当事人约定的。法定解除条件就是由法律规定的当事人享有解除权的各种条件;约定解除条件就是由当事人约定的当事人享有解除权的条件。当然,当事人也可以通过协商解除合同。

(3) 合同的解除必须有解除行为。在具备了合同解除条件的情况下,当事人可以解除合同。但当事人解除合同必须实施一定的行为,即解除行为。这种解除行为是一种法律行为。解除合同的法律行为,既可以是单方法律行为,也可以是双方法律行为。

(4) 合同解除的效果是使合同关系消灭。合同解除将使合同效力消灭。如果合同并不消灭,则不是合同解除而是合同变更或者合同中止。

2. 合同解除的种类

合同的解除行为有合意解除和法定解除两种。合意解除是双方解除,可分为约定解除和协议解除;法定解除是单方解除,可分为法定事由解除和法定任意解除。合同解除的种类关系，如图8-4所示。

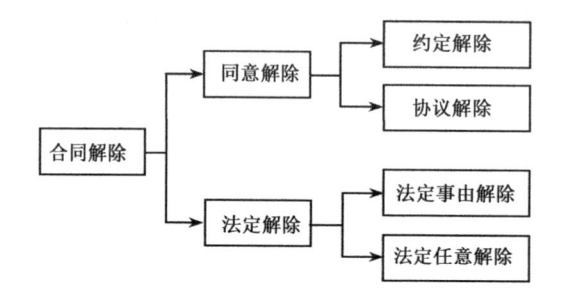

图 8-4 合同解除的种类

（1）约定解除。约定解除指在合同订立时，当事人在合同中约定合同解除的条件，在合同生效后履行完毕之前，一旦这些条件成立，则当事人享有合同解除权，从而可以以自己的意思表示通知对方而终止合同关系。我国《合同法》第九十三条第二款规定："当事人可以约定一方解除合同的条件。解除合同的条件成熟时，解除权人可以解除合同。"

但是，我国很多项目特别是国家的重大建设工程项目施工承包合同是以国家批准的建设计划为基础订立的。因此，这类合同的解除不得违反国家基本建设计划，不得损害社会公共利益。

应用案例 8-23

某政府部门代表国家将某发电厂的建设项目交由某施工企业总包承建，该部门未经批准便与承包人签约解除合同，其后果会严重影响预定供电地区的电力供应，妨碍国民经济建设，并给人民生活带来不利影响。又如对于安居工程承包合同，如果承担安居工程建设任务的开发商未完成开发任务就与施工单位商定解除合同，就会损害社会公共利益，损害政府的形象。

（2）协议解除。协议解除指在合同依法成立后，且合同未履行或尚未全部履行之前，合同双方当事人在原合同之外，又订立了一个以解除原合同为内容的协议，使原合同被解除。这不是单方行使解除权而是双方都同意解除合同。我国《合同法》第九十三条第一款规定："当事人协商一致，可以解除合同。"

（3）法定事由解除。法定事由解除必须有法定的事由出现，一方或双方才能享有单方解除权。我国《合同法》第九十四条规定，有下列情形之一的，当事人可以解除合同：

1）因不可抗力致使不能实现合同目的。发生不可抗力，就可能造成合同不能履行。这可以分为三种情况：

①如果不可抗力造成全部义务不能履行，发生解除权。

②如果造成部分义务不能履行，且部分义务履行对债权人无意义的，发生解除权。

③如果造成履行延迟，且延迟履行对债权人无意义的，发生解除权。对不可抗力造成全部义务不能履行的，合同双方当事人均具有解除权；其他情况，只有相对人拥有解除权。

2）在履行期限届满之前，当事人一方明确表示或者以自己的行为表明不履行主要债务。合同义务往往有主次之分，主要义务是否履行，直接决定债权人是否能够实现订立合同的目的。在履行期限届满之前，如果一方当事人明确表示或者以自己的行为表明不履行主要债务的，已充分表明债务人违约的故意是明显的，而且在追求该结果的发生，也决定了债权人订立合同的目的无法实现，所以，允许对方当事人解除合同是适当的。

应用案例 8-24

某建设工程的施工方在合同履行期限届满之前只是非常缓慢地完成了"三平一通"的工作，而对主体工程何时开始施工既没有制订方案，也没有组织人力、物料进场，则可以认定承包人（施工单位）已经以其行为表明不履行主要义务，发包人有权解除合同。

3）当事人一方迟延履行主要债务，经催告后在合理期限内仍未履行。债务人于履行债务的期限届满后，如果尚未履行主要债务，经催告在合理的时间内能够履行且基本能满足债权人订立合同的目的的，未经催告不允许解除合同；但如果经催告，债务人未能履行或怠于履行的允许对方解除合同。

法律做出以上规定，旨在公平保护合同双方的利益。在债务人延迟履行主要债务的情况下，其作为固然违约，但往往其违约行为所造成的后果并不严重，通过及时补救能基本实现债权人订立合同的目的，则债务人的行为未构成根本违约。从鼓励交易和尽可能减少双方当事人经济损失的原则出发，赋予债务人补救的机会，但同时要求债务人必须在经催告的合理时间内履行主要债务，否则，债权人有权解除合同。

应用案例 8-25

甲建筑公司承建乙厂综合厂房，合同约定工程必须于 2005 年 6 月 15 日前竣工，以使该厂有充分的时间进行其他准备工作，确保 2006 年 1 月 1 日正式投产。但由于甲公司前期施工不够抓紧，导致在约定的竣工日期仍无法竣工。经双方论证，在加大人力、机械设备投入的情况下，工程还要 5 个月才能竣工，甲公司尚可通过努力基本满足乙厂的合同目的。所以，乙厂应当催告甲公司在一定期限内履行义务，而不能径自解除合同。

4）当事人一方迟延履行债务或者有其他违约行为致使不能实现合同目的。如果债务人迟延履行债务已经导致产生合同目的的不能实现的后果，表明债务人的行为已构成根本违约，债权人可以行使解除合同权。

应用案例 8-26

甲定于 5 月 4 日举办中学生运动会，其与乙订立承揽合同，要求乙将特制的在运动会开幕式上使用的大钟于 5 月 3 日前送到。至 5 月 3 日，乙没有送货。甲了解到乙还没有将钟装好，根本不可能保证 5 月 4 日的正常使用。于是，甲通知乙解除合同，并要求赔偿损失。

在此案例中，甲解除合同不需要事先经过催告程序，因为乙的行为已构成根本违约，催告已经是不必要的程序，不能起到挽救交易关系的作用。

5）法律规定的其他情形。如在合同履行时，一方当事人行使不安抗辩权，而对方未在合理期限内提供保证的，抗辩方可以行使解除权而将合同归于无效。

从上述可见，只有不履行主要债务，不能实现合同目的的情况，也就是根本违约，才能依法解除合同。如果只是合同的部分目的不能实现，或者部分违约，如迟延或者部分质量不合格，一方是不能行使解除权解除合同的，而应当按违约责任来处理，可以要求违约方实际履行，采取补救措施，赔偿损失。

（4）法定任意解除。法定任意解除是指对于特定的合同，无须法定事由，一方或双方即有解除权。我国《合同法》第二百六十八条规定："定作人可以随时解除承揽合同，造成承揽人损失的，应当赔偿损失。"第四百一十条规定："委托人或者受托人可以随时解除委托合同。因解除合同给对方造成损失的，除不可归责于该当事人的事由以外，应当赔偿损失。"任意解除权只产生于法律明文规定的合同，在这个意义上，任意解除也是法定解除，只是对于一般的法定解除，法律规定了解除原因，而对于任意解除，法律规定了可以任意解除的合同种类。

3. 合同解除的程序

（1）协议解除合同的程序。协议解除合同是当事人通过订立一个新合同的办法，达到解除合同的目的。由于协议解除的程序是采取合同的方式，所以要使合同解除有效成立，必须经过要约和承诺两个阶段。也就是说，当事人双方必须对解除合同的各种事项达成意思表示一致，合同才能解除。

（2）通知解除合同的程序。我国《合同法》对解除合同的通知的方式没有具体规定，从解释上说，通知可以采用书面、口头或其他形式，但最好采用书面形式以避免产生争议。对于法律规定或当事人约定采用书面形式的合同，在解除合同时也应采用书面通知的方式。如果法律、行政法规规定解除合同应当办理批准登记等手续的，应当依法办理。解除权的行使，应当在确定期间内或合理期限内进行。我国《合同法》第九十五条规定："法律规定或者当事人约定解除权行使期限，期限届满当事人不行使的，该权利消灭。法律没有规定或者当事人没有约定解除权行使期限，经对方催告后在合理期限内不行使的，该权利消灭。"我国《合同法》第九十七条规定："合同解除后，尚未履行的，终止履行；已经履行的，根据履行情况和合同性质，当事人可以要求恢复原状、采取其他补救措施，并有权要求赔偿损失。"

4. FIDIC新红皮书的相关规定

（1）不可抗力和根据法律解除合同。当工程发生不可抗力事件后，承包商应及时向工程师发出不可抗力通知书。如果由于不可抗力导致整个工程的施工无法进行已经持续了84天，或者如果由于同样原因停工时间的总和已经超过了140天，则任一方可向另一方发出终止合同的通知。在这种情况下，合同将在通知发出 7 天后终止。根据新红皮书第 19.6 款规定：一旦发生此类终止，工程师应决定已完成的工作的价值，并颁发包括下列内容的支付证书：

1）已完成的且其价格在合同中有规定的任何工作的应付款额。

2）为工程订购的，且已交付给承包商或承包商有责任去接受交货的永久设备和材料的费用，当雇主为之付款后，此类永久设备和材料应成为雇主的财产（雇主也为之承担风险），并且承包商应将此类永久设备和材料交由雇主处置。

3）为完成整个工程，承包商在某些情况合理导致的任何其他费用或负债。

4）将临时工程和承包商的设备撤离现场并运回承包商本国设备基地的合理费用（或运回其他目的地的费用，但不能超过运回本国基地的费用）。

5）在合同终止日期将完全是为工程雇用的承包商的职员和劳工遣返回国的费用。

（2）由雇主解除合同。若发生如下情况，雇主可以解除合同：

1）承包商未能按约定提交履约保证金并保持其有效，或者无视工程师书面改正通知，拒绝纠正其违约行为。

2）承包商明确表示放弃工程或证明他不愿继续按照合同履行义务。

3）无正当理由而未能及时开工并继续施工，或者未能执行工程师按《拒收》、《补救工作》条款所发的通知。

4）未按要求经过许可便擅自将整个工程分包出去或转让合同。

5）破产或无力偿还债务，或停业清理。

6）承包商通过贿赂行为谋取不正当利益。

雇主据此终止合同后，有权根据索赔条款向承包商提出索赔，并有权扣留对承包商的进一步支付。在按终止日期时的估价对工程估价后，雇主有权在估价数额中扣除雇主蒙受的任何损失和损害赔偿费，以及完成工程所需的任何额外费用，在扣除这些款项后，雇主应将剩余款项支付给承包商。

（3）因雇主违约而导致的合同解除。若发生如下情况，承包商可以解除合同：

1）承包商按约定发出停工通知后 42 天内，承包商没有收到合理的证明。

2）在收到报表和证明文件后 56 天内，工程师未能颁发相应的支付证书。

3）在合同约定的支付时间期满后 42 天内，承包商没有收到按开具的期中支付证书应向其支付的应付款额（根据索赔条款进行扣除的金额除外）。

4）雇主基本上没有执行合同规定的义务。

5）承包商中标后，雇主在规定时间内未与承包商签订合同或者未经承包商同意转让合同。

6）长期停工影响到整个工程。

7）雇主破产或无力偿还债务，或停业清理的。

如果发生上述事件或情况，则承包商可在向雇主发出通知 14 天后，终止本合同。此外，如果发生后两种情况，承包商可通知雇主立即终止合同。承包商选择终止合同不应影响他根据合同或其他规定享有的承包商的任何其他权利。

（4）FIDIC 新红皮书中规定，即使承包商没有违约行为，雇主仍然有权利随时解除合同。如果是这种情况，承包商停止一切进一步的工作（但工程师为保护生命、财产或工程的安全所指示进行的工作除外），移交承包商已得到付款的承包商的文件、永久设备、材料及其他工作，并撤离现场上所有其他的货物（为了安全所需的货物除外），而后离开现场。此时，承包商有权按照 FIDIC 新红皮书第 19.6 条规定要求雇主支付相应款项。

8.6.3 清偿

清偿是指为实现债的目的而为给付。债权人利益的实现，为债的本来目的，债务一经清偿，债权即因达到目的而得到满足，因此，清偿为债消灭的原因。清偿无须有清偿的意思表示，而只需要有实际的清偿或给付行为即可。因此，清偿在性质上应属事实行为而非法律行为。

清偿为合同消灭的常态，是合同权利义务终止最常见的原因。设立债的目的就是约束债务人，使其严格按照债的要求全面履行债务，以实现债权人的权利。因此，债的全面、适当履行是债的消灭的最基本原因。不完全履行或逾期履行并不必然导致债的消灭，往往使合同之债转为损害赔偿之债。

1. 清偿人

实施清偿行为的人为清偿人，清偿人一般是债务人，但又不限于债务人，具体包括：

（1）债务人。债务人负有清偿义务，必须为清偿。连带债务人、保证债务人也负有清偿义务，债务人必须具备清偿能力。债务人在法院受理破产案件后，对破产财产丧失了管理和处分的权利，因此其不能为有效的清偿。

（2）债务人的代理人。除法律规定、当事人约定或性质上须由债务人本人履行的债务外，债务的清偿可以由代理人代为履行。在债务人授权的履行行为范围内，债务人的代理人的清偿，其清偿的法律效果归属债务人。

（3）第三人。债可由第三人清偿，第三人清偿也可导致债的消灭。在第三人代为清偿时，第三人向债权人清偿后，可取得代位求偿权，即第三人成为新债权人代替原债权人的地位，但当事人另有约定或依债的性质须由债务人亲自清偿的除外。第三人清偿的效力与债务人本人清偿的效力一样，都导致债权的消灭。

2. 清偿受领人

清偿受领人，是指有权接受清偿的人，包括债权人和债权人以外的人。

（1）债权人。债权人是当然的清偿受领人，通常情况下都是由债权人受领。债权人受领清偿的前提条件之一便是有受领能力。因此，当债权人无受领能力时则不能受领，如债权人受破产宣告时其受领人应为清算组，当债权人为无行为能力或限制行为能力人时，受领清偿须取得其代理人的同意。

（2）债权人的代理人。经债权人授权或法律的规定，代理人可在授权范围内受领清偿。

（3）受领证书持有人。持有债权人签名的受领证书的人，也是受领清偿人。

3．清偿标的

清偿标的指给付的内容。各种债的内容并不一致，清偿的内容须根据债的类别及债务的具体性质确定，如劳务、金钱、物等，若使清偿发生效果，债务人应依清偿的标的履行。

债务的清偿以全部清偿为原则，以部分清偿为例外，例外的情况如下：

（1）当事人事先约定部分清偿的。

（2）分期给付。

（3）依债的性质或法律规定可为部分清偿的，如可分之债等。

4．清偿的效力

债因清偿而消灭，债权的从权利也随之消灭，清偿后，债务人可要求受领清偿人返还债权证书，或出具受领证书，证明清偿完成。

5．代物清偿

代物清偿是指以他种给付代替原定给付的清偿。债权人受领代物清偿后，债的关系归于消灭。

债务人原则上应依据债的标的履行，不得以其他物替代，否则不发生履行效果，但当事人双方合意代物清偿的，应尊重当事人的意志，使代物清偿与原物清偿一样发生债的消灭的后果，代物清偿的要求是：

（1）须有合法债权的存在。

（2）他种给付与原定给付是属不同种类的。

（3）他种给付是代替原定给付的。

（4）须经当事人合意。

6．清偿期

清偿期是债务人应为履行的时期，有确定期限之债务，债务人应在期限到来时清偿，提前清偿的，债权人有权拒绝。清偿期的确定与清偿地的确定一样，依据法律的规定、当事人的约定、交易的习惯和债的性质来确定。

7．清偿费用

清偿费用指债务清偿所必需的费用。清偿的费用除法律有特殊规定或当事人有特别约定时应由债务人承担，但因债权人的原因增加清偿费用的则由债权人承担，这样的规定也是合理的，因为清偿本来就是债务人的事，其提出的价格已包括清偿费用，故应由其承担，但由于债权人的原因使其增加负担，则此项费用由债权人负担。

8．清偿地

清偿地是债务人履行债务的场所。清偿地的确定通常是，有当事人约定的，依当事人约定；没有约定，但有法律规定的，依法律规定；既无约定也无法律规定的，则遵从交易习惯和债的性质确定。一般来说，给付金钱的，依债权人的所在地为清偿地。其他给付的，以债务人所在地为清偿地。清偿地的确定不仅具有实体法上的效果，还具有程序法上的效果，清偿地是决定法院地域管辖的依据。

8.6.4 抵消

"抵消"又称"充抵"，是指两个以上的债的关系的当事人就互负给付种类相同的债务，各自得以其对他方享有的债权充抵自己对他方的债务，而使各自的债务在对等的数额内相互消灭的意思表示。在抵消中有两个债权，被提出抵消的称被动债权，提出抵消的称主动债权。

抵消制度价值是显而易见的。首先，双方互负同种类债务的抵消，避免了双重履行，方便了履行程序，降低了履行成本。其次，抵消还具有保护当事人利益的作用，双方当事人，如果一方有财力履行，另一方无财力履行，如果不能抵消，显然对履行的一方有失公平。

抵消依其适用的法律规范不同，可分为民法上的抵消和破产法上的抵消；以其产生根据不同，可分为法定抵消和合意抵消。

1. 法定抵消

法定抵消，是指两人互负同种类的债务，且债务均已届清偿期时，为使相互间所负债务同归消灭的意思表示。抵消是当事人因享有债权而使债务消灭的权利，因此抵消权属于债权的从权利，不得与债权分离单独让与。抵消权属于形成权，主张抵消的当事人一方将抵消的意思通知对方，即可发生抵消的效力，双方债务数额相等的，全部债权债务因抵消而消灭；双方债务额不相等的，可以采取支付差额的办法予以抵消。

我国《合同法》第九十九条规定："当事人互负到期债务，该债务的标的物种类、品质相同的，任何一方可以将自己的债务与对方的债务抵消，但依照法律规定或者按照合同性质不得抵消的除外。当事人主张抵消的，应当通知对方。通知自到达对方时生效。抵消不得附条件或者附期限。"

（1）抵消的要件。

1）双方当事人互负债务和互享债权。抵消权适用于对待之债，因此须有可供抵消的双方债权的存在。

2）主动债权须已到清偿期。主动债权期限届满才能抵消。与被动债权是否到期无关，若其未到期可视为主动债权人自动放弃期限利益。对于破产企业所享有的债权未届清偿期的，可在破产清算前抵消，但所得的期限利益应在债权中扣除。

3）双方债的标的的种类相同。抵消的实质是双方互相交换给付，因此标的种类必须相同。

4）债务根据其性质和法律的规定可以抵消，故下列债务不得抵消：

①根据债务的性质非清偿不能达到目的的不作为债务、劳务债务不可抵消。

②与人身不可分离的债务不得抵消，如退休金、抚恤金债务。

③根据法律规定不得抵消的债务；民事诉讼法规定的不得强制执行的债务，如债务人的生活必需品；因侵权行为所产生的债务。

（2）抵消的效力。

1）双方对等数量的债权因抵消而消灭，抵消为债的绝对消灭，因此抵消成立后不得撤回，抵消后仍受领清偿的属不当得利，应依法返还。

2）在双方债权数额不符时，对尚未抵消的部分，债权人仍有受领清偿的权利，被动债权额大于主动债权额时，主动债权人必须接受部分清偿。

3）抵消生效时，双方债权的消灭效力溯及到抵消权发生之时，因此，抵消权发生后互生的利息及迟延责任和违约责任都归于消灭。

应用案例 8-27

5月1日，甲向乙借得人民币5万元，约定同年10月1日前还款。至9月15日，甲称同年3月乙欠甲的1万元粮食款至今尚未归还，因此只还给乙4万元。乙的律师认为粮食款与所欠借款是两个法律体系，不能混为一谈。

甲只还乙4万元应当允许，甲的抵消权依法成立。抵消制度，使两个互相独立法律关系产生的债权债务能够充抵才有意义，而同一合同，即同一法律关系产生的作为对价关系的债务是不能抵消的，否则合同就没有了约束力。

2. 合意抵消

合意抵消指互负债权债务的当事人通过订立合同而使债权归于消灭。抵消合同贯彻了当事人意思自治。其要件及效力无须法律规定，可由双方当事人自由商定，如合意抵消无须债的标的的种类相同，也无须债务非到履行期不可，与法定抵消相比，其比较灵活机动。

我国《合同法》第一百条规定："当事人互负债务，标的物种类、品质不相同的，经双方协商一致，也可以抵消。"

8.6.5 提存

提存是指债权人无正当理由拒绝接受履行或其下落不明，或数人就同一债权主张权利，债权人一时无法确定，致使债务人难于履行，经公证机关证明，债务人可将标的物交有关部门保存，以消灭债权债务关系的行为，这种方式即提存。债务人无法清偿债务并不意味着债务的免除，若不允许债务人以提存消灭债务，则债务人始终处于一种不安的状态。提存无疑是对债务人的一种救济，使其早日摆脱不安状态。

1. 提存当事人

（1）提存人，指债务人及其代理人。因提存的效果导致债的消灭，故除此之外的人一般不得为提存人。

（2）债权人，指享有合法债权，有权受领提存物的人。

（3）提存机关，是接受提存人提存物的机关。

2. 提存的适用条件

（1）提存的原因。提存的适用条件又称提存的原因。提存是对债务人无法清偿债务的救济，简而言之，当债务清偿受阻时，可为提存。我国《合同法》第一百零一条对提存的原因做出了规定：

1）债权人无正当理由拒绝受领。对于债务人的给付，债权人无正当理由拒不受领时，债务人可将给付的标的物提存。

应用案例 8-28

房屋出租人拒绝承租人交付的房租，达到一定的期限后，再以承租人不交租为由单方通知承租人解除合同。如果承租人不能对自己的"提出履行"举证，将陷入被动状态。在这种情况下，承租人可以将租金提存。

2）债权人下落不明。债权人下落不明而导致债务人清偿债务的困难，故应肯定债务人以提存方式消灭债权。

3）债权人死亡未确定继承人或者丧失了民事行为能力未确定监护人，或者其他债务人无法确定债权人的情形。此时欠缺债务受领人，故债务人可将标的物提存来消灭债务。

4）法律规定的其他情形。提存在具有可提存的合法原因后须经法定程序才可以法定方式向有关机关提存。

（2）提存的标的。提存的标的既可以是物，也可以是货币，动产和不动产都可以提存，但对于不宜保存，如易腐败变质或体积过大的物、提存费用过高以及长期保存将损及其价值的物，提存机关或债务人可依法拍卖或变卖标的物，提存价款。

3. 提存的效力

提存涉及提存人、债权人和提存机关三方之间发生效力。

（1）提存人与债权人之间的关系。提存人为得为清偿之人，债权人为得为受领清偿之人，两者之间属私法上的权利义务关系。

1）提存与清偿发生同等消灭债的效力时，债权人对债务人的给付请求权从提存之日起即告消灭。

2）提存物的风险发生转移，在提存期间，提存物的毁损灭失的风险责任由债权人负担。

3）债务人利息支付及孳息收取的义务免除。

4）提存的保管费用及其他费用由债权人负担，同时提存物的收益也由债权人享有。

我国《合同法》第一百零三条规定："标的物提存后，毁损、灭失的风险由债权人承担。提存期间，标的物的孳息归债权人所有。提存费用由债权人负担。"同时，我国《合同法》第一百零二条规定："标的物提存后，除债权人下落不明的以外，债务人应当及时通知债权人或者债权人的继承人、监护人。"

(2) 提存人与提存机关之间的关系。提存成立后，提存机关有保管提存物的义务。《提存公证规则》第十九条规定："公证处有保管提存标的物的权利和义务。公证处应当采取适当的方法妥善保管提存标的，以防毁损、变质或灭失。对不宜保存的、提存受领人到期不领取或超过保管期限的提存物品，公证处可以拍卖，保存其价款。"

提存人在提存后能否取回提存物，我国《合同法》对此没有规定，但根据《提存公证规则》第二十六条的规定，提存人可以凭人民法院生效的判决、裁定或提存之债已经清偿的公证证明取回提存物；提存受领人以书面形式向公证处表示抛弃提存受领权的，提存人得取回提存物；提存人取回提存物的，视为未提存，因此产生的费用由提存人承担；提存人未支付提存费用前，公证处有权留置价值相当的提存标的。

(3) 提存机关与债权人之间的关系。提存成立后，债权人与提存机关形成一种权利义务关系。我国《合同法》第一百零四条规定："债权人可以随时领取提存物，但债权人对债务人负有到期债务的，在债权人未履行债务或者提供担保之前，提存部门根据债务人的要求应当拒绝其领取提存物。债权人领取提存物的权利，自提存之日起五年内不行使而消灭，提存物扣除提存费用后归国家所有。"

8.6.6 免除

免除是债权人以债消灭为目的而抛弃债权的意思表示。因债权人抛弃债权，债务人得免除清偿义务，故免除为债的消灭方法之一。免除的债务可以是现存的债务，也可以是附条件或附期限的债务；可以免除全部债务，也可以免除部分债务。

免除是民事法律行为，因此抛弃债权不得以事实行为的方式，而必须有抛弃的意思表示。免除以债权人一方的意思表示即可为之，故免除属单方行为。

1. 免除的性质

(1) 免除为处分行为，因此债权人免除债权应有处分权，否则不产生免除的效力。

(2) 免除为无偿行为，债务人因免除取得利益时，无须为此支付对价。

(3) 免除为非要式行为，免除的意思表示不需特定的方式，以书面形式或口头形式均可。

2. 免除的条件

(1) 免除的意思表示应向债务人为之。免除作为一种单方行为，意思表示应由债权人或其代理人向债务人或其代理人为之，该意思表示到达债务人或其代理人时生效。向第三人为免除意思表示的，不产生免除的效力。

(2) 债务人须具有处分能力。债权人免除债务人的债务是放弃自己的权利，所以，债务免除是债权人处分其债权的行为，债务人必须有处分能力。对于法律禁止抛弃的债权而免除债务的，债权人的免除无效。

(3) 免除不得损害第三人利益。债权人免除债务人的债务，虽然是债权人自己的权利，但该权利的行使不得损害第三人的利益。例如，已就债权设定质权的债权人不得免除债务人的债务而对抗质权人。

3. 免除的效力

（1）债的关系绝对消灭。免除发生债务绝对消灭的效力。因免除使用权债权消灭，故债权的从权利，如利息债权、担保债权等，也同时归于消灭。在债务被全部消除的情况下，有债权证书的，债务人可以请求返还债权证书。

（2）保证债务的免除。保证债务的免除不影响被担保债务的存在，而被担保债务的免除则使保证债务消灭。

（3）法律禁止抛弃的债权不得为免除。例如，受雇人对雇用人的工伤事故赔偿请求权不得预先抛弃。

应用案例 8-29

张某（男）与李某（女）协议离婚。双方在离婚协议中写道："离婚后双方情、债两清。"两人在婚姻存续期间财产各自所有。离婚后，李某持张某在婚姻期间出具的借条起诉张某，要求张某偿还借款 5 万元。张某在法庭上说，情、债两清，李某免除了我的债务，免除是有效的。

协议中的"情、债两清"中的债务两清，属于概括免除、概括约定，而张某向李某借款 5 万元并出具了借条，属于特殊约定，特殊约定优于概括约定。因此，该 5 万元不属于免除的范围。

8.6.7 混同

混同是指债权和债务同归于一人，而使合同关系消灭的事实。我国《合同法》第一百零六条规定："债权和债务同归于一人的，合同的权利义务终止，但涉及第三人利益的除外。"由于原债权人和债务人合为一体，就不存在谁向谁履行的问题，在这种情况下，原来所设立的债的关系也就自行消失。在现实生活中，相互之间订有合同关系的几个企业合并、互负债务的男女结婚，都会产生混同的法律效果。

1. 混同的原因

（1）概括承受。这是混同发生的主要原因。例如企业合并，合并的企业之间的债权债务关系即归于消灭。

（2）特定承受。指债务人受让债权人的债权，债权人承受债务人的债务，因混同而消灭债权债务关系。

2. 混同的法律效果

债的关系因混同而绝对消灭，消灭的不仅包括主债权，而且还包括债权的从权利，如担保债权、违约金债权等。但是，在法律另有规定或债权的标的属他人的权利时，则不发生债权消灭的效力。

（1）依据法律规定混同不消灭债权的票据法即允许债权债务归于一人时，混同不消灭债的效力。在票据未到期前以背书转让的，票据上的债权债务即使同归于一人，票据债权仍不消灭。法律之所以做这样的例外规定是为了增强票据的流通性。

（2）债权的标的属他人债权标的的，当债权债务同归于一人而债权的标的有属他人权利时，如果允许债权因混同消灭，必将损害他人的权利。因此，不应在此情况下肯定债权消灭，例如以债权作抵押物的，即使债权人债务人同归于一人，债权仍不消灭。

复习思考题

1．合同变更的条件有哪些？
2．什么是工程变更？
3．简述工程变更的原因。
4．工程变更对合同实施有哪些影响？
5．简述工程变更的范围。
6．简述工程变更的程序。
7．简述工程变更价款的确定方法。
8．费用索赔的计算方法有哪些？
9．简述发生不利自然条件时合同价及效益管理的内容。
10．简述合同权利的转让和合同义务的转移。
11．简述合同权利和义务的概括移转。
12．简述合同终止的条件。
13．简述合同解除的特点和种类。

第9章
合同风险管理及合同担保

引导案例

两份采购合同蕴涵的风险

2006年3月,大智化工厂通过诗承国际贸易有限公司引进佳祥化工设备厂200万美元的化工设备,在商签合同时,大智化工厂考虑到配套设备的资金到位时间及工厂土建工程建设进展情况,主张在合同装运条款中加列"卖方在设备装运前需通知买方,并取得买方的同意后,方可装运"的条款。卖方同意,于是双方签订了采购合同。

随后卖方按合同的要求开始备货。2007年10月完成第一批货物备货(其中40%自产,60%外购)后,佳祥化工设备厂向诗承国际贸易有限公司发出装运通知,但是,大智化工厂以配套资金没有到位、附属设施无法开工为由,拒绝卖方发货。

后经多次协商,大智化工厂同意在佳祥化工设备厂支付每年2万美元仓储费的前提下,接收第一批货物。鉴于当时当地化工市场不景气的情况,为避免损失,大智化工厂不再同意接收后几批的货物。最后,该合同以大智化工厂另外找到新的买家,才得以继续执行。

⇨**点评**

此案例中,"经买方同意卖方方可装运"的条款属于风险条款。买方在该条款订立之时,完全出自协调各部分资金及工程建设情况考虑。但是随着时间的推移,在市场出现不利的情况下,该条款又使买方成功地减少了仓储费,推迟了合同的执行时间,顺利地转卖给其他客户,从而规避、转移了风险。相反,作为卖方,当初接受该条款时,并没有充分考虑该条款的风险及对自己的不利后果。在合同实施时,也没有适时把握这个条款,只把它作为贸易合同中一般的装运通知条款来看待,事前没有征得买方同意就开始备货,直到装运前才通知买方,致使买方拒收货物,最后不得不自食恶果,承担仓储费及长时间占压资金的损失。

2000年,我国一土特产进出口公司向巴西出口一批非食用玉米。合同规定:品质为适销品质,以98%的纯度为标准,杂质小于2%,运输方式为海运,支付方式采用远期汇票承兑交单，以给予对方一定的资金融通。

合同生效后两个月货到买方，对方以当地的检验证书证明货物质量比原订规定低，黄曲霉菌素超标为由，拒绝接收货物。经查实，原货物品质并不妨碍其销售，对方拒收主要是由于当时市场价格下跌。后经多次商谈，我方以降价30%完成合同。

⇨ **点评**

此案例中，支付方式、品质条款，对于出口方来讲均存在很大的风险性。品质方面，虽考虑到了农产品的品质在备货时很难准确把握，用"适销品质"来补充，但没有采用品质增减价条款来具体说明在品质出现不同程度的不符时的处理方式。另外，玉米本身具有易滋生黄曲霉菌的特点，长时间的运输更加快其增长速度。对于这种可以预料但难以避免的状况，在品质条款中没有任何说明。这些都给对方拒收货物提供了机会。在支付方式上，远期汇票承兑交单，货到付款，虽是我国对南美贸易中普遍采用的方式，但这种方式过于注重促成合同的成立，风险性极大，特别容易被对方恶意利用。往往都是以其他条款为由或拒收货物，或大幅度压价。

从上述两个案例中不难看出，有的合理巧妙地利用了"风险条款"，有效地保护了自己的利益；有的明知风险条款的存在，但为促成交易成功，同时对风险估计不足，也存有侥幸心理，而轻易跳进对方设下的陷阱。所以，风险管理是采购中非常重要的管理内容。

9.1 风险管理概述

风险是指损失发生的不确定性。

风险的存在，是因为人们对任何未来的结果都不可能完全预料，实际结果与主观预料之间总有差异存在，此差异就构成了风险。

9.1.1 风险因素及其来源

1. 风险因素

任何经济活动总有其不确定性，因此要使经济活动取得利益就必然要承担相应的风险。风险和收益是相互关联的。通常收益越大，风险也就越大。所以对一项经济活动（如投资项目或投标项目）的评价，不应只考虑活动取得的收益，还应考虑组织在这项经济活动中可以承受的风险。为此，最大限度地了解可能引起风险的因素是至关重要的。

对不同的经济活动，存在的风险因素也不同，建筑工程施工承包活动的风险因素大致包括以下几项：

（1）政府的政策。

（2）资金筹措方式与来源。

（3）项目费用支付方式。

(4）发包人聘请的监理人员（或公司）失职。
(5）承包人的施工能力与财务状况。
(6）设计错误。
(7）合同形式的选择。
(8）项目环境（政治、经济、劳工和气候等）。
(9）物资采购与供货。
(10）投标计价错误（漏项、错误）。
(11）结算价款错误（漏项、错误）。
(12）通货膨胀和信贷风险。
(13）汇率变动。
(14）不可抗力。
(15）项目组织内部不协调。
(16）合同条款的错误与混乱。
(17）分包人违约。
(18）政府拖延审批。
(19）技术创新。

2．风险来源

合同内容不同，风险来源也不同。常见的建设工程合同风险可归纳为以下四个方面的来源：

（1）来自业主方的风险。如业主资信风险、业主违法违规风险（如不按基本建设程序办事）、工程变更风险、业主利用有利的竞争地位和起草合同的便利条件在合同中确定不平等条款的风险、故意刁难拖欠工程款的风险等。

（2）来自外界环境的风险。如市场价格风险、政治环境突变（如战争、罢工、动乱等）风险、经济环境变化（如通货膨胀、汇率调整等）风险、政策风险（如国家税种和税率调整、法律调整、外汇管制政策）等方面的风险。

（3）来自承包商内部的风险。如技术水平风险、员工辞职、组织结构不当、岗位职责不清、管理制度不完善、资源供应不到位、协调不力、现金流困难等方面的风险。

（4）来自法律方面的风险。合同的法律风险是指在合同订立、生效、履行、变更和转让、终止及违约责任确定等环节中，因违反相关法律法规致使合同当事人一方或双方利益损害或损失的可能性。

有些合同的风险是无法回避的，例如，FIDIG 条款规定工程变更在 15%的合同金额的，承包商得不到补偿（工程变更风险）；索赔事件发生后的 28 天内，承包商须提出索赔意向通知，否则视为放弃（时效风险）等都是无法回避的风险。

9.1.2　风险管理程序

风险管理程序如图 9-1 所示。其中，常用的风险识别方法包括运用专家判断、头脑风暴、现场考察等。常用的风险评估方法包括定性分析和定量分析，分析风险事件发生的概率、影响的严重程度等，最终确定出每种风险的大小和性质。风险管理计划则是依据风险评估的结果，按照风险的大小和性质，制定相应的应对风险的计划、措施，以指导风险管理工作。风险监控则是落实风险管理计划的具体体现。

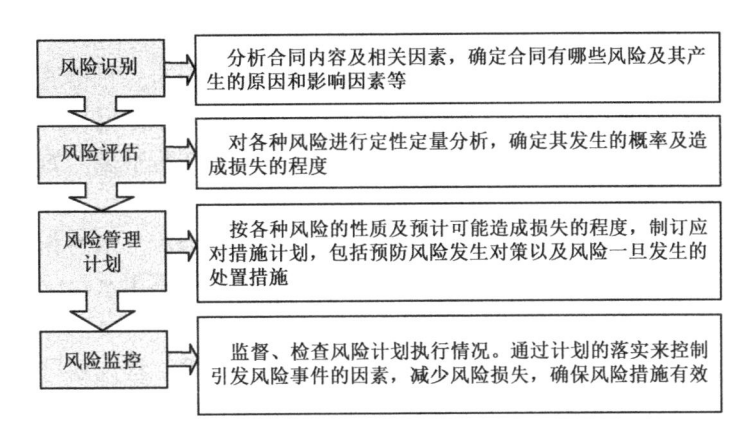

图 9-1　风险管理程序

9.2　风险辨析

9.2.1　风险识别

对于合同风险的识别，要求必须了解与合同有关的关键点、风险来源及其产生的条件。

常用的风险识别方法有流程图法、文件审查法、信息收集技术、现场观察、核对表法和图解分析技术等。

1. 流程图法

从合同谈判、订立、生效、履行、违约处理直至合同有效期满等各个阶段去识别风险因素。实际工作中多采取调查问卷法、专题讨论法、德尔菲法等。

例如，关于合同风险的调查问卷可以从以下几个方面展开：① 合同管理机构设置及人员配备情况；② 岗位职责制定及履行情况；③ 合同管理流程情况；④ 合同管理基础工作，如相关合同管理制度、合同管理台账、合同档案管理是否建立健全等。

2. 文件审查法

文件审查法所采取的步骤，通常是就合同文件以及与合同标的、内容和主体相关的各种法律法规、技术规范、部门规章、管理制度、工作计划、采购货物的说明文件等内外部文件信息资料进行审查，以便能尽早从中识别风险所在。通常的工作方法是从整体到细节按层次、分专业进行各种文件的审查。

例如，可以根据各地各行业的市场准入制度以及行业管理规定，来识别合同双方的资质和资格问题带来的风险。

3. 信息收集技术

可用于风险识别的信息收集技术很多，诸如头脑风暴法、德尔菲技术、会议形式和 SWOT 分析技术（优势、劣势、机会与威胁分析，简称态势分析）等。

例如，对解决北京水资源紧张问题，北京市水务官员以及有关单位通常押宝在南水北调工程上。虽然解决缺水问题，有水资源需求管理、节水、污水回用、雨水利用等多种办法，但政府往往最看中调水。据有关信息显示，我国的调水工程很多，如引滦入津、引黄济青等，论证的效益很大，但建成后却很难发挥效益。

以引黄济青工程为例。由于引来的水的成本高于当地开源和节水的花费，于是青岛就不用引黄济青的水。为了收回成本，国家不得不规定青岛即使不用水，一年也要交 3 900 万元。工程利用率不到 40%，没有达到预期的设计目标。

根据上述信息，我们可以做出如下分析：目前的南水北调工程规划只讨论了企业和居民对水价的承受能力，而没有考虑水价大幅提高后企业用水行为的改变。水价的大幅提高必然使企业通过节水、替代等途径减少用水量，因而需水量会明显下降。所以南水北调工程可能会遇到水价大幅提高后，北方地区可能会因成本问题大力开发节约用水技术和措施，从而导致需水量下降，而不用或少用南水北调工程供水的风险。

4. 现场观察

深入合同相关方现场，了解合同双方的资质资信情况，观察合同履行的现场情况，有助于通过现场某些静态因素和动态因素，判断风险隐患所在。

例如，施工承包商在投标前进行现场踏勘，可以更清楚地了解工程实施的基本条件和环境因素，有助于投标风险识别；施工过程深入现场有助于及时了解现场的人、机、料等的动静态情况，有助于合理安排工序，统一协调，尽量减少实施中的风险。

5. 核对表法

风险识别所用的核对表可根据历史资料、以往类似的知识积累及其他信息来源来制定。表 9-1 是从建设工程管理主体角度归纳列出的建设工程合同风险核对表。

表 9-1 建设工程合同风险核对表

风险项 \ 当事人	发包人风险	承包人风险	监理工程师风险
1	招标文件及合同缺陷	投标准备不足	监理委托责大权小
2	错选承包商	合同价过低	业主违约
3	前期准备不充分	合同责权利不对等	业主不合理要求
4	错选监理工程师	晚付或拒付工程款	承包商素质及道德欠缺
5	资金不到位	错选分包人	承包商违约或履约不力
6	设计不当	现场安全	监理单位内部职责不清
7	工期拖延	工期拖延	监理人的能力和水平不够
8	公共关系不到位等	多方协调不到位等	多方协调不到位等

利用核对表使得风险识别非常迅速简便，但我们所制定的核对表难免没有漏项。所以应该尽可能地去发现标准核对表上未列出的相关事项。核对表应逐项列出所有可能的合同

风险，然后逐项加以识别。

6．图解分析技术

图解分析技术很多，如因果图、相关图、变化趋势图和系统图（显示系统的各要素之间如何相互联系以及因果传导机制）等分析技术，均可用于识别风险。

9.2.2 风险评估

合同存在的风险可能会很多，应该对各种风险进行测度，以便依据测度结果对其采取相应的策略。

毫无疑问，风险应对策略与风险造成的损失直接相关。风险损失大小取决于两个因素：一是风险事件出现后造成的损失；二是风险事件发生的概率，如图9-2所示。

图9-2中区域B为高风险区，该区域不但风险事件发生的概率较大，而且风险事件一旦真的发生，其造成的损失也较大；区域C是低风险区，该区域内风险事件发生的概率不大，而且风险事件即便发生，其造成的损失也不大。区域A和区域D属一般风险区，在A区内，虽然风险事件容易发生，但发生后造成的损失较小，故面临的风险一般；而在D区内，虽然一旦风险事件发生会造成较大的损失，但其发生的可能性很小，所以这类事件造成的风险也属一般。

由上述分析可知，降低风险的途径有三种：① 减少风险事件发生的可能性；② 降低风险事件发生时的损失；③ 努力减少风险事件发生的概率，如果不可避免地发生了，则尽量减少其造成的损失，如图9-3所示。

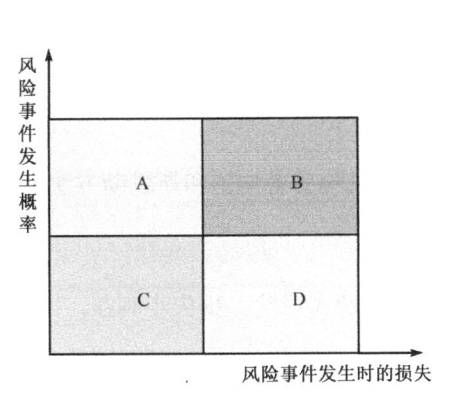

图 9-2　风险事件发生概率及其损失关系

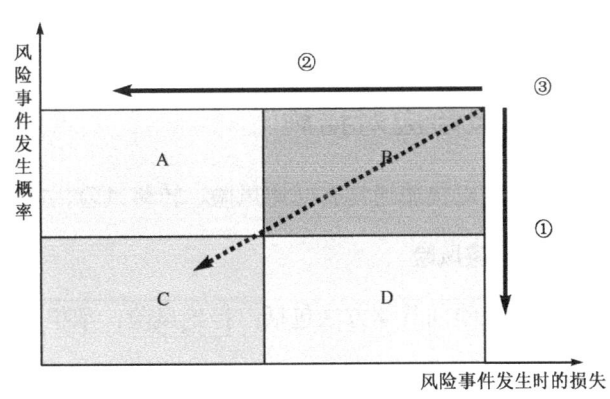

图 9-3　降低风险的几种措施

9.3　风险应对

9.3.1　风险应对规划

风险应对规划应该依据风险识别和风险评估结果做出。方法是：首先，依据风险事件的影响程度和发生概率大小进行风险排序；其次，依次分析可以应对各种风险的专业主体，以便使应对主体参与到风险应对规划的制定工作中来；最后，就应该探讨风险应对主体对风险的认知程度和控制能力，据此确定对各种风险的应对策略和措施。

对于同一种风险的态度，会因人而异。所以对同一种风险，不同的人会采取不同的应对措施，如图9-4所示。

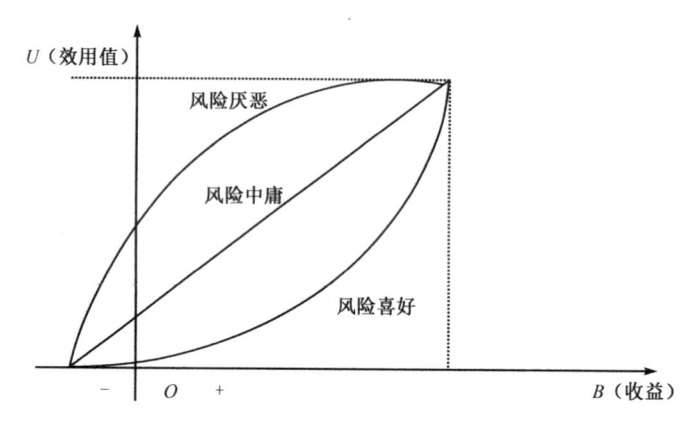

图9-4　风险效用函数图示

人们对待风险的态度可用效用值反映（在0和1之间）。风险厌恶型的人对损失反映比较敏感，对收益反映比较迟缓，属于不求大利但求无损的谨小慎微之人。而风险喜好之人则对收益反应比较敏感，对损失反应比较迟缓，是喜欢冒险型的人。

所以，同样的收益在不同的人看来所冒风险就不同：在谨小慎微的人看来风险很大，而在喜欢冒险的人看来可能认为风险很小。所以风险态度不同的人按不同的决策线进行决策，因而其应对风险的规划也会有所不同。

9.3.2　风险应对措施

风险应对措施通常有回避风险、转移风险、自留风险、风险后备措施和斯凯勒方法等。

1. 回避风险

回避风险的具体方法包括：拒绝风险；承担小风险，回避大风险；损失小利益，回避大风险等。

（1）拒绝风险。例如，不与信誉差的主体签订合同，不用信誉差、品德不好的中间人，拒绝不合理的合同变更要求，注意保留有关证据等。

（2）承担小风险，回避大风险。如果发现已经陷入了风险事件之中，要及时抽身，避免更大损失的发生。

应用案例9-1

某工程还在投标阶段，但招标方却让某建筑承包商先进驻现场做三通一平和搭设临建的前期准备工作，并保证最后肯定让他们中标。前期准备工作费用用以后的工程款支付。

该承包商听信了招标方,于是他们进入现场开始为招标方做施工准备工作。随着与招标方联系增多,他们了解到招标方的资金很难到位,如果承接了他们的工程,可能会面临拿不到全额工程款的风险。但如果不与其签约,则前期准备工作的投入就不能收回。比较得失,他们还是接受了收不回前期投入的小风险,拒绝了签约后拿不到全额工程款的大风险。

(3)损失小利益,回避大风险。合同缔约过程中,承包商低报价会损失一部分利润,却加大了中标的机会。合同履行过程中,业主方为承包方多设一些诸如工期奖、质量奖等奖项,有助于缩短工期,提高质量,从而可以使工程提早投入使用,提前受益。

2. 转移风险

转移风险的具体方法包括合同转移(如分包和转包)和购买保险等。

如在合同中约定业主支付工程款后才支付分包工程款;分包商承担投标保函、履约保函;分包商自带设备进场;按比例扣留分包商维修保证金等,都是利用合同转移风险的方法。合同履行过程中,为相关人员、设备和合同标的购买各种保险,就是将合同风险转移给了保险公司。

3. 自留风险

自留风险即风险接受措施。其具体方法包括防损和减损、分散风险等。

合同风险多种多样,很难预先完全识别并加以预防,对于有些我们可以预计到的而且可以承受的风险或不能预计到的风险,可以作为自留风险。

(1)防损和减损。对自留风险则主要是要采取切实可行的措施,将风险损失降到最低。例如,不在现场堆放大量易燃易爆品;设置消防配套设施,保证现场交通通畅;危险源处设置警示标志;发现事故尽早报警、采取补救措施,尽快恢复施工,减少停工损失等措施。

(2)分散风险。分散风险也是风险控制的有效措施。比如,可以多指定几个供货方,以防供货在时间、数量和质量方面不合要求的风险;投资方可以将资金投在不同的领域以分散投资结构风险等。

4. 风险后备措施

对于难以预料或难以避免的风险,为保险起见我们需要提前制定一系列的预备措施,以备风险事件发生时应急之用。

比如,应对拖期风险可以在关键路径上设置一个时差;对超支风险可以在合同预算中单列风险应急费;对技术风险可以为先进技术的正确使用准备一笔专用资金。后两种后备措施可以称为风险准备金。一旦有不符合要求的项目发生,就可以启用事先准备好的这些后备措施。

5. 斯凯勒方法

斯凯勒方法是斯凯勒于 1995 年分析列出的一份应对各种风险的措施清单,如表 9-2 所示。

表 9-2 斯凯勒的风险应对清单

投资风险	风险分析（减少评估的错误）
与合作伙伴共担风险	使用较好的技术（如决策分析）
随时间分散风险	寻求补充信息
参加多种风险投资	监控关键和指标性偏差
投资组合中的群体互补风险	验证样品
寻求风险投资	进行项目评估和后评估
集中于单个的、熟悉的领域	利用替代方法和人员，开发备用模型
增加公司的资本	包括多专业及专业之间的沟通
	提供较好的培训和工具
商品价格	**环境危害**
在未来市场中保护或稳定价格	购买保险
使用长期或短期销售（价格或数量）合同	增加安全系数
通过制定相应的合同条款共享风险	开发和测试事故应对程序
操作风险	**利率与汇率**
与承包商签订总包合同	使用互惠信贷、最低价格、最高价格
制定风险共担合同条款	中间价格和其他限制手段
使用安全系数，精心设计	调整资产负债表
拥有备用设备	以某种货币进行一定的外汇交易
增加培训	
可操作选项	
进行测试、试验和试用	

9.4 合同的法律风险及其管理

因为合同的法律风险存在于合同订立、生效、履行、变更和转让、终止及违约责任的确定过程中，合同当事人规避这类风险相对来讲比较容易。因此，在合同缔约、履行、变更和转让、终止等一系列工作中，应尽量避免出现法律风险而给企业造成损失。

9.4.1 合同签订过程的法律风险及其管理

合同的订立是指当事人双方就合同条款经过协商一致并签署书面协议的过程。通常在合同当事人订立合同时，考虑更多的是合同利益而非合同风险。当事人双方签订合同本是为了避免交易行为的不确定性，但与此同时，也可能会由于合同约定的缺陷为当事人埋下新的法律风险。

1. 要约阶段的法律风险及管理

要约虽然还不是合同，但是作为合同订立的一个必要过程之一，法律同样赋予其一定的法律效力。一旦要约生效，要约人就不得随意撤销要约，或对要约加以限制、变更或扩张。如果要约人想对要约做出某些改变，也必须要按照法律规定的方式进行。

要约阶段的法律风险有以下几种。

（1）将要约误认为要约邀请的风险。要约邀请，是希望他人向自己发出要约的意思表示，其目的不是订立合同。要约邀请并不发生法律效果，对当事人也没有拘束力。

《合同法》第十五条第二款规定，商业广告的内容符合要约规定的，视为要约。要约一旦发出，企业就已经将签订合同的主动权交给对方，只要对方接受要约所提到的条件，则合同成立。另外，《最高人民法院关于审理商品房买卖合同纠纷案件适用法律若干问题的解释》第三条规定：房地产开发企业就商品房开发规划范围内的房屋及相关设施所作的对商品房买卖合同的订立以及房屋价格的确定有重大影响的说明和允诺，无论是否载入商品房买卖合同，均可视为合同内容，当事人违反的，应当承担违约责任。

虽然在合同法和司法解释中，均将商品房的销售广告和宣传资料定性为要约邀请，却又有例外规定，即当商品房的销售广告和宣传资料同时符合下列条件时，其性质将变为要约，出卖人违反的，将承担违约责任：①出卖人就商品房开发规划范围内的房屋及相关设施所作的说明和允诺；②该说明和允诺具体确定；③该说明和允诺对商品房买卖合同的订立以及房屋价格的确定有重大影响；④该说明和允诺不论是否载入商品房买卖合同。

商品房销售广告中针对房屋及相关设施的下列描述也视为邀约：①房屋结构部分，房屋内装饰装修、水电煤气、各种管线等；②房屋所在楼宇的公共部分，比如大堂、电梯间、楼梯间、外立面等的造型、颜色、用材及品牌、装饰装修标准等；③房屋所属项目的配套、绿化、规划道路、供暖方式等。

因此，企业在宣传促销活动中对那些长期反复使用的报价单、宣传数据或其他类似的书面材料，应注意其属于要约还是属于要约邀请，是否符合公司本意。一般从法律层面来讲，如果广告宣传内容不是很具体明确，则不管涉及什么范围，都应认定为要约邀请；如果广告宣传内容具体明确，不管涉及什么范围，都有可能被认定为要约。

所以对于宣传内容的准确把握是控制合同法律风险的一个重要环节。

（2）要约内容不当的风险。《合同法》第十四条第（一）项规定，要约的内容必须明确具体。要约必须具有合同的条件，至少是主要条件，能够让受约人了解要约人所拟签订合同的真实情况。因此，要约的内容很可能成为将来双方当事人合同的内容，如果该内容表述上存在歧义或者错误表达，将直接影响要约人的权益。要约内容不当的风险通常体现在合同内容的约定不当之中，编制要约（投标书）时应该像编制合同条款时一样慎重，以避免要约内容不当的法律风险。

应用案例 9-2

某建筑公司急需一批钢筋，急电某物资公司，请求该公司在一周之内发货 20 吨。物资公司接电报后，立即回电马上发货。一周后，货到建筑公司。一个月后，物资公司来电催建筑公司交付货款，并将每吨钢筋的单价和总货款数额一并提交建筑公司。建筑公司接电后，认为物资公司的单价超过以前购买同类钢筋的价格，去电要求按原来的价格计算货款。物资公司不同意，称卖给建筑公司的钢筋是他们在钢厂提价后购买的，这次给建筑公司开出的单价只有微薄利润。鉴于此情况，建筑公司提出因双方价格不能达成一致，愿意将自己从其他地方购买的同类同型号钢筋退给物资公司。物资公司不允，为此诉至法院。法院判决不能退货；货物单价按订立合同时建筑公司所在地市场价格计算。

⇨ **点评**

建筑公司与物资公司之间已经就合同的标的、数量通过要约和承诺达成协议，虽货物价格没有达成协议，但不影响合同的成立。事后，物资公司又按约定按时发货，履行了合同规定的义务。建筑公司以事后没有就价格事项达成协议为由提出退货，实际上是否认了自己的承诺，故法院判决不能退货。钢筋价格则是依据《合同法》第六十二条第二款："价款或者报酬不明确的，按照订立合同时履行地的市场价格履行……"

2. 承诺过程的法律风险及管理

承诺是受约人做出的同意要约以成立合同的意思表示。在商业交易中，承诺又被称为接盘。承诺的内容应当与要约的内容一致。随着交易的发展，承诺只要没有对要约做出实质性改变，除非要约人明确表示拒绝的，否则构成有效的承诺。承诺生效时，也就是合同成立的时间。因此，一旦做出承诺，企业就应当按照已在要约承诺中确定的合同内容做好履行合同的准备。承诺常见的法律风险：

（1）承诺方式不当的风险。承诺方式，是指承诺人采用何种方式将承诺通知送达要约人。若要约中已经明确要求承诺做出的方式，则应当按照要约中指明的方式进行。法律规定：在某种情况下，受约方也可以采用实际履行方式做出承诺。但双方一旦发生争议，证明难度较大，将面临审判认定的不确定性法律风险。

（2）将新要约当作承诺的风险。《合同法》第三十条规定："承诺的内容应当与要约的内容一致。受要约人对要约的内容做出实质性变更的，为新要约。有关合同标的、数量、质量、价款或者报酬、履行期限、履行地点和方式、违约责任和解决争议方法等的变更，是对要约内容的实质性变更。"

应用案例 9-3

2月21日，某市大山建筑原料厂（以下简称大山）向飞龙建筑材料厂（以下简称飞龙）发出一份报价单：大山愿意向飞龙提供100 000吨石灰石，每吨价格为10元，价格中包括运费在内，在合同成立后两年内运送。3月1日，飞龙向大山发出一份购买石灰石的订单：飞龙要求大山从3月11日开始提供石灰石共100 000吨，供货要求是每天提供1 000吨，到同年6月运完。但大山未能按飞龙要求的时间供货，直到10月才供完100 000吨石灰石。

为此，飞龙（原告）以大山（被告）未能按照合同约定履行给付义务为由，向法院起诉，要求被告赔偿原告因此而遭受的损失。

⇨ 点评

我们注意到原告向被告发出的订单已经对被告要约中的供货时间进行了修改，而依照我国《合同法》第三十条规定，"受要约人对要约的内容做出实质性变更的，为新要约。有关合同标的、数量、质量、价款或者报酬、履行期限、履行地点和方式、违约责任和解决争议方法等的变更，是对要约内容的实质性变更"。因此，原告向被告发出的订单实际上已成为一个新的要约（而非承诺）。被告在接到原告的新要约后，虽然没有明确表示承诺，但已经实际履行了合同，且在履行合同前未表明其对要约内容的异议，所以应当认为被告承诺的内容与原告要约的内容完全一致。在履行过程中，由于被告自己的原因而未能按照合同的约定来履行给付义务，构成违约，应当承担违约责任。

在签订合同过程中，双方常常为争取最有利的合同条款而不断发出新要约，要约某些细微的改变会被当事人所忽略，然而此时仍然是新要约，而不是承诺。一旦当事人认为属于承诺，认定合同已经谈妥，进行交易准备，则可能会给自己带来不必要的损失。

3．特殊的合同订立过程的法律风险及管理

订立合同的要约承诺过程是从合同实践中抽象出来的法律规范，为当事人订立合同提供了规范和完整的环节，然而由于实际运作中，交易具有复杂性，合同订立过程有一些较为特殊的形式。

（1）招标投标及法律风险。招标投标作为一种特殊的合同订立方式，法律对其程序性要求高于普通的合同签订活动。招标投标引入了竞争机制，有多个当事人参与到该订立合同过程，这就要求合同签订过程必须公平、公开、公正。招标投标中，存在法定的要约邀请（招标公告）。《招标投标法》对招标公告应当包含的内容具有明确规定。要约邀请（招标公告）也具有相应的法律效果，一旦发出，招标人不得随意更改其内容。

招标投标的法律风险主要体现为两类违法风险：一是企业不完全了解招标投标的法律规定，致使招标投标活动违反法律规定，导致招标投标无效；二是企业对法律规定必须进行招标投标的项目，未按照法律规定进行招标投标，致使合同无效。

（2）交错要约的法律风险。交错要约，是指当事人一方向对方做出要约时，正好对方也做出了一个同样的要约，双方当事人在不知情的情况下达成了一致的现象。

关于在这种特殊情况下，是否能够成立合同，存在争议，因此这种情况属于法律不确定性的法律风险。为避免因法院认知上的差异导致认定双方之间合同不成立，最理想的方法是，企业在遇到这种情况时，还是应该按照正常的订立程序，向对方发出承诺。

4．缔约过失的法律风险

（1）恶意磋商行为的法律风险。很多经营者认为，合同没有成立之前自己的行为就不受约束。企业经营者通过与竞争对手进行磋商，贻误对方与他人合作的机会，这种方式的恶意磋商活动将使企业面临被追究缔约过失责任的法律风险。

（2）应当披露的信息未披露的法律风险。企业对外签订合同时，认为对方没有询问就不必向对方说明物品瑕疵或权利瑕疵，或者为了促成交易故意隐瞒瑕疵，或者虽已说明相关信息但未规范地写入合同中也无其他证明时,则可能面临被追究"应当披露的信息而未披露"的过失责任的法律风险。

(3)不知利用缔约过失责任维护权益的法律风险。缔约过失责任的法律风险产生于签约过程,但其往往存续在合同履行过程中。企业经营者在遭遇对方恶意磋商而导致己方损害时,往往认为双方没有达成协议无法追究对方责任而自认倒霉,因而错失追究对方责任的权利。

5. 立约定金的法律风险

定金,是指合同一方当事人为了担保其债务的履行,而向对方给付的一定金钱或其他替代物。

立约定金是一种特殊的定金,是指为保证正式订立合同而交付的定金。因而正确利用立约定金可以促进双方签订合同。但立约定金利用不当,同样会给企业带来法律风险。

(1)立约定金合同约定不当的法律风险。立约定金合同属于预约合同。因此,立约定金条款只确定合同当事人进行磋商的义务,双方协商不成的风险较大。若其中未约定双方协商不成的处理办法,因定金处理发生纠纷的概率非常高。立约定金合同约定的其他内容不当,同样会发生各种不同的法律风险。例如,将对自己不利的约定纳入定金合同里。

(2)法律严格限定交易的无效法律风险。法律设定了某些交易进行的特定条件,在条件满足前当事人不得进行交易。例如,期房销售必须具有预售许可证,在销售方未取得预售许可证时,当事人要通过立约定金合同确定在将来签订房屋买卖正式合同,显然该行为存在规避禁止性法律规定的嫌疑,立约定金合同有被确认无效的法律风险。

9.4.2 合同履行过程的法律风险及其管理

合同履行期间需要合同双方或者多方的积极配合,这固然需要在合同中详细约定相关细节,通常也会需要合同当事人根据实际情况及合同的约定,及时、恰当地对合同做出补充或者修改。合同履行过程中双方的来往函件、备忘录、会议纪要、传真,甚至交通票据、运输单、电话记录、电子邮件等都需要甄别、管理,一旦发生纠纷,这些都可能发挥证据效力。

所以,虽然说很多合同法律风险是在合同签订时留下的隐患,但绝大多数合同法律风险都是在合同履行过程发生或显现的。

1. 内部流程与合同的法律风险

绝大多数的法律风险都与企业行为的不规范有关。而企业的内部流程正好决定了企业行为。不规范的内部流程必然导致企业行为不符合规范,不规范的企业行为是导致法律风险的根本原因。

通常企业内部流程越随意,法律风险也就越大。我们很难想象一个缺乏合理的合同管理制度,又没有科学的内部管理运作流程的企业能够有效防范法律风险。

2．合同救济的法律风险

合同履行并非总能一帆风顺，如果发生纠纷或者出现不能正常履行的情况，面临着如何进行合同救济。合同救济行为不当，同样可能在这个阶段发生法律风险。

（1）对方违约的合同救济法律风险。在合同履行时，最无法避免的情况就是对方违约。当出现对方违约的情况时，企业能够做的就是及时采取恰当的补救措施避免因此产生的损害进一步扩大。同时积极行使法定或约定的权利，固定相关证据，以便将来追究对方相应的责任。若因没有规范行使权利导致权利消灭，或者没有取得有利证据，或者因自己不慎导致承认对方的行为，都将给企业带来难以弥补的法律风险。

（2）己方违约的合同救济法律风险。合同签订后，己方可能由于有更好的交易条件或特殊的经营恶化，导致不愿继续履行合同。应该说，己方违约本身已经构成企业法律风险。此时可采取救济措施以消除违约的法律风险。但必须注意这种消除必须有效且不能给企业带来新的法律风险，如为对方提供违约证据的法律风险、不当成就解除条件的法律风险，（《合同法》第四十五条第二款规定："当事人为自己的利益不正当地阻止条件成就的，视为条件已成就；不正当地促成条件成就的，视为条件不成就。"）以及违约责任约定不对称的法律风险等。

（3）不可抗力的合同救济法律风险。按照法律规定或合同约定，一旦出现了不可抗力事件，当事人应当履行通知义务、预防损失扩大等一系列附随义务，否则可能导致不可抗力不被认可。目前法律对违约的认定不考虑当事人主观是否具有过错，只要客观事实构成违约，当事人不能证明具有免责事由，就应当承担违约责任。合同履行过程与不可抗力相关的法律风险主要有两类。

一类是通知义务的法律风险。《合同法》第一百一十八条规定："当事人一方因不可抗力不能履行合同的，应及时通知对方，以减轻可能给对方造成的损失。"而"及时"是非定量的，双方应在合同中明确为具体期限。

履行通知义务的方式不当，同样构成企业的法律风险。不少企业因为情况紧急，采用电话或传真方式履行通知义务，这些方式很难形成有效证据证明通知义务的履行，企业在履行这些义务之后仍应当以函件形式补充通知，以规避法律风险。

另一类是减损措施的法律风险。按照法律规定，不可抗力导致的损失由当事人自行承担，因此当事人应当采用必要的减损措施。然而，在合同中一方损失的降低，可能需要对方协助，甚至需要主要依靠对方。这时就面临着费用的承担和减损获利之间的矛盾，当事人很难愿意承担费用为他方减少损失。这就需要双方另外进行约定，以实现自己利益的最大化。

（4）合同解除的合同救济法律风险。合同的解除，是指合同有效成立后，在一定条件下通过当事人的单方行为或者双方合意终止合同效力或者涉及的消灭合同关系的行为。与合同解除相关的法律风险主要有以下三类。

1）长效合同缺乏解除条件的法律风险。一些履行期限很长的合同，在合同履行期内可能发生合同订立基础改变的情况，如果继续履行合同必然损害当事人的利益。因此，长效合同缺乏解除条件的约定，应当作为法律风险予以重视。当事人在长效合同中应当将一些合同订立的基础因素改变约定为合同解除条件，如当事人一方资产状况严重恶化、一方企业性质发生重大变化等。《合同法》第九十三条第二款规定："当事人可以约定一方解除合同的条件。解除合同的条件成就时，解除权人可以解除合同。"

2）合同解除通知义务履行不当的法律风险。在合同当事人约定一方解除合同的条件或者根据法定解除条件解除合同时，解除与否仍然是当事人的权利，行使解除权必须通知对方。这种通知自达到对方当事人时产生解除合同的效力。但如果当事人通知义务履行不当，同样会产生法律风险。为避免通知义务履行不当的法律风险，当事人应当采用书面形式通知，并尽量取得对方的签收。

3）合同解除后续事项约定不明的法律风险。合同解除并非万事大吉，通常合同解除后还有很多善后事项需要约定明确。完全未进入履行的合同较为简单，若已经做出了准备活动或者合同已经部分履行时，双方关于合同履行情况的处置就必须与解除合同一并解决。若解除条件或解除权为事先约定，则此时应当积极对后续事项进行协商，达成解决方案。如对无过错方损害的赔偿、合同双方当事人对合同中涉及的商业秘密的保密义务等。如果是事后协商解除合同，必须将有关条件谈妥后才签署解除合同协议，此时合同一定不能有待定条款出现。否则产生的各种不规范都属于企业法律风险。

9.5 合同担保

合同担保也是规避或减少风险的一种有效措施。担保一般以合同的形式附属于主合同。担保合同应当采用书面形式。

9.5.1 合同担保的概念、作用及内容

1. 合同担保的概念

合同的担保是指为保障合同债务的履行，以使特定债权人的债权得以实现所设定的法律措施。如果被保证人不履行合同债务，则由保证人代为履行或代为赔偿。

2. 合同担保的作用

合同担保是指合同当事人双方为了使合同能够得到全面按约履行，根据《担保法》和相关行政法规的规定，经协商一致而采取的一种具有法律效力的保护措施。一方当事人向对方提供担保，是取得对方信任的一种手段。以此向对方表示己方愿意忠实履行合同义务，如果因己方违约而使对方受到损害也能够获得合理的补偿。

3. 担保合同的内容

担保合同主要包括以下几种情况：一是保证人与债权人订约作为担保合同成立的典型

形式；二是保证人与债权人、主债务人共同订立合同；三是保证人单独出具保证书。一般担保合同应当包括以下内容：

（1）被保证人的主债权种类、数额。

（2）债务人的履行的期限。

（3）保证的方式。

（4）保证担保的范围。

（5）保证的期间。

（6）双方认为需要约定的其他事项。

担保合同不完全具备前款规定内容的，可以补正。

9.5.2 合同担保的方式

担保的方式主要有人的担保、物的担保和货币担保三类。其中，人的担保主要指保证；物的担保指通过设定担保物权及其他非典型物的方式设立的担保，如抵押、质押、留置等，如表9-3所示。

表9-3 合同担保方式

担保类型	担保方式	内　　容
人的担保	保证	一般保证
		连带责任保证
物的担保	抵押	抵押人所有或有权处分的房屋、机器、交通工具、土地使用权，以及依法可以抵押的其他财产等
	质押	汇票、支票、本票、债券、存款单、仓单和提单；依法可以转让的股份、股票、商标、专利权、著作权等
	留置	债权人依法或依合同约定占有的债务人的财产
货币担保	定金	预付款

1. 保证

所谓保证，是指由第三人向债权人担保，在债务人不履行债务时，由其负责债务全部或一部分的一种担保方式。承担担保责任的第三人为保证人，保证人资格在《担保法》第七条中作了规定。被担保的债务人为被保证人。保证是以第三人的信用为合同担保的，依担保合同（保证担保合同）设定。担保合同由保证人与被担保债务的债权人订立。担保合同应采用书面形式。

保证有一般保证和连带责任保证两种方式。

（1）一般保证。一般保证的保证人，在主合同纠纷未经审判或者仲裁，并就债务人财产依法强制执行仍不能履行债务前，对债权人可以拒绝承担担保责任，即被保证人是主合同的第一履行人，保证人是第二履行人。

（2）连带责任保证。连带责任保证的债务人在主合同规定的债务履行期届满没有履行债务的，债权人可以要求债务人履行债务，也可以要求保证人在其保证范围内承担保证责任，即保证人与被保证人均为主合同的第一履行人。

应用案例 9-4

某人买了一箱啤酒放在家里，一天中午他去拿酒时，突然发生酒瓶爆炸，炸伤了左眼。他就找到卖酒的商场，商场让他去找啤酒生产厂；他到了啤酒厂，啤酒厂又让他去找酒瓶生产厂，他到酒瓶生产厂，人家说谁卖你的酒你去找谁……他觉得上述三家谁都有责任，但又谁都不肯对他的受伤负责任，他到底应该怎么办呢？消费者权益保护法规定：商品的销售、生产、原材料提供者对消费者负连带责任。所以他可以找三家中的任意一家、两家甚至三家为他的眼睛受伤问题负责。

2. 抵押

抵押是指债务人或者第三人在不转移财产所有权的情况下，将该财产作为债权的担保。债务人不履行债务时，债权人对抵押财产具有变卖权和优先受偿权。提供担保的财产称为抵押物。财产是可以重复抵押的，但只能用剩余的价值部分作抵押。因抵押物是担保债务履行的财产。债务人如果在债务履行期限届满后不履行债务，就要以抵押物折价或变价来清偿债务，因此，法律规定某些财产不能设定抵押，若设定抵押则担保无效。不能设定抵押的财产有：土地所有权；耕地、宅基地、自留地、自留山等集体所有的土地使用权。但《担保法》第三十四条第（五）项"抵押人依法承包并经发包方同意抵押的荒山、荒沟、荒丘、荒滩等荒地的土地使用权"、第三十六条第三款"以乡（镇）、村企业的厂房等建筑物抵押的，其占用范围内的土地使用权同时抵押"规定的除外；学校、幼儿园、医院等以公益事业为目的的事业单位、社会团体的教育设施、医疗卫生设施和其他社会公益设施；所有权、使用权不明或者有争议的财产；依法被查封、扣押、监管的财产等。

《担保法》第三十四条规定下列财产可以作为抵押物："（一）抵押人所有的房屋和其他地上定着物；（二）抵押人所有的机器、交通运输工具和其他财产；（三）抵押人依法有权处分的国有土地使用权、房屋和其他地上定着物；（四）抵押人依法有权处分的国有机器、交通运输工具和其他财产；（五）抵押人依法承包并经发包方同意抵押的荒山、荒沟、荒丘、荒滩等荒地的土地使用权；（六）依法可以抵押的其他财产。"

《担保法》同时还规定了哪些财产抵押应办理抵押财产登记，抵押合同自登记之日起生效。未经登记的抵押，对第三人无效。

应用案例 9-5

赵某负责经营的商店流动资金短缺，向王某借款10万元。王某要求赵某将其所开的桑塔纳2000轿车作抵押，双方签订了借款和抵押合同。后由于生意亏本，王某要求赵某将车折价偿还10万元借款。但由于签订轿车抵押合同时，没有按要求办理登记手续，赵某所开轿车的车主是其朋友徐某，因此，抵押合同无效（《担保法》规定：交通工具的抵押必须办理登记后，抵押合同才生效）。

3. 质押

（1）质押的概念。质押是指债务人或者第三人将其动产或者财产权利证书交付债权人占有，以此作为债权的担保。当债务人不能履行债务时，债权人有权将担保之物变价，并优先受偿。提供担保财产的人称为出质人，债权人为质权人，用于担保的财产称为质物。

（2）质押的种类。质押可分为动产质押和权利质押两种，如图9-5所示。

将动产质押的称为动产质押，将权利质押的称为权利质押。

① 动产质押：属于出质人所有具有一定价值的动产都可以作为质押物。

② 权利质押：是以所有权以外的可让与的财产权作为质押物的担保物权。

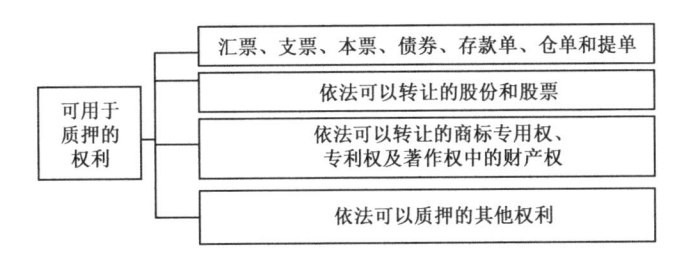

图 9-5　质押的种类

（3）质押担保的范围。质押担保的范围包括主债权及利息、违约金、损害赔偿金、质物保管费用和实现质权的其他费用。质押合同另有约定的，按照约定。债务履行期届满质权人未受清偿的，可以与出质人协议以质物折价，也可以依法拍卖、变卖质物。质物折价或者拍卖、变卖后，其价款超过债权数额的部分归出质人所有，不足部分由债务人清偿。

（4）质押合同。质押合同应采用书面形式。自质物移交质权人时质押合同生效。

质押合同按《担保法》规定应当包括的内容如图9-6所示。

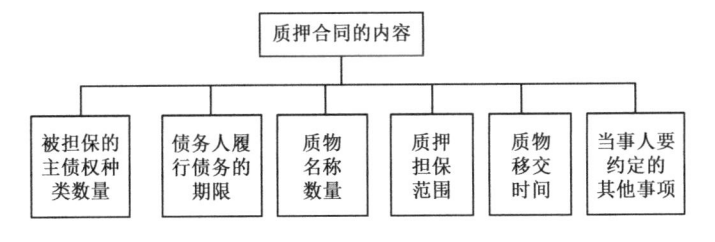

图 9-6　质押合同的内容

4. 留置

（1）留置的概念。留置是指债权人按照合同约定占有债务人的财产，当债务人不按合同约定的期限履行债务时，债权人有权留置该财产，并以其折价、变卖的价款优先受偿。

债权人称为留置权人，债务人称为留置人。

关于留置担保的适用范围，《合同法》第二百六十四条规定："定作人未向承揽人支付报酬或者材料费等价款的，承揽人对完成的工作成果享有留置权，但当事人另有约定的除外。"在《担保法》、《铁路法》中也有关于留置担保的规定。

(2) 留置担保的责任范围。留置担保的责任范围包括主债权及利息、违约金、损害赔偿金、留置物的保管费以及实现债权的其他费用等。留置合同另有约定的，按约定执行。

(3) 留置合同。留置担保一般仅在主合同内约定留置条款，可以不再签订留置合同，因此留置担保的合同关系仍设定在主合同的当事人之间，不涉及第三人。

5. 定金

(1) 定金的概念。合同当事人一方为了证明己方会担保合同的成立或履行，而向对方预付一定数额的货币作为担保，此预付的货币即定金。

《担保法》规定："定金的数额由当事人约定，但不得超过主合同标的额的百分之二十。"其中还规定："债务人履行债务后，定金应当抵作价款或者收回。给付定金的一方不履行约定的债务的，无权要求返还定金；收受定金的一方不履行约定的债务的，应当双倍返还定金。"

(2) 定金合同。定金合同应当采用书面形式。当事人可以单独签订定金担保合同，也可以在主合同中约定定金担保的条款。定金担保合同的当事人就是主合同的当事人。定金合同中应当约定交付定金的期限、数额、方式等。定金合同从实际交付定金之日起生效。定金的数额由当事人约定，但不得超过合同标的额的20%。

9.5.3 合同担保的法律效力

1. 有效担保

只有具备法律效力的担保才可以约束当事人，并在被担保人不履行时通过法律的途径强制担保人履行。合同担保要具有法律效力，必须符合相应法律规定的要求或不与法律规定相冲突。通常一个具有法律效力的担保应具备如下条件。

(1) 担保人资格。担保人必须具备担保资格，担保资格有两方面要求：一是担保人必须要具有民事行为能力；二是担保人必须要有代偿能力。

国家机关、政府部门（除非经国务院批准为使用外国政府或者国际经济组织贷款进行转贷外）、学校、幼儿园、医院等以公益为目的的事业单位和不具备法人资格的企业分支机构，不能担任担保人。国家的各专业银行及其他金融组织可以担任担保人。

(2) 担保人必须具有代偿能力。担保人的代偿能力是就担保对象而言的。因为担保的意义就在于如果被担保人到期不履行债务，担保人就要代为履行。所以担保人必须具备代替被担保人履行债务或赔偿损失的能力。否则，担保就起不到它应起的作用。国家机关、政府部门以及不具备法人资格的企业的分支机构，不具备独立代替被担保人履行债务的能力，不能作为担保人。

(3) 担保人自愿。担保必须是担保人的自愿行为。如果一个担保人既有担保资格，又有担保能力，但其担保行为是在威逼利诱下做出的，这样的担保就不具有法律效力。

(4) 以书面形式订立。担保必须以书面形式表示，订立书面合同。口头形式只有在保证人与债权人都是自然人,且同时有两个以上无利害关系人作证明的,才能被视为担保合同成立。担保的书面形式是我国法律法规的强制性要求,排除了当事人对其他形式的自由选择。

此外,担保合同的内容不能违法和违反社会公共利益。合同如依法律规定应经过批准的,就只能经批准后方才生效。

2. 无效担保

无效担保是不发生法律效力的担保,担保人不必据此承担担保责任。无效担保发生在下列情形下:

(1) 担保所从属的主合同无效。担保是一种从合同行为。担保的存在以及其性质和范围,均以表现主债务的主合同存在为前提。所以主合同无效,担保自然也不生效。但主合同若仅只是部分无效,且无效部分既与担保的那部分内容无关,又不影响主合同其他内容的有效,则担保不因主合同的部分无效而无效。

(2) 担保不真实。不真实的担保往往有三种情况:

1) 担保人受被担保人或债权人的欺骗而进行了担保。

2) 担保人被强迫、胁迫或威逼而进行担保。

3) 担保人与被担保人串通作虚假担保以欺骗第三方。

(3) 担保违法。如果担保违反我国现行的各种法律、法规的规定,则担保无效。例如,担保人无资格担保,担保未经批准、登记,不能用来抵押的物被用作了抵押物,法律规定应有反担保而未进行反担保的均属违法担保。

(4) 非书面形式设立的担保。担保不能以纯口头协定形式订立。除法律另有规定外,无书面形式、非书面形式的担保无效。

(5) 担保合同内规定的先决条件或附加条件未满足。有些担保合同内,规定了一些担保合同生效的前提条件,如贷款担保、融资租赁担保中通常规定:在债权人实施了向主债务人贷款行为后,或所租赁的机器设备实际进入被担保人的控制范围或占有之后,担保才开始发生法律效力。在有这类约定的情况下,只有在上述约定的条件被满足时,担保才会生效,否则不生效。

3. 无效担保下担保人的责任

担保无效,无论该无效是由什么原因引起或造成的,都使得担保人的担保责任不复存在。但是,担保责任的解除并不意味着担保人因此可以什么责任都不承担。合同无效时还有无效的处理方式,担保无效,自然也应有无效后果的承担问题。

造成担保无效的原因是各有不同的。不同的无效担保的后果也不相同。

按照过错责任原则,担保人如对造成担保无效负有责任,且损失与该责任有直接因果关系,就应承担无效担保的赔偿责任。如对造成担保无效无责任即无过错,或虽有过错,但该过错与损失之间没有直接因果关系,则不应承担赔偿责任。

(1) 主合同无效导致担保无效时担保人的责任。在这种情况下,无论主合同的无效应归责于债权人还是债务人，还是双方都有过错，也无论这种无效的结果导致的是返还原物，还是赔偿损失，担保人一般都不应承担赔偿责任。

因为，首先担保人对主合同无效没有任何过错责任，无过错不应当承担民事责任；其次担保人所担保的实质上是主债务人的履行债务，主合同无效，主债务人所承担的责任就由履约责任转化成了依法律规定所发生的债务责任或赔偿责任。担保人的真实意图是担保主债务人履约中的过错，而非不履行的过错，所以担保人不应再对主债务人已经发生转换的过错承担责任。除非担保人在担保时明知或应该知道主合同无效而仍然予以担保的，由于此种情况下担保人存在过错，所以应承担连带赔偿的责任。

应用案例 9-6

2000年11月10日，福建省某市一果蔬综合公司（简称综合公司）与上海市工业供销服务公司（简称服务公司），签订了一份联合经营建筑材料合同。合同规定：服务公司向综合公司提供100万元资金，综合公司负责具体的建材购销和运输业务。款到6个月后，全部资金返还，另付纯利润10万元。合同签订后，服务公司到对方调查，发现综合公司是个体工商户，资信无保证，提出终止合同。后经果蔬综合公司所在区领导出面说服，又请出区里的一个工业公司、中国农业银行在该区的营业所以及服务公司共同协商，又补签了一份协议，协议确定还款日期改为2001年3月1日，利润由10万元改为12万元。合同修改后，工业公司和农行营业所分别在合同上签字盖章，农行营业所在其上签署道："保证：此合同2001年3月1日前返还利润和本金，监督资金使用。"之后，服务公司将从银行贷款的100万元汇至工业公司账户，该公司将其中20万元用于本公司一个下属工厂设备改造，另80万元划入综合公司账户。综合公司则将这80万元分别汇至江苏、浙江等地用于购买服装、自行车等。2001年3月，服务公司派人前来催款发现资金已被挪作他用，遂诉至法院，要求工业公司、综合公司及保证人农行营业所全面履行合同，返还全部本金及利润，并承担违约责任。

⇨ **点评**

本案的主合同无效。理由：① 主合同名为联营，实为非法借贷，因为联营的根本原则是风险共担，而还本加固定利润则不可能共担风险。② 超范围经营。主合同无效，担保也应无效。如果保证人在此中无过错，则不应承担任何责任；如果有过错，则应承担相应的连带赔偿责任。本案中保证人虽然对主合同的无效无过错，但保证人仍然对无效保证负有过错责任。其过错在于：保证人知道或应该知道主合同无效，因为无效的原因太简单——被告综合公司超范围经营，超范围是一个简单的事实问题，保证人知道或应该知道。保证人在明知或应该知道被告超范围经营、行为违法从而会使主合同无效的情况下，仍然同意为主合同中的主债务人担保，其为过错一。过错二，保证人答应对资金的使用进行监督，而协议明确规定该笔资金用于建材购销和运输业务。被保证人综合公司收到这笔资金后挪作他用，使债权人服务公司遭受损失，保证人未依诺行使监督权，对损失的造成负有责任。所以，保证人在本案中应承担过错责任。

法院判决：综合公司于 2003 年年底前返还服务公司本金，到期无力偿还时，由工业公司偿还，当被告工业公司不能按期偿还时，由第三人农行营业所偿还。被告综合公司付银行利息 45 520 余元，被告工业公司付银行利息 11 380 元，两项总计 56 900 余元依法收缴国库。

无效保证的保证人有过错时，应承担连带赔偿责任。但本案的判决反映的则是补充赔偿责任，而且，补充人农行营业所的还款期限也不明确，有可能使保证人的补充偿还责任因期限不明而无法实现。

（2）主合同有效，担保无效时担保人的责任。若是因为担保合同内规定的先决条件或附加条件未满足而导致担保无效，担保人不承担任何责任。若因担保不真实或非书面形式设立的担保而导致担保无效，担保人无过错时，不承担责任；有过错时，承担一半或全部责任。若因担保违法而导致担保无效，担保人肯定会有过错，从而要承担相应的赔偿责任。

9.6 工程建设合同担保

9.6.1 工程建设合同担保的类型

根据建设部《关于在房地产开发项目中推行工程建设合同担保的若干规定》(试行) 规定，工程建设合同担保分为投标担保、业主工程款支付担保、承包商履约担保和承包商付款担保。当事人对保证方式没有约定或约定不明确的，按照连带责任保证承担保证责任。

1. 投标担保

投标担保是指由担保人为投标人向招标人提供的，保证投标人按照招标文件的规定参加招标活动的担保。投标担保可采用银行保函、专业担保公司的保证或定金（保证金）担保方式，具体方式由招标人在招标文件中规定。

2. 业主工程款支付担保

业主工程款支付担保，是指为保证业主履行工程合同约定的工程款支付义务，由担保人为业主向承包商提供的，保证业主支付工程款的担保。业主工程款支付担保可以采用银行保函、专业担保公司的保证。

3. 承包商履约担保

承包商履约担保，是指由保证人为承包商向业主提供的，保证承包商履行工程建设合同约定义务的担保。承包商履约担保的方式可采用银行保函、专业担保公司的保证。具体方式由招标人在招标文件中做出规定或者在工程建设合同中约定。

4. 承包商付款担保

承包商付款担保，是指担保人为承包商向分包商、材料设备供应商、建设工人提供的，保证承包商履行工程建设合同的约定向分包商、材料设备供应商、建设工人支付各项费用和价款以及工资等款项的担保。承包商付款担保可以采用银行保函、专业担保公司的保证。

9.6.2 各种工程担保合同示范文本

1. 投标担保合同示范文本

投标担保可采用银行保函、专业担保公司的保证或定金（保证金）担保方式，具体采用哪种方式应以招标人在招标文件中的规定为准。以下为建设部 2005 年 5 月印发的投标保函示范文本。

应用案例 9-7 投标保函（试行）

编号：（工字）第　　　号

（招标人）：

鉴于＿＿＿＿＿＿＿＿（以下简称投标人）参加项目投标，应投标人申请，根据招标文件，我方愿就投标人履行招标文件约定的义务以保证的方式向贵方提供如下担保：

1. 保证的范围及保证金额

我方在投标人发生以下情形时承担保证责任：

（1）投标人在招标文件规定的投标有效期内，即＿＿年＿＿月＿＿日后至＿＿年＿＿月＿＿日内未经贵方许可撤回投标文件。

（2）投标人中标后因自身原因，未在招标文件规定的时间内与贵方签订《建设工程施工合同》。

（3）投标人中标后不能按照招标文件的规定提供履约保证。

（4）招标文件规定的投标人应支付投标保证金的其他情形。

我方保证的金额为人民币＿＿＿＿＿＿元（大写＿＿＿＿＿＿）。

2. 保证的方式及保证期间

我方保证的方式为：连带责任保证。

我方的保证期间为：自本保函生效之日起至招标文件规定的投标有效期届满后，即至＿＿＿年＿＿＿月＿＿日止。

投标有效期延长的，经我方书面同意后，本保函的保证期间做相应调整。

3. 承担保证责任的形式

我方按照贵方的要求以下列方式之一承担保证责任：

（1）代投标人向贵方支付投标保证金为人民币＿＿＿＿＿＿元。

（2）如果贵方选择重新招标，我方向贵方支付重新招标的费用，但支付金额不超过本保证函第一条约定的保证金额，即不超过人民币＿＿＿＿＿＿元。

4. 代偿的安排

贵方要求我方承担保证责任的，应向我方发出书面索赔通知。索赔通知应写明要求索赔的金额，支付款项应到达的账号，并附有说明投标人违约造成贵方损失情况的证明材料。

我方收到贵方的书面索赔通知及相应证明材料后，在____个工作日内进行核定后按照本保函的承诺承担保证责任。

5. 保证责任的解除

（1）保证期间届满贵方未向我方书面主张保证责任的，自保证期间届满次日起，我方解除保证责任。

（2）我方按照本保函向贵方履行了保证责任后，自我方向贵方支付（支付款项从我方账户划出）之日起，保证责任即解除。

（3）按照法律法规的规定或出现应解除我方保证责任的其他情形的，我方在本保函项下的保证责任亦解除。

我方解除保证责任后，贵方应按上述约定，自我方保证责任解除之日起_____个工作日内，将本保函原件返还我方。

6. 免责条款

（1）因贵方违约致使投标人不能履行义务的，我方不承担保证责任。

（2）依照法律规定或贵方与投标人的另行约定，免除投标人部分或全部义务的，我方亦免除其相应的保证责任。

（3）因不可抗力造成投标人不能履行义务的，我方不承担保证责任。

7. 争议的解决

因本保函发生的纠纷，由贵我双方协商解决，协商不成的，通过诉讼程序解决，诉讼管辖地法院为_____法院。

8. 保函的生效

本保函自我方法定代表人（或其授权代理人）签字或加盖公章并交付贵方之日起生效。

本条所称交付是指_____。

保证人：

法定代表人（或授权代理人）：

_____年___月___日

2. 业主工程款支付担保合同示范文本

业主工程款支付担保是由担保人为业主向承包商提供的，保证业主支付工程款的担保。业主工程款支付担保可以采用银行保函、专业担保公司的保证。以下为建设部2005年5月印发的业主支付保函示范文本。

应用案例 9-8　业主支付保函（试行）

编号：（工字）第　　号

（承包商）：

　　鉴于贵方与_____（以下简称业主）就项目于____年____月____日签订编号为_____的《建设工程施工合同》（以下简称主合同），应业主的申请，我方愿就业主履行主合同约定的工程款支付义务以保证的方式向贵方提供如下担保：

1. 保证的范围及保证金额

　　我方的保证范围是主合同约定的工程款。

　　本保函所称主合同约定的工程款是指主合同约定的除工程质量保修金以外的合同价款。

　　我方保证的金额是主合同约定的工程款的____%，数额最高不超过人民币_____元（大写_____）。

2. 保证的方式及保证期间

　　我方保证的方式为：连带责任保证。

　　我方保证的期间为：自本合同生效之日起至主合同约定的工程款支付之日后____日内。

　　贵方与业主协议变更工程款支付日期的，经我方书面同意后，保证期间按照变更后的支付日期做相应调整。

3. 承担保证责任的形式

　　我方承担保证责任的形式是代为支付。业主未按主合同约定向贵方支付工程款的，由我方在保证金额内代为支付。

4. 代偿的安排

　　贵方要求我方承担保证责任的，应向我方发出书面索赔通知及业主未支付主合同约定工程款的证明材料。索赔通知应写明要求索赔的金额以及支付款项应到达的账号。

　　在出现贵方与业主因工程质量发生争议，业主拒绝向贵方支付工程款的情形时，贵方要求我方履行保证责任代为支付的，还需提供项目总监理工程师、监理单位或符合相应条件要求的工程质量检测机构出具的质量说明材料。

　　我方收到贵方的书面索赔通知及相应证明材料后，在____个工作日内进行核定后按照本保函的承诺承担保证责任。

5. 保证责任的解除

　　（1）在本保函承诺的保证期间内，贵方未书面向我方主张保证责任的，自保证期间届满次日起，我方保证责任解除。

　　（2）业主按主合同约定履行了工程款的全部支付义务的，自本保函承诺的保证期间届满次日起，我方保证责任解除。

（3）我方按照本保函向贵方履行保证责任所支付金额达到本保函金额时，自我方向贵方支付（支付款项从我方账户划出）之日起，保证责任即解除。

（4）按照法律法规的规定或出现应解除我方保证责任的其他情形的，我方在本保函项下的保证责任亦解除。

我方解除保证责任后，贵方应自我方保证责任解除之日起_____个工作日内，将本保函原件返还我方。

6. 免责条款

（1）因贵方违约致使业主不能履行义务的，我方不承担保证责任。

（2）依照法律法规的规定或贵方与业主的另行约定，免除业主部分或全部义务的，我方亦免除其相应的保证责任。

（3）贵方与业主协议变更主合同的，如加重业主责任致使我方保证责任加重的，需征得我方书面同意，否则我方不再承担因此而加重部分的保证责任。

（4）因不可抗力造成业主不能履行义务的，我方不承担保证责任。

7. 争议的解决

因本保函发生的纠纷，由贵我双方协商解决，协商不成的，通过诉讼程序解决，诉讼管辖地法院为_____法院。

8. 保函的生效

本保函自我方法定代表人（或其授权代理人）签字或加盖公章并交付贵方之日起生效。本条所称交付是指：

保证人：

法定代表人（或授权代理人）：

_____年___月___日

3. 承包商履约担保合同示范文本

承包商履约担保的方式可采用银行保函、专业担保公司的保证，具体方式由招标人在招标文件中做出规定或者在工程建设合同中约定。以下是某工程建设中使用的履约保函样本。

应用案例 9-9　**履约保函样本**

保函编号：_____

致：_____

鉴于你方作为发包人与_____（承包人名称）（以下简称承包人）就你方拟建的_____（以下简称本工程）已于_____年___月___日签订了_____建安工程总承包合同（以下简称本合同）。

又鉴于我方_____（担保人名称）法定注册地址：_____，根据承包人的请求委托，同意按下述条款为该承包人恰当履行本合同做出不可撤销的和无条件的保证。

兹就以下事项出具本保函：

1. 考虑到本合同的各项约定，我方特此无条件地和不可撤销地承诺、以此保函保证并受其制约。在收到你方要求支付部分或全部的保证金的通知时，无须你方提出任何证明或证据，也无权要求你方解释任何原因，将于7日内无条件地和不可改变地向你方支付累计总额不超过人民币_____元（RMB¥）（以下简称担保金额）的任何你方要求的金额，并放弃任何向你方提出异议和追索的权利。

2. 特此确认并同意，我方受本保函制约的责任是连续的，本合同的任何修改或变更、解除、终止或失效都不能削弱或影响我方受本保函制约的责任。

3. 确认本保函将保持充分有效，直至下列事件之一发生：

（1）你方将本保函的原件按上文注明的我方法定住址返还我方。

（2）按下文规定，本保函到期。

4. 本保函自_____之日起生效，本保函将在本工程计划竣工之日后56天，即_____年___月___日或根据本保函第5条延长的有效期而确定的日期失效，除非你方提前终止或解除本保函。

5. 特此确认并同意，在上述失效日期前，如果你方认为本工程将不可能按期竣工，只要收到你方就此发出的要求延长本保函有效期的书面通知，我方将无条件地和不可撤销地按你方的书面要求延长本保函的有效期。

6. 本保函项下所有权利和义务均受中华人民共和国法律管辖和制约。

担保人：（盖章）

授权代表：（签字）

开立日期：_____年___月___日

注：如非法人代表签字，请附签字人的法人授权委托书。

4. 承包商付款担保合同示范文本

承包商付款担保，是指担保人为承包商向分包商、材料设备供应商和建设工人提供的、保证承包商履行工程建设合同的约定向分包商、材料设备供应商、建设工人支付各项费用和价款以及工资等款项的担保。承包商付款担保可以采用银行保函、专业担保公司的保证。以下为建设部2005年5月印发的总承包商付款保函示范文本。

应用案例9-10 总承包商付款（分包）保函（试行）

编号：（工字）第　号

（分包商）：

鉴于贵方与（以下简称总承包商）就项目于_____年___月___日签订编号为_____的《分包合同》（以下简称主合同），应总承包商的申请，我方愿就总承包商履行主合同约定的工程款支付义务以保证的方式向贵方提供如下担保：

1. 保证的范围及保证金额

我方的保证范围是主合同约定的总承包商应向贵方支付的工程款。

我方保证的金额是主合同约定工程款的____%，数额最高不超过人民币____元（大写_____）。

本保函所称工程款是指_____。

2. 保证的方式及保证期间

我方保证的方式为：连带责任保证。

我方保证的期间为：自本合同生效之日起至主合同约定的工程款支付之日后____日内。

贵方与总承包商协议变更工程款支付日期的，经我方书面同意后，保证期间按照变更后的支付日期做相应调整。

3. 承担保证责任的形式

我方承担保证责任的形式是代为支付。总承包商未按主合同约定向贵方支付工程款的，由我方在保证金额内代为支付。

4. 代偿的安排

贵方要求我方承担保证责任的，应向我方发出书面索赔通知及总承包商未支付主合同约定的工程款的证明材料。索赔通知应写明要求索赔的金额，支付款项应到达的账号。

在出现贵方与总承包商因工程质量发生争议，总承包商拒绝向贵方支付工程款的情形时，贵方要求我方履行保证责任代为支付的，还需提供项目总监理工程师、监理单位或符合相应条件要求的工程质量检测机构出具的质量证明材料。

我方收到贵方的书面索赔通知及相应证明材料后，在____个工作日内进行核定后按照本保函的承诺承担保证责任。

5. 保证责任的解除

（1）在本保函承诺的保证期间内，贵方未书面向我方主张保证责任的，自保证期届满次日起，我方保证责任解除。

（2）总承包商按主合同约定履行了工程款支付义务的，自本保函承诺的保证期届满次日起，我方保证责任解除。

（3）我方按照本保函向贵方履行保证责任所支付金额达到本保函金额时，自我方向贵方支付（支付款项从我方账户划出）之日起，保证责任即解除。

（4）按照法律法规的规定或出现应解除我方保证责任的其他情形的，我方在本保函项下的保证责任亦解除。

我方解除保证责任后，贵方应自我方保证责任解除之日起____个工作日内，将本保函原件返还我方。

6. 免责条款

（1）因贵方违约致使总承包商不能履行义务的，我方不承担保证责任。

（2）依照法律法规的规定或贵方与总承包商的另行约定，免除总承包商部分或全部义务的，我方亦免除其相应的保证责任。

（3）贵方与总承包商协议变更主合同的，如加重总承包商债务致使我方保证责任增加的，需征得我方书面同意，否则我方不再承担因此而加重部分的保证责任。

（4）因不可抗力造成总承包商不能履行义务的，我方不承担保证责任。

7. 争议的解决

因本保函发生的纠纷，由贵我双方协商解决，协商不成的，通过诉讼程序解决，诉讼管辖地法院为_____法院。

8. 保函的生效

本保函自我方法定代表人（或其授权代理人）签字或加盖公章并交付贵方之日起生效。本条所称交付是指：

保证人：
法定代表人（或授权代理人）：
_____年___月___日

复习思考题

1. 工程招投标时，银行出具的投标保函和付款保函属于担保合同吗？
2. 建筑施工承包活动的风险因素有哪些？
3. 建筑工程施工合同风险通常来自哪些方面？
4. 简要说明风险管理的基本程序。
5. 哪些方法可用于识别风险？
6. 风险大小取决于哪两个方面？
7. 降低风险的途径有哪些？
8. 理解风险效用函数的意义。
9. 风险应对措施有哪些？
10. 说明合同担保的概念及作用。
11. 合同担保方式有哪几类？
12. 抵押担保为担保之王，财产可否用于重复抵押？
13. 说明一般保证人和连带责任保证人的区别。
14. 理解留置和定金的含义。
15. 有效担保必须具备哪些条件？
16. 无效担保的担保人是否承担担保责任？说明理由。
17. 分别说明合同签订过程和履行过程中的法律风险。

第10章
合同索赔管理及违约责任

> **引导案例**
>
> 某建设工程系外资贷款项目,业主与承包商按照 FIDIC《土木工程施工合同条件》签订了施工合同。施工合同《专用条件》规定:钢材、木材、水泥由业主供货到现场仓库,其他材料由承包商自行采购。
>
> 当工程施工至第5层框架柱钢筋绑扎时,因业主提供的钢筋未到,使该项作业从10月3日至10月16日停工(该项作业的总时差为零)。
>
> 10月7日至10月9日因停电、停水使第3层的砌砖停工(该项作业的总时差为4天)。
>
> 10月14日至10月17日因砂浆搅拌机发生故障使第1层抹灰迟开工4天(该项作业的总时差为4天)。
>
> 为此,承包商于10月20日向工程师提交了一份索赔意向书,并于10月25日送交了一份工期、费用索赔计算书和索赔依据的详细材料。其计算书如下所述。
>
> 1. 工期索赔
> (1)框架柱扎筋　　10月3日至10月16日停工　　计14天
> (2)砌砖　　　　　10月7日至10月9日停工　　　计3天
> (3)抹灰　　　　　10月14日至10月17日迟开工　计4天
> 总计请求展延工期　21天
>
> 2. 费用索赔
> (1)窝工机械设备费。
> 一台塔吊　　　　　14天×234元/天=3 276元
> 一台混凝土搅拌机　14天×55元/天=770元
> 一台砂浆搅拌机　　7天×24元/天=168元
> 小计　　　　　　　4 214元
> (2)窝工人工费。
> 扎筋　　35人×20.15元/(人·天)×14天=9 873.50元
> 砌砖　　30人×20.15元/(人·天)×3天=1 813.50元

---

① 成荣妹.建设工程招标投标与合同管理.北京:建材工业出版社,2005.

抹灰　　　　　　　35人×20.15元/（人·天）×4天=2 821.00元
小计　　　　　　　14 508.00元

（3）保函费延期补偿：（1 500×10⁴元×10%×6‰÷365天）×21天=517.81元

（4）管理费增加：（4 214+14 508.00+517.81）元×15%=2 885.97元

（5）利润损失：（4 214+14 508.00+517.81+2 885.97）元×5%=1 106.29元

经济索赔合计（上述五项之和）：

4 214元+14 508.00元+517.81元+2 885.97元+1 106.29元=23 232.07元

经双方协商一致，窝工机械设备费索赔按台班单价的65%计；考虑对窝工人工应合理安排工人从事其他作业后的降效损失，窝工人工费索赔按每工日10元计；保函费计算方式合理；管理费、利润损失不予补偿。

经工程师审查，对索赔意向书提出以下意见。

1. 承包商提出的工期索赔不正确

（1）框架柱绑扎钢筋停工14天，应予工期补偿。这是由于业主原因造成的，且该项作业位于关键路线上。

（2）砌砖停工，不予工期补偿。因为该项停工虽属于业主原因造成的，但该项作业不在关键路线上，且未超过工作总时差。

（3）抹灰停工，不予工期补偿，因为该项停工属于承包商自身原因造成的。

同意工期补偿：14天+0+0=14天

2. 经济索赔审定

（1）窝工机械费。

塔吊一台：14天×234元/天×65%=2 129.4元（按惯例，闲置机械只应计取折旧费）。

混凝土搅拌机一台：14天×55元/天×65%=500.5元（按惯例，闲置机械只应计取折旧费）。

砂浆搅拌机一台：3天×24元/天×65%=46.8元（因停电闲置可按折旧计取）。

因故障砂浆搅拌机停机4天应由承包商自行负责损失，故不给予补偿。

小计：2 129.4元+500.5元+46.8元=2 676.7元

（2）窝工人工费。

扎筋窝工：35人×10元/（人·天）×14天=4 900元（业主原因造成，但窝工工人已做其他工作，所以只补偿工效差）；

砌砖窝工：30人×10元/（人·天）×3天=900元（业主原因造成，只考虑降效费用）；

抹灰窝工：不应给补偿，是属于承包商责任。

小计：4 900元+900元=5 800元

（3）保函费补偿。

1 500×10⁴元×10%×6‰÷365天×14天=345.2元

经济补偿合计：2 676.7元+5 800元+345.2元=8 821.90元

10.1 索赔概述

10.1.1 索赔的概念、特征及作用

1. 索赔的概念

索赔即索取赔偿,是指根据合同及法律规定,在合同履行过程中,合同一方因对方不履行或未能正确履行合同所规定的义务而遭受损失,受损方可以就遭受的实际损失凭有关证据要求对方给予补偿。实际损失是以合同规定的标准为依据进行计算的;若合同中没有规定相应的标准,则以双方协商一致的合理标准为基础进行计算。

在经济合同的履行过程中,任何一方如果发生不履行自己的义务,或者不按合同的约定或法律的规定履行合同的行为,都是违反合同的行为,简称"违约行为"。如果这种违约行为给无过错方造成损失,违约方必须按照合同及法律规定,给予无过错方补偿。所以从理论上讲,索赔是双方面的。例如,就建筑工程合同的索赔而言,不仅承包商可以向业主索赔,业主也可以向承包商索赔。只不过我们通常所讲的"索赔"都是指承包商向业主的索赔。因为在施工承包合同中业主处于较有利的地位,这使得业主向承包商的索赔变得轻而易举,他们只需从工程款中直接扣减就可以了。

在建筑工程施工承包合同中,实际损失可能表现为成本的增加、工期的延误和利润的损失等。所以承包商通常要求的补偿方式也就有经济补偿和工期延长两种方式。

2. 索赔的特征

索赔是当事人一方因为非己方原因就其遭受的实际损失或额外费用,按法律法规或合同约定的程序,请求造成损失的责任方给予补偿的一种要求。所以在合同履行过程中索赔是完全正常的,索赔的提出与处理是合同管理工作中的一项正常业务,对责任方不具任何惩罚性质。由此可以推定索赔应具有如下特征:

(1)索赔是要求给予补偿或赔偿的权利主张。
(2)与合同对比,已经发生实际损失,包括工期和经济等各种损失。
(3)索赔方在引发索赔的事项中自己无过错,或非完全过错。
(4)造成损失的责任应完全或部分由被索赔方承担。
(5)索赔的依据是合同文件及相关的法律规定。
(6)必须有造成损失的确凿证据。

3. 索赔的作用

索赔是合同管理中必不可少的一个重要环节,良好的索赔管理对经济合同的顺利履行有着非常重要的意义。例如,在工程建设领域,大中型建筑工程大多采用竞争性招标的方式来挑选承包商。由于竞争激烈,承包商为提高中标率,不得不拼命压低报价,所以施工

承包商常常是以低价中标。对施工承包企业来讲，要在竞争性招标项目中盈利是非常困难的。许多承包商认为，他们要维持生存就必须扩大工作量，而这又可能进一步促使他们降低报价，形成恶性循环。在这种环境下，承包商如果不善于索赔以减少损失，就可能无法生存下去。所以建筑行业流传着：施工承包商"中标靠报价，赚钱靠索赔"的经验之谈。

实际上合理的工程索赔对于应对招标商的过分压价，培育和净化建筑市场，促进建筑业的健康发展，提高企业经济效益，都有至关重要的作用。归纳如下：

（1）索赔是合同和法律赋予损失者的权利，是当事人一种保护自己、避免损失、增加利润、提高效益的重要手段。

（2）索赔是落实合同双方责、权、利关系的手段。在经济活动中，既然享有权利，就应承担相应的经济责任。谁不能按约定尽到履行义务的责任，就构成违约；给对方造成损失的就应当赔偿。所以索赔是体现合同责任、平衡当事人责权利关系的重要手段。

（3）促使工程造价更加合理。施工索赔的健康开展，把原来打入工程报价的一些不可预见的费用，改为按实际发生的损失支付，有助于降低工程报价，使工程造价更加合理。

（4）索赔是合同实施的保证。索赔是合同法律效力的具体体现，对合同双方形成约束条件，特别能对违约者起警戒作用，违约方必须考虑到违约的后果，以尽力避免违约事件的发生。

（5）索赔有助于对外承包的开展。施工索赔的健康开展，能促使双方迅速掌握索赔和处理索赔的方法和技巧，有利于他们熟悉国际惯例，有助于对外开放，有助于对外承包的展开。

（6）索赔对提高企业和工程项目的管理水平起着重要的促进作用。我国承包商在许多项目上由于企业管理松散混乱，计划实施不严，成本控制不力，质量管理不到位等原因导致工期拖延、质量不合要求，最终导致业主扣减工程款，对企业效益和信誉都造成很大的负面影响。

索赔虽然已成为许多承包商的经营策略之一，但是也应注意，作为承包商若采取有意压低价格的方法先取得工程，然后再试图靠索赔方式来赢得利润的做法有很大的风险。毕竟索赔是获得正当权益的手段，而非投机钻营获得额外补偿的手段。

10.1.2 索赔诱因及索赔管理[①]

1. 合同索赔原因分析

合同索赔常常是当事人维护自身利益的有效途径。对建设工程来讲，工期索赔和费用索赔是经常发生的。引起索赔的原因主要有以下几个：

（1）工程项目风险引起的索赔。一般包括合同风险、政治风险、经济风险等，如物价暴涨、自然条件的变化、施工现场条件复杂、各种法律法规的变化、涉外项目的货币汇兑

---

① 浅析建筑施工企业合同索赔与反索赔. http://www.xchen.com.cn/gllw/ggwjgllw/gllw_489827_3.html.

风险等。近年来，由于我国建设工程施工队伍不断扩大，大部分施工企业都存在任务不足的现象，建筑市场竞争日趋激烈，建设单位利用自己处于主导地位的便利，在招标和合同签订时，采用不正当或不合法手段，把本该由业主承担的风险转嫁给承包商，导致承包商承担的风险比例增大，承包商为维护自身的合法利益可以提出施工索赔。

（2）工程量变化引起的索赔。实际施工时，完成的工程量往往与设计工程量有出入，根据规定，当合同价变更增减超过 15% 时，允许对有效合同价进行调整。引起合同价变化的原因主要是工程量的变化，引起的索赔主要有以下几方面：

1）施工设备增减造成损失。工程量的增加，势必要求增加新的施工机械，或增加原有机械的数量，引起承包商计划外的投资，扩大了工程的计划成本。工程量削减，则引起原有设备的窝工或弃置不用，导致承包商的亏损。

2）材料数量变化造成损失。工程量的变化，使承包商已准备好的建筑材料数量变化，引起索赔。

3）工期变化造成损失。由于工程量变化引起原定工期的变化，从而引起工期延长或赶工，引起索赔。

（3）施工内容或程序变化引起的索赔。工程在施工过程中，不可避免地出现新的变化，如设计变更、自然条件的变化等。承包商的报价是以原招标文件和设计图纸为基础计算的，根据合同条款，施工图纸中改变任何工作的数量和性质，或改变了工程任何部分的施工程序或施工方案，都是变更，如果此类变更影响了承包商的费用，承包商就可要求重新估价，并提出延长工期的要求。

（4）工期延长和延误引起的索赔。工期延长和延误的索赔，通常包括两个方面：一是承包商要求延长工期；二是承包商要求偿付由于非承包商的原因导致工程延误而引起的损失。工程施工中，由于天气、水文、地质、停水停电等因素影响，都将造成工程的工期延长或延误，从而引起施工索赔。

（5）其他原因引起的索赔。业主违约未按规定及时提供施工场地，不按时交付施工图纸、设备和支付工程款，导致承包商施工队伍未能及时进场施工，业主为经济效益采用赶工措施加速施工，或承包商资金周转困难，影响工程进度等，都可能是索赔诱因。

2. 索赔管理的基础工作

合同索赔是业务性很强、基础工作很细的工作，必须认真研究，充分理解合同约定的赔偿范围、条件和方法，严格进行合同管理，为索赔提供充分的依据、论据和数据，重点做好索赔证据的搜集整理和索赔文件的编写工作。

索赔事件确立的前提条件就是必须有正当的索赔理由，且有索赔事件发生时的有效证据。所以索赔证据准备是索赔工作中重要的基础工作。索赔证据要具备真实性、全面性、关联性、及时性和有效性。证据必须是书面文件，有关记录、协议、纪要必须双方签署的；工程中的重大事件、特殊情况的记录统计，必须由工程师签证认可。索赔证据需要在平时积累，要对施工现场进行全面了解并搜集相关的资料，包括招标文件、合同标书、工地会议记录、各种施工进度表、工程日志、建筑师和工程师的口头指示记录（要以书面形式报工程师认可）、抽查试验记录、工序验收记录、计量记录、工程照片、工人工资与薪金单据、材料物资购买单据、工程会计资料等。尤其各种异常情况记录是索赔的有力证据，是索赔资料搜集工作的重点，要求做到时间准确无误，受影响的工作情况清楚明了。

索赔文件是索赔的正式书面材料。其要点如下：

（1）索赔事件要真实、证据确凿，叙述清楚明确。

（2）计算索赔值要合理、准确，详细列出计算的依据、方法、结果。

（3）责任分析要直接、清楚，不能含糊，明确指出对方所负责任。

（4）要强调事件的不可预见性和突发性，并且说明己方不可能有准备，也无法预防，并且已经尽了最大努力。

（5）文件用语尽量委婉，避免使用强硬、尖刻的语言。

有索赔必然也就有反索赔。反索赔通常是业主对付承包商索赔的手段。

在合同实施过程中，双方都在寻找索赔机会，一旦干扰事件发生，都推卸自己的责任，并企图进行索赔。不能有效地进行反索赔，同样要蒙受损失。所以索赔和反索赔具有同等重要的关系。

10.2 违约责任

根据一般的法律原则和规定，索赔主要起因于两个方面：一是当事人违约理论，即对由一方当事人或其代理人违约而引起合同相对方的损失，合同相对方有权索取补偿；二是合同变更理论，即根据合同某条款规定，当事人任何一方都有资格为合同变更或追加工作取得合理的补偿（包括费用、工期等各种性质的补偿）。以当事人违约理论为基础的索赔，通常可称为损失索赔；以合同变更理论为基础的索赔，则可称为额外工作索赔。

损失索赔由违约行为引起，显然，它与违约责任有关。

10.2.1 违约责任的构成要件

违约责任的构成要件是指合同当事人承担违约责任所应当具备的条件。研究违约责任的构成要件是确定当事人是否应当承担违约责任、承担何种违约责任的依据，对于保护合同双方当事人的利益以及指导司法审判人员执法，都具有重要意义。

违约责任的构成要件可分为一般构成要件和特殊构成要件。

1. 违约责任的一般构成要件

所谓一般构成要件，是指违约当事人无论承担何种违约责任形式，都必须具备的要件。例如，违约行为就是违约方承担任何违约责任都必须具备的要件，因此违约行为就是违约责任的一般构成要件。

所谓特殊构成要件,是指各种具体的违约责任形式所要求的构成要件。

对于违约责任的一般构成要件,我国《合同法》第一百零七条规定:"当事人一方不履行合同义务或者履行合同义务不符合约定的,应当承担继续履行、采取补救措施或者赔偿损失等违约责任。"这一规定说明,我国的《合同法》在对违约责任的归责原则上承认严格责任原则。也就是说,只要当事人不履行合同义务或者履行合同义务不符合约定的事实存在,除不可抗力可以免责外,该方当事人就得承担违约责任,不论其主观上是否有过错。

违约责任的一般构成要件以违约行为为唯一的条件,这是关于违约责任构成要件的原则性规定,对于一些特殊类型的合同,如果法律另有规定的,则适用法律的特殊规定。例如,《合同法》第三百零三条规定:承运人承担违约责任须有过错。此时的违约责任的构成要件之一就是违约方的主观过错。对于特殊的合同,如果法律规定了当事人承担违约责任需要有过错的,则该违约责任的归责原则实行过错责任原则,其中的过错也是违约责任的一般构成要件。

综上所述,《合同法》在违约责任的归责原则上采取了以严格责任原则为主导,以过错责任原则为例外和补充的归责原则体系。采用严格责任原则进行归责,是我国《合同法》同国际惯例接轨的重大体现,对促进交易保护当事人合法权益具有重大意义。

2. 违约责任的特殊构成要件

违约责任的特殊构成要件因违约责任形式的不同而不同。对于不同的违约责任形式,当事人在满足了违约责任的一般构成要件,即违约行为(特殊合同还需要有过错)之后,还应当满足各特殊构成要件。例如,违约金责任形式的特殊构成要件是:① 当事人在合同中事先约定了违约金,或者法律对违约金有规定。② 当事人有关违约金的约定是合法成立的。损害赔偿责任的特殊构成要件是:① 损害事实。② 违约行为和损害事实之间要有因果关系。

各种形式的违约责任的构成要件如表 10-1 所示。

表 10-1 违约责任的构成要件

违约责任形式	违约责任的构成要件
违约金责任	① 违约行为存在;② 当事人在合同中事先约定了违约金,或者法律对违约金有规定;③ 当事人有关违约金的约定是合法成立的;④ 约定违约金数额不得过分高于违约造成的实际损失
定金责任	① 主合同须有效存在;② 不履行合同债务;③ 定金合同有效成立
继续履行责任	① 当事人的违约行为存在;② 非违约方在合理期限内提出违约方继续履行合同义务的要求;③ 违约方有继续履行的能力;④ 合同债务可以继续履行
损害赔偿责任	① 违约行为存在;② 有损害事实;③ 违约行为和损害事实之间有因果关系
采取补救措施责任	① 违约方已经履行合同义务但不符合质量约定;② 履行的结果具有可补救的余地;③ 违约方具有采取补救措施的条件;④ 补救对于非违约方是必要的
价格制裁	① 合同价格具有计划性质;② 当事人有逾期交付或提取标的物的违约行为;③ 在逾期履行合同义务的期限内遇到政府价格调整

10.2.2 违约行为及处理方式

违约行为有预期违约和实际违约两种。

1. 预期违约及处理方式

预期违约是指在合同履行期限届满之前，一方当事人无正当理由而以明示或默示的方式向对方表示己方将来不履行合同义务的行为。明示毁约，即明确表示自己不履行合同义务的行为。默示毁约，即以行为方式让对方能够确切地预见到其在履行期限届满时不履行或者不能履行合同义务的行为。例如，有些房地产商一房多卖，房地产商的这种行为即默示毁约。

在合同一方当事人明确表示或者以自己的行为表明不履行合同义务构成预期违约时，相对方对其预期违约行为可以有两种处理方式：

（1）相对方无视对方的预期违约表示，放任预期违约方的行为变成实际违约。等到合同的履行期限届满时，要求毁约方承担实际违约责任。

（2）接受预期违约的毁约表示，在合同履行期限届满前终止合同关系，要求毁约方承担预期违约责任。

根据我国《合同法》的规定，预期违约将产生如下法律后果：

（1）解除合同。《合同法》第九十四条规定："有下列情形之一的，当事人可以解除合同：① 因不可抗力致使不能实现合同目的。② 在履行期限届满之前，当事人一方明确表示或者以自己的行为表明不履行主要债务。③ 当事人一方延迟履行主要债务，经催告后在合理期限内仍未履行。④ 当事人一方迟延履行债务或者有其他违约行为致使不能实现合同目的。⑤ 法律规定的其他情形。"所以，一方当事人预期违约后，另一方当事人即享有法定的合同解除权。

值得注意的是，解除合同的意思表示必须以明示的方式表示。该意思表示到达毁约方时才产生合同解除的效力。合同解除后，该合同的权利义务关系即告终止。

如果当事人是以《合同法》第六十八条所规定的几种行为造成预期违约的，如经营状况严重恶化；转移财产、抽逃资金，以逃避债务；丧失商业信誉；有丧失或者可能丧失履行债务能力的其他情形的，另一方当事人应按《合同法》规定先中止履行合同，而不能立即解除合同。必须在具备《合同法》第六十九条规定的条件时，中止履行的一方才可以解除合同。这些条件是：① 中止履行后，应当及时通知对方。通知必须及时并应以明示的方式做出。② 中止履行后，对方在合理期限内未恢复履行能力，并且未提供适当担保的，中止履行的一方可以解除合同。

当事人一方中止履行合同后，如果预期违约方在合理的期限内又恢复了履行合同的能力或为其履行合同提供了适当的担保，则不能解除合同。

一方当事人预期违约，另一方当事人解除了合同，同时还可以要求其承担违约责任，并赔偿由此引起的损失。

（2）债权人有权在合同的履行期限届满前要求预期违约方承担违约责任。《合同法》第一百零八条规定:"当事人一方明确表示或者以自己的行为表明不履行合同义务的,对方可以在履行期限届满之前要求其承担违约责任。"所以,在预期违约情况下,债权人不一定要等到合同履行期限届满时才有权要求债务人承担违约责任。因为预期违约的结果是发生和履行期限到来时不履行合同义务同样的法律后果。所以,债权人可以在履行期限届满前要求债务人承担违约责任,并赔偿由此造成的损失。

损失赔偿额的计算范围应当根据《合同法》第一百一十三条的规定确定:"损失赔偿额应当相当于因违约所造成的损失,包括合同履行后可以获得的利益,但不得超过违反合同一方订立合同时预见到或者应当预见到的因违反合同可能造成的损失。经营者对消费者提供商品或者服务有欺诈行为的,依照《中华人民共和国消费者权益保护法》的规定承担损害赔偿责任。"

在预期违约的情况下,计算因违约所造成的损失及可得利益的损失的方法将在 10.2.3 节中详细介绍。

(3) 等待到履行期限届满后,再要求违约方承担违约责任。因为预期违约的一方毕竟是在合同的履行期限届满前所做的不履行合同义务的表示,但这并不必然说明他在履行期限届满时仍然不履行合同义务。也就是说,预期违约方仍有履行合同义务的可能性。所以就可能有另一方当事人愿意等待,希望预期违约方继续履行合同义务。到履行期限届满时,若预期违约方出现实际违约,再要求其承担违约责任。

2. 实际违约及处理方式

实际违约的违约行为有两类:一是不履行合同义务,其中包括拒绝履行和履行不能两种情况;二是履行合同义务不符合约定。

(1) 拒绝履行。拒绝履行是指在履行期限到来后,债务人能够履行债务却在无抗辩事由的情形下拒不履行的行为。

合同当事人一方拒绝履行合同义务后,另一方当事人可以采取如下处理方式:解除合同;强制继续履行;赔偿损失或支付违约金、承担定金罚则(交付定金的一方不履行债务时,无权要求返还定金;接受定金的一方不履行债务时,应双倍返还定金)。

(2) 履行不能。合同的履行不能包括主观履行不能和客观履行不能,前者是指因当事人的主观原因不履行合同,如将同一项工程重复发包给多家施工单位、一房多卖等,主观履行不能有很多情形可以按合同欺诈处理;而后者是指因客观原因而不能履行合同,如赠予或出卖的特定物意外毁损或灭失等。

对履行不能的处理方式,应根据造成履行不能情况发生的责任而定。由非债务人的原因而引发的履行不能,应就履行不能的范围免除债务人的违约责任。

(3) 履行合同义务不符合约定。履行合同义务不符合约定,是指当事人虽然履行了属于他的合同义务,但其履行违反了法律的规定或者合同的约定。合同的履行原则之一,即要求当事人正确、适当地履行合同义务,如果当事人没有按照合同约定的质量、数量、时间、地点、方式等履行义务,即构成不适当履行,如迟延履行、提前履行、瑕疵给付等都属于履行合同义务不符合约定的情况。

对履行合同义务不符合约定的债务人,债权人须根据其违约情形,要求违约方承担相应的违约责任。但对提前履行法律另有规定或当事人另有约定的除外。

10.2.3 损害赔偿范围

损害赔偿范围确定应遵循完全赔偿原则和合理限制原则。

1. 完全赔偿原则

完全赔偿原则旨在补偿债权人因对方违约所造成的损失。因此,按完全赔偿原则,违约方应对其违约行为所造成的全部损失承担赔偿责任。损害赔偿的范围不仅包括违约给债权人造成的直接损失,还包括债权人因为违约方不履行合同而失去的其他利益。通过对这两种损失的赔偿,使得债权人恢复到合同如期履行的状态,从而实现当事人订立合同的目的。

应用案例 10-1

某建筑施工企业从设备租赁公司租用一辆吊车。由于维修很差(非施工企业原因),倾倒的吊车砸碎了工地建筑师的汽车,并导致工地停工 8 天,最后工期拖延 5 天。对此,某建筑施工企业必须向发包人支付 7 万元的延期罚金。而设备租赁公司必须赔偿某建筑施工企业由此造成的损失,包括处理现场事故及停工而支出的费用、甲方罚金以及为建筑师修车的费用。因为这是设备租赁公司违约所造成的"全部损失"。

但在具体适用完全赔偿原则时,应该明确以下 3 种情况:

(1)损害赔偿的目的是补偿非违约方因对方违约所遭受的全部损失,但并不赔偿非违约方在该合同中的风险损失。

应用案例 10-2

2005 年 8 月 1 日,某汽车销售商与一汽车制造厂签订了一份 A 牌汽车的买卖合同,合同约定该汽车的单价是 10 万元,提车时间是两个月以后,即 10 月 1 日。两个月以后该车(合同标的)的市场单价是 9 万元。结果汽车制造厂又延期交货,汽车销售商提车时该车的市场单价已经降至 8.5 万元。在这一案例中,汽车销售商有权向汽车制造厂要求赔偿的范围只能是 5 000 元(90 000–85 000),而不是 15 000 元(100 000 – 85 000)。因为即使汽车制造厂如期履行合同,销售商仍然会遭受单价 10 000 元的损失,这是销售商在这次交易中的商业风险,该风险自然应当由销售商自己承担,而不应由违约方——汽车制造厂承担。

(2)在完全赔偿原则下,债权人有权就可得利益要求违约方赔偿,但这些可得利益必须是纯利润,而不包括为获得这些利润而支付的费用。

应用案例 10-3

甲与乙订立一租赁合同,在租赁期间,甲经乙同意又将租赁物转租出去。为了谋求较高的转租价格，甲支付了大量的广告费。后来乙违约，提前收回租赁物。在计算损害赔偿额时，乙赔偿甲原合同租金与转租租金的差额时，就不应该将广告费计算在内。因为广告费是甲为了获得转租利益所支付的费用，他支付的广告费用可以从转租利益中获得补偿。如果将转租利益计算为可得利益，就不能计算广告费支出；如果主张费用损失，就不得计算转租利润。

（3）债权人因债务人违约所遭受的各种费用支出可以作为直接损失要求对方赔偿。但受害方必须能够证明这些费用可以通过合同的履行得以补偿，并且这些费用是合理的。例如，应用案例10-3的租赁合同，在计算损害赔偿额时，甲可以主张乙补偿其广告费用损失，因为广告费用可以通过合同存续期间的转租利益得到补偿。但如果甲主张赔偿广告费用损失，就不得再计算转租利润。

2. 合理限制原则

尽管《合同法》对损害赔偿实行完全赔偿原则，但实际上损害赔偿的范围也要受到一定的限制。因为违约责任的规定一方面是对违约方违约行为的一种制裁，但从鼓励交易的角度出发，损害赔偿的目的主要是使受害方处于合同已经履行的同样状态。所以，损害赔偿的范围不能任由受害方从自身利益的角度任意扩大，而必须局限在一定的合理范围内。

合理限制原则体现在以下各项规则中，即应当预见规则、减轻损害规则和损益相抵规则。

（1）应当预见规则。《合同法》第一百一十三条规定："当事人一方不履行合同义务或者履行合同义务不符合约定，给对方造成损失的，损失赔偿额应当相当于因违约所造成的损失，包括合同履行后可以获得的利益，但不得超过违反合同一方订立合同时预见到或者应当预见到的因违反合同可能造成的损失。"其中损害赔偿的范围不得超过违反合同一方订立合同时预见到或者应当预见到的损失，即损失的应当预见规则。

从《合同法》第一百一十三条还可以看出：预见规则中的预见主体是指违约方；预见的时间是在订立合同时，而非在违约时；预见的内容是损失的种类及各种损失的大小；合理预见的标准是以一般情况下一个理性人的标准。

合理预见的标准是由一个独立于合同当事人双方的、与违约方同类型的社会一般人（理性人）来预见违约事件可能造成的损失。以这个理性人的预见结果为标准，无论违约方实际上是否真的预见到了该损失，都认为他预见到了该损失，并应由他进行赔偿。

应用案例 10-4

一个清洗公司订购了一台机器，但供货方超过履行期限5个月才将机器运到。供货方在对清洗公司进行损害赔偿时，应当包括延迟交货给该公司造成的利润损失，因为他应预见到该公司急用这台机器。另外，如果机器按时交货就有可能签订了一份有价值的政府采购合同。但这种机会的丧失就不应包括在损失之内，因为这种损失是供货方不可预见的。

（2）减轻损害规则。所谓减轻损害规则，是指在一方违约后，另一方应当及时采取合理措施防止损失的扩大，没有采取适当措施致使损失扩大的，不得就扩大的损失要求赔偿。

《合同法》第一百一十九条规定："当事人一方违约后，对方应当采取适当措施防止损失的扩大；没有采取适当措施致使损失扩大的，不得就扩大的损失要求赔偿。当事人因防止损失扩大而支出的合理费用，由违约方承担。"即合同法体现的减轻损害规则。

《合同法》规定了当事人一方违约后，另一方当事人具有防止损失进一步扩大的义务。这一义务的规定体现了合同法的诚实信用原则。如果债权人在对方违约后，没有及时采取适当措施防止损失的发生或者避免损失的扩大，就是对其保护义务的违反，自然需要承担法律责任。

应用案例 10-5

甲作为发包人委托承包人乙在某处建设一个工厂，在工厂接近完工时，乙因某种原因无法继续施工了。甲只好另找了一家建设工程公司来完成此工程。在乙停工期间，甲没有采取必要措施来保护工地上的建筑，由于该地区连续几天降暴雨，工地上的建筑物受到损坏。甲不能对该损失要求损害赔偿，因为他没有采取及时的措施以避免损失的发生。

（3）损益相抵规则。损益相抵是指受损害方基于损失发生的同一原因而获得利益时（如受托人代委托人出售股票，因逾期执行委托人的指令，恰逢交易所增加交易费用，使得委托人遭受了交易费用的损失，但出售股票时适逢股票价格上涨，委托人获得了利益），须在其应得的损害赔偿额中，扣除其所获得的利益部分。所以损益相抵属于赔偿责任范围的确定问题。

损益相抵规则是确定债权人因对方违约而实际遭受的"净损失"的规则。可以相抵的损失和收益必须都是基于同一违约行为发生的，即这一违约行为即使受害方遭受了损害，又使其获得了利益。如果受害方取得的利益与违约行为无关，而是受害方自己努力的结果，则不应从损害赔偿金中扣除，否则就会阻碍受害方做这样的努力，对经济发展无益。

例如，在买卖合同中，出卖人未按约定的期限交付货物，买受人遂设法以低于市场价的价格购买了替代货物，那么，买受人应得的损害赔偿金通常要根据货物的市场价值减去原合同金之后的金额来计算。

10.3 建设工程施工索赔

10.3.1 索赔起因及相应的索赔内容

引发建筑工程施工索赔的原因很多，但很多都与建筑工程本身的特点有关。大中型建筑工程工期长、规模大、技术复杂多样、地质条件复杂、相关方多、受市场波动影响大等特点，都可能导致索赔事件发生。工程施工索赔起因主要有如下几个方面。

1. 不利的自然条件引起的索赔

不利的自然条件是指施工中遇到的实际自然条件比招标方提供的更不利于施工，增加了施工难度，致使承包商必须付出比计划更多的劳动才能完成施工任务。承包商可以就此提出索赔。

一般情况下，招标文件的现场描述都介绍地质情况，有的还附有简单的地质钻孔资料。有些合同条件中，往往写明承包方在投标前已确认现场的环境和性质，包括地质构造、水文和气候条件等，即要求承包方承认已检查和考察了现场及周围环境，承包方不得因误解或误释这些资料而提出索赔。如果在施工期间，承包方遇到不利的自然条件或人为障碍，而这些条件与障碍即使有经验的承包方也不能预见到的，承包方可提出索赔。

例如，在挖方工程中，承包方发现图纸上并未说明的地下构筑物或文物，如果处理这些构筑物或文物会导致工期延误或费用增加，承包方即可以提出索赔。因为地下构筑物和文物等是有经验的承包商也难以合理预见的。

2．加速施工的索赔

业主或工程师因非承包商原因发布加速施工指令，要求承包商投入更多资源、加班赶工来完成工程项目。这可能会导致工程成本的增加，承包商可就此提出索赔要求。

FIDIC 合同专用条件中规定：可采用奖励方法解决加速施工的费用补偿问题，以激励承包商克服困难、按时完工。我国实践中常用的提前竣工奖就属此列。

3．工期延长和延误的索赔

（1）关于延长工期的索赔，通常是由于下述原因造成的：

1）业主未能按时提交可进行施工的现场。
2）有记录可查的特殊反常的恶劣天气。
3）工程师在规定的时间内未能提供所需的图纸或指示。
4）有关放线的资料不准确。
5）现场发现化石、古钱币或文物。
6）工程变更或工程量增加引起施工程序的变动。
7）业主和工程师要求暂停工程。
8）不可抗力引起的工程损坏和修复。
9）业主违约。
10）工程师对合格工程要求拆除或剥露部分工程予以检查，造成工程进度被打乱，影响后续工程的开展。
11）工程现场中其他承包商的干扰。
12）合同文件中某些内容错误或互相矛盾。

（2）关于延误造成的费用索赔。如果属业主和工程师的原因造成工期拖延，不仅应给承包商适当延长工期，还应给予相应的费用补偿。但若属于客观原因（如特殊的自然灾害、工人罢工、政府间经济制裁等）造成的拖期，承包商可得到延长工期，但得不到费用补偿。

4．因施工中断和工效降低提出的施工索赔

由于业主和建筑师的原因引起施工中断和工效降低，特别是根据业主不合理的指令压缩合同规定的工作进度，使工程比合同规定日期提前竣工，从而导致工程费用的增加，承包方可提出以下索赔：

(1) 人工费用的增加。
(2) 设备费用的增加。
(3) 材料费用的增加。

5. 关于支付方面的索赔

工程付款涉及价格、货币和支付方式三个方面的问题，由此引起的索赔也很常见。

(1) 关于价格调整方面的索赔。FIDIC 合同条件中规定：从投标的截止日期前 30 天起，由于任何法律、规定等变动导致承包商的成本上升，则对于已施工的工程，经工程师审批认可，业主应予付款，价格应做相应的调整。在国际承包工程中，增价的计算方法有两种：一种是按承包商报送的实际成本的增加数加上一定比例的管理费和利润进行补偿；另一种是考虑工程工期较长，物价变化的可能性较大，在合同条件中设有明确做调值公式进行动态结算。根据中国的实际情况，目前可根据各省市定额站颁发的材料预算价格调整系数及材料价差对合同价款进行调整，待材料价格指数逐步完善后，可采用动态结算中的公式进行自动调整。

(2) 关于货币贬值导致的索赔。在一些外资或中外合资项目中，承包商不可能使用一种货币，而需使用两种、三种甚至多种货币从不同国家进口材料、设备和支付第三国雇员部分工资及补偿费用，因此，合同中一般有货币贬值补偿的条款。索赔数额按一般官方正式公布的汇率计算。

(3) 拖延支付工程款的索赔。一般在合同中都有支付工程款的时间限制，如果业主不按时支付中期工程款，承包方可按合同条款向业主索赔利息。业主严重拖欠工程款，可能导致承包方资金周转困难，产生合同中止的严重后果。

6. 业主风险和特殊风险引起的索赔

由于业主承担的风险而导致承包商的费用损失增大时，承包商可据此提出索赔。另外，某些特殊风险，如战争、敌对行动、外敌入侵、工程所在国的叛乱、暴动、军事政变或篡夺权位、内战、核燃料或核燃料燃烧后的核废物、放射性毒气爆炸等所产生的后果也是非常严重的。许多合同规定，承包商不仅对由此而造成工程、业主或第三方的财产的破坏和损失及人身伤亡不承担责任，而且业主应保护和保障承包商不受上述特殊风险后果的损害，并免于承担由此而引起的与之有关的一切索赔、诉讼及其费用。相反，承包商还应当可以得到由此损害引起的任何永久性工程及其材料的付款及合理的利润，以及一切修复费用、重建费用及上述特殊风险而导致的费用增加。如果由于特殊风险而导致合同终止，承包商除可以获得应付的一切工程款和损失费用外，还可以获得施工机械设备的撤离费用和人员遣返费用等。

7. 因合同条文模糊不清甚至错误引起的索赔

在合同签订中，对合同条款审查不认真，有的措辞不够严密，各处含义不一致，也可能导致索赔的发生。

应用案例 10-6

日本大成公司承揽的鲁布革水电站隧洞开挖工程在施工过程中,因中方合同条款拟订文字疏忽,石方量计算合同条款有的地方用"to the line"(到开挖设计轮廓线),有的地方又用"from the line"(从开挖设计轮廓线),按前者可以理解"自然方"计量,按后者则解释为按开挖后的"松方"计量,虽然只一字之差,但对于长达 9 千米的隧洞开挖来说,两种计量法的总工程量相差 5%~10%(相当于 2.5 万~5 万立方米),作为承包方的日本大成公司抓住合同的文字漏洞,使索赔成功。

8. 因工程终止或放弃提出的索赔

由于业主不正当地终止或非承包方原因而使工程终止,承包方有权提出以下施工索赔:

(1)盈利损失,其数额是该项工程合同价款与完成遗留工程所需花费的差额。

(2)补偿损失,包括承包方在被终止工程上的人工材料设备的全部支出,以及监督费、债券、保险费、各项管理费用的支出(减去已结算的工程款)。

10.3.2 建设工程施工的索赔程序

我国建筑工程施工合同通用条款中约定,业主未能按合同约定履行自己的各项义务或发生错误,以及应由业主承担责任的其他情况,造成工期延误和(或)承包商不能及时得到合同价款及承包商的其他经济损失,承包商可按下列程序以书面形式向业主索赔:

(1)索赔事件发生后 28 天内,向工程师发出索赔意向通知。

(2)发出索赔意向通知后 28 天内,向工程师提出延长工期和(或)补偿经济损失的索赔报告及有关资料。

(3)工程师在收到承包商送交的索赔报告和有关资料后,于 28 天内给予答复,或要求承包商进一步补充索赔理由和证据。

(4)工程师在收到承包商送交的索赔报告和有关资料后 28 天内未予答复或未对承包商做进一步要求,视为该项索赔已经认可。

(5)当该索赔事件持续进行时,承包商应当阶段性地向工程师发出索赔意向,在索赔事件终止后 28 天内,向工程师送交索赔的有关资料和最终索赔报告。索赔答复程序与(3)、(4)规定相同。

由上述规定可以看出,一般的索赔处理程序大致包括 4 个步骤:① 承包商提出索赔要求;② 递交正式书面索赔报告;③ 工程师处理索赔;④ 索赔处理结果。索赔程序如图 10-1 所示。

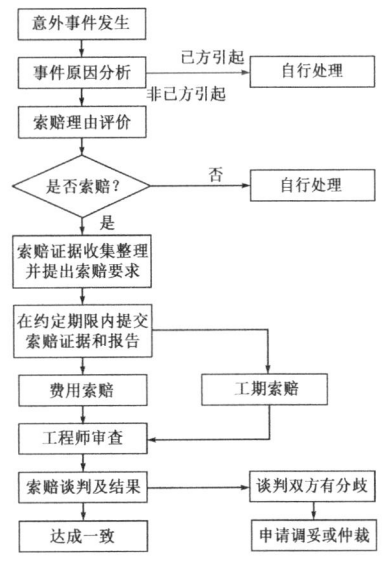

图 10-1 索赔程序

1. 承包商提出索赔要求

（1）索赔意向通知递交。索赔事件或情况发生后，承包商应在索赔事件或情况发生后的 28 天内向工程师递交索赔意向通知，表明就某事件的索赔愿望和要求。

（2）索赔意向通知内容。索赔意向通知在索赔事项发生后应当及时提交，超过 28 天才提出的索赔意向通知，工程师有权拒绝。在索赔意向通知中应写明引起索赔的事件，以及提出索赔要求所依据的相应合同条款。

2. 递交正式书面索赔报告

（1）索赔报告和索赔证据递交。我国建筑工程施工合同规定，在索赔意向通知提交工程师后的 28 天内，承包商应向工程师递交正式的索赔报告。而 FIDIC 施工合同的规定有所不同，其规定是：在索赔事件被承包商知道后的 28 天内，承包商要向工程师递交索赔意向通知。在事件后的 42 天内，或者承包商建议并被工程师许可的其他期限内，承包商应向工程师递交一份充分详细的索赔报告。

（2）索赔报告和索赔证据内容。索赔报告应该包括如下内容：发生的索赔事件介绍、索赔的理由、索赔要求补偿的时间或费用的详细计算，相应的索赔证据资料和报告时间等。如果发生的事件既引起工期延长又引起费用损失，承包商应就工期影响和费用损失分别提出索赔要求。

有时索赔事件的影响可能会持续存在，28 天内可能无法计算出此次事件的全部实际损失。那么，承包商应按照合同约定的时间间隔，定期陆续提交索赔意向，在事件影响结束后的 28 天内，递交最终的索赔报告。对于持续影响的时间间隔，FIDIC 施工合同中约定为 1 个月，我国施工合同中无此项约定，事件中一般采用 FIDIC 中的规定。索赔申报表格式如表 10-2 所示。

表 10-2 索赔申报表

承包单位_____	合同号_____
监理单位_____	编 号_____

致（总监代表）　　　　　　　　：
　　根据合同条款_____的规定，由于_____的原因，我方要求索赔金额/工期：_____元/天，请予核实批准。
索赔项目：

申报索赔的详细理由及经过：

证明文件：

索赔金额/工期：

承包人：	年　月　日		
收到日期：	年　月　日	总监代表：	
收到日期：	年　月　日	收到日期：	年　月　日
总监助理：		总监：	

说明：共 6 份，承包人报送总监代表和总监各 1 份，4 份返回承包人做申请付款时用，并存档。

3. 工程师处理索赔

（1）索赔报告内容的调查分析。索赔报告调查分析的内容如表10-3所示。

表10-3　索赔报告内容调查分析

调查项目	调查内容
事件状况调查	索赔事件发生的前因后果、发展态势、影响范围及程度等
原因分析	事件发生的原因、责任所属。若属多方责任，如何分责
实际损失计算	损失计算依据、空间和时间范围、方法以及计算的准确度
资料分析	分析承包商提交证明资料的真实性、时效性、完整性等

在表10-3中，实际损失的计算是最难以审查的，相应的审查工作量也很大。工程师做此项审查的基本原则是能够补偿承包商因索赔事件的发生所遭受到的实际损失，这也是索赔的本质所在。

（2）协商谈判。因为承包商与工程师的利益诉求不同，所以二者通常会对索赔的责任划分、依据理解、数额计算等方面存在差异。所以工程师审查后，还有一项很重要的工作就是就补偿数额与承包商进行协商。

工程师根据和业主、承包商协商的结果，在承包商递交索赔报告后的28天内提出索赔处理意见。我国《监理规范》规定，总监理工程师应在施工合同规定的期限内签署费用索赔审批书，其格式如表10-4所示。

表10-4　索赔审批书

承包单位_____		合同号_____
监理单位_____		编　号_____

致（承包人）_____：
根据你于____年____月____日以第_____号"索赔申报表"提出的索赔项目，经核实，做以下批准。
索赔项目：

索赔接受与否	工期：□接受 □部分接受 □不接受	工期：□接受 □部分接受 □不接受
	金额：□接受 □部分接受 □不接受	金额：□接受 □部分接受 □不接受
建议索赔金额和工期及理由：		建议索赔金额和工期及理由：
总监代表：　　　　年　月　日		总监助理：　　　　年　月　日
索赔接受与否	工期：□接受 □部分接受 □不接受	金额：□接受 □部分接受 □不接受
	理由：	理由：
批准索赔工期：　　　天		批准索赔金额：　　　元

索赔金额和延期累计：

本次索赔前索赔累计：		本次索赔：		到本次累计：
金额（元）	时间（天）	金额（元）	时间（天）	金额（元）	时间（天）
		＋			＝		

总监：　　　年　月　日　　　　　　　　　　　　　业主或业主代表：　　　年　月　日

说明：共6份，总监1份，总监代表1份，下发承包人4份并在申请付款时用。

对于持续影响超过 28 天引起工期索赔的事件，《监理规范》规定：当影响工期事件具有持续性时，项目监理机构可对收到的承包商提交的阶段性工程延期申请表审查后，先由总监理工程师签署工程临时延期审批表并通报业主。当承包商提交最终的工程延期申请表后，项目监理机构应复查工程延期及临时延期情况，并由总监理工程师签署工程最终延期审批表。最终批准的工期顺延天数，不应少于以前各阶段已同意顺延天数之和。

4. 索赔处理结果

工程师的处理有两种结果：一是承包工程师提出的处理意见，取得业主、承包商双方同意，这样索赔最终处理结果就是执行工程师的索赔处理意见；二是承包商和业主中的任意一方或双方不同意工程师的处理意见。对此工程师先拟定一个补偿数额，根据这个数额进行工期和费用补偿。随后工程师再与承包商协商，等索赔问题最终解决之后，再根据最终结果与工程师批准数额的差额进行调整。

如果协商不成，则可通过调解、仲裁或诉讼等方式解决。

10.3.3 索赔计算方法

1. 费用索赔计算

（1）可以索赔的费用。可以索赔的费用与工程造价的构成类似，如表 10-4 所示。

在索赔计算中，费用索赔都是以赔偿实际损失为原则，包括直接损失和间接损失两项，如表 10-5 所示。

表 10-5 施工索赔费用构成一览表

可以索赔的费用项目	可以索赔费用项目的内容
人工费	基本工资、工资性津贴、奖金、加班费、人员闲置、生产力降低等
材料费	数量增加、价格上涨、保管储存费增加等
施工机械使用费	台班增加、工效降低以及机械停工、窝工费等
分包费	受索赔事件影响的分包商的人、机、材等的费用损失
工地管理费	索赔事件导致的额外工作以及工期延长所增加的管理费
利息	延期付款、索赔款、延期增加投资和错误扣款等利息
总部管理费	索赔事件导致的工期延误管理费
利润	由范围变更和施工条件变化引起的索赔可以计算利润

（2）费用索赔计算方法。常用的费用索赔计算方法有总费用法、修正总费用法和分项法三种。

1）总费用法。如果合同实施过程中索赔事件过多，以致难以计算实际费用损失或索赔事件难以分出单项时则可采取此种方法。具体方法是，重新计算该工程的实际总费用，从实际总费用中减去投标报价时的估算总费用，即索赔金额，即

索赔金额=实际总费用−投标报价估算总费用

应用总费用法时，应将因承包商原因引起的费用增加从实际总费用中扣除。另外，计算实际总费用时除了必须要调整的内容外，应考虑与承包商投标报价时采用的计算依据一致。因为在承包商提出报价时，如果考虑到提高中标率这一因素，其投标报价估算可能因让利、取费数额偏小等原因而过低。

2）修正总费用法。在总费用计算中对一些不合理的因素加以修正，以修正后的费用差额作为索赔金额。通常需要修正的内容包括：事件影响时间界限修正、事件影响范围界限修正、事件影响到的工作内容修正以及受事件影响的工作内容的投标报价修正。修正计算式如下：

索赔金额=某项工作调整后的实际总费用-该项工作的报价费用

经修正后的总费用更真实地反映了受索赔事件影响的后果，更接近于实际费用。

3）分项法。逐项计算索赔事件所引起的索赔额。因为分项法依据的是实际发生的成本记录或单据，所以针对性很强，实践中应用非常广泛。

分项法计算要分三步进行：首先，索赔事件发生后，全面分析受其影响的费用项目，不得有遗漏，这些费用项目通常应与合同报价中的费用项目一致；其次，计算每个费用项目受索赔事件影响后的数值，通过与合同价中的费用值进行比较即可得到该项费用的索赔值；最后，将各费用项目的索赔值汇总，得到总费用索赔值。

建设工程几个主要分项费用的索赔计算简述如下：

① 人工费索赔。人工费索赔一般包括额外工资、加班工资、工资上涨、人员闲置和劳动生产率降低等。额外工资是指额外雇用劳务人员工作所支出的工资，可用投标时的人工单价乘工时数。人员闲置一般由窝工造成，可用投标时的人工单价乘某一折减系数作为人员闲置费用。

对于劳动生产率降低导致的人工费索赔，一般可通过实际人工费和预算人工费进行比较，即将受索赔事件影响的工作人员的实际工资与合同中的预算人工费进行比较，索赔其差额；也可以通过将正常施工的生产率与受影响施工的生产率进行比较，求得生产率降低值，以此为基础进行索赔。

② 材料费索赔。材料费索赔可从两个方面进行，即材料用量和材料单价。导致材料用量增加的原因可能是工作范围变化、工程性质变更、改变施工方法等。导致材料单位成本增加的原因可能是材料价格上涨、手续费增加、运输费增加、仓储保管费增加等。所以，材料的索赔计算就变成了对材料用量变化的计算和对材料价格变化的计算。

③ 施工机械费索赔。导致机械费增加的原因可能是台班费上涨、增加台班数量、机械闲置或工作效率降低等。其中，台班费按照有关定额和标准手册取值计算；租赁机械的取费标准按租赁合同规定的标准计算；增加的台班数量依据机械使用记录计算；工作效率降低的计算可参照劳动生产率降低时人工费索赔的计算。

机械闲置费有两种计算方法：可按公布的行业标准租赁单价进行折减计算，也可按定额标准计算。

④ 现场管理费索赔计算。现场管理费包括现场办公费、交通费、通信费及现场管理人

员工资等。现场管理费索赔值公式:

$$现场管理费索赔值=索赔的直接成本费用\times 现场管理费率$$

2. 工期索赔计算

计算工期的索赔补偿数额,在实际工程中一般有两种方法,即网络分析法和对比分析法。

(1) 网络分析法。此种方法是通过分析干扰事件发生前后的进度计划网络图,对比两种情况的关键线路变化,计算工期的索赔值。如果事件引起的工作延误在关键线路上,则应要求顺延工期的补偿;如果事件引起的工作延误不在关键线路上,则须判断其延误是否超过浮动时间,如果没有,则该工作延误以后仍然不在关键线路上,则不需要工期补偿,也就不存在工期索赔问题。(关于利用网络图的关键线路来确定工期的知识,请参见网络计划技术类书籍)

(2) 对比分析法。一般情况下,索赔事件发生后仅对某些单项、单位工程或分部分项工程的工期产生影响,所以要分析事件对总工期的影响,就可以用受到影响的和未受影响的两部分进行对比分析,从而判定工期的延误情况,据此提出工期索赔。总工期索赔公式:

$$总工期索赔=受干扰部分工程合同价\div 整个工程合同总价\times 受干扰部分工期拖延量$$

对于同一标准的建筑工程而言,通常工期与造价是相关的,因此可以用工期与造价的比例来推算工期索赔值。其计算式如下:

$$总工期索赔=工程总价增加值\div 原合同总价\times 原合同总工期$$

对比分析法不适用于删减工程量、变更施工顺序等的工期索赔。

复习思考题

1. 试述索赔的概念及性质。
2. 索赔的作用有哪些?
3. 说明违约责任的一般构成要件和特殊构成要件。
4. 违约行为有哪两种?针对各种违约行为有哪些处理方式?
5. 确定损害赔偿的范围时应遵循哪些基本原则?
6. 引起建筑施工索赔的原因有哪些?
7. 建筑施工索赔报告一般应包含哪些内容?
8. 工程师对承包商的索赔报告应如何处理?
9. 试述施工费用索赔的计算方法。
10. 试述施工工期索赔的计算方法。
11. 用图表示建筑工程施工索赔的基本程序。

第 11 章
国际工程项目常用合同条件简介

> **引导案例**
>
> 根据商务部统计，2015年我国对外承包工程业务新签合同额突破2 000亿美元，达到2100.7亿美元，同比增长9.5%；2015年我国对外承包工程完成营业额折合1540.7亿美元，同比增长8.2%；商务部于2016年5月5日举行例行发布会，新闻发言人沈丹阳表示，近年来，中国对外承包工程企业实力不断增强，已从最初的土建施工发展向工程总承包、项目融资、设计咨询、运营维护管理等高附加领域拓展，中国企业对外工程承包业务呈现出逆势增长的良好发展势头。
>
> 目前，海外业务在中国一些工程承包企业的工程承包中已经占据了重要地位。由美国《工程新闻记录》（ENR）和中国《建筑时报》两家权威媒体共同主办的"2015年中国承包商80强和工程设计企业60强"排名，以2014年度企业工程承包和工程设计营业收入作为主要排名依据。其中，承包商80强2014年的国际市场营业收入年度增长率是18.2%；工程设计企业60强2014年的国际市场设计营业收入增长率是52.63%，创下了近几年来的最高纪录。
>
> 这些数据表明我国对外承包工程产业近年来正在快速发展。而在国际工程承包项目中，许多国家往往采取国际通用的FIDIC合约（国标咨询工程师联合会的"彩虹族"）管理模式及欧美日等发达国家的工程技术标准。伴随着国际工程承包项目的发展，熟悉国际常用的工程项目合同条件就成为我国企业走向国际市场的一个必要条件，对国际工程项目合同条件的学习与运用就显得尤为重要。

11.1 FIDIC 合同条件

11.1.1 FIDIC 组织简介

FIDIC 是国际咨询工程师联合会（Fédération Internationale Des Ingénieurs-Conseils）的法文缩写，中文音译为"菲迪克"，英文名称是 International Federation of Consulting Engineers。1913年成立于比利时根特，现在的总部设在瑞士洛桑。FIDIC 初创时只有4个会员国。第二次世界大战后，成员迅速发展，现在已有70多个国家和地区的有关协会加入

FIDIC，其目的是共同促进成员协会的职业利益，以及向成员协会会员传播有益信息。该联合会是最具权威的由世界银行和其他国际金融组织认可的咨询工程师组织。

1996年10月，中国工程咨询协会正式加入 FIDIC，取得了在 FIDIC 的发言权和表决权，增加了开展国际交流，了解国外信息的渠道和开拓对外业务的机会。

FIDIC 的主要职能机构有执行委员会（TEC）、土木工程合同委员会（CECC）、电气机械合同委员会（EMCC）、业主与咨询工程师关系委员会（CCRC）、职业责任委员会（PLC）和秘书处。这些职能机构帮助会员提高服务水平，加强国际合作，解决工作中遇到的一些问题，起草有关文件等，做了大量的有益工作。另外，FIDIC 下属有四个地区性会员分会，它们是：亚洲及太平洋地区会员协会（ASPAC）、欧洲共同体会员协会（CEDIC）、非洲会员协会组织（CAMA）、北欧会员协会组织（RIONRD）。

11.1.2　1999 年以前的 FIDIC 合同条件

1999 年以前，FIDIC 主要出版了 5 种模式的标准化合同条件：《土木工程施工合同条件》（Conditions of Contract for Works of Civil Engineering Construction）（简称红皮书）、《电气与机械工程合同条件》（Conditions of Contract for Electrical and Mechanical Works）（简称黄皮书）、《设计—建造与交钥匙工程合同条件》（Conditions of Contract for Design-Build and Turkey）（简称橘皮书）、《业主/咨询工程师标准服务协议书》（简称白皮书）、《土木工程施工分包合同条件》（简称褐皮书）。以上这些文本被人们统称为"FIDIC 彩虹族"（FIDIC rainbow）。

1. FIDIC 的红皮书

红皮书适用于土木建筑工程施工和设备安装的标准化合同格式。红皮书专列了适用于某些特殊工程的条款，如适用于填筑和疏浚工程的条款。1957 年出版了第 1 版，1963 年出版了第 2 版，1977 年出版了第 3 版，1987 年出版了第 4 版。1992 年 FIDIC 对 1987 年颁布的第 4 版的 13 个条款 23 条子款进行了修改和补充。可称之为 1992 修订版。

红皮书是国际通用的、权威性的土木工程施工合同条件。在国外，许多国家的工程都采用红皮书；在国内，凡接受世界银行贷款和其他国外贷款的涉外工程，也都采用红皮书；国内的很多"内资工程"也采用红皮书。

2. FIDIC 的黄皮书

黄皮书 1963 年出版了第 1 版，1980 年出版了第 2 版，1987 年编制了第 3 版，1988 年订正发行。

黄皮书是在红皮书的基础上编写的。两者的基本出发点是一致的，都是基于建设项目的实施通过招标选择承包商，合同履行过程中建立以工程师为核心的管理模式。

黄皮书适用于大型工程项目的电气与机械设备从订购开始，经过加工制造、运输、安装、竣工、投入试运行，直至保修期满合同履行完毕为止的全过程，黄皮书适用于业主和承包商，也分为通用条件（适用于任何类型机电工程合同的条款）和专用条件（一部分适用于在需要时对合同通用条件中的规定进行修改，一部分是补充时需要的条款）两部分。黄皮书适用于总价承包合同，而非单价合同。

3. FIDIC 的橘皮书

橘皮书适用于由承包商（或代表承包商）设计的工程的设备供应、安装及施工。橘皮书不适用于由业主及其咨询工程师设计的项目，也不适用于承包商不对设计负责的情况。橘皮书于 1995 年出版了第 1 版。

橘皮书对交钥匙工程特别适用。

4. FIDIC 的白皮书

1979 年，FIDIC 编写出版了《设计和施工监督协议书国际范本及通用规则》。1980 年，FIDIC 编写出版了《业主与咨询工程师项目管理协议书国际范本及通用规则》；1990 年，FIDIC 在上述文件的基础上，编写出版了《业主/咨询工程师标准服务协议书》，以代替上述文件。

白皮书适用于国际工程的投资前研究、可行性研究、设计及施工管理、项目管理。它是国际通用的业主与咨询工程师之间标准服务的协议书。

11.1.3 1999 年版 FIDIC 合同条件

1. 1999 年版 FIDIC 合同条件的改版原由

FIDIC 发行的红皮书和黄皮书已被广泛使用了几十年。现行的红皮书已是第 4 版，黄皮书也是第 3 版，二者均发行于 1987 年。虽然红皮书和黄皮书都采用相同的原理，但在实际版本的结构、编目和用词等方面都存在相当大的差异。而 1995 年发行的橘皮书更是在编目和定义上不同于红皮书和黄皮书。1994 年成立的 FIDIC 红/黄皮书更新编委会任务之一就是尽可能地规范化彩虹族系列，使各合同范本的定义和用词一般应相同。

由于国际工程项目管理的飞速发展，无论是红皮书、黄皮书还是橘皮书实际上已不能满足世界上许多项目的要求。因为现行的版本在内容上存在许多的问题，如现行的版本相当严格地定位在传统的土木工程，如公路、桥梁、水坝和混凝土结构，以及传统的电气和机械工程，如水电站的涡轮机与洪水闸门、机械搬运和安装等。这已经不再适应建造履行方式的需要。如在民用项目中土建施工与复杂的机械、强电、弱电及其他系统的供应和安装一体化已日益普及，而现存的版本对此却缺乏适应性。

正是基于以上原因，编委会将标准合同的分类从"土建"与"电气和机械"转向"业主设计"与"承包商设计"。

新版 FIDIC 合同条件更适用于不同规模、不同类型的工程项目。有些项目经常采用双方当事人履行方式，从而派生出一些新的建造履行方式，如公共/民间合伙（Public/Private Partnership，PPP）、民间主动融资（Private Finance Initiate，PFI）、建造—运营—移交（Build-Operate-Transfer，BOT）等。这样，美国人称为的交钥匙合同，欧洲人称为的 EPC（Engineering-Procurement-Construction）方式得到了广泛的应用。为了适应这一需求，编委会编写了全新的第三本书：《设计采购施工（EPC）/交钥匙工程合同条件》——银皮书。

在编委会编写三本主要的新范本的同时，另一编委会编写了一本适用于投资金额较小的建筑或工程项目的合同范本，称为《简明合同格式》（Short Form of Contract）——绿皮书。

新彩虹族总结如下:
(1)《施工合同条件》(新红皮书)。
(2)《生产设备与设计-建造合同条件》(新黄皮书)。
(3)《设计采购施工(EPC)/交钥匙工程合同条件》(银皮书)。
(4)《简明合同格式》(绿皮书)。

2. 1999 年版 FIDIC 合同条件的条款结构

在 1999 年新版的 4 本合同条件中,除《简明合同格式》标准文本以外,其他 3 本均将条款总数归纳为 20 个主题条款,使这 3 个合同文本的条款层次清楚、结构严谨,纲目分明,便于参照比较。而《简明合同格式》的主题条款,被压缩为 15 条,如表 11-1 所示。表中括号中的数字表示条款的数目,"√"表示条款的名称和条款数目与"新红皮书"完全相同。

表 11-1 1999 年版 FIDIC 合同条件的条款比较

主条款序号	新红皮书	新黄皮书	银皮书	绿皮书
1	一般规定(14)	√	√	1. 一般规定(6)
2	业主(5)	√	√	2. 业主(4)
3	工程师(5)	√	业主的管理者(5)	3. 业主代表(2)
4	承包商(24)	√	√	4. 承包商(4)
5	指定分包商(4)	设计(8)	设计(8)	5. 由承包商设计(2)
6	职员和劳工(11)	√	√	6. 业主的责任(1)
7	生产设备、材料和工艺(8)	√	√	
8	开工、延误和暂停(12)	√	√	
9	竣工试验(4)	√	√	7. 竣工时间(4)
10	业主的接收(4)	√	√	8. 接收(2)
11	缺陷责任(11)	√	√	9. 修补缺陷(2)
12	测量和估价(4)	竣工后试验(4)	竣工后试验(4)	
13	变更和调整(8)	√	√	10. 变更和索赔(5)
14	合同价款和支付(15)	√	√	11. 合同价格和付款(8)
15	由业主终止(5)	√	√	12. 违约(4)
16	由承包商暂停和终止(4)	√	√	
17	风险和职责(6)	√	√	13. 风险与职责(2)
18	保险(4)	√	√	14. 保险(3)
19	不可抗力(7)	√	√	
20	索赔、争端和仲裁(8)	√	√	15. 争端的解决(3)

3. 1999 年版 FIDIC 合同条件的特点

(1)合同的适用条件更为广泛。FIDIC 在《土木工程施工合同条件》基础上编制的《施工合同条件》不仅适用于建筑工程施工,也可以用于安装工程施工。

(2)结构体系更加统一。原有的几个合同条件结构体系,例如文本位置、具体表述的不统一增加了实际运用中的工作量，新版的 FIDIC 合同条件将 3 个合同条件均调整为 20 条，取消了原来没有编号的"类"，方便了承包商对不同承包方式的分析和比较。

（3）对业主、承包商双方的职责、业务以及工程师的职权都作了更为严格而明确的规定。例如合同履行过程中业主或承包商的各类要求均应提交工程师，由其做出"决定"；除非按照解决合同争议的条款将该事件提交争端裁决委员会或仲裁机构解决外，对工程师做出的每一项决定各方均应遵守。

（4）新增了部分内容。新版 FIDIC 合同文件中增加了一些原版中没有涉及的内容，如业主的资金安排、业主的索赔、承包商要求的变更、质量管理体系、知识产权、争端裁决委员会等，条款内容更为全面、合理。

（5）通用条件的条款更具有可操作性。新版 FIDIC 通用条件条款更为细致和便于操作，方便在实际工作中的使用。如将预付款支付与扣还、调价公式等编入了通用条件的条款。

4．1999 年版 FIDIC 合同条件的适用情况

（1）施工合同条件（新红皮书）。该合同条件被推荐用于由业主设计的，或由其代表——工程师设计的房屋建筑或（土木）工程。该合同条件与原来的《土木工程施工合同条件》（红皮书）相对应，其名称的改变并不是为了简化，而在于其适用的工程范围扩大，不仅可以用于房屋建筑工程，也可用于其他类型的土木工程。

新红皮书的适用条件为：

1）传统的基础设施、房建、水电站等各类大型复杂工程。

2）业主负责大部分或全部设计工作（除了施工详图、配筋图等）。

3）承包商的主要工作为施工，但也可承担部分设计工作，如工程中的某些土木、机械、电力工程的设计。

4）由工程师对合同进行管理、监理施工和签发支付证书，发布变更等，根据完成的工程额按给定的单价或总价支付。

5）一般采用单价合同，按工程量表中的单价支付完成的工程量，有价差调整。

6）业主愿意承担比较大的风险。

（2）生产设备与设计-建造合同条件（新黄皮书）。新黄皮书被推荐用于电力或机械设备的提供和施工安装，以及房屋建筑或（土木）工程的设计和实施。在这种合同条件形式下，一般都由承包商按照业主的要求设计和提供设备或其他工程（可能包括由土木、机械、电力或建造工程的任何组合形式），承包商完成永久设备的设计、制造和安装。新黄皮书与原来的《电气与机械工程合同条件》（黄皮书）相对应。

新黄皮书的适用条件为：

1）该合同条件是支付管理程序与责任划分基于总价合同（有价差调整），因此它一般适用于大型项目中的安装工程（或基础设施等其他工程）。

2）业主只负责编制项目纲要和提出对设备的性能要求，承包商负责全部施工安装工作和大部分设计如厂房或设备的详细设计，使其满足业主提出的技术纲要或性能规范。

3）工程师来对合同进行管理，监督设备的制造、安装和工程施工，并签发支付证书。

4）风险分担较均衡。新黄皮书与新红皮书相比，最大区别在于新黄皮书的业主不再将合同的绝大部分风险由自己承担，而将一定风险转移至承包商。

（3）设计采购施工（EPC）/交钥匙工程合同条件（银皮书）。该合同条件适用于在交钥匙的基础上进行的工厂或其他类型的开发项目的实施。在交钥匙项目中，一般情况下业主基本不参与工作，承包商实施所有的设计、采购和建造工作，即在"交钥匙"时提供一个配套完整、可以运行的设施。

银皮书的适用条件为：

1）私人投资项目，如 BOT 项目（地下工程太多的工程除外）。

2）基础设施项目（如发电厂、公路、铁路、水坝等）或类似项目，业主提供资金并希望以固定价格的交钥匙方式来履行项目。

3）业主代表直接管理项目实施过程，采用较宽松的管理方式，但严格进行竣工试验和竣工后试验，以保证完工项目的质量。

4）由承包商承担全部设计和施工责任，但业主愿意为此多付出一定的费用，因为承包商在投标时肯定会加入较大的风险费。

5）一般为固定总价合同，没有价差调整。

（4）简明合同格式（绿皮书）。FIDIC 编委会编写绿皮书的宗旨在于使该合同范本适用于投资规模相对较小的民用和土木工程。例如：

1）造价在 500 000 美元以下以及工期在 6 个月以下。

2）工程相对简单，不需专业分包合同。

3）重复性工作。

4）施工周期短。

5）设计工作既可以是业主负责，也可以是承包商负责。

总体来讲，比较适合资本金额较小的工程项目，特别是较简单的、或重复性的、或工期短的工程。但是，根据工程的类型和所处的环境，有时该简明合同格式也可适用于投资金额相当大的工程。

该合同格式一般用于承包商按照业主或业主的代表提供的设计实施工程，同时，也可适用于部分或全部由承包商设计的土木、机械和/或输电工程。承包商根据业主或业主代表提供的图纸进行施工。当然，简明格式合同也适用于部分或全部由承包商设计的土木、电气、机械和建筑设计的项目。

在该合同条件中没有列入关于"工程师"的内容。实践证明，管理相对简单、投资金额小的项目，不一定要委任工程师，而且大部分情况下也不实用。在这类项目中，一般可由业主代表或业主进行项目管理。然而，如果业主希望委任一名独立的工程师，他也可以做出这种委任，但在合同专用条件中必须对其行为做出相应规定。

11.2 国际其他施工合同条件

11.2.1 NEC 合同条件

1. NEC 合同的产生

英国土木工程师学会（The Institution of Civil Engineers，ICE）是一个在土木工程建设合同方面具有高度权威的组织，是世界公认的资质评定组织及专业代表机构。它编制的土木工程建设"合同条款"修订出版多次，1999 年发行至第 7 版（1955 年出第 4 版，1973 年出第 5 版，1979 年出修订的第 5 版，1991 年出修订的第 6 版）。这个合同条款的标准格式通常被简称为"ICE 合同条款"。

1993 年 3 月，ICE 又正式出版了新工程合同——NEC（The New Engineering Contract）第 1 版，并在 1995 年出版了第 2 版。NEC 作为满足业主与承包商合作新形式的合同文本，其目的是尽可能规范化业主、承包商和工程师的职责，将风险分配给最有能力管理风险的一方。其适用于各类型工程，已在一些国家不同类型的工程中得到广泛使用，尤其是在英国及英联邦成员国得到了广泛的使用，获得了业主、承包商、工程咨询公司的好评。

2. NEC 合同的内容及结构

NEC 合同的特色是由不同功能、做成分册的一系列合同构成。NEC 系列合同包括：

（1）工程与施工合同（The Engineering and Construction Contract），用于业主和总承包商之间的主合同，也被用于总包管理的一揽子合同。

（2）工程与施工分包合同（The Engineering and Construction Sub-contract），用于承包商进行设计和建造的工程，适用于总承包商与分包商之间的合同。

（3）专业服务合同（The Professional Services Contract），用于业主与项目管理人、监理人、设计人、测量师、律师、社区关系咨询师等之间的合同。

（4）裁判者合同（The Adjudicator's Contract），用于指定裁判者解决任何 NEC 合同项下的争议的合同。

其中，工程与施工合同应用最广泛。工程与施工合同包括：

1）核心条款。分为 9 个部分，是所有合同共有的条款。

2）主要选项。针对 6 种不同的计价方式设置，任一特定的合同应该选择并且只应选择 1 个主要选项。

3）次要选项。含有多个次要选项，主要用于进一步确定合同管理的策略。在选定合同中当事人可根据需要选用部分条款或全部条款，或根本就不选用。

4）成本组成表。不随合同变化而变化的对成本组成项目进行全面定义，从而避免因计价方式不同、计量方式差异而导致的不确定性。

5）附录。用来完善合同，包括工程资料、场地资料、认可的施工进度计划、履约保函等和上述 1）～5）部分共同构成了一份完整的合同，其中 1）、2）、3）即通常所称的合同条件。核心条款分成 9 个部分：① 总则。② 承包商的义务。③ 工期。④ 检测与缺陷。⑤ 付款。⑥ 补偿事件。⑦ 所有权。⑧ 风险和保险。⑨ 争端和合同解除。无论选择何种计价方式，NEC 的核心条款均是通用的。

NEC 工程与施工合同规定了 6 种计价方式：

1）带分项工程表的报价合同。合同中的分项工程表是一个由承包商制定的、为实施合同工程所要施工的各分项工程的汇总表。当承包商对分项工程表报价后，每个分项工程的固定总价就是业主支付给承包商该项工程的款项。这些款项的总和就是承包商完成整个合同工程的价格，包括所有承包商要承担的价格风险和数量风险。

2）带工程量清单的报价合同。合同中的工程量清单是一份包括工作项目和数量的清单。投标人根据招标文件提供的资料以及承包商应承担的所有风险对工程各个工作项目进行报价。分项工程的总价固定，承包商承担价格风险，业主承担数量风险。

3）带分项工程量表的目标合同。按分项工程总价确定目标总价，价格风险和数量风险由双方按约分担。

4）带工程量清单的目标合同。按分项工程单价确定目标总价，数量风险由业主承担，价格风险由双方按约分担。

5）成本补偿合同。在这种合同中，承包商除了承担那些需要管理自己的雇员和资源的风险外，不再承担成本风险，因而承包商风险小，他们获取相对固定间接费而不关心实际成本的控制。

6）管理合同。在这种合同中，管理承包商与所有的分包商直接签订合同，管理承包商就他的费用以及他所估算的分包合同总价报价，分包合同的价格是作为实际成本支付给管理承包商的。管理承包商本人不必亲自施工，其风险也小。

以上计价方式的不同主要是因为考虑了设计的深度、工期的紧迫性、业主风险分担的意愿的不同。

3. NEC 合同的主要特点

（1）灵活性。灵活是 NEC 合同的最大特点，NEC 合同立足于工程实践，提供了目前所有正常使用的合同类型，既可在英国使用，也适合在其他国家使用，其灵活性特点主要表现在：

1）所有合同中使用的核心条款和 6 种主要计价方式，可使业主选择最适合某具体合同的付款机制。

2）次要选项与主要选项任意组合，如对通货膨胀的价格调整、保留金等。

3）承包商可能设计的范围是 10%～100%。

4）分包工作量可以在 0～100%范围内变化。

5）在合同条件中省略了特殊领域的特别条款和技术性条款，而将这些条款放入工程信息中。

（2）清晰和简洁。

1）使用简单语言和简短句子，避免使用很专业的法律术语，仅在保险部分保留了少量法律用语。

2）结构简单和条款编码系统合理，易于理解条款。

3）提供程序流程图。

4）条款数目少且相互独立。

5）尽量不使用模糊言辞，避免歧义，尤其是对参与各方的行为有准确的定义，以减少在谁做什么和如何做等方面的争议。

（3）促进良好管理。NEC 合同首先引入了"合伙合作"的管理思想，力图把业主与承包商的争端降到最低。它以促进良好的工程管理作为合同的重要目标，建立起了一种合作即收益、不合作即受罚的约束机制，使业主和承包商在问题产生伊始即为找出解决问题的路径而积极协作，而非互相指责对方的错误，以期通过索要额外付款而获利。该特点是通过以下几个方面来实现的：

1）允许业主确定最佳的计价方式。
2）鼓励当事人在合作管理中发挥自己最大的作用。
3）补偿事件的评估程序是基于对实际成本和工期的预测结果，业主能根据自己的兴趣选择解决途径，而承包商不在乎选择。
4）早期警告程序，承包商和项目经理都有责任互相警告和合作。

11.2.2　JCT 合同条件

1. JCT 合同条件的发展过程

JCT 合同条件是总价合同的标准文本。它是由英国工程承包界的权威机构"合同审定联合会"（The Joint Contract Tribunal，JCT）制定和发布的，这个机构的主要目的是制定并修订标准建筑施工合同。当前的 JCT 合同条件最新版本是 2005 年发表的第 7 版建筑工程标准合同条件——《JCT 2005》。

JCT 合同条件较 ICE 合同条件有更悠久的历史，它是英国第一部建筑业合同条件，于 1902 年由英国皇家建筑师学会（The Royal Institute of British Architects，RIBA）编写，被命名为《建筑合同条件标准格式》。由于它由皇家建筑师学会编制，所以最初被称为 RIBA 合同条件。

RIBA 合同条件的编制者，实际上是由 RIBA 牵头，包括许多组织，如英国皇家注册测量师学会（RICS）、英国咨询工程师协会、建筑业主联合会（Building Employers Confederation），以及地方当局负责人和分包商的代表。所有的参加者组成一个合同审定联合会（Joint Contract Tribunal，JCT），所以于 1963 年由"RIBA 合同条件"改名为"JCT 合同条件"。

JCT 先后发布了 7 版 JCT 合同范本，JCT 合同条件第 1 版于 1909 年发布；1931 年第 2 版；1939 年第 3 版；1963 年第 4 版；1980 年第 5 版；1998 年第 6 版以及 2005 年的最新版。第 6 版的全名为《JCT 1998 建筑合同》（The JCT 1998 Building Contract）。最新版是一系列合同范本，全名为《JCT 2005 Suite》，以下简称为《JCT 2005》。

从 JCT 合同内容来看，JCT 对"标准合同"的定义为："所有相互一致的合同文件组合，这些文本共同被使用，作为运作某一特定项目所必需的文件。"这些合同文本包括：顾问协议；业主与总承包商之间的主合同；总承包商与分包商之间的分包合同；分包商与次分包商之间的次分包合同；业主与专业设计师之间的设计协议；标书格式，用于业主对总承包商的招标、主承包商对分包商的招标，以及分包商对次分包商的招标；货物供应合同格式；保证金和抵押合同格式。

JCT 的工作是制作这些标准格式的组合，用于各种类型的工程承接。

2.《JCT 2005》的组成

《JCT 2005》是一整套由各种类型的合同构成的文本。其中包括各类合同 12 种，还包括 4 种协议和抵押担保。

(1) 小型工程建设合同。适用主体为私营和地方当局承包商。适用于工程性质简单，业主负责设计，业主提供图纸和/或规范和/或工作清单（足以从数量和质量方面对工程进行充分的定义），将由建筑师或合同管理者管理合同的情况。

(2) 中型工程建设合同。适用主体有私营和地方当局承包商，分段施工的工程，合同条款需要覆盖指定专业承包商。适用于待建工程内容简单，仅包含可识别的正常的基础工艺和技术，并且无须安装复杂的服务设备或建造复杂的专业工程；需要非常详细的合同条款，业主负责设计，并且将向承包商提供图纸、工程量清单、规范和工作清单，足以从数量和质量方面对工程进行充分的定义；将由建筑师或合同管理者和测量师共同管理合同的情况。

(3) 标准建设合同。适用主体有私营和地方当局承包商，负责工程部分独立部分设计的承包商，分段施工的工程。适用于大工程，需要详细的合同条款的情况。业主负责设计和详述工程，并且向承包商提供图纸、近似的工程量清单，从数量和质量方面对工程进行定义，但仍以重新测量的结果为准，因为时间不足以制作精确的工程量清单而准备详细的图纸。

(4) 设计建造合同。适用主体有分段施工的工程，私营和地方当局承包商。适用于准备并提供给承包商详细的合同条款和业主要求；承包商不仅要实施并完成工程，还要完成设计工作；业主雇用代理人（可能是一名外部顾问或雇员）来管理合同的情况。

(5) 大型工程施工合同。适用主体有分段施工的工程。适用于以下情况：大型工程，业主将定期采购的大规模的建设工作，被任命的承包商经验丰富并且可以承担在其他合同下施工所承担的更大的风险；每一方都有各自的详细程序并且限定程序只需要列明在合同条款中；业主准备好业主要求，并提供给承包商；承包商不仅要实施并完成工程，还要完成设计工作；业主雇佣其代表在合同下代表其行使权力和职能。

(6) JCT 构建卓越合同。适用主体有分段实施的工程，目标成本或总价合同。适用于以下情况：建设工程和相关设备的采购；在整个工程期使用供应链，包括专业性服务；参与者希望他们之间产生协作和综合性的工作；用于伙伴关系。

(7) 施工管理。适用主体有分段施工的工程。适用于以下情况：项目经理将代表业主管理项目；业主将要缔结一个直接单独的商务合同，将用到施工管理商务合同或其他特殊的商务合同。

(8) 建造管理合同。适用主体有分段施工的工程，私营和地方当局承包商。适用于以下情况：需要及早在现场开工的大规模项目，业主负责设计但无法在工程开工之时提供充分的设计方案，并且大部分需要专有系统和组件的详细设计过于尖端和新颖需要专业人员设计；业主将向管理承包商提供图纸和规范。

(9) 测量期合同。适用于以下情况：业主将经常性地维护工程和小型工程，交于一个单独的承包商在特定期间和特定合同下完成；工程将时不时地被要求基于某双方通过的费率表进行测量和估价。

(10) 主要成本建造合同。指出工程建设是在简要的规范和估算的成本的基础上实施的，承包商的收入分成两部分：一部分是合理的成本，另一部分是固定的利润或成本的合理百分比。

(11) 修复和维护合同。适用于以下情况：修复和维护建筑的工作；不会任命独立的合同管理者。

(12) 通用合同。适用主体有分段施工的子分包工程和/或分包工程；子分包合同依据调整后的分包合同或重新测量。适用于以下情况：主合同是 JCT 合同；工程的小的合同包或者一项内容简单、风险低的合同。

（13）框架协议。适用于一个单独的项目，要求符合公共采购规则。适用于以下情况：用于在一段时间内采购与建筑或工程相关的工程；用于客户与承包商和/或供应商之间；承包商、分包商和/或供应商用于在供应链中分包；同大多数标准建筑/工程的合同以及分包合同一起使用。

（14）施工前服务协议。适用于和业主签订施工前协议，但将专业分包商投标的好处分配给总承包商；私营和地方当局承包商。适用于以下情况：在涉入建设或安装工程的分包合同前，专业承包商针对重要部分和/或复杂项目向业主或预期的或正式的总承包商提供施工前服务；将采用的主合同是 JCT SBC、DB、MP、IC 或 ICD 合同，2005 年版。

（15）咨询协议。负责工程建设的公共部门的业主希望雇佣顾问来提供关于此工程的咨询服务。

（16）仲裁协议。任命仲裁员对发生于 JCT 合同下的争端进行仲裁。

（17）抵押担保。包括承包商对资助的抵押担保、承包商对采购或租赁的抵押担保、分包商对资助的抵押担保、分包商对采购或租赁的抵押担保和分包商对业主的抵押担保等。

11.2.3　AIA 合同条件

1. AIA 的合同范本概述

在美国，土木工程建设的规模和数量很大，除国内以外，还大量承包建设许多国外工程，在承包施工的合同和法规方面，美国实行多渠道的制定和管理办法，因此，制定施工合同和法规的部门很多，涉及土建工程承包施工的合同条件种类繁多，其中，在美国建筑业及国际工程承包界具有很高权威和信誉的是美国建筑师协会制定的 AIA 合同条件。美国建筑师协会（The American Institute of Architects，AIA）。AIA 作为建筑师的专业社团已经有近 140 年的历史，成员总数达 56 000 名，遍布美国及全世界。

AIA 参考最新法律变更，关注建筑实践发展动态，对合同范本不断丰富与完善，现在已有为各种工程项目管理模式专门制定的各种协议书格式。1911 年，AIA 首次出版了"建筑施工一般条件"（General Conditions of Construction），这也就是今天仍在使用的 A201 合同范本的第 1 版。AIA 合同范本以大约 10 年为周期进行修订。目前，AIA 系列合同范本的核心文件 A201 的最新版是 2007 年发布的第 15 版。传统上 AIA 合同范本以印刷方式出版，现在也以软件方式发售，使用者可以根据项目需要应用软件进行合同文件生成，方便使用和管理。

据最新的统计，除去已经废除或者更新的合同文本，AIA 编制的正在使用中的合同文本有 90 余个，这些文本几乎涵盖了各种承发包方式和建筑活动中所有的重要文书。按照 AIA 公布的官方标准，其出版的所有合同范本可以按照"系列"（series）和"族"（family）两种方式来进行分类。

按照"系列"（series）分类，即适用该合同范本的合同双方的关系进行分类，可分为 A、B、C、D、E、G 六个系列。

A 系列（Owner/Contractor Agreements），用于业主与承包商之间的标准协议书和合同条件，还包括承包商资格申报表，各类保证标准格式。

B 系列（Owner/Architect Agreements），用于业主与建筑师之间的标准协议书和合同条件，还包括专门用于建筑设计、室内装修工程等特定情况的标准合同文件。

C 系列（Other Agreements），用于建筑师与其他专业咨询人员之间的标准协议书和合同条件。

D 系列（Miscellaneous Documents），建筑师内部使用的文件。

E 系列（Exhibits），范例文件。

G 系列（Contract Administration and Project Management Forms），建筑师企业及项目管理中使用的各种表格和文件。

其中，E 系列是 AIA 于 2007 年最新加入的内容，现在 E 系列包含两个文件，即 E201—2007—电子数据协议范例和 E202—2008—建筑信息模型协议范例。AIA 主要系列标准合同文件如表 11-2 所示。

表 11-2 AIA 系列标准合同文件一览表

编 号	名 称
A101	业主与承包商协议书格式——总价
A101/CMa	业主与承包商协议书格式——总价——CMa
A105	业主与承包商协议书标准格式——用于小型项目
A205	施工合同一般条件——用于小型项目（与 A105 配售）
A107	业主与承包商协议书简要格式——总价——用于限定范围项目
A111	业主与承包商协议格式——成本补偿（可采用最大成本保证）
A121/CMc	业主与 CM 经理协议书格式（CM 经理负责施工），AGC565
1A131/CMc	业主与 CM 经理协议书格式（CM 经理负责施工）——成本补偿（无最大成本保证），AGC566
A171	业主与承包商协议书格式——总价——用于装饰工程
A177	业主与承包商协议书简要格式——总价——用于装饰工程
A181	业主与建筑师协议书标准格式——用于房屋服务
A188	业主与建筑师协议书标准格式——限定在房屋项目的建筑服务
A191	业主与设计——建造承包商协议
A201	施工合同通用条件
A201/CMa	施工合同通用条件——CMa 版
A271	施工合同通用条件——用于装饰工程
A401	承包商与分包商协议书标准格式
A491	设计——建造承包商与承包商协议
B141	业主与建筑师协议书标准格式
B151	业主与建筑师协议书简要格式
B155	业主与建筑师协议书标准格式——用于小型项目
B163	业主与建筑师协议书标准格式——用于指定服务
B171	业主与建筑师协议书标准格式——用于室内设计服务
B177	业主与建筑师协议书简要格式——用于室内设计服务
B352	建筑师的项目代表的责任、义务与权限
B727	业主与建筑师协议书标准格式——用于特殊服务
B801/CMa	业主与 CM 经理协议书标准格式——CMa
B901	设计——建造承包商与建筑师协议书标准格式
C141	建筑师与专业咨询人员协议书标准格式
C142	建筑师与专业咨询人员协议书简要格式
C727	建筑师与专业咨询人员协议书标准格式——用于特殊服务

按照"族"（family）分类，即该合同文本所适用的工程的类型或承发包模式，可分为10族。

第1族，适用于传统模式项目。

第2族，适用于咨询型建设管理项目（CMa）；

第3族，适用于承包型建设管理项目（CMc）；

第4族，适用于设计-建造项目（DB）；

第5族，适用于综合项目；

第6族，适用于内部装修项目；

第7族，适用于国际项目；

第8族，适用于小型项目；

第9族，数据常规文件；

第10族，合同管理和项目管理表格。

其中，第10族和按照第一种方式分类中的G系列的内容基本相同。

按照AIA官方的分类方式，AIA系列合同范本的核心文件——A201文件，分别属于A系列和第1族。

2．AIA合同范本的应用

最新的AIA合同范本可以分为10个"族"（family），每一"族"的AIA合同范本所包含的内容、适用的项目类型、本"族"的总体描述和项目的规模如表11-3所示。

表11-3 AIA合同范本的应用分类

族	所包含的文件	适用的项目类型	族的总体描述	适用的项目规模
传统族（A201）	A101, A102, A103, A107, A201, A401, A503, A701, B101, B102, B103, B104, B108, B144ARCH-CM, B181, B188, B201, B202, B203, B204, B205, B206, B207, B209, B210, B211, B214, B252, B253, B352, B503, B727, C101, C401, C727	适用于设计和施工被分为独立的合同的项目。其中施工也可以是一个或多个承包人	本族适用于传统的设计-招投标-施工的项目发包模式，是应用最为普遍和广泛的一族AIA合同文件	小型项目到大型项目
咨询型建设管理项目族（CMa）	A101CMa, A132, A201CMa, A232, A511CMa, A533, B132, B141CMa, B801CMa, C132, G701CMa, G702CMa, G704CMa, G714CMa, G722CMa, G723CMa, G732, G736, G737	适用于设计和施工阶段引入第四个主要项目参与方（除业主、承包商、建筑师之外）作为独立的建设管理的顾问的项目	理论上，建设管理顾问提高了项目从开始到结束的管理的专业性。这一模式保持了建设管理顾问的独立性和判断性，使其不受项目施工过程中实际劳动力和原材料的金钱利益的影响	小型到大型的公共、私人项目
承包型建设管理项目族（CMc）	A121CMc, A131CMc, A133, A134	当业主雇用一名项目建设经理，在完成项目施工的同时提供建设管理服务时，适合此族的AIA合同文件	承包商的功能和建设管理的功能被合并分配给一个实体——承包型项目承包商，他也许无法保证项目的最大价格，但他会通过与分包商的分包合同对工程的施工进行控制	小型到大型私营部门项目

307

续表

族	所包含的文件	适用的项目类型	族的总体描述	适用的项目规模
设计-建造项目族	A141, A142, A441, B142, B143, C441, G704DB	适用于采取设计-建造模式进行承发包的项目	业主与设计-建造承包商签订合同,设计-建造承包商负责项目的设计和施工。设计-建造承包商与建筑师和施工承包商根据需要签订合同	小型项目到大型项目
综合项目族(IPD)	过渡形式 A195, A295, B195 A195, A295, B195 多方协定 C191 C191 SPE协议 C195, C196, C197 C195, C196, C197	该族是一套利用设计和施工各个阶段的人才和项目的所有参与者的见解合作的项目执行方法	提供了3个阶段的综合项目执行协议。过渡形式是仿照现有的施工经理协定,提供了进入综合项目的第一步。多方协定是一个单独的协议,综合项目中的各方都可以依此来设计和施工单一目标实体(SPE)建立一个集规划、设计和施工为一身的有限责任公司,此协议可以在一个完全集成合作的进程中实现风险和回报的完全共享	大型私营部门的商业项目
内部装修项目族	A151, A251, A751, B152, B153	适用于家具设备采购及室内的装修设计和施工	内部装修项目的家具设备的采购合同是与设计合同分开的,这保证了建筑师的独立性不受家具设备采购的金钱利益的影响。这些文件并不适合诸如租户装修之类的施工工程,除了B171文件,该文件可以用作业主和建筑师关于家具设备和建筑内部设计的协议书	小型到大型租赁项目
国际项目族	B161, B162	国际项目族的文件供工作于美国之外项目的美国建筑师使用	由于美国建筑师通常在项目所在的国外地区没有得到认证,这些协议将他们定义为咨询专家,而不是建筑师	小型项目到大型项目
小型项目族	A105, B105	适用于设计简单、期限短(从设计开始到竣工不到一年)、工程环境单纯的项目	该系列适用于住宅项目,小型商业项目,或相对低成本的短期项目	小型项目
数据常规文件	C106, E201, E202	这些文件可用于任何涉及数字资料和建筑信息建模的项目	C106 为在前文未提及的数据提供了一个专利使用权转让协定;E201和E202提供了建立管理数字数据和建筑信息模型协议范本	小型项目到大型项目
合同管理与项目管理相关表单	A305, A310, A312, B305, D101, D200, G601, G602, G612, G701, G702, G703, G704, G705, G706, G706A, G707, G707A, G709, G710, G711, G712, G714, G715, G716, G801, G802, G803, G804, G806, G807, G808, G809, G810	适用于所有项目	这组表单包括资质声明、债务、资料要求、指令变更、施工指示变更、支付、证书	小型项目到大型项目

308

3. AIA 合同的主要特征

与现有其他标准合同文件相比，美国 AIA 合同具有如下特征：

（1）适用范围广，合同选择灵活。AIA 广泛被美国建筑业采用，是一套美国建筑业通用的文件。AIA 合同文件系列涵盖了所有项目采购方式的各种标准合同文件，内容涉及工程承包业的各个方面，并且形成了完整的体系。其主要包括业主与总承包商、业主与工程管理商（CM）、业主与设计商、业主与建筑师、总承包商与分包商等众多标准合同文本。这些标准合同文件适用于不同的项目采购方式和计价方式，为业主提供了充分的选择余地，适用范围广泛、灵活。

（2）对承包商的要求非常细致。合同文件中关于承包商职责的条款很多，要求非常细致，对承包商的要求有 20 多条，如合同中规定业主代表要对项目的实施进行检查和验收，但通过检查和验收并不等于免除了承包商的责任。

（3）对业主提出了严格要求。如 AIA 合同范本明确规定业主应在开工之前按照承包商的书面要求向承包商提供一份合理证明其支付能力的资料，并且业主须向承包商提供现场勘查的报告并保证其准确性。

（4）适用法律范围较为复杂。美国是一个联邦国家，各州均有独立立法权和司法权，因此，AIA 合同条件中均有适用法律的有关条款，法律关系较为复杂，但是为了减少争端，一般选择适用于项目所在地法律。因此，虽然 AIA 合同在美国之外的北美地区和拉丁美洲地区已经得到广泛使用，但是由于其对美国法律的依赖性限制了其在其他地区的使用。

（5）语言简练、清晰，方便用户使用。从语言上来讲，因为合同范本编制是为了在实际项目中的应用，因此，语言尽可能简练清晰，方便用户使用。AIA 合同范本中充分利用多达四级（一般为三级）的小标题将各项规定充分细化，往往一个小标题下只有一句话，非常简洁明确。

复习思考题

1. 1999 年版 FIDIC 合同条件改版原由是什么？
2. FIDIC《施工合同条件》的适用条件有哪些？
3. FIDIC《生产设备与设计-建造合同条件》的适用条件有哪些？
4. FIDIC《设计采购施工（EPC）/交钥匙工程合同条件》的适用条件有哪些？
5. 简述 FIDIC《简明合同格式》的应用范围。
6. 简述 NEC 合同的内容及结构。
7. NEC 合同的主要特点是什么？
8. 《JCT 2005》包括哪些类型的合同文本？
9. 简述 AIA 的合同结构。
10. AIA 合同的主要特征有哪些？

第12章
FIDIC《施工合同条件》

引导案例

小浪底工程 FIDIC 合同管理探索

小浪底水利枢纽工程位于黄河干流，主要由大坝、泄洪系统和引水发电系统组成。该水利项目实行的是业主负责制、建设监理制及招标投标制，并在项目管理过程中按照 FIDIC 土木工程施工合同条件实施严格的合同管理。小浪底工程总概算为 347.24 亿元，国外贷款 11.09 亿美元。2001 年年底小浪底主体工程已全部按计划完工，其中三个土建国际标比原合同工期分别提前 7~13 个月。

2002 年 6 月，小浪底工程水土保持设施顺利通过国家组织的专项验收，2002 年 9 月，小浪底工程环境保护通过了由国家环保总局组织的环境专项验收。工程顺利通过蓄水安全鉴定，工程质量总体优良。通过招标和严格合同管理等手段，以及外汇汇率和物价等因素，工程投资完全控制在概算范围内，并有较大的节余。小浪底特色国际工程管理模式，丰富了 FIDIC 合同的内涵。被世界银行誉为该行与发展中国家合作项目的典范，在国内外赢得了广泛赞誉。

按照 FIDIC 合同管理的过程，在诸多方面都有 FIDIC 合同管理的成功实践。FIDIC 合同管理使得当地费用调整方面既减轻了工作量，便于管理，又能使善于采购的承包商增加收益；根据 FIDIC 的规定，一旦出现原合同范围以外的工作、且是非承包商原因造成的延误，则工程师应该授予承包商延期，赶工则必须基于业主和承包商双方事先达成的协议；在工程分包方面，FIDIC 合同条件下 OTFF 的引入是成功的。实践证明，在 FIDIC 条件下，面对合同观念很强的国际承包商，如果合同问题处理得不好，那么很难保证工程的顺利进行。遵守合同是处理一切问题、保证工程顺利进行的前提。这一方式不但为承包商接受，也得到了业主的咨询专家和世界银行专家的肯定。

12.1 FIDIC《施工合同条件》简介

FIDIC 1999 年版《施工合同条件》（新红皮书）主要包含三个部分：《协议书》（Agreement）、《通用条件》（General Conditions）和《专用条件》（Particular Conditions）。

12.1.1 协议书

合同协议书（Contract Agreement），简称协议书，是指在招标完成后业主同接收中标函（Letter of Acceptance）的一方（签署完协议书就是承包商的一方），按照《专用条件》所附的格式双方签字的法律性标准化文件。该文件一经签署，施工合同（意指后面的"合同文件"）就成立。因此，可以说协议书是确定双方具有合同关系的书面文件，它具有很高的法律效力。

《通用条件》1.6 规定：双方应在承包商收到中标函后 28 天内签订合同协议书，合同协议书应以专用条件所附格式为基础。为签订合同协议书的印花税和类似费用由业主承担。

12.1.2 通用条件

通用条件（General Conditions）具有很强的通用性，其含义是工程建设项目只要是属于土木工程类施工均可适用，如工业民用建筑、水电工程、公路、桥梁及铁路等。

《通用条件》的内容涉及工程项目施工阶段业主和承包商各方的权利和义务，工程师的权力和职责；各种可能预见事件发生后的责任界限；合同正常履行过程中各方应遵循的工作程序；因意外事件而使合同被迫终止时各方应遵循的工作准则等。《通用条件》内的相关条款之间，既相互联系起到补充作用，又互为制约起到保证作用。条款的分布是按性质分类，而不是按某一具体问题的处理分类的，因此，在解决施工中某一具体问题时，往往要引用排序间断的若干条款。

在签订合同过程中，通用条件是一份完整的文件，它不需要双方在其中填写任何内容。如果业主与承包商双方协商一致需要对通用条件中的内容进行修改或补充，修改或补充的内容是通过《专用条件》来实现的。

新红皮书的《通用条件》，相对于红皮书第 4 版的《通用条件》在合同结构和条款内容上都做出了较大修订。红皮书第 4 版的《通用条件》共有 72 条 194 款，新红皮书的《通用条件》归类合并形成 20 条 163 款。

1. 一般规定（General Provisions）：1.1 定义；1.2 解释；1.3 通信交流；1.4 法律和语言；1.5 文件优先次序；1.6 合同协议书；1.7 权益转让；1.8 文件的照管和提供；1.9 延误的图纸或指示；1.10 业主使用承包商文件；1.11 承包商使用业主文件；1.12 保密事项；1.13 遵守法律；1.14 共同的和各自的责任。

2. 业主（Employer）：2.1 现场进入权；2.2 许可、执照或批准；2.3 业主人员；2.4 业主的资金安排；2.5 业主的索赔。

3. 工程师（Engineer）：3.1 工程师的任务和权力；3.2 由工程师付托；3.3 工程师的指示；3.4 工程师的替换；3.5 确定。

4. 承包商（Contractor）：4.1 承包商的一般义务；4.2 履约担保；4.3 承包商代表；4.4 分包商；4.5 分包合同权益的转让；4.6 合作；4.7 放线；4.8 安全程序；4.9 质量保证；4.10 现场数据；4.11 中标合同金额的充分性；4.12 不可预见的物质条件；4.13 道路通行权和设施；4.14 避免干扰；4.15 进场通路；4.16 货物运输；4.17 承包商设备；4.18 环境保护；4.19 电、水和燃气；4.20 业主设备和免费供应的材料；4.21 进度报告；4.22 现场保安；4.23 承包商的现场作业；4.24 化石。

5. 指定分包商（Nominated Subcontractors）：5.1 "指定的分包商"的定义；5.2 反对指定；5.3 对指定的分包商付款；5.4 付款证据。

6. 员工（Staff and Labour）：6.1 员工的雇用；6.2 工资标准和劳动条件；6.3 为业主服务的人员；6.4 劳动法；6.5 工作时间；6.6 为员工提供设施；6.7 健康和安全；6.8 承包商的监督；6.9 承包商人员；6.10 承包商人员和设备的记录；6.11 无序行为。

7. 生产设备、材料和工艺（Plant, Materials and Workmanship）：7.1 实施方法；7.2 样品；7.3 检验；7.4 试验；7.5 拒收；7.6 修补工作；7.7 生产设备和材料的所有权；7.8 土地（矿区）使用费。

8. 开工、延误和暂停（Commencement, Delays and Suspension）：8.1 工程的开工；8.2 竣工时间；8.3 进度计划；8.4 竣工时间的延长；8.5 当局造成的延误；8.6 工程进度；8.7 误期损害赔偿费；8.8 暂时停工；8.9 暂停的后果；8.10 暂停时对生产设备和材料的付款；8.11 拖长的暂停；8.12 复工。

9. 竣工试验（Test on Completion）：9.1 承包商的义务；9.2 延误的试验；9.3 重新试验；9.4 未能通过竣工试验。

10. 业主的接收（Employer's Taking Over）：10.1 工程和分项工程的接收；10.2 部分工程的接收；10.3 对竣工试验的干扰；10.4 需要复原的地表。

11. 缺陷责任（Defects Liability）：11.1 完成扫尾工作和修补缺陷；11.2 修补缺陷费用；11.3 缺陷通知期限的延长；11.4 未能修补缺陷；11.5 移出有缺陷的工程；11.6 进一步试验；11.7 进入权；11.8 承包商调查；11.9 履约证书；11.10 未履行的义务；11.11 现场清理。

12. 测量和估价（Measurement and Evaluation）：12.1 需测量的工程；12.2 测量方法；12.3 估价；12.4 删减。

13. 变更和调整（Variations and Adjustments）：13.1 变更权；13.2 价值工程；13.3 变更程序；13.4 以适用货币支付；13.5 暂列金额；13.6 计日工作；13.7 因法律改变的调整；13.8 因成本改变的调整。

14. 合同价格和付款（Contract Price and Payment）：14.1 合同价格；14.2 预付款；14.3 期中付款证书的申请；14.4 付款计划表；14.5 拟用于工程的生产设备和材料；14.6 期中付款证书的颁发；14.7 付款；14.8 延误的付款；14.9 保留金的支付；14.10 竣工报表；14.11 最终付款证书的申请；14.12 结清证明；14.13 最终付款证书的颁发；14.14

业主责任的中止；14.15　支付的货币。

15. 由业主终止（Termination by Employer）：15.1　通知改正；15.2　由业主终止；15.3　终止日期时的估价；15.4　终止后的付款；15.5　业主终止的权利。

16. 由承包商暂停和终止（Suspension and Termination by Contractor）：16.1　承包商暂停工作的权利；16.2　由承包商终止；16.3　停止工作和承包商设备的撤离；16.4　终止时的付款。

17. 风险与职责（Risk and Responsibility）：17.1　保障；17.2　承包商对工程的照管；17.3　业主的风险；17.4　业主风险的后果；17.5　知识产权和工业产权；17.6　责任限度。

18. 保险（Insurance）：18.1　有关保险的一般要求；18.2　工程和承包商设备的保险；18.3　人身伤害和财产损害保险；18.4　承包商人员的保险。

19. 不可抗力（Force Majeure）：19.1　不可抗力的定义；19.2　不可抗力的通知；19.3　将延误减至最小的义务；19.4　不可抗力的后果；19.5　不可抗力影响分包商；19.6　自主选择终止、付款和解除；19.7　根据法律解除履约。

20. 索赔、争端和仲裁（Claim，Disputes and Arbitration）：20.1　承包商的索赔；20.2　争端裁决委员会的任命；20.3　未能就争端裁决委员会达成协议；20.4　取得争端裁决委员会的决定；20.5　友好解决；20.6　仲裁；20.7　未能遵守争端裁决委员会的决定；20.8　争端裁决委员会任命期满。

12.1.3　专用条件

专用条件是相对于通用条件而言的，要根据准备实施的项目的工程专业特点，以及工程所在地的政治、经济、法律、自然条件等地域特点，针对通用条件中条款的规定加以具体化。可以对通用条件中的规定进行相应的补充完善、修订或取代其中的某些内容，以及增补通用条件中没有规定的条款，使通用条件和专用条件一起实现业主和承包商双方一致的意愿。

正因为专用条件是对通用条件的修改、补充和完善，所以专用条件的文件格式比较特殊，它的条款顺序号同通用条件的顺序号相对应，但专用条件的条款序号不必依次排列，应视通用条件中的条款内容是否需要修改、补充和完善，而决定相应序号的专用条款是否存在。如果通用条件内的某一条款内容完备、适用，专用条件内可不再重复列此条款。

例如，《通用条件》6.5"工作时间"规定：（一般情况下）在当地公认的休息日或投标书附录中规定的正常工作时间之外，不应该在现场工作。如果业主和承包商之间对此没有意见，则《专用条件》中就没有相应的6.5，但如果双方认为工程的工期紧张而不需要休息日，则《专用条件》中就有6.5以达到将《通用条件》6.5删除的作用。

12.1.4　施工合同文件的优先次序

合同文件（Contract Documents）是指签署合同后，当事人双方必须遵照执行的全部文件。通常，合同文本必定是合同文件，但是往往合同文件还要包括其他对业主、承包商都有约束力的文件。FIDIC 合同条件规定，构成合同的这些文件应该是互相说明、互相补充的，但由于这些文件不是同一时间形成的，有时会存在不一致的地方或含义不清的情况，甚至各条款之间可能发生相互抵触的情况。此时工程师要根据文件的优先次序予以解释。

为了解释的目的，新红皮书在《通用条件》第 1.5 款中规定，构成本合同的文件的优先次序如下：

（1）合同协议书。

（2）中标函（Letter of Acceptance）。业主对投标文件签署的正式接受函，包括其后所附的备忘录(由合同各方达成并签订的协议构成)。在没有此中标函的情况下，"中标函"一词就指合同协议书，颁发或接收中标函的日期就指双方签订合同协议书的日期。

（3）投标函（the Letter of Tender）。名称为投标函的文件，由承包商填写，包括已签字的对业主的工程报价。

（4）专用条件。

（5）通用条件。

（6）规范（the Specification）。合同中名称为规范的文件，以及根据合同规定对规范的增加和修改。此文件具体描述了工程。

（7）图纸（the Drawings）。合同中规定的工程图纸，以及由业主(或代表)根据合同颁发的对图纸的增加和修改。

（8）资料表（the Schedules）和构成合同组成部分的其他文件。此文件包括：①资料表——由承包商填写并随投标函一起提交的文件，包括工程量表、数据、列表及费率/单价表等。②构成合同一部分的其他文件——在合同协议书或中标函中列明范围的文件（包括合同履行过程中构成对双方有约束力的文件）。

如果文件中发现有歧义或不一致，工程师应发出必要的澄清或指示。

凡是有经验的投标商，在提交投标书的同时，会同时附上一份说明书，并声明说明书是投标书的组成部分。若投标书的内容与说明书有出入时，以说明书的为准。说明书主要包括了编制投标书的依据和对一些重大问题的说明和澄清，以及承包商为保护自己的利益提出的一些适当程度的限制性条件。当业主发给承办商中标函，就以书面的形式认定了承办商提出的要求，说明书已被业主所接受，成为施工合同条件的组成部分。

应用案例 12-1　合同优先原则

某工程公司在承包一项目中有混凝土裂缝修补的工作，工程数量单中规定应该使用纤维增强表面涂层封闭法进行混凝土裂缝修补，但是在技术规范中写明这项工作用填充密封法。施工过程中，业主与承包商在用何种方法进行混凝土裂缝修补上发生了分歧，业主认为填充密闭法需要凿开影响美观及使用功能，因此要求承包商使用合同数量单中的方法完成这项工作。但是根据施工合同第 1 章第 1 节第 1.5 款（文件的优先次序）规定，技术规范制约着工程数量单中的描述，应该按照技术规范的要求施工，因此承包商采用填充密闭法进行混凝土裂缝修补属于正常履约。

12.1.5 主要事项的典型顺序

新红皮书将合同条件中要发生的主要事件,按照时间顺序,用图形的形式表示出来,这样对于了解施工合同的整个履行过程很有帮助。这些主要事件的顺序如图 12-1 所示。

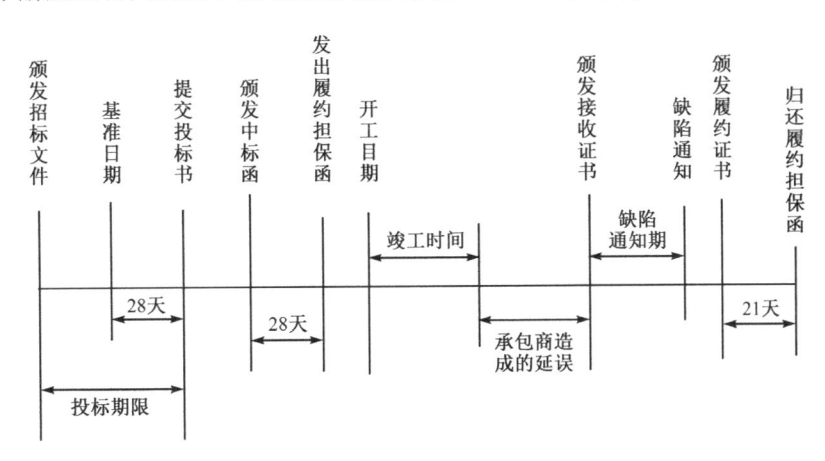

图 12-1 新红皮书中涉及的主要事件之间的时间关系

1. 基准日期

"基准日期"(Base Date)是指递交投标书截止前 28 天的日期。这个日期在合同条件的老版本中就存在,但在新版本中给其冠上了"基准日期"的名称,可以说这是 FIDIC 文件中出现的一个新定义。实际上,世界银行多年前就开始在其编制的工程采购(招标)文件范本中使用"基准日期"这一术语,而且与 FIDIC 的定义相同。

基准日期是作为判定某种风险是否属于承包商在投标阶段所应考虑到的分界日,如果事件或情况发生在该日期前,就是承包商应该承担的,即使其导致了承包商施工成本增加,承包商也无法要求业主补偿;如果事件或情况发生在该日期之后,其结果导致承包商施工成本的增加,则业主应该予以补偿。

2. 开工日期

一般情况下,开工日期应在承包商接到中标函后的 42 天内。但工程师应在不少于 7 天前向承包商发出"开工日期"的通知,该通知书上写明的日期就是"开工日期"(Commencement Date),承包商应在开工日期后尽早地开始施工,并保证施工进程能够不间断地进行下去。工程师发出的这个写着开工日期的通知书,就是国内所说的"开工令"。

"开工日期"是一个十分重要的日期,是计算工期的起始点。从"开工日期"起到"接收证书"中注明的竣工日期止的时间段,为承包商实际施工的时间,实际施工时间与下述"竣工时间"对比就可以判定承包商是否延误竣工。

3. 竣工时间

竣工时间(Time for Completion)实际上就是国内合同中所说的"合同工期"。承包商应当在工程或者分项工程的竣工时间内，完成整个工程和每个分项工程。

竣工时间首先由招标文件规定，然后写在投标书附录中。但是在合同履行过程中，实际的竣工时间还要加上因各种因素引起的承包商通过索赔所获得的工期的补偿。所以，实际竣工时间就是从开工日期起，经过投标书附录中规定的时间加上应补偿给承包商的时间后的那个日期。

4. 竣工检验

这是业主方为了检验工程的质量而在工程基本竣工时进行的一种检验。当承包商认为他能够完成施工任务并准备好工程竣工所必需的报送资料后，应提前21天通知工程师某一个确定的日期，说明在该日期后已准备好进行竣工检验（Tests on Completion）。除非另有商定，此类检验应在该日期后14天内于工程师指示的某日或数日内进行。在考虑竣工检验结果时，工程师应考虑到因业主对工程的任何使用而对工程的性能或其他特性所产生的影响。一旦工程或某一区段通过了竣工检验，承包商应向工程师提交一份有关此类检验结果并经证明的报告。

如果工程未能通过竣工检验，在承包商对缺陷进行返工后，工程师要在相同的条件下再进行竣工试验——重新检验（Retesting）。

如果在上述重新检验中还是没有通过，即未能通过竣工检验（Failure to Pass Tests on Completion），此时工程师有权选择下面任何一种处理方法：

（1）再重复一次竣工检验。

（2）颁发一份接收证书（如果业主同意），折价接收该部分工程，合同价格应按照可以适当弥补由于此类失误而给业主造成的减少的价值数额予以扣减。

（3）如果由于该工程缺陷致使业主基本上无法享用该工程或区段所带来的全部利益，拒收整个工程或区段（视情况而定）。在此情况下，承包商应赔偿业主为该工程所支付的全部费用，包括融资费用，以及拆除工程、清理现场和将永久设备和材料退还给承包商所支付的费用。

5. 颁发接受证书

接收证书指的是业主在接收工程之后颁发给承包商的一个证书，以证明工程按照合同已经实质性竣工。

工程通过竣工检验达到了合同规定的"基本竣工"要求后，承包商在他认为可以完成移交工作后，可以提前不少于14天向工程师发出申请接收证书（Taking-Over Certificate）的通知（分步移交的工程也同样进行）。

基本竣工是指工程已通过竣工检验，能够按照预定目的交给业主占用或使用，而非完成了合同规定的包括扫尾、清理施工现场及不影响工程使用的某些次要部位缺陷修复工作后的最终竣工，剩余工作允许承包商在缺陷通知期内继续完成。这样规定有助于准确判定承包商是否按合同规定的工期完成施工义务，也有利于业主尽早使用或占有工程，及时发挥工程效益。

工程师在接到承包商申请通知后的 28 天内，如果认为已满足竣工条件，即可向承包商颁发工程接收证书；若不满意，则应书面通知承包商，指出还需完成哪些工作后才达到基本竣工条件。若在 28 天期限内工程师既未颁发接收证书也未驳回承包商的申请，而当工程或区段（视情况而定）基本符合合同要求时，应视为在上述期限内的最后一天已经颁发了接收证书。

颁发接收证书后只是工程交给业主，业主可以使用了，但工程并没有全部完工，承包商还有工作要完成。所以接收证书中要注明：

（1）根据合同规定，工程竣工的日期。

（2）通过竣工检验的工程中还存在的缺陷。承包商必须在后续的时间里对这些缺陷进行修补。

（3）不影响工程使用的、没有完成的任何少量收尾工作。该工作承包商也必须在后续的时间里继续完成。

接收证书的颁发日期是工程照管责任的分界日期，此前工程由承包商照管，此后归业主照管。接收证书中注明的竣工日期，是施工期和缺陷通知期的分界点，此日期后，工程进入缺陷通知期。

如果合同约定工程不同区段有不同竣工日期时，每完成一个区段均应按上述程序颁发部分工程的接收证书。

6．缺陷通知期

缺陷通知期（Defects Notification Period），就是承包商对工程存在的缺陷要承担修补责任的期限，即自工程接收证书中写明的竣工日开始，至工程师颁发履约证书为止的日历天数。缺陷通知期相当于我国工程界常说的维修期或质量保证期，但该时间一般比国内的保修期要短。

尽管工程移交前进行了竣工检验，但只是证明承包商的施工工艺达到了合同规定的标准，设置缺陷通知期的目的是考验工程在动态运行条件下是否达到了合同中技术规范的要求。因此，从开工之日起至颁发履约证书日止，承包商要对工程的施工质量负责。合同工程的缺陷通知期及分阶段移交工程的缺陷通知期，应在专用条件内具体约定。次要部位工程通常为半年；主要工程及设备大多为一年；个别重要设备也可以约定为一年半。

《通用条件》规定，在接收之后，当存在的缺陷使工程、分项工程或者主要永久设备不能达到原定的使用目的，业主可以要求将该工程相应的缺陷通知期延长，但延长期最多不超过 2 年。

工程师在缺陷通知期内可就以下事项向承包商发布指示：

（1）将不符合合同规定的永久设备或材料从现场移走并替换。

（2）将不符合合同规定的工程拆除并重建。

（3）实施任何因保护工程安全而需要进行的紧急工作。不论事件起因于事故、不可预见事件还是其他事件。

7. 颁发履约证书

履约证书（Performance Certificate）是承包商已按合同规定完成全部施工义务的证明。因此该证书颁发后工程师就无权再指示承包商进行任何施工工作，承包商即可办理最终结算手续。

履约证书由工程师在最后一个缺陷通知期期满日期后28天内向承包商颁发，或在承包商已提供了全部承包商的文件并完成和检验了所有工程，包括修补了所有缺陷的日期之后尽快颁发。还应向业主提交一份履约证书的副本。缺陷通知期满时，如果工程师认为还存在影响工程运行或使用的较大缺陷，可以延长缺陷通知期，推迟颁发证书，但缺陷通知期的延长不应超过竣工日后的2年。

直到工程师向承包商颁发履约证书，注明承包商完成合同规定的各项义务的日期后，承包商才真正地完成施工任务，但此时仅意味着承包商与合同有关的实际义务已经完成，而合同尚未终止，剩余的双方合同义务只限于财务和管理方面的内容。

业主在收到履约证书副本后21天内，将履约担保退还承包商。

12.2 FIDIC《施工合同条件》中各方的权利和义务

12.2.1 业主的权利与义务

1. 业主的权利

《通用条件》中没有专门明确说明业主权利的条款，业主权利散布在《通用条件》的条款中。

业主的权利主要有：有权指定分包商；有权决定工程暂停或复工；在承包商违约时，业主有权接管工程或没收保证金；有权决定在一定的幅度内增减工程量；有权拒绝承包商分包或转让工程。

对于索赔、合同转让、仲裁等是每种合同主体都必然具有的权利，在此不专门说明。归纳起来业主的一些主要权利，如表12-1所示。

表12-1 业主的权利

序号	权利类型	对应款号	说明
1	使用承包商的文件	1.10	业主为了工程的目的，可以无限期地、可转让地、不排他地、免版税地，复制、使用和传送由承包商完成的文件
2	要求承包商转让分包合同	4.5	如果分包商的义务延伸到有关"缺陷通知期"的期满日期以后，工程师在该日期前，指示承包商将此类义务的权益转让给业主时，承包商应照办。除非在转让中另有规定，在转让生效后，承包商对分包商实施的工作不应再对业主负责
		4.4（d）	当分包合同遇到"由业主终止"的规定而导致终止时，承包商必须将分包合同转让给业主

续表

序号	权利类型	对应款号	说　明
3	由业主终止合同	15.2	① 未按合同规定的要求提交"履约担保",且未能按照工程师的要求予以改正 ② 放弃工程,或明确表示不继续按照合同履行其义务的意向 ③ 未能按照合同约定的"开工日期"进行开工,或当工程师发出"拒收"或者"修补工作"的通知,在其后的 28 天内未能遵守工程师的通知要求 ④ 将整个工程分包出去,或将合同转让他人 ⑤ 破产或无力偿还债务 ⑥ 为了与合同相关的任何利益,直接或间接地向任何人付给或企图付给任何贿赂、礼品、赏金、回扣或其他贵重物品 在出现任何上述事件或情况后,业主可提前 14 天向承包商发出通知,终止合同,并要求其离开现场,而且如果出现的是上述 ⑤ 或 ⑥ 任一种情况,业主可以发出通知立即终止合同

2. 业主的义务

同样,《通用条件》中并没有完整的一条或一款来规定业主的义务,其义务也是散落在一些相关的条款中。

业主的义务主要有:向承包商提供完整、准确、可靠的信息资料和图纸,并对这些资料的准确性负完全的责任;承担由业主风险所产生的损失或损坏;确保承包商免于承担属于承包商义务以外情况的一切索赔、诉讼、损害赔偿费及其他费用;按时支付承包商应得的款项;为承包商办理各种许可,如现场占用许可、道路通行许可、材料设备进口许可等;承担在工程所在国发生的特殊风险;承担因后继法规所导致的工程费用增加额。

对于业主在合理的时间内应向承包商提供图纸、移交现场和支付工程款,以及工程中需要的保密事项等义务是必然而又浅显的,这里不再赘述,仅将一些业主比较"特别"的义务做一归纳,如表 12-2 所示。

表 12-2　业主的义务

序号	义务类型	对应款号	说　明
1	知识产权和工业产权	17.5	"侵权"是指侵犯(或被指称侵犯)与"工程"有关的任何专利权、已登记的设计、版权、商标、商号、商品名称、商业机密或其他知识产权或工业产权。因承包商按照合同的要求完成工程施工不可避免要出现的一些结果时,业主应保障并保持承包商免受因此而提出的指称侵权的任何索赔引起的伤害
2	资金安排证明	2.4	业主在收到承包商的任何要求 28 天内,提供其已经做好并将维持下去的资金安排的合理证明。如果业主想要对其资金安排做出任何重要改变,应将改变的详细情况通知承包商
3	办理"许可、执照或批准"	1.13	业主应已经为"永久工程"取得规划、区域规划或类似的许可,业主应保障并保持承包商免受其未能完成此类许可而带来的伤害
		2.2	业主应根据承包商的要求,取得与合同有关的而又不容易得到的工程所在国的法律文本;当承包商运送货物或者其设备运离现场出口时,业主应协助承包商申办工程所在国法律要求的许可、执照或批准

319

续表

序号	义务类型	对应款号	说明
4	承担风险	17.3	业主应承担政治、社会、污染及外力等方面的风险 ① 战争、敌对行动（不论宣战与否）、入侵、外敌行动 ② 工程所在国内的叛乱、恐怖活动、革命、暴动、军事政变、篡夺政权或内战 ③ 暴乱、骚乱或混乱，完全局限于承包商的人员以及承包商和分包商的其他雇用人员中间的事件除外 ④ 工程所在国的军火、爆炸性物质、离子辐射或放射性污染，由于承包商使用此类军火、爆炸性物质、辐射或放射性活动的情况除外 ⑤ 以音速或超音速飞行的飞机或其他飞行装置产生的压力波 ⑥ 业主使用或占用永久工程的任何部分，合同中另有规定的除外 ⑦ 因工程任何部分设计不当而造成的，而此类设计是由业主的人员提供的，或是由业主所负责的其他人员提供的 ⑧ 一个有经验的承包商不可预见且无法合理防范的自然力的作用
5	政策和法令变化对工程成本的影响	13.7	工程所在国的政策、法令是承包商投标时制定报价的依据，如果在"基准日"后出现影响承包商施工成本的某些变更，如限制进口、税收政策等变化，均会导致承包商实际施工成本的变化。这些变化当然是一个有经验的承包商无法预测和防范的，所以此类情况导致的成本变化也应该由业主承担
6	不可预见的物质条件	4.12	"不可预见的物质条件"（Unforeseeable Physical Conditions），是指承包商在现场施工时遇到的自然物质条件和人为的以及其他物质障碍和污染物 出现不可预见的物质条件后，承包商要尽快通知工程师并说明不可预见的理由，经工程师检验核实后，如果该条件导致承包商施工费用的增加和时间的延长，业主应给予承包商相应的补偿
7	不可抗力	19.1	出现不可抗力后，承包商要及时通知工程师，并采取措施努力使其对合同所造成的损失减至最小。针对承包商因不可抗力而提出的补偿要求，业主有义务予以满足

12.2.2 承包商的权利与义务

承包商与业主是施工合同主体的双方，一般来说，合同中双方的权利与义务基本上是颠倒过来的，即业主的权利基本上就是承包商的义务。下面要介绍的承包商的权利与义务，并不是前述业主权利义务的类似，而是一些比较特别一点的承包商权利义务。

同业主的权利义务一样，FIDIC《施工合同通用条件》中除第 4.1 款"承包商的一般义务"（Contractor's General Obligations）和第 16.1 款"承包商暂停工作的权利"（Contractor's Entitlement to Suspend Work）是明确指出权利义务外，再没有条或款以权利义务这样的标题出现，所以这里所讲的权利义务，也是根据条款内容而特别列出的。

1. 承包商的权利

承包商的权利有很多。例如，进入施工现场的"现场进入"权，完成工程后获得工程款权，非自身原因导致损失时的索赔权等是一个主体应该享有的权利，这些权利都是非常明确而又容易理解的，在此就不介绍了。承包商比较特别的一些权利，如表 12-3 所示。

表 12-3 承包商的权利

序号	权利类型	对应款号	说　明
1	反对"指定"	5.2	指定分包商是由业主或工程师选择的、却与承包商签订合同的分包商 对于承包商尽快向工程师发出通知，提出有依据的、合理异议的指定的分包商，承包商有权不雇用。如果因为（但不限于）下述任何事宜而反对，则该反对应被认为是合理的： ① 有理由相信分包商没有足够的能力、资源或资金实力 ② 分包合同未规定指定分包商应保障承包商免于承担由分包商、其代理人、雇员的任何疏忽或对货物的错误操作的责任 ③ 分包合同未规定指定分包商所分包工程，指定分包商应承担自己的责任和义务并且保障承包商免于承担由于指定分包商未履行责任导致的后果
2	暂停工作	16.1	当工程师没有按照合同约定签发付款证书，或者业主未能按照约定支付工程款，或者业主没有能够履行"业主的资金安排"的义务时，承包商可以通知业主，其将在 21 天后暂停工作或者放慢工作速度。因上述原因，使承包商遭受延误或者增加了费用，承包商有权向工程师提出索赔要求
3	由承包商终止合同	16.2	① 承包商在没有收到"业主的资金安排"的通知发出后的 42 天内，仍未收到合理的证明 ② 工程师在收到承包商提交的工程款"报表"和证明文件后，未能在 56 天内签发有关的付款证书 ③ 按照合同规定的付款时间到期后的 42 天内，承包商仍未收到"期中付款证书"中的应付款额 ④ 业主未能按照合同履行其义务 ⑤ 业主没有遵守合同中关于"合同协议书"或"权益转让"的规定 ⑥ 暂停施工超过 84 天，并且停工影响到整个工程 ⑦ 业主破产或无力偿债 在上述任何事件或情况下，承包商可以通知业主，14 天后终止合同，而且在 ⑥ 或 ⑦ 任一种情况下，发出通知后合同可以立即终止

应用案例 12-2

我国一家公司中标承包某国的一个饭店工程，中标合同价为 259.23 万美元，工期为 130 周，合同文件采用 FIDIC 标准合同格式，业主决定把暖气和供热工程交给自己指定的分包商，要求承包商与其洽谈并签订分包合同。承包商经过与该分包商数次会谈，在费用和工期方面难以达成一致，因此拒绝同其签订分包合同，但业主认为该分包商在供热方面具有比较丰富的经验而坚持选用。项目实施过程中，因该分包商破产而不得不被更换，我国公司就此遭受的损失向业主提出索赔，经过交涉，业主同意工期延长 28 周，并支付了 46 844 美元作为费用补偿。

2. 承包商的义务

施工合同就是要求承包商完成整个工程工作，而工程能够竣工投入使用，那么施工过程中的每一道工序都能满足合同要求，同时还要求承包商采取相应的措施予以保证。

承包商在履行合同时的义务非常多，如承包商必须执行工程师的指示、做好环境保护和现场保卫工作、按月向工程师提交进度计划、健全质量保证体系、和业主雇用的其他承包商或公务人员充分合作、保障自己雇员的安全与健康，以及在收到履约证书后进行现场清理等，但 FIDIC 合同最有特点的主要义务，如表 12-4 所示。

表 12-4 承包商的义务

序号	义务类型	对应款号	说　　明
1	知识产权和工业产权	17.5	保护知识产权和工业产权的义务，合同双方是同等的。说明详见业主的义务
2	提交履约担保	4.2	承包商应在收到中标函后 28 天内向业主提交履约担保，并将一份副本送交工程师。履约担保的有效期一直到"缺陷通知期"满，如果在履约担保的条款中约定了其期满的日期，而承包商在该期满日期前 28 天还无权获得"履约证书"，则承包商还要将履约担保的有效期相应延长
3	购买保险		承包商必须从开工日期算起在投标书附录中规定的期限内，向业主提交保险已经购买并生效的证据以及"工程和承包商设备的保险"和"人身伤害和财产损害险"的保险单副本，同时通知工程师。如果承包商未能按照合同要求办理保险并使其持续有效，则业主可以自己去办理相应的保险范围内的保险，承包商应向业主支付这些保险的费用，同时合同价格要做相应调整
4	支付误期赔偿金	8.7	如果承包商未能遵守合同约定的竣工时间的要求，承包商应向业主支付误期赔偿费。每天应付的金额在投标书附录中规定，如果附录中还规定有误期赔偿费的最高限额，则上述计算的误期赔偿费总额不得超过最高限额
		10.2	如果是部分工程的竣工时间被延误，则延误的部分工程要比投标书附录中规定的全部工程误期赔偿费相应减少。扣减的比例应按照接收证书部分的价值占整个工程或分项工程价值的比例计算

12.3　FIDIC《施工合同条件》中的价格和付款

12.3.1　有关价格的概念

1. 合同价

（1）中标合同金额。国内施工中所说的"合同价"，在 FIDIC 通用条件中称作"中标合同金额（Accepted Contract Amount），它指的是业主在中标函中接受的为承包商承建工程而支付给承包商的那一价格，即是指在中标函中所认可的工程施工、竣工和修补任何缺陷所需要的费用。该金额由两部分组成：一是承包商根据招标文件提供的"工程量表"（Bill of Quantities）中的估计工程量向业主签署的工程报价（就是投标书中报价的总额）；二是暂列金额。

（2）暂列金额。"暂列金额"（Provisional Sum）是合同中明文规定的一笔金额，用于支付第13.5款"暂列金额"中提到的某部分工程的实施、设备材料供货以及提供服务所需的款项。暂列金额是在招标文件的工程量表中就已经列出的一笔费用，这笔费用在工程的实施过程中可能要使用，也可能不使用，但业主在工程资金准备时也必须包括该金额，由于暂列金额相应的调整着合同价格，因此它也算作合同价的内容。

实际上，暂列金额相当于业主方的备用金，在合同中通常出现此类费用的原因可能有以下几个：

1）工程实施过程中可能发生业主方负责的应急费/不可预见费（Contingency Costs），如计日工涉及的费用。

2）在招标时，对工程的某些部分，业主方还不能确定到使投标者能够报出固定单价的深度。

3）在招标时，业主方还不能决定某项工作是否包含在合同中。

4）对于某项工作，业主方希望以指定分包商的方式来实施，即从指定分包商处购买永久设备、材料或服务，并相应加入合同价格。

也就是说，业主在合同中包含的暂列金额就是为以上情况发生时准备的。这类金额的额度一般用固定数表示，有时也用投标价格的百分数表示，一般由业主方在招标文件中确定，并常在工程量表最后面体现出来。

暂列金额的动用权归工程师，每笔暂列金额只应按照工程师的指示全部或部分地使用。

（3）计日工作。合同中还有一种费用是由"计日工作"（Daywork）引起的，这些工作一般是一些额外的零星工作或附带性的工作。通常在招标文件中有一个计日工表，列出有关施工设备、常用材料和各类人员等，要求承包商报出单价，以备工程实施期间业主方/工程师要求承包商做一些附加的零星工作时的支付依据，这些费率一般是"一揽子"费率。

如果工程师指示承包商进行计日工作，除了计日工报表中规定的不进行支付的任何项目以外，每日承包商都要向工程师提交一式两份精确的报表，报表中说明前一天工作中使用的各项资源的详细资料。

1）承包商人员的姓名、工种和工时。

2）承包商设备和临时工程的型号、种类和工时。

3）所用的永久设备和材料的数量和型号。

当报表是正确的或经工程师同意后，工程师签署报表并退还一份给承包商，承包商的中期支付申请报表中将包括以上各资源的价格报表。

计日工通常由相关的暂列金额支付。

2．合同价格、估价及价值工程

（1）合同价格。合同价格（The Contract Price）就是承包商完成实际工作后，经过工程师"测量和估价"（Measurement and Evaluation）之后签发"付款证书"，承包商所获得的金额。可以看出，所谓合同价格就是国内合同中的工程款，合同价格的计算依据是工程师的测量和估价。

无论工程所在地有什么样的惯例，只要合同中没有其他特别的规定，工程师就按照"工程量表"或其他适用的"资料表"（Schedules）的规定，测量永久工程各项内容的实际净数量。

在新红皮书中出现两个描述工程款的专门术语，即中标合同金额和合同价格，前者指承包商投标报价，经过评标和合同谈判之后而确定下来的一个暂时虚拟工程价格，而后者指的是实际的应付给承包商的最终工程款。可以说，这种做法标志着工程合同在描述工程款方面措辞的进步，避免了以前版本在使用"合同价格"一词时的不确定性以及由此带来的概念上的不清晰。

（2）估价。工程师根据测量数据乘以此项工作的相应价格费率或价格，对承包商的各项工作内容进行估价后确定合同价格。什么样的费率或价格才是合适的呢？

各项工作内容的适宜的费率或价格应该是：

1）合同中已经有的工作内容，用合同规定的费率或价格。

2）合同中有类似的工作内容，应取类似工作的费率或价格。

3）合同中没有的工作内容或者虽然合同中有类似或同样的工作内容但施工条件不同时，宜对该工作内容采用新的费率或价格。

尽管是合同中已经有的工作内容，如果该工作内容的数量和工程量表中的估计数量相差较大，那么也要采用新的费率或价格。《通用条件》第 12.3 款规定，当工作内容满足以下 4 个条件时，必须采用新的费率或价格：

1）该项工作实际工程量比工程量表或其他资料表中规定的工程量变化超过 10%以上。

2）上述工程量的差值和合同中规定的费率的乘积超过"中标合同金额"的 0.01%。

3）工程量的变化直接造成该项工作的每单位工程量的费率变化超过 1%。

4）合同中没有规定该项工作为"固定费率项目"。

作为调整单价的条件之一是工程量变动的幅度必须造成其实际的单位费用变动超过 1%，但在实际工作中，如何计算由工程量变动直接造成实际单位成本的变动，承包商可能与工程师有不同意见。合理的做法是，如果承包商认为应调高单价，则他应给出造成单价升高的具体依据；如果工程师认为应降低单价，也应给出相应的理由。如果工程师与承包商对新单价达不成一致意见，工程师可以临时决定一单价或价格，以免耽误进度款的计算和支付。如果双方不能最终商定新单价或价格，可按照争端程序解决。

如果没有相关的费率或价格，则新的费率或价格应在考虑相关事件以后，从实施工作的合理费用加上合理利润中得到。在商定或决定合适的费率或价格之前，工程师还应为期中支付证书决定临时费率或价格。

（3）价值工程。为了鼓励承包商提出合理化建议，《通用条件》第 13.2 款规定，如果承包商在施工中，加快竣工速度，降低工程施工、维护或运行费用，提高竣工工程的效率或价值，或者给业主带来其他利益等建议，他可以向工程师提交书面建议书，但是这些工作都必须是自费进行的。

如果工程师采纳了承包商的此类建议，而该项改变导致该部分的合同价格减少，那么工程师应同承包商商定一笔费用，加入到合同价格中。这笔费用应该是以下两项金额差值的一半：

1) 合同价格的减少。由此引起的合同价格的减少金额，不包括因政策法律变化和物价浮动引起的调整。

2) 变化对工程功能的影响。改变后的工程由于质量、预期使用年限或运行效率的降低，而导致业主实际意义上的工程价值的减少。

如果上述2)引起的金额大于1)的，则没有此项费用。

12.3.2 预付款、保留金和价格调整

1. 预付款

由于工程耗资大，即使在项目启动阶段，承包商就需要大笔投入，为了改善承包商前期的现金流，帮助承包商顺利地开工，国际工程合同中，一般都有预付款的规定，形成了国际工程中一种支付制度。在FIDIC施工合同中，预付款有两种，即预付款和材料预付款，而国内施工合同中只有预付款。

（1）预付款。"预付款"（Advance Payment）又称动员预付款，是业主暂时提供给承包商的一笔无息贷款，以供施工准备和开工使用，这笔资金从承包商获得的工程款累计到合同约定的数量时起，就要扣还。合同中是否有预付款、预付款的额度、分期支付的次数、支付时间、支付货币和货币比例，以及什么时候扣还，都要在投标书附录中规定。预付款总额一般为中标合同金额的5%~20%。

1) 预付款的支付。预付款的数额由承包商在投标书内确认。承包商要想得到预付款，他必须完成两件事：一是已经提交了履约担保；二是提供一份担保额与他要得到的预付款金额相等的预付款保函给业主。预付款保函同履约担保一样，必须由业主同意的国家（或地区）的实体签发，并符合专用条件中所附的或业主认可的格式。然后，承包商按照"期中付款证书的申请"（Application for Interim Payment Certificates）的规定向工程师提交预付款申请报表，工程师签发期中付款证书。在工程师签发付款证书后21天，或者中标函发出后42天，两者中较晚的日期内，业主向承包商支付预付款。

在FIDIC合同中，"付款"的意义是指，每种货币的应付款额应汇入合同指定的付款国家境内、承包商指定的银行账户。

2) 预付款的扣还。预付款是根据工程师签发给承包商的付款证书，按照投标书附录中规定的百分比扣还的。如果投标书附录中没有规定预付款扣还的百分比，则按下面的方法扣还：在期中付款累计（不包括预付款以及保留金的扣减与退还）超过中标合同金额与暂列金额之差的10%的那次付款证书中开始扣还预付款，每次扣还的金额是该付款证书中金额（不包括预付款以及保留金的扣减与退还）的1/4（25%），即每次扣还金额＝（本次支付证书中承包商应获得的款额－本次应扣的保留金）×25%，直到预付款全部归还为止。如

果在整个工程的接收证书签发之前,或者在发生终止合同或发生不可抗力(第 15 条、第 16 条、第 19 条)之前,预付款还没有偿还完,此类事件发生后,承包商应立即偿还预付款的剩余部分。

(2) 用于永久工程的材料和设备预付款。对于工程建设项目,材料和永久设备所占合同价格的比例很大,承包商负责采购的用于永久工程的材料和设备必须自筹资金购买,因而采购这些物品要给承包商带来一定的资金压力。在国际贸易市场上,货物的采购一般采用信用证支付方式。承包商下订单时,一般需开出采购合同等额银行信用证,一般情况下,承包商只有在银行账户有足够的存款银行才能开出信用证。承包商采购材料、设备需要大量流动资金,为了不至于承包商在购买了大宗的材料设备后出现资金周转困难,业主应该对这样的费用及时予以支付,因为一旦承包商出现资金周转困难,必然导致施工的不顺利,这也是业主不愿看到的。因此在国际工程中,逐渐形成了提前支付材料设备款的惯例。

《通用条件》第 14.5 款规定,在承包商购买的材料设备经工程师确认合格后,按照它们的实际费用(包括运输费)的 80% 作为材料设备预付款,并入当月的期中付款证书中。

能够得到预付款的材料和设备分两种:一种是运到现场后支付预付款的材料设备;另一种是装运后支付预付款的材料设备。这些材料设备必须是:

1) 投标书附录中写明的运到现场后支付预付款的材料设备,或者装运后支付预付款的材料设备。

2) 运到现场后支付预付款的材料设备已经运到现场和妥善储存,并已按照合同要求做好防止损坏或变质的保护。

3) 装运后支付预付款的材料设备已经抵达工程所在国并在运往现场的途中,同时承包商要提供装运证明(包括清洁装运提单或其他船运证明,运费、保险费支付证明等),并向工程师提交一份银行保函,保函的要求同动员预付款一样。银行保函虽然有利于业主的资金安全,但总体来说弊大于利,因为这样做大大提高了国际工程承包业中的"交易成本",因为要开具银行保函,除承包商需要交付银行一定的费用外,有时还需在银行有相应的存款被冻结,理性地讲,所有投标人都会将这一要求增加的支出考虑在投标价格中,从而加大工程的造价。

当这些材料和设备安装或使用到工程中后,支付相关的工程价值时,工程师根据统计的使用数量,在承包商期中付款申请报表中扣除相应的材料设备预付款额后,签发期中付款证书。所以在 FIDIC 合同中,工程师有一项工作就是清点承包商的材料和设备。

2. 保留金

(1) 保留金的概念。保留金(Retention Money)是按照投标书附录中规定的百分比,从承包商应得的期中付款中扣发的一种款额,该款额保留在业主手中作为保证承包商必须严格履行合同义务的担保措施。

尽管合同中已经有履约担保,但是合同条件对动用该担保有着严格的规定,当承包商有比较小的违约行为给业主造成损失时,业主是不能动用履约担保的。有了保留金在业主手中，业主可以动用这笔款去做承包商本来应该做的工作，如缺陷通知期内承包商本应修复的工程缺陷的修复，将承包商未按工程师的要求放置在现场的不合格材料运出现场。同时，如果在期中支付过程透支了工程款，业主还可以从保留金中予以扣除。

保留金与履约保函共同构成对承包商的约束。

（2）保留金的扣留和返还。保留金从承包商首次获得期中付款时就要扣留，直至扣留达到保留金总额为止。每次扣留的百分比和保留金总额是在投标函附录中规定的。一般合同的保留金总额为中标合同金额的 2.5%~5%，而每次扣留的百分比为 5%~10%。从首次支付工程进度款开始，是以本次期中付款证书中承包商完成的永久工程（包括变更）的应得款，加上因法律政策和市场价格变化引起的调价款，乘以扣留的百分比作为本次支付应扣留的保留金，逐月累计到保留金最高限额为止。

如果工程没有进行区段划分，则所有保留金分两次返还承包商：一次是在颁发接收证书后；另一次是在缺陷通知期结束之后。两次各返还一半的保留金。

如果工程进行区段划分，则分三次退还：区段接收证书签发之后返回 40%；该区段缺陷通知期到期之后返回 40%；剩余 20%待最后的缺陷通知期结束后退还。但如果某区段的缺陷通知期是最迟的一个，那么该区段保留金归还应为：接收证书签发后返回 40%，缺陷通知期结束之后返回剩余的 60%。

若在颁发接收证书后发现工程缺陷，由于相关的那部分的工程款已经支付。因此，工程师可以从本应返回的保留金中将该维修工作所需要的费用额度暂时扣发。

3. 价格的调整

当工程的工期超过一年以上时，如果考虑要承包商承担因通货膨胀引起的成本上升的风险是不明智的，因此物价浮动的风险都是由业主承担的。

FIDIC 新红皮书规定：如果实施工程的费用，包括劳工、物品以及其他投入，在施工期间有波动，则支付给承包商的工程款应按《通用条件》第 13.8 款中的公式进行调整，可以上调，也可以下调。

对于没有调整到的部分，应认为在中标合同款中已经包含了那部分物价波动的风险费。

调价范围是针对那些按照有关明细表（工程量表）估价，并在支付证书中证明的工程款，同时适用于每种合同价格的支付货币，具体按下列调价公式来确定：

$$P_n = a + b\frac{L_n}{L_0} + c\frac{M_n}{M_0} + d\frac{E_n}{E_0} + \cdots$$

式中，P_n 为适用于第 n 期间的调价系数，用该系数乘第 n 期间（如果投标书附录没有特别的规定，期间单位为一个月）的估算工程进度款，即可得出调价后的该期工程款，如果物价是上涨的，P_n 就大于 1；反之，P_n 就小于 1；a 为固定系数，表示不调整的那部分合同款；b、c、d 为与工程施工有关各成本要素的估计比例系数，这些系数值的大小在数据调整表中规定（例如，b 是代表劳动力成本的比例系数，如果劳动力在整个成本中占 20%，则可以取 $b=0.2$），这些成本要素可以是劳动力、材料、设备等资源；L_n、M_n、E_n 为用于第 n 月支付的现行成本指数或参照价格，其指数值取该月最后一天以前第 49 天当天适用的指数值,不同的支付货币,不同的费用构成取相应的指数值;L_0、M_0、E_0 为基准成本指数或参照价格,其指数取基准日期当天适用的指数值,每种支付货币所对应的费用构成,应取相应的指数值。

运用调价公式要注意以下几点:

(1) 若数据调整表中的某指数的货币不是支付货币,该指数应转换为相应支付货币,兑换率采用施工所在国中央银行确定的该支付货币在上述要求该指数适用的那一天的卖出价。

(2) 由于物价指数颁布滞后的原因,对每个月需要调整的工程款来说,适用的成本指数值也不可能就是该月的现行指数值。本款规定,每个月适用的指数值取的是该月最后一天之前第 49 天当天的有效指数值,每个月用的基本上是其上个月上旬、中旬的物价指数。

(3) 如果没有能够及时获得现行成本指数,为了签发期中支付证书,工程师可以确定一个临时指数计算调价款,并以此签发付款证书,当得到现行指数后,再重新计算和调整。

(4) 如果承包商没有在竣工时间内竣工,其后的调价指数值既可以是竣工时间期满之前第 49 天适用的成本指数或价格,或者现行成本指数或价格,经过对比后,以对业主有利的指数值为准。

(5) 明细表中的权重(系数)只有当工程变更太大导致这些权重不合适时才予以调整。

12.3.3 期中付款、竣工结算和最终结算

1. 期中付款

(1) 期中付款证书的申请。期中付款(Interim Payment)又称月进度款。期中付款在我们国内通常称为进度款,其性质为工程执行过程中根据承包商完成的工程量给予的临时付款。

在每个月的月末之后,按照工程师批准的报表格式,承包商向工程师提交一式六份本月进度款报表,详细列出承包商认为自己有权获得的款额,并附有相应的证明文件。承包商的报表应包括下列项目,并且要求项目按照下列顺序排列:

1)截至该月底完成的工程价值以及编制的承包商文件的价值,包括变更款,但下面各项内容包括的则在本项中不再列出。

2)政策、法律变化和物价浮动引起的调价款。根据情况,可以上调,也可以减扣。

3)本月应该扣减的保留金。

4)本月应该支付和(或)退还的预付款。

5)本月应该支付和(或)扣减的永久设备和材料预付款。

6)包括索赔、仲裁和争端裁决等根据合同规定应该增加或减少的款项。

7)对以前付款证书修正引起的增加或减少的款项(注意:期中付款全部属于临时付款,因此工程师发现以前的付款存在不合理时,他可以在后续的付款证书中对其加以修正)。

(2) 期中付款证书的颁发。在业主收到并批准了履约保证之后,工程师才能为任何付款开具支付证书。工程师应在收到承包商有关报表和证明文件后 28 天内,向业主发出期中付款证书,并附上详细的细节说明其是如何确定应付的金额的。但是在业主收到承包商提

交的履约保证之前，工程师不会开具任何支付证书和支付承包商任何款额。

并不是所有时候工程师都签发付款证书。如果一期中支付证书的数额在扣除保留金等应扣款项之后，其净值小于投标函附录中的期中支付证书最低限额，则工程师可以不开具该期中支付证书，该款额转至下月支付，此时工程师应通知承包商。

如果承包商实施的某项工作或提供的货物不符合合同要求，则工程师可暂时将相应的修复或重置费用从支付证书中扣除，直到修复工作完成；同样，如果承包商没有或不去按合同规定履行某工作或义务，相应款额亦可暂时扣发，直至承包商履约该工作或义务。

（3）期中付款。在工程师收到报表及证明文件之日起56天内，业主必须将款额转到承包商指定的银行账户。

如果业主未能按照上述要求付款，则应该支付利息。利息是按月复利计算，利率按照支付货币所在国中央银行的贴现率加3%计算。

2．竣工结算

按照《通用条件》第14.10款规定，在收到工程接收证书后84天内，承包商应向工程师提交按其批准的格式编制的竣工报表一式六份，并附期中支付证书的申请中要求的证明文件，报表中应列明以下三项内容：

（1）截至接收证书上写明的日期已经完成的工程价值。

（2）承包商认为应该付给的其他款项。

（3）承包商认为根据合同规定将应付给他的所有款项的估计总额（估计总额是说该金额还没有经过工程师确认）。

工程师接到竣工报表后，应对照竣工图进行工程量详细核算，对其他支付要求进行审查，然后再依据检查结果签署竣工结算的支付证书。此项签证工作，工程师应按照期中付款证书签发的规定，在收到竣工报表后28天内完成。业主依据工程师的签证予以支付。

3．最终结算

在工程全部完成，缺陷通知期结束后，合同双方需要工程款的最终结算。最终结算是指颁发履约证书后，对承包商完成全部工作价值的详细结算，以及根据合同对应付给承包商的其他费用进行核实，确定合同的最终价格，并将合同价格剩余的款额全部支付给承包商。

（1）最终付款证书的申请。颁发履约证书后的56天内，承包商应向工程师提交一式六份最终报表草案，同时要附有关的证明文件。最终报表草案要详细说明根据合同承包商完成的全部工作的价值和承包商依据合同认为还应进一步支付给他的任何款项，如剩余的保留金及缺陷通知期内发生的索赔费用等。

如果工程师对最终报表草案有异议，承包商应按照工程师的要求提交补充的资料来进一步证明，并按照商定的意见对报表草案进行修改。双方意见一致后，承包商编制"最终报表"（Final Statement）呈报工程师批准。

对最终报表草案中有争议，双方不能达成一致的部分，按照第20条"索赔、争端与仲裁"的程序解决，根据解决的结果承包商编制最终报表，提交给业主，同时抄报工程师。

（2）结清单。由于工程支付十分复杂，作为惯例，在申请最终支付款项时，承包商将最终报表送交工程师的同时，还需提交一份"结清单"（Discharge）作为一种附加确认。承包商最好同时交给业主一份结清单的副本。结清单上应确认，最终报表中的支付总额即应支付给承包商的全部和最终的合同结算款额。

实际上，结清单就是承包商对最终工程款数额的一个确认声明，即业主在支付承包商余额后，工程款支付到此完结，业主不再承担支付责任。但承包商可以在结清单上声明，只有当业主按照最终支付证书的金额予以支付并退还履约保函后，结清单才生效。结清单生效，表明业主与承包商之间的合同关系终止。

（3）最终付款证书的颁发。在收到最终报表和结清单后 28 天内，工程师应向业主签发最终付款证书。在最终付款证书中应说明，最终应该支付的金额和在扣除业主以前已经支付的款额后还应支付承包商的余额，但如果业主已经多支付了承包商，作为承包商应退回差额。

如果承包商不按期申请最终支付证书，工程师应通知要求其提交，通知后 28 天内仍不提交，工程师可自行合理决定最终支付金额，并相应签发最终支付证书。一般来讲，承包商都希望尽早拿到工程款，承包商不主动申请，似乎不太可能。但在截止到最终支付证书之前，如果业主实际支付的款额累计已经超过承包商应得的合同总款额，承包商也许已经意识到这种情况，就有可能不去主动申请最终支付证书了。

（4）最终付款。在收到最终付款证书的 56 天内，业主将其应该付给承包商的余额转到承包商指定的银行账户。

缺陷通知期开始后有关证书、报表提交及付款的典型顺序，如图 12-2 所示。

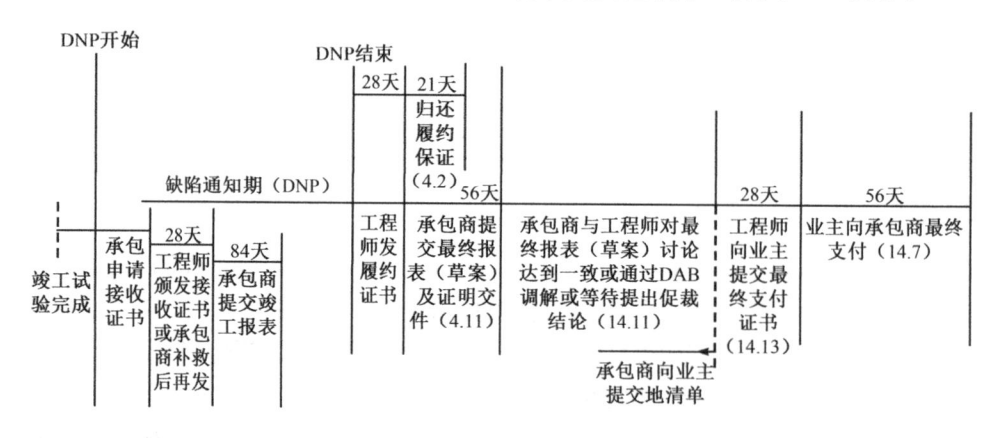

图 12-2　缺陷通知期开始后有关证书、报表提交及付款的典型顺序

12.4　FIDIC《施工合同条件》中的索赔

12.4.1　承包商的索赔

新红皮书第 20.1 款"承包商的索赔"是对承包商索赔的一个总的规定，详细说明了承包商进行索赔的内容及程序。根据第 20.1 款的规定，承包商的索赔内容应由三部分构成：

① 工期（Time）；② 费用（Cost）；③ 利润（Profit），分别以 T、C 和 P 表示。新红皮书中，承包商可引用的索赔条款，比红皮书做了很大的改进，如表 12-5 所示，表中条款号栏中括号中的数字，是红皮书第 4 版中相对应的条款。

表 12-5 承包商可引用的索赔条款

序 号	干扰事件（构成索赔的主要理由）	条 款 号	可调整事项
一	业主的违约		
1	未能及时通知文件中的错误及缺陷	1.8	T+C+P
2	业主违约使用承包商文件	1.10	C+P
3	业主未获得永久工程的规划许可	1.13（22.2、22.3、26.1）	T+C+P
4	业主延误移交施工现场	2.1（42.1、42.2）	T+C+P
5	业主工作人员的违约行为	2.3	T+C
6	业主在履约保证方面的违约	4.2（10）	C
7	业主提供错误的现场数据	4.10	T+C+P
8	业主设备和免费供应的材料	4.20	T+C+P
9	业主坚持雇用承包商反对的分包商	5.2（59.2）	T+C
10	检验延误	9.2	T+C+P
11	业主提前接收和（或）使用工程	10.2（48.2）	C+P
12	业主对竣工试验的干扰	10.3	T+C+P
13	由于业主原因导致进一步的检验	11.6	C+P
14	支付的延误	14.8（60.10）	C
15	承包商有权暂停工作	16.1（69.4）	T+C+P
16	因业主原因导致承包商终止合同	16.2	C+P
17	业主未尽保障之职而使承包商遭受损失	17.1（22.1、22.2）	C
18	业主原因使承包商受到侵犯知识产权和工业产权的指控	17.5	C
19	业主未按规定办理相关保险	18.1（21）	C
二	工程师的行为导致的索赔		
1	无理扣压或拖延颁发批准书、签证、同意函、确定等	1.3（1.5）	T+C+P
2	工程师的错误澄清或解释	1.5	T+C+P
3	延误发放图纸或指示	1.9（6.4）	T+C+P
4	工程师否定或更改其助手的决定或指示	3.2（2.3、2.4）	T+C+P
5	工程师指示增加或修改图纸	3.3	T+C+P
6	提供错误的放线基准数据	4.7（17.1）	T+C+P
7	无故拖延检查、检验、测量或试验	7.3（37.1、38.1）	T+C
8	工程师改变规定试验	7.4（37.3）	T+C+P
9	开工日期的迟延通知	8.1	T+C
10	暂停的后果	8.9（40.2）	T+C
11	暂停延续	8.11	T+C
12	复工	8.12	T+C
13	承包商的检查	11.8（50.1）	C+P
14	暂列金额的使用	13.5（58.1、58.2）	C+P

续表

序 号	干扰事件（构成索赔的主要理由）	条 款 号	可调整事项
三	工程变更		
1	因合作构成的变更	4.6（31.1、31.2）	T+C+P
2	提供额外的样品构成变更	7.2	T+C+P
3	进度计划的调整	8.3	T+C+P
4	修补缺陷的费用	11.2（49.3）	C+P
5	删减	12.4	C
6	业主要求增加额外工程	13.1（51.1）	T+C+P
7	价值工程的变更	13.2	C
8	计日工	13.6	C+P
四	风险因素		
1	不可预见的物质条件	4.12（12.2）	T+C
2	发现化石	4.24（27.1）	T+C
3	由公共当局引起的延误	8.5	T
4	法规变化引起的调整	13.7	T+C
5	费用变化引起的调整	13.8（70.1）	C
6	业主风险造成的后果	17.4（20.3）	T+C+P
7	不可抗力引起的后果	19.4	T+C
8	可选择的终止、支付和返回	19.6	C
五	其他		
1	异常不利的气候条件、流行病等	8.4（44.1）	T
2	业主终止的权利	15.5	C+P
3	根据法律解除履约	19.7	C

应用案例 12-3

某水利枢纽工程属地方融资和亚洲开发银行贷款，总投资43.76亿元的大型水利工程。1996年9月开工建设，总工期5年，1997年10月底工程已按计划实现大江截流，主体工程进入全面施工阶段。按照主体工程施工总进度计划和1998年度汛计划，要求上游围堰（土石过水围堰）于1998年4月30日建成。利用已建成的导流洞过流可挡梅汛期频率为20年一遇的洪水，相应的设计流量为1 100m³/s。正当上游土石围堰堰体填筑大部接近设计高程，准备进行围堰过水面保护施工时，1998年3月8日一场罕见洪水冲毁了上游围堰，大坝基坑过水，虽经工程建设各方全力抢险，仍造成了较大的损失。

承包商以洪水超过设计标准为由向工程师提出了补偿费用319.85万元的索赔要求。其中洪水损失241.8万元，抢险费用8.45万元，窝工费用69.6万元（122台/套设备，500人窝工10天）。

业主为慎重起见请省水文总站对本次洪水频率进行论证，结论是本次洪水坝址处洪峰流量在1 100m³/s以上，属超设计标准洪水。工程师处理索赔时，据此可以判定3月8日的洪水是不利自然灾害造成的，为不可抗力事件，承包商索赔成立。

12.4.2 业主的索赔

在新红皮书中,业主可引用的索赔条款如表 12-6 所示。

表 12-6 业主可引用的索赔条款

序 号	干扰事件	条 款 号	是否通知
1	承包商损坏了公路和桥梁	4.16 (30.3)	是
2	承包商未支付使用现场可供的电、水和燃气的到期款	4.19	否
3	承包商未付使用业主设备的到期使用费	4.20	否
4	承包商未向指定的分包商支付应付款项	5.4 (59.5)	是
5	工程师拒收不合格的材料和工程	7.5 (37.4)	是
6	承包商未能完成缺陷补救工作	7.6、11.3 (39.1、39.2、49.4)	是
7	由于承包商的原因修改进度计划导致业主有额外投入	8.6 (46.1)	是
8	承包商拖期	8.7 (47.1)	是
9	未能通过竣工试验	9.4	是
10	缺陷责任期的延长	11.3 (49.5)	是
11	终止合同后的支付	15.4 (63.3)	是

12.4.3 新红皮书与红皮书中索赔条款的差异

关于索赔,新红皮书与红皮书第 4 版不同的地方主要有以下几点。

1. 放线错误

差异有三点:① 红皮书规定若放线错误是由工程师以书面形式提供的不正确数据造成的,则承包商有权获得费用补偿;而新红皮书则规定承包商还要证明一个有经验的承包商不能合理地发现这类错误。② 红皮书规定承包商只能索赔费用,而新红皮书不仅规定承包商可以索赔费用,还可以索赔利润。③ 红皮书没有规定承包商可以索赔工期,而新红皮书则明示地规定承包商有权索赔工期。

2. 不可预见的外界条件

根据第 4.12 款,外界条件是指承包商在实施工程中遇见的不利于施工的外界自然条件及人为的条件和其他外界障碍和污染物,包括地表以下和水文条件,但不包括气候条件。这里和红皮书相比,说明更加清楚,包含的范围更广。红皮书中仅说明为现场气候条件以外的外界障碍或条件,对条件是什么没有进一步说明。

3. 承包商损坏了公路和桥梁

根据第 4.16 款,货物运输之类的索赔属于承包商的责任。承包商应保障并保持使业主免受因货物运输引起的所有损害赔偿费、损失和开支(包括律师费和诉讼费)的伤害,并应协商及支付由于货物运输引起的所有索赔。而在红皮书中明示地规定了承包商在运输货物时,无须支付加固桥梁等的费用,因此,当由于运输货物可能导致桥梁和公路损害时,承包商没有义务来加固。也就是说，业主应支付此类修复开支。FIDIC 的这种看法遭到了法律学者的质疑，因为一般来说，临时加固的费用要远低于修复的费用，为什么不让承包商在投标报价时考虑加固费用呢？因此新红皮书中考虑了这种意见，规定了承包商承担一切货物运输带来的伤害。

4. 承包商未能完成缺陷补救工作

根据第 7.6 款，工程师有权指示承包商拆除、更换和重新施工不符合合同要求的设备、材料或工程等工作。若承包商未能遵从指示，业主有权雇用并付款给他人从事该工作，并向承包商索赔因此而支付的所有费用。工程师需要注意的是必须是依据合同发出这些指示。在红皮书第 4 版中，工程师还可依据自己的看法来发出指示。新红皮书中之所以做了这种修改，是因为当工程师的看法是错误的，实际上承包商的工程符合合同时，承包商就可能会将工程师的指示当作变更合同来进行索赔。而业主则可能会以工程师无权变更合同为由否认自己有责任支付实施工程的费用。

5. 增加了业主的索赔程序

业主的索赔程序规定在第 2.5 款中。这是 FIDIC 合同系列中第一次规定了业主的索赔程序。第 2.5 款规定："如果业主认为，他有权得到任何付款，和（或）对缺陷通知期限的任何延长，业主或工程师应向承包商发出通知。"并且要求业主应在了解引起索赔的事项或情况后尽快地发出通知，通知中应包括索赔的依据。然后，工程师被要求做出符合 3.5 款"确定"的公平的处理意见。第 3.5 款实际上强调了协商一致。该条明文规定："每当本条件规定工程师应按照第 3.5 款对任何事项进行商定或确定时，工程师应与每一方协商，尽量达成协议。"

6. 对承包商的索赔时间做了限制

根据第 20.1 款"承包商的索赔"，承包商应在他知晓事件或情况发生时立即向工程师发出通知，或应于察觉该事件或情况后 28 天内发出。若承包商未能在上述 28 天期限内发出索赔，则无权获得竣工时间的延长和追加付款，而业主应免除有关该索赔的全部责任。这一点和红皮书不同。红皮书中的索赔程序只规定了追加付款的索赔，而对时间延期却没有涉及。新红皮书的索赔程序不仅包括钱款的索赔，而且还包括工期的索赔。

从承包商未能及时通知的后果看，新红皮书则比红皮书严厉得多。根据红皮书第 53.4 款可知：如果承包商未能及时提交索赔通知，不应妨碍承包商取得他能从同期记录中证实的任何工作的报酬。该罚则显然对承包商过轻，不利于业主及时获得索赔情况。新红皮书做出这样的规定，从提高对承包商在索赔过程中的要求方面，体现了 FIDIC 新的合同条件"尽快解决工程索赔"的特点，以防止索赔扩大或复杂化。

12.4.4 争端解决

红皮书由工程师作为解决争端的主体，而新红皮书由（Dispute Adjudication Board，DAB）作为解决争端的主体。DAB 属于非强制性但具有法律效力的行为，相当于我国法律中解决合同争议的调解，但其性质则属于个人委托。

DAB 应由具有恰当资格的成员组成，成员的数目可为一名或三名成员，具体情况按投标函附录中的规定。如果投标函附录中没有注明成员的数目，且合同双方没有其他的协议，则争端裁决委员会应包含三名成员。如果争端裁决委员会由三名成员组成，则合同每一方应提名一位成员，由对方批准，合同双方应与这两名成员协商，并应商定第三位成员，第三位成员作为主席。成员应满足以下要求：①对承包合同的履行有经验。②在合同的解释方面有经验。③能流利地使用合同中规定的交流语言。

业主、承包商和 DAB 成员三方签订协议，约定各自在争端解决过程中的权利和义务。其中 DAB 成员的报酬由业主和承包商各承担 50%。新红皮书附录中提供了《争端裁决协议书一般条件》及其附件。

新红皮书对业主和承包商间争端的解决所采取的程序，如图 12-3 所示。

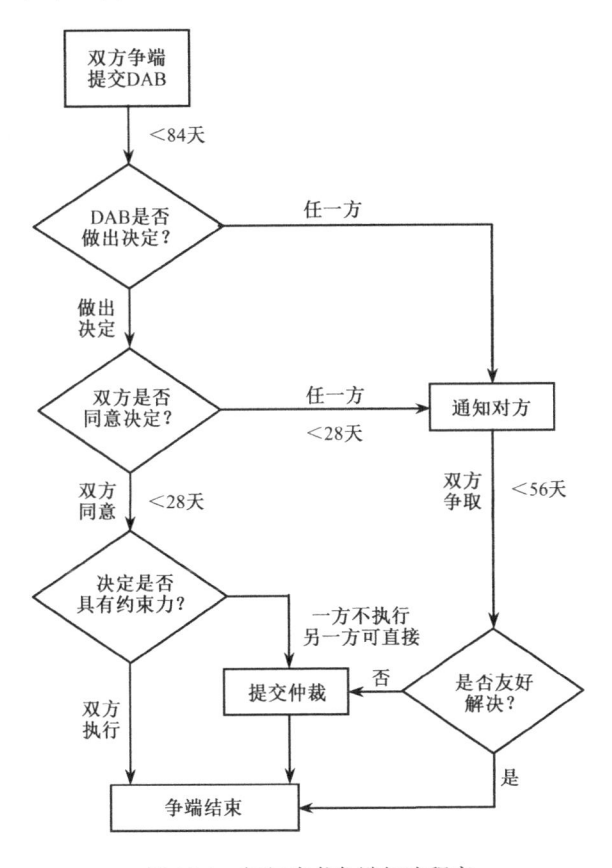

图 12-3 新红皮书争端解决程序

根据第 20 条规定，业主和承包商的有关工程实施或合同的任何争端都可书面提交 DAB，DAB 应在 84 天内做出决定。否则，业主和承包商任一方可通知对方其仲裁意向。业主和承包商对 DAB 的决定不满，则应在收到决定后 28 天内通知对方其仲裁意向。在发出仲裁意向通知后的 56 天内双方应试图通过友好协商解决争端，否则，56 天后可开始仲裁。

业主和承包商双方对 DAB 所做的决定无异议，或未在收到决定后的 28 天之内做出仲裁意向通知，DAB 决定将被视为最后决定，并对双方均具有约束力，在此之后若任一方不执行 DAB 的决定，另一方可直接提起仲裁。

12.5　FIDIC《施工合同条件》中的工程师

12.5.1　红皮书中工程师的角色

红皮书（第4版）中对工程师所扮演的角色做了如下规定。

（1）根据红皮书的定义，工程师是业主的代理人。

（2）第 2.1 款规定工程师有两方面的职能：① 工程师须履行合同所规定的义务。② 工程师拥有合同明示或暗示的决定权。建筑工程往往涉及众多的承包商与分承包商，故不可避免地要遇到众多的意见分歧。工程师对这些意见分歧拥有广泛的决定权。

（3）第 2.6 款规定，当合同要求工程师行使其决定权时，工程师须依照合同的有关规定并全面考虑当时的情形，公正地做出决定，进行考核评价，做出其他举措。

（4）第 2.6 款进一步规定，若业主或承包商对合同或合同的执行有争议，包括对工程师做出的决定或颁证有异议，应首先将争议提交给工程师。工程师站在中立的角度对异议做出决定。如果业主与承包商其中一方对该决定不满，则业主与承包商可提交仲裁。在仲裁时，工程师只是提供证据材料和作证。

从上面的介绍可以看出，在红皮书中工程师同时扮演着双重角色：一方面，在日常业务中工程师作为业主的代理人，有义务维护业主的利益；另一方面，在争议裁决阶段工程师又充当业主与承包商之间公断人的角色。这就存在着利益的冲突。很难想象，由业主雇用并由其支付工资的工程师在行使其职权时首先维护业主的利益，然后再以中间人的身份对自己已做出的决定能进行公正的复审。而且，当承包商由于工程师下达图纸或指令的迟延等归咎于工程师的原因而请求业主支付款项时，工程师大多不愿意承认自己的过错，避免做出不利于自己的决定。

12.5.2　新红皮书中工程师的角色

人们将"工程师"列为十大影响工程顺利实施的因素之首，FIDIC 的有关问卷调查也有类似的结果。因此，FIDIC 认为实践证明工程师不可能履行公正，并在新红皮书中对工程师的角色做了新的规定：

（1）根据第 1.1.2.6 款，工程师属于业主的人员范畴。其含义是，尽管工程师与业主单独签订实施监理任务的委托合同，但由于他不是施工合同的当事人，因此如果由于工程师的失误或发布错误指令导致承包商受到损害时，就施工合同而言归于业主承担的责任范围，应给予承包商相应的补偿或赔偿。

（2）根据第 3.1 款，工程师不是合同的当事人，而只是业主的代理人，他无权修改合同。如果要求工程师在行使其规定权力之前须获得业主的批准，则此类要求应于合同专用条件中注明。业主不能对工程师的权力加以进一步限制，除非与承包商达成一致。

（3）根据第 3.1 款（a）规定"每当工程师履行或行使合同规定或隐含的任务或权利时，应视为代表业主执行"（the Engineer shall be Deemed to act for the Employer），可以看出 FIDIC 已经放弃了工程师公正地履行（the Engineer acts Impartially）这一传统陈述。

（4）在第 3.5 款、第 14.6 款、第 14.13 款中，FIDIC 又要求工程师要做出"公平的确定"（Fair Determinations）。

FIDIC 新红皮书，使工程师从解决争端的合同管理事务中淡出，不再充当裁决人的角色，并且符合逻辑地将工程师定义为"业主人员"。这一变化，解决了在国际工程界关于工程师这一角色的矛盾性争论。应该说这是一个反映了合同有关各方实质性关系的变化。

12.5.3 公平原则与公正原则的区别

新红皮书中将工程师归于履行合同涉及的有关方。其职责范围内包括按照合同相关条款的规定需要他做出任何"确定"时，应对所有有关情况给予应有考虑后，按照合同做出"公平的确定"。

新版合同条件中"工程师"代表业主管理和执行合同，在法律意义上不具有第三方的地位。此时，"工程师"的公正行为体现在他必须忠实地执行业主与承包人签订的合同。在这种情况下，要求"工程师"在处理合同具体事项中的公正条款已没有实际意义了，所以红皮书中要求工程师"公正"地处理合同中的有关问题，而新红皮书中只要求"公平"。这一用语改变的原因有三个：一是由于工程师是只从业主方获取报酬，是业主合同管理的受委托人；二是他不充当调解人或仲裁人的角色；三是通用条件内增加了"争端裁决委员会"（DAB）的条款。增加了 DAB 的条款后，起到了约束工程师应当公平地进行合同管理的作用。由此可见，新版合同对"工程师"在合同中的职能定位更为明确。

"公平"指工程师依据合同处理有关事项应当依据责任和事实合情合理地做出确定；"公正"则要求处理各种问题都应当不偏不倚。新红皮书增加了"承包商的索赔"专用术语，当承包商认为由于不属于他应当承担责任事件的不利影响，均可向工程师提出费用和工期补偿要求，然后由工程师与双方进行协商或公平地确定应补偿额，而红皮书的条款仅说明哪些情况工程师可以给承包商予以补偿。此项增加的作用包括，如果工程师没有收到承包商的索赔，可以认为此事件的发生不影响承包商的施工成本和完工时间，不必按照"公正性"的要求主动给予补偿。

12.5.4 合同履行过程中工程师的管理地位

新红皮书中工程师在合同履行中的核心管理地位保持红皮书的基本原则，但增加了业主的某些行为需要工程师做出"确定"的条款，加强了工程师的合同管理核心地位。如当业主认为承包商违约后，按照"业主的索赔"程序规定，由工程师"确定"应赔偿的金额和（或）保修期延长的时间。

1. 由工程师确定

每当施工中遇到有关条款中规定由工程师确定的事项时，他不可以立即凭主观判断就做出决定,而是应与每一方协商,尽量达成协议;如果达不成协议,需对所有有关情况都给予应有的考虑后,再依据合同做出公正的确定。工程师应将每一项协议、决定以及具体的证明资料向每一方发出通知,每一方均应遵守该协议或决定。除非任何一方对其商定或确定不满意而将此事项提交"争端裁决委员会"(DAB)或仲裁解决,工程师的确定对合同双方都有约束力,各方均应履行每一项商定或确定的事项。通用条件中涉及应由工程师确定的条款,如表12-7所示。

表12-7 由工程师确定的条款

序 号	款 号	主要内容
1	1.9	延误发放图纸给承包商的补偿
2	2.1	延误移交现场给承包商的补偿
3	2.5	审查业主对承包商的索赔
4	4.7	对放线基准数据错误给承包商的补偿
5	4.12	施工中遇到不可预见的物质条件给承包商的补偿
6	4.19	业主索赔由其提供承包商使用的水、电、气费用
7	4.20	承包商使用业主设备的费用
8	4.24	施工遇到有保护价值的地下文物给承包商的补偿
9	7.4	附加的试验或因业主原因延误的试验给承包商的补偿
10	8.4	根据可延长合同工期的条件给承包商的工期补偿
11	8.9	非承包商原因暂停施工后给承包商的费用和工期补偿
12	9.4	未能通过竣工试验的业主索赔
13	10.2	业主提前占用工程对承包商产生不利影响后确定给承包商的补偿
14	10.3	缺陷责任期补充进行竣工试验给承包商的补偿
15	11.4	承包商未能修补缺陷的业主索赔
16	11.8	指示承包商调查缺陷原因的补偿
17	12.3	对变更的估价
18	12.4	指示删减工程给承包商的补偿
19	13.2	接受并实施承包商提出的变更建议给承包商的补偿
20	13.7	因后续法规调整在支付中应补偿或扣减的数额
21	14.4	施工的实际进度落后于计划进度时修改付款计划
22	14.5	已运往现场的材料和设备的预付款项
23	14.13	最终付款证书的金额
24	15.3	由于承包商的违约行为业主终止合同后对已完成合格工作的估价
25	16.1	因业主违约承包商暂停施工后的补偿
26	17.4	由于发生属于业主风险事件给承包商的补偿
27	19.4	发生不可抗力给承包商的补偿
28	19.6	业主原因自主终止合同后的估价
29	20.1	审查承包商的索赔

2. 工程师对承包商文件的认可

为了明确基本义务和准确判定合同责任,对承包商提交的文件有些情况工程师应采用审查、认可方式，而不是"批准"的形式予以确认。如通用条件规定，承包商应在开工前向工程师提交一份详细的进度计划，除非工程师在收到进度计划后 21 天内向承包商发出通知，指出其中不符合合同要求的部分，承包商即应按照该进度计划，并遵守合同规定的其他义务进行工作。对于承包商提交的质量保证体系、施工措施等文件，也是采用认可的方式。

12.5.5　工程师索赔处理的程序

工程师要做好索赔的处理工作，必须建立和完善索赔处理的工作制度和程序。由于在工程实践中，大量存在的是承包商的索赔，所以对承包商的索赔处理成为工程师的索赔管理工作的重点。对于承包商提出的索赔，工程师的工作程序如图 12-4 所示。

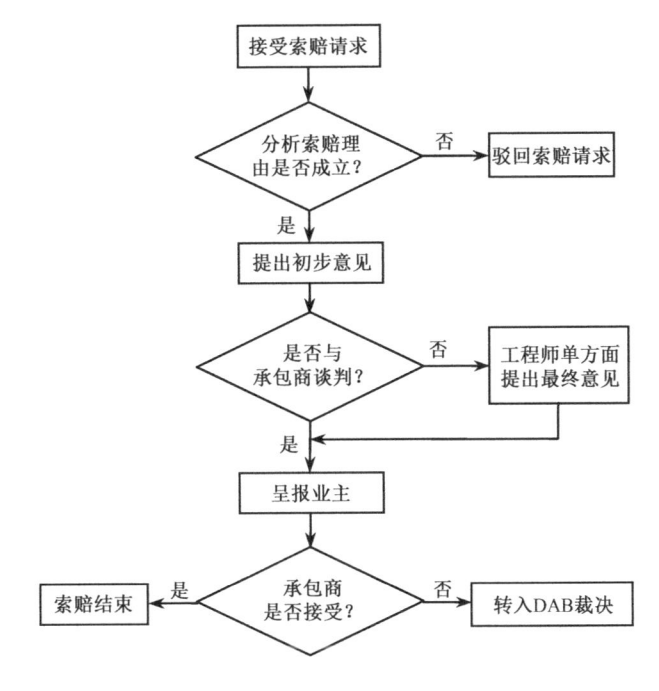

图 12-4　工程师的索赔处理程序

工程师在收到索赔报告，或在收到支持以前索赔的补充材料的 42 天内，或在工程师建议并经承包商同意的期限内，必须做出"同意"或"不同意"的答复。若不同意，应详细申述理由。这是 FIDIC 首次要求工程师在规定的期限内答复承包商提出的索赔，即新红皮书提高了对工程师在索赔解决过程中的要求，也体现了 FIDIC 新的合同条件"尽快解决工程索赔"的特点。

12.6　FIDIC《施工合同条件》与 NEC 合同的比较

FIDIC《施工合同条件》（简称 FIDIC 合同）和 NEC 合同是国际上使用最普遍的两大合同范本，在土木工程建设合同方面具有高度权威性，并广泛应用于土木工程实践中。它们都是国外的项目管理专业人士经过多年的实践，系统总结出的科学项目管理的理论和方法，形成的以工程师（或者项目经理）监理项目的管理模式，从而对建设项目进行全过程全方位的监理。

12.6.1 应用范围比较

FIDIC《施工合同条件》和 NEC 合同在适用对象、管理项目的主体、实践中的运用方面都有着很大的不同，如表 12-8 所示。

表 12-8　两种合同条件应用范围比较

项　目	合同条件	FIDIC 合同	NEC 合同
适用对象	设计	由业主提供，或承包商担任部分设计	无论承包商是否承担部分设计责任、全部设计责任或无设计责任
	计价	以单价合同为计价基础	与 6 种选项条款对应的 6 种计价方式
	工程类型	土木、房建、电力、机械等各类工程的施工	所有的传统领域，诸如土木、电气、机械和房屋建筑工程的施工
实践中的运用		世界银行、亚洲开发银行、非洲开发银行贷款的工程，和一些国家的国际工程项目招标文件中	英国、中国香港、非洲和其他欧洲国家等国家和地区
管理项目主体		工程师	项目经理
在我国大陆使用情况		世界银行、亚洲开发银行贷款的工程等	尚未使用

FIDIC 合同条件是国际上权威性的合同条件，在招标过程中，如果承包商认为招标文件中有些规定不合理或不完善，可以用 FIDIC 合同条件作为"国际惯例"，在合同谈判时要求对方修改或补充某些条款。当工程师协助业主编制招标文件时或总承包商编制分包项目招标文件时，可以局部选择 FIDIC 合同条件中的某些部分、某些条款、某些程序或某些规定。

NEC 合同旨在合同运用时具有灵活性和促进良好的管理，所以，其在核心条款后规定了主要选项和次要选项。主要选项分 6 种不同的计价方式，任一特定的合同应该选择并且只应选择一个主要选项。因此，先根据工程的具体情况从中选择合适的计价方式，然后可根据需要再从次要选项的 15 项中选出适合合同的选项，用于进一步确定合同管理的策略。

12.6.2 合作原则体现比较

由于合同双方当事人业主和承包商出自不同的利益，在合同实施过程中追求各自的目标，形成比较大的冲突，可能影响承包商与业主共同努力来实现共同目标。在调和当事人矛盾方面，FIDIC 合同采用了一些方法，但 NEC 合同本身建立起了一种合作即收益，不合作即受罚的约束机制，使业主和承包商在问题产生伊始即为找出解决问题的路径而积极协作，而非互相指责对方的错误，以期通过索要额外付款而获利，这无疑对项目是有益的。

1. 早期警告程序

NEC 合同中的核心条款规定,"早期警告"指合同当事人双方,即承包商和业主的项目经理一经察觉可能会影响工程成本、工期和质量的事件时,承包商与项目经理有义务尽早向对方发出警告。核心条款中明确规定了对承包商未发出早期警告的处罚。项目经理发现了缺陷,就有义务向承包商就该缺陷发出早期警告,否则延误工期的责任不能全由承包商来承担。

NEC 合同首次在合同文本中明确规定了发出"早期警告"是承包商及业主的项目经理的义务,这就为减少或避免这类事件可能导致的争端或冲突,实现业主的项目目标起到积极作用,有利于项目的顺利实施。

FIDIC 合同中没有关于早期警告的机制,但也有与此相关的类似规定。例如,业主的风险导致了工程、货物或承包商的文件的损失或损害,则承包商应尽快通知工程师,并且应按工程师的要求弥补此类损失或修复此类损害。如果为了弥补此类损失或修复此类损害使承包商延误工期和承担了费用,则承包商应进一步通知工程师,并且有权获得工期的延长和费用或连同利润的补偿。

2. 补偿事件(或索赔事件)程序

NEC 合同中的补偿事件是指并非因承包商的过失而引起的事件,承包商有权根据补偿事件对合同价款及工期的影响要求补偿,包括获得额外的付款和延长工期。尽管 FIDIC 合同规定了当承包商企图索取任何追加付款时必须遵循的程序,包括提交索赔意向书的时限和对同期记录和索赔证明材料的要求,以及承包商未遵循这些程序会带来的后果,但索赔事件的最终认可权和处理权掌握在业主聘用的工程师手中。

索赔条款是 FIDIC 合同中关于承包商利益的核心条款,它不如 NEC 合同中的补偿事件那样包罗万象,适用于追加付款和工期延长,即承包商若认为索赔事件发生后,应于 28 日内通知工程师,之后递交关于索赔数额和索赔依据的材料,工程师经过同业主和承包商协商后决定是否支付承包商。FIDIC 合同中的费用和工期的索赔是由承包商单方提出的,如果承包商不提出,则丧失索赔机会。而 NEC 合同对于补偿事件的界定十分明确,凡是有可能引起合同变动的情形出现,只要非承包商过错,均可算作补偿事件,而且项目双方均可提出。虽然对于补偿数额的决定权在于项目经理,但它表明了业主和承包商之间的一种合作机制,即从项目本身出发,维护项目良性发展。

FIDIC 合同中由索赔条款实现的功能在 NEC 合同中是由早期警告和补偿事件两项程序来完成的。其区别是,在 NEC 中,有可能由于早期警告的提出使争端消灭在萌芽状态,最终减少和控制补偿事件的发生,更有利于维护项目良性发展。

12.6.3 工期与进度控制比较

FIDIC 合同与 NEC 合同在工期和进度控制方面的不同,如表 12-9 所示。

表 12-9　工期与进度控制的比较

项目	合同文件	FIDIC 合同	NEC 合同
工程的开工	工程师通知承包商开工期限	至少提前 7 天	没有规定
	开工日期	在承包商接到中标函后的 42 天内	第一个现场占有日期
施工进度计划	开始实施工程日期	在开工日期后合理可行的情况下尽快开始实施工程	第一个现场占有日起
	提交进度计划	接到通知后 28 天内	合同资料规定的期限内
	修改的进度计划期限	按合同规定的提交期	项目经理向其发出指令后的答复期内
	修改施工进度计划的起因	原进度计划与实际进度不符	根据合同实施的实际情况,由项目经理决定
		进度计划与合同规定不符	
		进度计划与承包商的义务不符	
		进度计划与承包商说明的计划不一致	
竣工时间		完成合同中规定的所有工作后	规定项目经理确定竣工日期

1．对开工日的确定

FIDIC 合同要求的是在开工通知的约束下规定时间；而 NEC 合同却是以现场占有时间日期来规定，在设备安装制作合同中，或当承包商必须实施重要的前期规划或设计时，现场占有日可在开工日之后的某一时间。

在规定时间以后，FIDIC 合同还对承包商的行为做了指导性约束，使承包商如果不及时开工就可能受到工程师或业主根据合同条款督促其开工；而 NEC 却以对承包商足够信任的态度，或者隐含在其他法律法规的规定下，对承包商的未及时开工的相关措施未作规定。

2．施工进度计划的提交

FIDIC 合同和 NEC 合同的要求基本一致，承包商收到开工通知后的 28 天内，按照工程师要求的格式和详细程度提交施工进度计划，说明拟采用的施工方法、组织方案进度计划安排及按季度列出应支付给承包商的费用估算表，而 NEC 合同还特别提到施工进度计划可能会在合同资料中明确；在修改施工进度计划方面，FIDIC 合同的规定是根据工程师对工程进度满意情况来要求承包商修改施工进度计划，而 NEC 合同却着重规定了修改的工程进度计划应包括的内容及在何种时间内提交修改的施工进度计划，两个合同同样强调了工程师或项目经理对施工进度计划审核的重要权力。

3．竣工时间

FIDIC 合同规定承包商应在工程或区段的竣工时间内完成整个工程及每一区段，包括通过竣工试验，以及完成合同中规定的所有工作，这些工作被认为是为了按照合同的规定，进行移交的目的而完成工程和区段所必需的工作。

而 NEC 却对竣工时间没有太详细的规定，只规定项目经理确定竣工日期。

12.6.4 工程质量控制比较

1. 材料、工程设备和工艺

FIDIC 合同规定，一切材料、工程设备和工艺均应为合同中所规定的相应的品级，并符合工程师的指示要求，随时按工程师可能提出的要求，在制造、装配或准备地点，或在现场，或在合同可能规定的其他地点或若干地点，或在上述所有地点或其中任何地点进行检验。承包商应在用于工程之前，按工程师的选择和要求，提交有关材料样品，以供检验。

而在 NEC 合同中，设备和材料的质量方面的规定没有在条款中出现，它仅把设备和材料作为成本组成的一部分，仅在成本组成表中出现，并没有涉及设备材料的质量问题。这说明了业主对承包商和项目经理的足够信任，体现了现代项目管理中的合作精神。但从另一方面来说，这样操作可能会引起不必要的纠纷，以及相互猜忌，毕竟可以完成工作的材料的相关质量和价格相差很远，不加以规定很可能造成混乱与扯皮。

2. 修补缺陷

在修补缺陷上，FIDIC 合同中规定，为在相关缺陷通知期期满前或之后尽快使工作和承包商的文件以及每一区段符合合同要求的条件，承包商应在工程师指定的一段合理时间内完成至接收证书注明的日期时尚未完成的任何工作；按照业主或业主授权的他人指示，在工程或区段的缺陷通知期期满之日或之前实施补救缺陷或损害所必需的所有工作。若出现任何此类缺陷或发生损坏的情况，业主或业主授权他人应立即通知承包商，承包商应在缺陷责任期内或期满后的 14 天内实施工程师可能指示的所有工作。

NEC 合同则规定无论监理工程师是否就缺陷发过通知，承包商均应将其改正。承包商应在缺陷改正期结束之前改正所指出的缺陷。对于竣工前通知的缺陷，缺陷改正期自竣工之日起算。对于其他缺陷，缺陷改正期自缺陷通知之日起算。可见，对于缺陷修补上 FIDIC 做了硬性规定，而 NEC 却要承包商发挥其自觉性；同时对于修补的时间规定两者也有截然不同的界限方式。

两种合同在质量控制方面的差异，如表 12-10 所示。

表 12-10 质量控制的比较

项　目	合同文本	FIDIC 合同	NEC 合同
	质量标准	一切材料、工程设备和工艺均应为合同中所规定的相应的品级，并符合工程师的指示要求	符合工程信息
检查	一般检查	在任何地点和时间，按工程师的要求检验；如合同已包括试验费用，则试验设施、材料或工艺由承包商自费提供；未明确规定的检查，如结果工程师满意，可以补偿工期、费用，否则不补偿	工程师一般仅对规定的内容进行检查；承包商和工程师进行检查前应通知对方；承包商按照工程信息规定停工试样；检查发现缺陷，重新检验的费用由承包商承担

续表

项目 \ 合同文本		FIDIC 合同	NEC 合同
检查	交货前检查	规定的检查应提前24小时通知承包商；如商定时间和地点未准备好或检查不合要求，工程师可以拒收，承包商应纠正	工程信息规定的材料、设备未经检查不得进入施工作业区
	覆盖前检查	没有工程师批准，不得覆盖	
	覆盖后检查	工程师可以随时指示，若符合合同，则剥露恢复费用计入造价，否则费用由承包商自行承担	可随时指示，无缺陷补偿，但未通知的覆盖除外
	不合格者拆运	包括临时付款或检验过的工程、材料、设备不合格，工程师可指示在一定期间内拆除并替代，如承包商不遵守指示，工程师可雇用他人完成，费用从承包商处扣回	
	竣工试验	在区段或工程基本完工后、接受前，按照合同规定或由工程师与承包商另行商定	
缺陷责任	缺陷责任期	从竣工日或分段工程的竣工日到约定期末，应及时完成未完工程并修补缺陷；因缺陷和损坏原因不能付诸使用时，缺陷责任期可延长，延长时间同不能使用日期相等，但最长期间不超过2年	基本同左，但无缺陷责任期延长之规定
	缺陷修补	缺陷责任期间内的合理的时间（不超过缺陷责任期14天）修补完成；未在合理的时间内完成，可雇用他人修补，费用由承包商承担；缺陷是承包商提供的材料、设备、工艺、设计及应尽义务引起，费用由承包商自行承担；若工程师认为由其他原因引起，可增加合同价款	无论工程师是否就缺陷发过通知，承包商均应将其改正。承包商应在缺陷改正期结束之前改正所指出的缺陷。对于竣工前通知的缺陷，缺陷改正期自竣工之日起算。对于其他缺陷，缺陷改正期自缺陷通知之日起算
	缺陷责任证书签发日	最后一个区段缺陷责任期结束后28天内或缺陷调查和处理结束日	缺陷责任期满和缺陷改正期末较迟者

12.6.5 支付条款比较

"承包商以工作得到报酬，业主付款获得工程"是工程施工承包合同内容的主要宗旨。因而，支付条款理所当然地成为合同中的关键性条款。

1. 支付方式的对比（见表12-11）

表12-11 支付方式的对比

FIDIC 合同	NEC 合同
主要是采用单价合同	带分项工程表的报价合同：属阶段付款
	带工程量清单的报价合同：与FIDIC计价方式基本相似
若有必要可由业主和承包商协商采用，并制定详细规则	带有分项工程表的目标合同：得到的款项是实际成本加间接费
	带有工程量清单的目标合同：得到的款项是实际成本加间接费
	成本补偿合同：得到的款项是实际成本加上所报价的间接费
	管理合同：管理承包商就他的费用以及他所估算的分包合同总价报价

2. 工程预付款的对比（见表12-12）

表12-12 工程预付款的对比

项目 \ 合同文本	FIDIC 合同	NEC 合同
预付款在何处约定	投标书附件规定	合同资料规定
是否必须先提交履约保函	是	由业主决定
是否必须先提交预付款保函	是	由业主决定
工程师是否开具预付款证书	承包商提交的履约保函和预付款保函获认可后工程师开具预付款证书	由项目经理签证支付
业主何时支付预付款	业主收到工程师开具的预付款证书后28天内	合同生效日与业主收到预付款保函间较晚日期后4周内
业主何时收回全部预付款	整个工程移交证书颁发后或承包商不能偿付债务、宣告破产、停业清理、解体及合同终止时	建议合同资料中规定扣还方式，以确保预付款在施工期前半段能全部扣还
业主不支付预付款承包商拥有的权利	业主收到工程师预付证书后28天内未支付，承包商可以提前28天通知业主和工程师，减缓速度或暂停施工；还有权提前14天发出通知，终止合同	没有规定
业主承担违约责任	按标书附件中规定的利率，从应付日起支付全部未付款额的利息	不宜按迟付款项利息计算，应按补偿事件计价迟付后果

3. 保留金的对比（见表12-13）

表12-13 保留金的对比

项目 \ 合同文本	FIDIC 合同	NEC 合同
是否预扣保留金	投标书附件中规定	合同资料中约定
何时退还保留金	工程师颁发整个工程移交证书时，退还一半保留金；缺陷责任期满时，再退还另一半保留金	竣工计价或竣工前业主已接收整个工程后的下次计价中支付一半保留金；颁发缺陷证书时再支付另一半保留金

4. 工程进度款的对比（见表12-14）

表12-14 工程进度款的对比

项目 \ 合同文本	FIDIC 合同	NEC 合同
何种方式支付进度款	按月支付	第一个结算日由项目经理决定，然后每个结算日期末计价付款
工程师开具支付证书的期限	承包商每个月末提交月报表，工程师收到后28天内开具支付证书	项目经理计价审核后，在每一结算日后一周内签发付款证书
有无最小限额的规定	若月支付净额小于投标书附件规定的最小限额，工程师不必开具付款证书	没有最小限额

续表

项目\合同文本	FIDIC 合同	NEC 合同
何时支付进度款	收到工程师支付证书后 28 天内	经过签证,结算日后 3 周内支付
业主不支付进度款承包商拥有的权利	业主收到工程师支付证书后 28 天内未支付,承包商可以提前 28 天通知业主和工程师,减缓速度或暂停施工;还有权提前 14 天发出通知,终止合同	当业主在项目经理签发付款证书之日后 13 周内未付款,承包商可终止合同
业主承担的违约责任	按投标书附件中规定的利率,从应付日起支付全部未付款额的利息	从拖欠日起加付拖欠款额的利息
进度的控制方面	体现业主对承包商足够信任和合作的态度,没有相关的提交首次施工进度计划前的对应付款额的扣留办法	若在合同资料中未明确施工进度计划,在承包商提交首次施工进度计划前,应在应付款额计价时扣留迄今已完工程总价的1/4

5. 竣工结算款的对比（见表 12-15）

表 12-15 竣工结算款的对比

项目\合同文本	FIDIC 合同	NEC 合同
竣工验收	全部工程基本完工并通过竣工试验后,承包商发出通知书,并提交在缺陷责任期及时完成剩余工作的书面保证;通知书发出后 21 天内,工程师颁发移交证书	项目经理应在业主接受部分合同工程之日起一周内签发证书,确认该部分合同工程的接受日期和接受范围
竣工决算报告	工程师颁发移交证书后 84 天内,承包商提交竣工报表	没有规定
缺陷责任期	颁发移交证书后进入缺陷责任期,缺陷责任期满后 28 天内工程师颁发缺陷责任证书	缺陷责任解除日在合同资料中定义为竣工之后一个规定的日期
最终支付证书	颁发缺陷责任证书 56 天内,承包商提交最终报表和结算清单,工程师收到后 28 天内发出最终支付证书	在结算日后的一周内尽早签发付款证书
业主支付结算款	首次分期预付款额是在中标函颁发之日起 42 天内或收到相关文件之日起 21 天内二者中较晚者;期中支付款额是在工程师收到报表及证明文件之日起 56 天内;最终支付款额是在业主收到该支付证书之日起 56 天内	每一经签证的款额应在结算日后 3 周内支付
承包商移交工程	工程移交证书开具后移交工程	项目经理签发竣工证书后移交工程
业主不支付结算款承包商拥有的权利	业主收到最终支付证书 56 天后再超过 28 天不支付,承包商有权追究业主违约责任	若业主在项目经理签发付款证书之日后 13 周内,未支付所核准的款额,承包商可终止合同

12.6.6 风险和保险方面的比较

1. 业主风险

从 FIDIC 合同和 NEC 合同对业主风险的规定可以发现,FIDIC 合同主要列出了一些业主无法预测、防范和控制而保险公司又不承保的风险,而 NEC 合同的规定不仅包括了这种风险，还提到了合同终止后工地现场的设备和材料的损失和损坏的风险，以及合同资料中的额外风险。在施工阶段 NEC 合同对工程使用和占用工地现场也列入业主的风险之中，而 FIDIC 合同却没有列入。从这里可以看出，NEC 合同为业主规定的风险更加全面、更加灵活，从而使在保险的过程中业主和承包商双方的投保方案更加合理，也使承包商能更合理地管理施工现场。业主风险规定的比较，如表 12-16 所示。

表 12-16 业主风险规定的比较

项目 / 合同文本	FIDIC 合同	NEC 合同
合同工程、设备和材料的损坏和损坏起因于战争、内乱、叛乱、革命、暴乱、军事行动或政变夺权；非承包商雇员的罢工、骚乱和国内动乱；放射性污染	有	有
以音速或超音速飞行的飞机或其他飞行装置产生的压力波	有	无
由于业主使用或占用合同规定提供给他的以外的任何永久工程的区段或部分而造成的损失或损害	有	有
因工程设计不当而造成的损失或损坏，而这类设计有不是由承包商提供或由承包商负责的	有	有
一个有经验的承包商通常无法预见的风险	有	无
与向承包商提供的物品有关，这一风险到该物品移交给承包商或分包商为止	无	有
在合同终止后，仍留存在工地现场的合同工程、施工设备、永久设备和材料的损失和损坏的风险	无	有
在施工阶段中，对合同工程使用和占用工地现场也列为业主的风险之中	无	有

2. 承包商风险

对于承包商风险，FIDIC 合同规定，承包商应保障和保护业主、业主的人员以及他们各自的代理人免遭与承包商的设计、施工、竣工以及任何缺陷的修补有关的一切索赔、损害、损失和开支包括法律费用和开支。从工程开工日期起直到颁发接收证书的日期止，承包商应对工程的照管负全部责任，此后，照管工程的责任移交给业主。如果就工程的某区段或部分颁发了接收证书，则该区段或部分工程的照管责任即移交给业主。在责任相应地移交给业主后，承包商仍有责任照管任何在接收证书上注明的日期内应完成而尚未完成的工作，直至此类扫尾工作已经完成。在承包商负责照管期间，如果工程、货物或承包商的文件发生的任何损失或损害不是由于业主的风险所致的，则承包商应自担风险和费用弥补此类损失或修补损害，以使工程、货物或承包商的文件符合合同的要求。

NEC 合同对于承包商的风险规定为，自开工日至缺陷证书签发止，凡不属于业主承担的风险均由承包商承担。这样规定比较宽泛，不及 FIDIC 详细和明了。

3. 保险

FIDIC 合同和 NEC 合同在标准合同条件下均由承包商办理保险，所不同的是，NEC 合同规定了业主办理保险的相关程序，如图 12-5 所示。FIDIC 合同对于业主自己办理保险，则要求招标文件应包括保险细节，作为专用条件的附件，这样，业主可以确保自己能够预计需要的其他保险。业主如果发现办理承包商的设备保险，包括分包商的设备的保险感到为难，可在专用条件中明确业主将不为承包商设备投保，如表 12-17 所示。

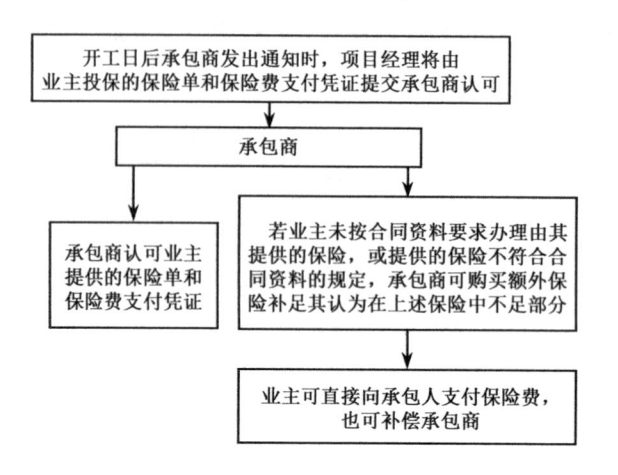

图 12-5　NEC 中业主办理保险的相关程序

表 12-17　保险方面规定的差异

项目	合同条件	FIDIC 合同	NEC 合同
保险凭据的提交	提交时间	在投标函附录中规定的各个期限内（从开工日期算起）	承包商在开工日后项目经理发出指令时
	应提交的材料	保险已生效的证明，以及办理保险的保险单副本	关于其投保的保险单和保险费支付凭证
	提交对象	提交给另一方，也就是业主，同时，保险方还将此类提交事宜通知工程师	提交项目经理认可。项目经理应确信保险单条款满足合同要求，以及业主利益得到足够保护
保险单中的代为求偿权		对保险单中的代位求偿权没有明确要求	规定保险单应包括承包人放弃其对每一被保险的董事和其他雇员的代位求偿权，但有欺诈行为时除外

在 FIDIC 合同中具体描述了承包商所要办理的保险，以及保险责任，对业主的责任描述的比较少，倾向于承包方办理大多数保险。在 NEC 合同中，则倾向于双方联名办理保险，甚至鼓励业主自己去办理保险。

12.6.7　索赔比较

NEC 中的补偿事件带有索赔的性质，只不过为体现合作精神而如此称谓。为了方便下面用索赔代表索赔和补偿。FIDIC 合同和 NEC 合同索赔内容、时限、方式方法以及项目经理/工程师计价差异，如表 12-18～表 12-21 所示。

第 12 章 FIDIC《施工合同条件》

表 12-18 索赔内容规定差异

合同条件 项 目	FIDIC 合同	NEC 合同
超期提出索赔事件的后果	竣工时间不得延长也无权获得追加付款	NEC 没有明确规定
索赔时承包商报价中包括的附加内容	未经修订的施工进度计划	承包商应在其报价中附有经修订的施工进度计划以表明补偿事件对剩余工程的影响
以监理工程师所做测试和检查合格为条件的工程款	若业主妨碍试验达 14 天以上，工程师应相应颁发接受证书，承包商应在缺陷通知期限满日前尽快进行竣工试验	工程师造成不必要的延误，无论是否进行了该测试，此类款项在缺陷责任解除日之后可成为应付款项
关于不可预见的物质条件	不利于施工的外界自然条件及人为的条件和其他外界障碍和污染物，包括地下和水文条件，但不包括气候条件	包括地下和水文条件，气候条件。不可预见的物质条件有有利和不利之分，以及相应的对承包商的处理方法
变更程序中承包商提供的材料	提供建议书，内容包括建议要完成的工作的说明，实施的进度计划，对进度修改的建议书，对变更估价的建议书	提交报价
签发缺陷证书及计价最终应付款额的人员	全是由工程师来完成的	工程师签发缺陷证书，项目经理根据缺陷证书对最终应付款额进行计价
关于寻查缺陷的责任义务	如果工程师要求承包商调查任何缺陷的原因，除非该缺陷是由承包商造成，调查费用加合理利润应计入合同价格	工程师指令承包商寻查缺陷，但并未发现缺陷，此时属于补偿事件。但仅因承包商未就实施会妨碍所要求的测试或检查的工作而发出详尽通知，从而需要进行此种寻查的情形除外

表 12-19 索赔时限规定差异

合同条件 项 目	FIDIC 合同	NEC 合同
提出索赔事件的时间	承包商应尽快在察觉或应已察觉该事件或情况后 28 天内向工程师发出通知	自承包商察觉后的 2 周内，承包商应将已发生或预期要发生的事件按补偿事件通知项目经理
索赔时承包商提交报价的时间期限	在承包商察觉或已察觉引起索赔的事件或情况后 42 天内，或在承包商可能建议并经工程师认可的其他期限内	承包商应在接到项目经理要求报价的指令后 3 周内提交报价
工程师对索赔报告的答复期	工程师在收到索赔报告或对过去索赔的任何进一步证明资料后 42 天内	项目经理应在收到该报价后 2 周内予以答复
承包商索赔提交时限和工程师答复时限的可更改	提交期可以事先由承包商建议并经工程师认可，答复期可以事先由工程师建议并经承包商认可来灵活确定，没有事先协商就按合同条款规定来执行	提交期和答复期先按 3 周和 2 周施行，若项目经理和承包商在时限到来之前不能提交或答复，可在时限到来之前双方进行协议延长提交期或答复期
承包商提交索赔报价修改的期限	对承包商提交修改的报价的期限没有明确规定	项目经理只有在向承包商解释其理由后，方可指令承包商提交修改后的报价，承包商应在接到该指令 3 周内提交修改的报价

表 12-20　索赔方式方法规定差异

项　目＼合同条件	FIDIC 合同	NEC 合同
对索赔计价的假定条件	索赔事件的影响、索赔依据、要索赔的追加付款和要延长的竣工时间都必须在承包商向工程师递交的索赔报告中详细说明，未提计价假定的概念	在很难提出足够精确的报价时，根据项目经理给承包商所发出指令中所说明的假定提交报价。此后若证明此假定有错，则项目经理发更正通知属于另一补偿事件
索赔时承包商提交的报价的计算方法	工程师只单一地要求在规定或商议的期限内承包商向工程师递交一份充分详细的索赔报告，未明确说明计价方法	项目经理可根据处理补偿事件的各种可行方法，指令承包商提交可供选择的报价。承包商应将所要求的报价提交项目经理，并可根据其认为其他可行的处理补偿事件的方法提交报价
对索赔事件的计价	工程变更的价格计算以合同中的单价与价款作为基础	根据补偿事件对已实施工程的实际成本、尚未实施工程的预计实际成本，以及由此产生的间接费的总和定价
对索赔事件影响的计算	FIDIC 没有关于索赔事件造成影响的计价的明确原则	在对实际成本和竣工的预计中必须考虑风险因素，如同承包商在投标报价时考虑风险一样

表 12-21　索赔方面项目经理/工程师自行计价差异

项　目＼合同条件	NEC 合同		FIDIC 合同
补偿事件中项目经理/工程师自行计价	项目经理对补偿事件自行计价有4种情况	承包商在允许的时间内尚未提交所要求的报价及其详细计价	没有工程师自行计价的相关条款，承包商提交索赔报告时，工程师只做出表示批准，或不批准并附具体意见，或者还可以要求任何必需的进一步资料，直到承包商提供的详细资料足以证明索赔的全部要求是有依据的为止，否则索赔事件就得不到最终的可行计价
		项目经理认为承包商在报价中未对补偿事件做出正确计价，并且不再指令承包商提交修正的报价	
		承包商提交补偿事件的报价时，未提交本合同要求提交的施工进度计划	
		承包商提交补偿事件的报价时，项目经理以本合同说明的某一理由未认可承包商最新施工进度计划	
项目经理计价补偿事件的方法	若无已认可的施工进度计划，或承包商未按本合同要求将经修正的施工进度计划提交认可，项目经理以自己对剩余工程的施工进度计划的估价来计价补偿事件		没有工程师自行计价的方法的情况，工程师估价都是根据合同对此类工作内容规定的费率或价格，如合同中无某项内容，取类似工作的费率或价格
项目经理自行计价的时间期限	规定项目经理自行计价的时间与允许承包商进行计价的时间相同		没有
处理索赔事件的时间	项目经理处理补偿事件的时间为项目经理认可报价，或完成自己计价，或补偿事件发生三者中的最迟时间		没有

通过以上索赔的比较可以看出：

（1）NEC 合同在索赔发生的前期有相应的尽量避免索赔发生的措施，如承包商或项目经理均可建议变更工程信息以避免某一缺陷的改正，这样就能够在很大程度上既避免了承包商在物力、人力、财力的损失，也可以避免业主因处理索赔事件等待返工的时间的消耗和拖延。

（2）NEC 合同提出了早期预警制度，在处理索赔计价时，若项目经理认为承包商未就所通知的补偿事件发出早期警告，则影响承包商获得竣工延长和追加付款。而如果项目经理没有尽到早期预警的义务，则承包商的过错程度就减轻，这就督促承包商和项目经理会尽最大的努力互相配合协调来促成工程项目的顺利实施。把双方的利益焦点都放到工程圆满完成的目的上，而不是使双方陷于争端和索赔的旋涡中，为实现业主的项目目标起到积极作用，有利于项目的顺利实施。

（3）FIDIC 合同详细规定了在每种不同的索赔事件下，应给承包商的赔偿，包括竣工时间延长、费用、利润或者其中的一者或两者。这样由于合同有确定性规定，可以避免在索赔中的不必要的争端，而 NEC 合同中的对承包商的补偿由承包商根据实际费用提交报价，提交项目经理认可或者项目经理自行计价，对追加付款没有费用和利润的明确规定。

应用案例 12-4

国外某公路工程有一部分工程为一人行天桥工程，施工中发现原设计图纸错误，工程师通知承包商暂停一部分工程，并下达了工程变更令，待图纸修改后再继续施工。另外，还由于增加额外工程，工程师又下达了变更令。承包商对此两项延误除提出延长工期外，还据 FIDIC 合同条件提出了费用索赔。

1. 承包商的计算

（1）因图纸错误造成的停工与工程变更，使 3 台机械设备停工，损失共计 37 天。

汽车吊：45 美元/台班×2 台班/日×37 日=3 330 美元

大型空压机：30 美元/台班×2 台班/日×37 日=2 220 美元

其他辅助设备：10 美元/台班×2 台班/日×37 日=740 美元

小计：6 290 美元

现场管理费附加 15%：6 290 美元×15% = 943.5 美元

总部管理费附加 10%：6 290 美元×10% = 629.0 美元

利润 5%：（6290+943.5+629.0）美元×5% = 393.13 美元

合计：8 255.63 美元

（2）增加额外工程的变更，使工程的工期又延长一个半月，要求补偿现场管理费：

$$24000 \text{ 美元}/\text{月} \times 1.5 \text{ 月} = 36000 \text{ 美元}$$

以上两项共计：承包人索赔损失款为 44 255.63 美元。

2. FIDIC 合同中监理方的计算

经过工程师和有关监理的计量人员审查和讨论分析，原则上同意承包商的两项索赔，但在计算方法上有分歧。

（1）因图纸错误造成工程变更和延误，有工程师指示变更和暂停部分工程施工的证明，承包商只计算了受到影响的机械设备停工损失，这是正确的。但不能按台班费计算，而只能按租赁或折旧率计算，核减为 5 200 美元。

（2）额外工程变更方面，经过监理方审查后认为，增加的工作量已按工程量清单的单价支付过，按投标书的计价方法，这个单价是包括现场管理费和总部管理费的。因此，工程师不同意另支付延期引起的补偿费用。就额外工程增加所需的实际时间计算是需一个半月，这也是工程师已同意的。但所增加的工程量与原合同工程量及其相应工期比较，原合同工程量应为 0.6 个月的时间，即按工程量清单中单价付款时，该 0.6 个月的管理费及利润均已计入投标计算的合同单价中了，而 0.9 个月（1.5–0.6）的管理费和利润则是承包商应得到而受损失的费用。

监理方按下面方法计算加额外工程的变更现场管理费索赔：

每月现场管理费：19 073 美元（见标书计算）

现场管理费补偿：19 073 美元/月×0.9 月=17 165.7 美元

总部管理费补偿10%：1 716.6 美元

利润5%：（17 165.7+1 716.6）美元×5%=944.1 美元

合计：19 826.4 美元

以上两项补偿总计为：25 026.4 美元

3. NEC 合同

如果是 NEC 合同，其也同意承包商的两项补偿，但在计算方法上有分歧。

（1）因图纸错误造成工程变更和延误的计算，其中涉及一个施工设备的调整费率的概念，对施工设备的费用进行调整，其具体的数值由业主和承包商商议而定。而 NEC 规定，以天为单位的施工设备扣除第一个半天。假设调整费率为 0.8，现场管理费率、总部管理费率及利润率都按照合同中的 15%、10%及 5%计算，则三台机械设备停工损失计算过程为：

汽车吊：45 美元/台班×0.8×2 台班/日×36.5 日=2628 美元

大型空压机：30 美元/台班×0.8×2 台班/日×36.5 日=1 752 美元

其他辅助设备：10 美元/台班×0.8×2 台班/日×36.5 日=584 美元

小计：4 964 美元

现场管理费附加15%：4964 美元×15%＝744.6 美元

总部管理费附加10%：4964 美元×10%＝496.4 美元

利润5%：（4964+744.6+496.4）美元×5%＝310.25 美元

小计：6 515.25 美元

（2）额外工程变更方面，项目经理应按下面方法计算额外工程的现场管理费补偿（假设管理费费率为 0.95）：

每月现场管理费：19073 美元（见标书计算）

现场管理费补偿：19 073 美元/月×0.95（管理费费率）×1.5 月=27179 美元

总部管理费补偿10%：27 179 美元×10%=2717.9 美元

利润5%：（27179+2717.9）美元×5%=1494.8 美元

小计：31 391.7 美元

总计：6515.25 美元+31391.7 美元=37906.95 美元

从两种合同处理索赔可以看出，NEC 合同的补偿中都涉及调整费率（施工设备的调整费率以及管理费调整费率），而在 FIDIC 合同中，施工设备是按照折旧或者租赁计算的。在计算时间上也不同。

12.6.8 合同终止程序比较

承包商行为（导致业主终止合同的行为）的后果对比，如表 12-22 所示。

表 12-22　承包商行为（导致业主终止合同的行为）的后果对比

承包商行为 \ 行为后果 \ 合同范本	NEC 合同	FIDIC 合同
承包商实质上未履行其合同义务	项目经理通知后有 4 周的改正时间，否则业主终止合同	业主直接发出终止通知，无改正时间
承包商未提供本合同所要求的保函或担保	项目经理通知后有 4 周的改正时间，否则业主终止合同	业主直接发出终止通知，无改正时间
承包商将实质工程分包	项目经理通知后有 4 周的改正时间，否则业主终止合同	业主直接发出终止通知，无改正时间
实质上妨碍了业主或其他方	项目经理通知后有 4 周的改正时间，否则业主终止合同	未列入可终止合同的事由
实质上违反了健康或安全规章制度	项目经理通知后有 4 周的改正时间，否则业主终止合同	未列入可终止合同的事由
承包商贿赂类行为	未列入可终止合同的事由	业主直接发出终止通知，无改正时间

FIDIC 合同提出业主不应为了要自己实施或安排另外的承包商实施工程而终止合同，以及只有承包商可以终止拖长的工程，体现了对承包商权利的保护和有限度地限制业主权利的一种趋向。在承包商行为（导致业主终止合同的行为）的后果对比表（见表 12-23）中可以看出，在 NEC 合同中对承包商的要求没有 FIDIC 合同苛刻。

表 12-23　关于合同终止过程中的各种不同规定的对比

项目 \ 合同范本	NEC 合同	FIDIC 合同
合同终止证书	由项目经理签发	无
合同终止的生效时间	由项目经理签发合同终止证书后	合同规定的期限内生效，特殊情况下立即生效
当事方可终止合同行为按身份划分	把当事方分为个体、公司或合伙公司	无划分
承包商终止合同的权利	承包商只能根据限定的理由终止合同	与 NEC 同
业主终止合同的权利	业主可因任何理由终止合同	提出业主不应为了要自己实施或安排另外的承包商实施工程而终止合同
拖长的工程的暂停	由业主和承包商任一方的违约行为引起，对方都可终止合同	只有由承包商终止的规定

12.7 FIDIC《施工合同条件》与 AIA 合同的比较

12.7.1 应用范围比较

AIA 合同范本是在美国应用最为广泛的合同范本之一,特别在美洲地区具有很高的权威性,应用广泛。AIA 合同文件系列涵盖了各种标准合同文件,形成了一套完整的体系。AIA 合同范本力图采取中立的立场,均衡项目参与各方的利益,合理分担风险,不偏袒包括建筑师在内的任何一方;AIA 合同范本形式灵活,通过适当修改可以适应具体项目的需要。FIDIC《施工合同条件》和 AIA 合同在适用范围、管理主体、应用区域以及工程中进度款申请方面存在较大的差异,如表 12-24 所示。

表 12-24 FIDIC 合同条件和 AIA 合同应用范围比较

合同范本 项目	FIDIC 合同	AIA 合同
适用范围	以单价合同为主的土木工程	固定总价合同
管理项目主体	工程师	建筑师
实践中的运用	世界银行、亚洲开发银行、非洲开发银行贷款的工程,以及一些国家的国际工程项目招标文件中	美国及美洲地区
权利与义务	强调业主和承包商双方的权利与义务,在公平的基础上保证了承包商的利益	工程所有权等方面亲业主,承包商应保证将承包商支付申请书中涉及的工程的所有权在业主支付前移交给业主;同时还规定业主可随时占用或使用已竣工或部分竣工的任何部分工程,并且这种占用或使用并不构成对不符合合同要求的工程的接受。有效保护业主权利

AIA 合同中的建筑师相当于 FIDIC 合同中"工程师"的角色,是业主与承包商的联系纽带,是工程期间业主的代表,在合同规定的范围内有权代表业主行事。如 A201 条款 4.2.1:如合同文件中所述,建筑师将负责合约的执行管理,并将在下列情况下作为业主代表:整个施工期间;最终应付款支付之前;经业主同意,在第 12.2 款规定的一年返修期间。

建筑师的权利主要有以下几种:

(1)检查权。检查工程进度及质量,有权拒绝不符合合同文件的工程(第 4.2.2 条款)。

(2)支付确认权。建筑师审查、评价承包商的付款申请,检查、证实支付数额并颁发支付证书。

(3)文件审批权。建筑师有对施工图、文件资料和样品的审查批准权。

(4)编制变更令权。建筑师负责编制变更令、施工变更指示和次要变更令,确认竣工日期。

根据 AIA 合同的规定,在施工过程中,建筑师的权利和义务可通过建筑师项目代理人来行使。在老版本的合同条件中,项目代理人由业主雇用,并由建筑师进行监督,由此造成的雇用和监督的分离引发了诸多问题,此问题在后来的 B352 条款中通过建筑师同时担任项目代理人、雇用者和监督者而得到了很好解决。因此,建筑师的一些权利和义务就由项目代理人来行使,这也有别于 FIDIC 合同文件中工程师的权利与责任的行使方式。

12.7.2 工期与进度控制比较

1. 关键日期的确定

在美国大多数项目的业主发出开工通知一般是在开标日后一段时间内向中标的承包商发出，在此开工通知上通常会明确开工日期、总工期、阶段性里程碑日期、实质性竣工日期及最终竣工日期。相对于 FIDIC 合同条件对竣工时间的详细规定，AIA 合同和 NEC 合同较为相似，只规定依靠建筑师客观公正的决定来确定竣工日期。

2. 实施进度计划的提交

AIA 合同中 A401 4.1.7 款、4.1.8 款规定分包商应提供进度报告、材料设备加工信息，并及时提交施工图、样品和产品资料等供承包商和建筑师批准。在项目开工之际，合同会要求每个分包商提供各自的工程进度，并经双方认可后加入承包商的整体施工计划当中。在进度计划中，需要显示出分包商每项工作的开始时间、结束时间，除此之外，还要提供材料、施工图报批时间，材料到场时间，并且重要的分包商还要提交劳动力和设备计划表。在此过程中，AIA 与 FIDIC 和 NEC 合同一样都强调了工程师、项目经理或建筑师对施工进度计划审核的重要权利。

在美国工程项目对工期都有严格的要求，美国劳动力成本比较高，所以劳动力成本较难控制，这就意味着一旦工程项目的进度延误产生落后，想通过加快后面工作的进度来弥补总工期的延误是非常困难的。所以承包商在安排总体进度计划时，要结合实际情况进行进度控制，特别需要注意的是在关键线路上留有适当余地，以防造成整个工期的延误。

12.7.3 其他条款比较

1. 承包商在进度款申请方面的区别

在一个工程项目中，申请进度款是承包商获得工程款的主要途径。在 FIDIC 和 AIA 两种合同文本中，申请进度款的程序和方式存在着较大差别。其主要原因是二者的适用范围不同。FIDIC 较适用于以单价合同为主的土木工程，而 AIA 适用于总价合同，如一般的房建工程，特别是结构复杂、分项工程繁多的大型工程。

FIDIC 合同中关于此方面的条款规定，承包商申请的进度款由工程师已经批准的工程量乘以在合同中确定的单价来决定，所以，在以 FIDIC 作为合同文本的工程中，工程进度款支付的关键因素是工程师批准的工程量。在 AIA 合同条款中的规定已为承包商提供了申请进度付款的标准格式，承包商只需做好以下两项工作便可顺利地完成进度款申请，先在申请第一笔进度款之前向建筑师呈交一份依据合同总价对工程各个不同部分划分的价格清单，然后承包商应依据经由工程师批准的价格清单，呈报各分项工程已完成的比例，即可完成进度款申请。

2. 对分包商的支付条款的比较

根据 FIDIC 的规定："在承包商没有或拒绝在适当的时候支付给指定的分包商应得的各项款额的特定情况下，业主可直接将款额支付给指定的分包商，并从应付给承包商的各项款额中抵扣。"而 AIA 只是提出承包商在收到业主的付款后应及时向每个分包商支付款项，尽管建筑师可以向分包商通报业主对承包商的支付情况以利于分包商向承包商催款，但业主和建筑师是没有义务查看承包商对分包商的支付情况，以及越过承包商而直接向分包商支付的。可见 AIA 条款在付款问题上，收支关系只发生在业主、建筑师和承包商，以及分包商和承包商之间，是一种单对单链条式的责任机制，这样显然有利于承包商对分包商的管理，但是对分包商并不利。

3. 索赔相关条款的比较

AIA 合同条款为了提高了索赔结果的可预见性，其有关规定为索赔的内容、范围、手续和处理办法提供了详细的指南。AIA 中还包含有应该放弃向对方索赔后续损失的规定，如放弃双方对租赁开销、行政办公开销、商誉等间接损失进行索赔，有效地防止要价过高和责任不明，简化明确了索赔内容，有利于索赔的快速有效处理。

AIA 的 4.3.2 款规定索赔必须在发生后或者一方发现问题后的 21 天内，并以书面形式发出。此外，AIA 合同的 4.4.1 款规定了业主和承包商之间的索赔，在进行调解、仲裁或起诉之前，先由建筑师给出初步决定。AIA 合同的 4.4.2 款规定建筑师在 10 天内对索赔进行审核以及应采取的行动措施。AIA 合同的 4.4.6 款规定建筑师的书面决定中，可以规定其决定具有最终效力并且各方只能在收到决定后的 30 天内提请仲裁，如果 30 天内未提请仲裁，该决定发生最终效力并对双方产生约束力。

与 FIDIC 新红皮书（1999 年第 4 版）相比，AIA 条款规定建筑师做决定的时间为 17 天，远短于 FIDIC 新红皮书 42 天的决定时间。而登记仲裁后调解期的时间为 60 天，长于 FIDIC 新红皮书规定的 56 天的调解期。AIA 的上述特点缩短了各方做决定的时间，有效地防止一方（主要是业主方）故意拖延时间，从而为鼓励和争取调解赢得了较为充裕的时间。

复习思考题

1. 什么是基准日期、开工日期和缺陷通知期？
2. 业主和承包商的权利和义务各有哪些？
3. 什么是中标合同金额和合同价格？
4. 新红皮书中价格的调整是如何规定的？
5. 承包商可索赔的事件有哪些？
6. 业主可索赔的事件有哪些？
7. 新红皮书中工程师的角色与红皮书中有何不同？
8. FIDIC 合同与 NEC 合同在进度控制方面的规定有何不同？
9. FIDIC 合同与 NEC 合同在工程质量控制方面的规定有何不同？
10. FIDIC 合同与 NEC 合同在索赔内容、时限方面的规定有何不同？

参考文献

[1] 李国光. 中华人民共和国合同法实务全书[M]. 北京：中国检察出版社，1999.
[2] 中华人民共和国建设部政策法规司. 建设法律法规[M]. 北京：中国建筑工业出版社，2000.
[3] 国家计委政策法规司，国务院法制办财政金融法制司. 中华人民共和国招标投标法释义[M]. 北京：中国计划出版社，1999.
[4] 李义. 中华人民共和国招标投标法实务全书[M]. 北京：地震出版社，1999.
[5] 李启明. 土木工程合同管理[M]. 南京：东南大学出版社，2002.
[6] 何佰洲，周显峰. 建设工程合同[M]. 北京：知识产权出版社，2005.
[7] 曲修山，何红锋. 建设工程施工合同纠纷处理实务[M]. 北京：知识产权出版社，2005.
[8] 高显义. 工程合同管理[M]. 上海：同济大学出版社，2005.
[9] 国际咨询工程师联合会. 施工合同条件[M]. 中国工程咨询协会，编译. 北京：机械工业出版社，2002.
[10] The Institution of Civil Engineering. The Engineering and Construction Contract[M]. London：Thomas Telford，1995.
[11] 邱闯. 国际工程合同原理与实务[M]. 北京：中国建筑工业出版社，2002.
[12] 邢颖. 违约责任[M]. 北京：中国法制出版社，1999.
[13] 王利明. 合同法研究[M]. 北京：中国人民大学出版社，2002.
[14] 李永军. 合同法[M]. 北京：法律出版社，2004.
[15] 苏号朋. 合同的订立与效力[M]. 北京：中国法制出版社，1999.
[16] 孙连生，孙红. 建筑法律实用指南[M]. 北京：中国建材工业出版社，2000.
[17] 王利明. 合同法新问题研究[M]. 北京：中国社会科学出版社，2003.
[18] 成荣妹. 建设工程招投标与合同管理[M]. 北京：中国建材工业出版社，2005.
[19] 解洪，曾玉成. 菲迪克（FIDIC）条款在中国的应用[M]. 成都：四川人民出版社，2004.
[20] 成虎. 建筑工程合同管理实用大全[M]. 北京：中国建筑工业出版社，1999.
[21] 张水波，何伯森. FIDIC新版合同条件导读与解析[M]. 北京：中国建筑工业出版社，2003.
[22] 方自虎. 建设工程合同管理实务[M]. 北京：中国水利水电出版社，2005.

[23] 梁鑑，潘文，丁本信. 建设工程合同管理与案例分析[M]. 北京：中国建筑工业出版社，2004.

[24] 曲修山，何红锋. 建设工程施工合同纠纷处理实务[M]. 北京：知识产权出版社，2004.

[25] 雷胜强. 工程承包与劳务合作案例剖析[M]. 北京：中国建筑工业出版社，2000.

[26] 王平，李克坚. 招投标·合同管理·索赔[M]. 北京：中国电力出版社，2006.

[27] 隋彭生. 合同法要义（第2版）[M]. 北京：中国政法大学出版社，2005.

[28] 邓淑文. 建筑工程项目管理（应用新规范）[M]. 北京：机械工业出版社，2009.

[29] 张亚奎. 工程建设合同文本应用实务手册[M]. 北京：中国电力出版社，2006.

[30] 成虎. 建设工程合同管理与索赔（第4版）[M]. 南京：东南大学出版社，2008.

[31] 李启明. 建设工程合同管理（第2版）[M]. 北京：中国建筑工业出版社，2009.

[32] 赵旭东. 合同法学[M]. 北京：中央广播电视大学出版社，2000.

[33] 孙镇平. 建设工程合同案例评析[M]. 北京：知识产权出版社，2007.

[34] 李启明. 工程建设合同与索赔管理[M]. 北京：科学出版社，2005

[35] 何红锋. 建设工程纠纷案例评析[M]. 北京：知识产权出版社，2002.

[36] 韩世远. 合同法总论（第3版）[M]. 北京：法律出版社，2011.

[37] 王林清，杨心忠，等. 建设工程合同纠纷裁判思路[M]. 北京：法律出版社，2014.

[38] 潘福仁. 建设工程合同纠纷（第4版）[M]. 北京：法律出版社，2014.

[39] 金国辉. 工程招投标与合同管理[M]. 北京：清华大学出版社，2012.

[40] 刘文生，夏露. 工程合同法律制度与工程合同管理[M]. 北京：清华大学出版社，2011.

[41] 崔军. FIDIC合同原理与实务[M]. 北京：机械工业出版社，2011.

[42] 何通胜. FIDIC合同条件风险负担条款之比较研究[M]. 北京：中国政法大学出版社，2015.

[43] 刘洋，张慧. 工程招投标与合同管理[M]. 西安：西北工业大学出版社，2011.